小莽苍苍斋

收藏轶事

陈烈 曾自 著

中国大百科全书出版社

图书在版编目（CIP）数据

小莽苍苍斋收藏轶事/陈烈，曾自著．—北京：
中国大百科全书出版社，2023.11
ISBN 978-7-5202-1360-8

Ⅰ.①小…　Ⅱ.①陈…　②曾…　Ⅲ.①私人收藏—
介绍—中国　Ⅳ.①G262

中国国家版本馆 CIP 数据核字（2023）第 101291 号

出 版 人　刘祚臣
策 划 人　王一珂　曾　辉
责任编辑　王一珂
封面设计　今亮后声
版式设计　博越创想
责任印制　魏　婷
出版发行　中国大百科全书出版社
地　　址　北京市阜成门北大街 17 号
邮政编码　100037
电　　话　010-88390636
网　　址　http://www.ecph.com.cn
印　　刷　北京天工印刷有限公司
开　　本　880 毫米 ×1230 毫米　1/12
印　　张　20
字　　数　284 千字
版　　次　2023 年 11 月第 1 版
印　　次　2023 年 11 月第 1 次印刷
书　　号　ISBN 978-7-5202-1360-8
定　　价　118.00 元

田家英

序一

天之苍苍　其正色邪

陈四益

田家英于我是前辈人物，久闻其名，缘悭一面。先前知道的一鳞半爪，多是关于他的文章与才气。“文革”初期，听到他自杀的消息，惊讶叹息之余，颇多不解。直到他的冤案平反，读了许多追念他的文章，这才渐渐悟到他不能不死的原因。说脆弱，实在有些苛责于他了。他对毛泽东极为崇敬，把毕生的精力与才华都用于协助毛泽东工作。辅佐明主，修齐治平，一直是中国读书人难以摆脱的情结；何况毛泽东是他理想中的人民领袖。但毛泽东晚年的错误和听不得逆耳忠言，使他越来越感到危机的存在：“我对主席有知遇之感，但是照这样搞下去，总有一天要分手。”不幸而言中。他最不愿意发生的事情，终于发生了。对于田家英，这是人生极大的痛苦。他不愿意看到一生最崇敬的人迷途不返，更不愿看到毕生为之奋斗的事业半途中坠。无力回天，而又义不受辱，决定了他最后的选择。这是无奈的、痛苦的选择，也是从屈原、贾谊以来，许多有才华、有志向而又志不得舒的读书人共同的选择。这样的选择里，或许也包含着对自己毕生行事问心无愧的最后肯定——留一个再无增减之身与后人评说。“如此时局，当慷慨悲歌以死。”原是田家英在随毛泽东撤离延安时所作词中的一句，没想到几十年后，在完全不同的境遇下，竟成谶语。

田家英毕竟是个书生。毛泽东戏言，在田死后应立一墓碑，上书“读书人之墓”。他对田家英的定论是十分准确的。田家英自己也有一方闲章，上刻“京兆书生”四字。读书人有读书人的传统，好的坏的都有，田家英继承的大抵是好的传统：好学深思，忧国忧民；洁身自爱，自重自尊；不慕名利，不贪权势；以天下为任，以苍生为念。正是这些优秀的传统融入马克思主义的信念之中，铸就了一批田家英这样的新一代读书人的性格——即便革命成功、身居高位，也不曾异化为政客官僚，始终不改书生本色。但也正因为这样，他们无法防范那些玩弄权术、钻营私利、党同伐异的群小，往往成为他们阴谋的牺牲。

田家英公务之余，一己私好，是研究清史。说是私好，也不尽然。这爱好也仍然缘于当代中国是历史中国的发展；对中国历史上最后一个王朝作深入的解剖，无疑有益于对今日国情的把握。为了研究清史，他收集史料、书籍之外，旁及书画，尤其是清代学者的墨迹。不料，他的这一私好竟带出了一项副产品，那就是现在已名闻天下的小莽苍苍斋收藏。

“莽苍”，语出《庄子》——“天之苍苍，其正色邪？”——碧天无际之色也。“莽苍苍”有天下一统之概，谭嗣同用以为斋名。田家英的夫人董边女士说，田家英十分敬重这位甘为理想牺牲生命的浏阳人，因沿用其斋名。至于在“莽苍苍斋”前冠以“小”，既是为了区分，也是逊让前贤的意思。田家英说，以小见大，对立统一。那么这斋名当还有书斋独坐，心怀天下的含义吧。

20 世纪 60 年代的田家英

昊天不仁，未假以年，没有让他完成撰写清史的夙愿，倒是小莽苍苍斋清代学者墨迹的收藏成了当今海内第一家。睹物思人，足见其用功之勤，治学之专。

收藏书画文物，在中国有悠久的历史。由于收藏者的目的不同，趣味迥异。

有商贾之收藏。其藏专为牟利，四处求购，八方搜罗，入选的标准以增值的多寡衡量。低价购进，高价售出，利在加倍，中心许之；利在五倍，如鹜趋之；利在十倍，忘命攫之。他们对藏品可以有专业的知识，有辨伪的能力，但内心始终只是一个牙侩。由于文物收藏增值的诱惑，一些学者，甚至是很伟大的学者，也会加入商贾的行列。比如，罗振玉等都曾贩卖文物以牟利。此类收藏家，其藏品之精粗随其识力高低不等，但因以牟利为目标，因时进出，很难形成个人有价值的收藏。

有好古家之收藏。其好专在物之久古，朝于斯、暮于斯，寝食于斯，摩挲把玩，终朝不倦。比如古籍之收藏，讲究的只是宋版元椠，对书籍的内容倒并不见得关心。这类收藏家的收藏，每多精品。好古家必须有两个条件：一是财源丰厚，二是识鉴精到。若无前者，无力收藏；若无后者，很可能成为假冒伪劣货色的好顾客。好古家中，不乏学养深厚者，积聚古物，利于保存；著为图录，益于后世。

有暴发户之收藏。财源暴得，附庸风雅；有钱挥霍，无能鉴赏；真少赝多，泥沙俱下；虽亦琳琅满目，只求得表面的热闹。此类收藏，只能哄哄外行。

田家英的收藏，是学者之收藏。其收藏之目的十分明确，收藏之标准全主研究。论年代，小莽苍苍斋所收清代学者墨迹，时属晚近，为好古家不取。论增值，字逊于画，近逊于古，为商贾所不取。屏联立轴固可悬之中堂，卷册书札只能藏之椟箧；识字无多，句读不断，岂如青铜花瓷镂金刻玉之炫人眼目哉，故亦为暴发户所不屑。然而对于田家英，这些却极为重要，因为这些墨迹包含着他关注的时代和那时代的人物、思想、学问、趣味，包含着许多人物之间的相互关系——他们的交往、友情、应酬，乃至争论。从这些字里行间可以体味的东西，往往是正史或官方材料中所无法得到的。因此，人弃我取，不惜把工资、稿费都花在这些藏品的收集之上。这样的收藏，积之既久，渐成规模，其价值就远远超过零篇断简价值的总和，以至很难用价格来估量了。当然，小莽苍苍斋主人收藏这些东西的时候，中国人的商品意识很弱；收入普遍低下的时代，一般人无法进入文物收藏的行列；有清一代文人墨迹因为时代较近，尚不为人重视；再加上田家英所处地位，朋友们也乐观其成；所有这些条件，都助成了田家英藏品的相对集中。若在今天，这样的个人收藏恐怕虽非空前，也称绝后，是再难有的了。田家英生前曾说，这些藏品是人民的。他的亲属尊重他的心愿，已将第一批一百多件藏品捐赠中国历史博物馆（现中国国家博物馆），又先后编印了《小莽苍苍

1961 年 3 月，田家英（主席台右四）在中央讨论和解决农业问题的广州会议上

斋藏清代学者法书选集》及“续编”两大册，使需要研究与欣赏的人得以方便地使用。这样，也就不枉田家英当年苦心孤诣地寻觅了。

大凡收藏，总是聚难散易。当其集聚之时，每一件藏品几乎都有一个故事。小莽苍苍斋的收藏也是如此，或是关于作者，或是关于作品，或是收藏曲折，或是人事关联。田家英有志于清史研究，所收藏品多关系清代史事与人物；又因位在中枢，即便收藏琐事，也往往牵连当时要人。这样，其收藏纪事也如他的藏品，包含着两个时代许多人物的思想、学问、趣味、人品以及他们之间的某种关系。陈烈先生为田家英快婿，从事文物工作历有年矣。于文物之鉴赏固常有卓见，于收藏之故事更耳熟能详；曾自女士是田家英的二女儿，偏重于研究父亲的思想、品格与经历。他们夫妇的这部《田家英与小莽苍苍斋》所述故事，既增加了对藏主与藏品的认识，为文物平添了无限趣味，又对我们了解当代的某些历史人物提供了独特的视角和材料，非仅增谈资而已。

一个人，其品性表现于各个层面而又统于一身。赵朴初先生在观看“小莽苍苍斋藏品展览”后曾题道：“观其所藏，知其所养；余事之师，百年怀想。”在今天的文物市场上，见惯了商贾与暴发户式的收藏，田家英这样的收藏家确令人高山仰止，百年怀想。“天之苍苍，其正色邪？”——这样的文物收藏，当是文物收藏的一种最高境界吧！

序二

一个少年的憧憬

曾自

父亲田家英爱作诗，爱写文章；但经过“文革”，这些文字被吞噬得片纸无存。

应该感谢1980年间主政中央组织部工作的胡耀邦同志，是他把“文革”期间中央专案组为提取田家英“罪证”，在成都搜集到的田家英少年时发表的文章，退还给了亲属。

不想，这批带着苦涩的资料，让我意外地了解到父亲少年时代的心路和真实生活。

早熟的童年

田家英从十二岁开始发表文章，或许因小小年纪便失去了母亲的慈爱，他过早感受到世间的炎凉。他用笔去写，用眼去看，憧憬、编织着一个属于自己的内心世界。

他原名曾正昌，生于四川双流，长在成都，有两个哥哥，一个姐姐，靠父亲经营的小中药店为生。不幸父亲早逝，原本温饱的家，日渐衰败。

正昌是最小的儿子，过早地失去了父亲，母亲倍加疼他。母亲没有文化，但人很精明，是全家的支柱。她把一个孤寡妇女的人生希望，寄托在小儿子身上。正昌幼年时代，母亲常常把他抱在腿上，听他背《三字经》、《千字文》、古诗词，希望他成才。正昌五岁进私塾，七岁上北城小学，学习成绩一直优异。

田家英对他母亲的感情很深。2001年，我在中组部干部档案中，看到1939年他在延安时写的自述，对童年生活是这样描述的：

> 父亲于我已没有了记忆，他在我三岁时去世了。我能清晰地回忆起的是我的母亲，她扶着我没有肉的肩头，用动情的调子说：“娃娃，要

田家英的母亲

发奋做个人才好咯！”母亲曾爱着我，并要我成人。当我的大哥大嫂向她商量将来要我去做学徒的时候，母亲坚决地反对了这种意见。但是她当我九岁时就死了，这是我幼年没有受到良好教育的一个重要原因。

田家英成了孤儿，大哥大嫂强令高小还没读完的他，在自家药店当了“抓抓匠”。可想这一人生的突然转折，对生性活泼爱读书的他，无疑是一场心灵的灾难。

1961年，田家英下去搞农村调查，空闲时，和同事聊起童年的生活。他问奚原：“你知道为什么做买卖的叫‘生意人’吗？你看‘意’字，分解开就是‘立、曰、心’，就是立着说话还要把话说到人家心里去的人，所以买卖人也叫‘生意人’，形象吧。”原来这是他当店员第一天时老板的训诲，他记了一辈子。

田家英和他的姐姐

旧社会有讨饭的乞丐，还有讨药的乞丐，他们把讨来的草药做成药丸到江湖上卖了挣饭吃，田家英抓药时就故意把药撒在地上，以留给乞讨者。

于光远是田家英的知友，他笔下的田家英更诙谐真实：“田家英抓药时故意把药撒到地上，待讨药的来了，用小簸箕扫了倒给讨药的。他坏笑着对我们说，千万别相信江湖郎中，他们自称能治百病的丸药里，除了土面，还有老鼠屎呢。他当店员时想着法子整治老板，把黏性强的膏药抹在竹竿上，从钱柜的缝里伸下去，粘到东西就往上提，不论硬币纸币一准取出来。他说这叫‘就地取材’。”

田家英的童年，充满了趣味和苦涩。正像他《延安自述》中所述：“在我十二岁，家里就不许我跨进学堂的门槛，我开始了顽童的放荡的生活……”

家境的衰败，成了父亲早熟的催化剂。

当作家的梦

被田家英称作“放荡生活”的日子里，一个叫徐昌文的文化人出现在他的生活中。徐是田家英小伙伴的父亲。此人看曾正昌机敏聪慧，常把他叫到家里。《延安自述》中记载着：

是他教育了我，他使我开始用我从学校学得的断断续续的知识去读《生活周刊》和鲁迅、郭沫若的文章。这样我虽然没有得到正规的发展，却强烈地爱好上了新文学。

1936年，田家英结束了学徒生活，又走进校门。他靠卖文的收入和一点奖学金，继续求学了。1996年《巴蜀史志》第一期一篇李英的著文，描述了田家英少年时期的生活缩影：

> 我和曾正昌同时考入成都县中，在初中四十班，坐前后座位读书。上下学我们结伴同行。我去过他的住处，生活条件之差，简直说惊人。他住的阁楼实际是药店的仓库，成堆的干枝枯叶，仅在夹角处支一张小木板床和一个三角小桌。由于药材干枯，易着火，哥嫂不许他点煤灯，正昌只有取下窗上的木板，借着透进来的一线路灯的光亮读书。后来他找了一个旧汽油筒［桶］，横放着，煤油灯放在里面，既遮光，又可以躺着读书了。
>
> 那阵我们不过十三四岁，但却不似一般少年那样贪玩好耍，只要稍有空隙的时间，正昌就埋头在古典小说之中。他对《东周列国》《三国》《水浒》《红楼梦》爱不释手，惟不喜《西游》，三读未终而弃。

这位同学说的书，应该是田家英从徐昌文老伯处所借。田家英说过，《资治通鉴》是他十三岁那年读完的。因没有钱买书，他养成买活页文选的习惯，几分钱的活页文选，从中可读到不少古文名篇。直至 20 世纪 60 年代，他仍习惯一到西单书店就在门前买新出的仅四分钱的活页文选，巴掌大的小折子富含古典知识。父亲于它，似有了感情。

县立中学偏重传统文化教育，作文一律要求用文言或半文言，国文课教员都要着长衫，以示国学形象。此等学校出来的学生，古文底子相对都好。

更有幸的是，学校里还有个不小的图书馆，冠名“墨池”。这是田家英最喜好的地方。他从一套《万有文库》第一次读到英、法、俄等外国小说——《三剑客》《茶花女》《战争与和平》《猎人日记》。从未接触过西方文学的他，打开了眼界。因经常一下午都泡在图书馆里，管理员戏称他“小书疯子”。

初试锋芒

田家英的文字模仿力强于一般人，读了，喜欢了，他便学着写起来。渐渐地，他尝到了写作带来的兴奋和欢乐。他在《延安自述》中这样描写当初的心情：

> 能当一名作家多好啊，我曾这样鼓励自己，并开始了冒险的尝试。1934 年，我的文章在一些刊物上发表了，我开始变成靠领取稿金为生的文乞。

他的生活，除了写作，似乎再没了其他；写作将苦涩融入文字，似水流淌。如果说“写作”原是田家英拼命拉住生存意义的一个小小支点，那么，最终这一小支点化为了一个大大的理想——“我要当一名作家”。他憧憬着理想，心中充满光亮。

1934 年，田家英刚刚十二岁。他最早的文章发表在哪些刊物，已不得考。但 1936 年 6 月到 1937 年 11 月离开成都前这段时间，他在报纸杂志上发表的六十多篇文章

中学时代的田家英

还在，文体多样，有小说、散文、随笔、书评、诗歌。

你看，他在一篇题为《春》（1937年3月12日《华西日报》）的散文中写道：

> 是春天了，我应当呼吸一口春日之温暖，然而，春阳于我不是太淡漠了么？…… 我没有快乐，我是用自己的眼泪给自己灌溉。忧郁的孩子，你是受过苦难和煎熬？是的，我是夜之子，在困难和煎熬里，在血和唾液里，在恐怖和黑暗里，我成长起来。

字里行间，流露出作者对生活深沉感伤后的向往。接着，他的《灯》《路》《街》《窗》《帘》《井》等一系列散文陆续发表了。

> 华灯初上，我走过街和街……，春风用花丰润了平原，编织成美丽的艳色，在天和地之间……，路是人走出来的，自己走出来的路才是路……

你能感受到作者享受着写作的快乐，这种快乐是向自己说话的快乐，自由地敞开，尽情地抒发，感染了他人，也感动着自己。

随着文章的不断发表，他的笔名"田家英"渐渐被人们关注。人们赞许其文章简约流畅、文意清新，给读者以深刻印象。可是谁会想到，这些文章的作者，仅是一个十三四岁的少年。除了"田家英"，父亲当年还用过司马彦崑、陈西贝、赵陆宝、陈篇达等多个笔名。我想写文章多用笔名，也是那个年代文学青年受鲁迅影响的印证吧。

办刊物的愉悦

同哥嫂脱离了经济关系的田家英比之前更加成熟，更加坚定了。虽然生活依旧清苦，但他有了自食其力的能力，用笔耕作，耕作在自己的精神园田。

1936年12月12日西安事变后，在国共合作的大形势下文化气氛有所松动，原先封闭的校风为之一转，鲁迅、茅盾、巴金、叶圣陶、朱自清的作品渐为流传。田家英读了巴金的《家》《春》《秋》《雷》《电》几部长篇，思想深受影响。他的题为《巴金的"家"》的散文，洋溢着兴奋的笔触："呈现在我们眼前的，是一些青年的愤，是青年的奋力拼扎，想突破这狭的笼，飞向阔的天边去，……所以我爱觉慧，他勇敢地走着一条光明的路。"（《华西日报》1937年8月3日）

写作是自由的行为，真实且充实，且又会因充实而感到饥渴。文学创作的激情使田家英不满足于仅在报刊上发文章，他这样说："我们的自我是破碎的，虚弱的，若把对未来的憧憬和沉思，对风云变幻的惊愕和欢呼，尽情地表达在自己的刊物上，那该是怎样的畅快。"

他有了一种新的觉悟："要把思想淋漓地不假任何地表达出来。"这一渴望，促成他和两三志同道合的文学青年办起了"同人刊物"。

这段人生经历，与田家英一起办刊物的好友何郝炬（四川省原副省长）一直记忆犹新：

> 终于，我们不满足在报纸副刊写些杂文一类。对旧制度的不平、对日本侵略者的痛恶，常使年轻人热血喷涌，不吐不快。我、家英、穆家军（新中国成立后在新华社工作）三人开始了自己办刊物的行动。一期小型文学刊物三块钱够了，钱是大家三毛、两毛凑的。我又找了个批改初中作文的差事，一月挣了两块钱。第一期经费解决了。

刊物取名《极光》，稿子全是自己写。有诗歌、散文、报告文学。田家英给创刊号提供了两篇散文——《怀念》和《手》。他在《手》一文中写道："自己生活在泥泞里，我在不断挣扎着，有两只黑手，一只紧紧掐着我的喉咙，另一只蒙蔽我的眼睛，不让我看到光明，斗争再次失败了，我要贮蓄我的生命力，准备做第三次斗争。"文章痛快淋漓地抒发了青年向往光明的渴望。杂志出刊了，第一期居然卖掉二百多份，大家欣喜之至，兴奋得无法形容。

《极光》以后易名《散文》，为双月刊，人们看到一批青年活跃在成都文坛上。

人生的转折点

正当田家英憧憬着走上一条文学之路时，战争改变了他的人生。1937 年七七事变，日本军国主义向我中华全面开战。整个中国都怒吼了。抗击倭寇，救亡图存，爱国和正义的洪流压倒了一切。

早在 1936 年下半年，田家英便接触到成都地下党组织，接触到《共产党宣言》《大众哲学》《从一个人看一个新世界》，这些书使他初闻了一种新鲜的道理，看见了一个新鲜的世界。人类要建立平等、富裕、幸福的社会，要推翻人与人之间的压榨和剥削。一个他从未想过的，关乎人类进步的事业，撞击他的心灵。

在华北危急、中华危急的时刻，"黄河之滨集合着一群，中华民族优秀的子孙，人类解放，救国的责任，全靠我们自己来担承"……抗日青年到延安去，时代的风涛，怎能不令他心潮激荡。

心动了，就一定要抒发。1937 年 3 月，一篇与他之前文章不同的作品《苦难——答妈妈》发表了。故事从一位双目失明的母亲和已经投身革命的儿子间的对话推开来：

> 她每天抚摸孩子的头，
>
> "孩子，你跟你爸爸一样高了。"
>
> "有什么不一样呢？"
>
> "可是，你也像你爸爸一样，为着幸福发过愁吗？"
>
> "不，完全不的。妈，我高兴，妈，我告诉你：只有现在不幸的人，将来才会有真的幸福。妈，我高兴呢！"
>
> "是的，我知道，每次朋友来，不都是高高

兴兴的笑着的？孩子。”

“对了，妈，将来的幸福做梦也临不到现在过着幸福日子的人。”

儿子告诉妈将来的世界，是和花一样的。花，她闻过，她永远幻想着像花一样香，将来的世界。

夜——把一座快要蹋下的草屋包围了。儿子在睡觉。她听到有人打门。

“孩子，你的朋友来啦。”

儿子并不瞒［埋］怨母亲，他只是对着电筒的光，对着来人，对着钢铁的手铐：

“朋友”，他把手并拢着：“来吧！”

于是，那手铐套在他的手上。门开了，他跨出门槛……

“妈，我跟朋友走了，什么时候回来说不定，你等待着吧。有那么一天，我，也许我的朋友，会把妈妈所爱的花一样的世界送给你。妈，你等着吧。”

月亮红着脸，躲开这荒凉的地面……

儿子被反动分子抓走了，然而，他无悔地告诉母亲，他是为了送给天下的妈妈一个花样的世界而付出而牺牲的。这篇短文，至今读来，仍会牵动读者的心。田家英真诚地把“献身”是人类最高贵、最高尚的精神认知，以故事和情节的手法传递出来。

去书写一篇人生的大文章

1937 年 10 月，因参加救亡活动，田家英被成都县中开除了，仅一年多的中学生活就这样戛然而止。

然而，除名一事，成了“去延安”的行动契机。他在《延安自述》中写道：

> 1937（这革命的一年哟！），民族革命的暴风挟着摧毁一切的愤怒的力量袭来，我也被卷入了狂涌的巨浪里面。我参加了救亡组织，开始了揭露帝国主义残暴的宣传工作，开始了组织文化界救亡协会，发动广大文化人到民间去，开始了国难教育促进会，去把广大的学生解放出来……但是，这些，一个顽强的学校的统治者能容忍了吗？一个时时防止学生“活动”的校长会不加过问吗？不！不会的，1937 的秋天，学校斥退了我。
>
> 我过了一段激动的日子。在这段时间中，我更深深感到自己的平凡，我向每一个朋友探询我应当怎样，有人说：“你应当继续升学。”有人说：“你住下来安心读书。”最后一个朋友拍着我的肩头：“到革命的环境里去锻炼吧！”

1998 年，李鹏同志送给我母亲董边一本《延河之子》（讲述李硕勋、赵君陶夫妇和他们的儿子李鹏一家的往事）。读这本书时我不无惊讶地发现，当年成都西御西街一一三号李鹏舅舅赵世珏的宅第，竟是我父亲田家英和他的伙伴们聚会的地方。

赵石英是同田家英一起去延安的伙伴，他们又是中学同学。赵石英的父亲赵世珏是革命烈士赵世炎的二哥。读了《延河之子》我才知道，赵石英和李鹏是姑舅兄弟。田家英被学校开除后一段时间，就住在赵家西御西街的院落里。

李鹏的父亲李硕勋是中共早期领导军事斗争的先驱之一；1931年，任广东省军委书记，不幸被国民党杀害了。李鹏的妈妈赵君陶，即赵石英的姑妈，带着幼子李鹏、小女李琼投靠到成都哥哥家。赵石英的另一位姑妈赵世兰也是位职业革命家，此时也在成都。田家英一下接触到赵世兰、赵君陶两位职业革命家，她们都喜欢这个爱说笑、充满激情的青年，给他看延安出版的《解放》杂志等小册子。当知道年轻人决心投奔延安时，赵世兰和赵君陶联名致信武汉办事处负责人之一夏之栩、八路军西安办事处负责人熊天荆，诚恳地向他们介绍这几个要去延安的青年。

决意离川前，父亲怀着难以平静的心情，发表了他在家乡的最后一篇文章——《去路》(1937年9月巴蜀文艺协会机关刊物《金箭月刊》第二期)。文中写道：

> 我的话像是从心里说出来的，……我感到我的全个心都在说话了。是的，我应当走了。我为什么要远远地离开自己的一群呢，我为什么要看着他们的活动，看着他们的血一滴一滴地流呢！我要去，为了友人，为了自己，我应当把声音变成行动，是我应当交出一切的时候了，我去交出我的生命……

田家英的文字总是那么情真，那么动人。

这篇文章，可以说是他决心找寻一条理想主义人生道路的内心独白，也像是对成都友人们的别言。

1937年12月，田家英和赵石英、黄怀清、刘济元四个人，带着赵家姑妈和成都地下党组织给的六封介绍信，辗转重庆、武汉、郑州、西安，行程七千多里，来到了延安。

一位哲学家说："有人写作是以文字表达真实的感情，有人写作则是以文字掩饰感觉的贫乏。"我的父亲田家英当是前者。他用真情握住"岁月"的如椽大笔，最终写出了一篇人生的大文章。

目 录

第一编 小莽苍苍斋收藏管窥

第二编 小莽苍苍斋收藏纪事

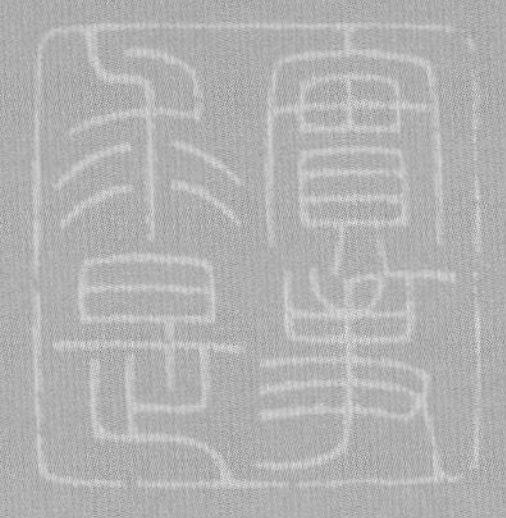

第一编

小莽苍苍斋收藏管窥

田家英（1922—1966），原名曾正昌，四川省成都市人。自幼家境贫寒，九岁成了孤儿；因生活所迫，离开了学校，到中药店当学徒。由于酷爱读书、写作，十二岁那年，开始用“田家英”这个笔名在当地的报纸、杂志上发表作品，其中有小说、散文、随笔、书评等百余篇，大部分至今仍能查到。用他的话说：“我开始变成靠领取稿金为生的文乞。”两年的学徒生活，田家英靠卖文攒钱，考取了成都县立中学（今成都七中）。后因接受进步思想，参加学联搞学运，初中只读了一年多便被校方开除。1937年，年仅十五岁的田家英奔赴延安参加革命，先后在陕北公学、马克思列宁学院、中央政治研究室等单位学习、工作。从1948年起，担任毛泽东的政治秘书。新中国成立后担任中华人民共和国主席办公厅副主任、中央政治研究室副主任、中央办公厅副主任等职。由于受陈伯达、江青一伙的诬陷和迫害，1966年5月23日含冤逝世，终年四十四岁。1980年初，中央为他平反昭雪，并将封存的田家英遗物（包括千余件清人书画以及部分藏书）退还家属。这些就是田家英生前称之为“小莽苍苍斋”的藏品，他为此投注了多少心血！

“小莽苍苍斋”来源于谭嗣同的书斋名。谭是清末戊戌变法中遇难的六君子之一。他辅佐光绪帝，力图变法维新，在变法失败、旁人劝其出走时，表现了视死如归的英雄气概，就义时年仅三十三岁。谭氏书斋名为“莽苍苍斋”。“莽苍”一语，出自《庄子》，形容草碧无际之状，有天下一统之概也。田家英十分倾慕谭嗣同的人品和骨气，为纪念他，特将自己的书斋命名为“小莽苍苍斋”，并解释说：“‘小者’，以小见大，对立统一。”

又见《桃花扇》里人

田家英何以如此迷恋收集清人墨迹的“雅事”？这要从他萌发撰写清史的念头谈起。还是在延安时期，田家英在杨家岭中央图书馆，反复阅读了 20 世纪 20 年代萧一山所著的《清代通史》。他敬佩这位年仅二十多岁的青年人，以一人之力完成了这部四百多万字的巨著；同时也看到，由于受当时条件的限制，大量新发现的史料和研究成果未能加以采用，加之萧一山本人的唯心史观，给这部著作带来了很大的缺憾。因此，田家英萌生了在有生之年撰写一部以马克思主义唯物史观为指导的清史的念头。据他的好友陈秉忱说，从 20 世纪 50 年代中期开始，田家英的业余爱好便集中在收集清人墨迹，特别是收集文人学者的墨迹方面；齐燕铭为他镌刻“家英辑藏清儒翰墨之记”印章，实际上就是他专项收藏的宗旨。

此后的十年间，田家英把工资和稿酬的绝大部分用于购买清人墨迹。他的案头，摆着一本萧一山编辑的《清代学者著述表》，每得一件墨迹即与该表核对，并在其名下用朱笔标明。田家英对友人戏言：“此表为清朝学者花名册。”他希望能把表中所列一千几百名学者的墨迹收全。由于坚持不懈地按年代、学派、人物有条不紊地逐一寻觅，他获得了不少珍品。

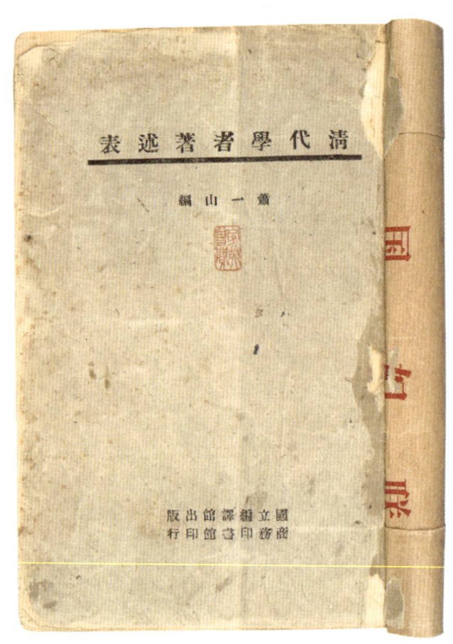

田家英常用的工具书《清代学者著述表》

浏览小莽苍苍斋的收藏，仿佛在读一帧清代历史文化的长卷。

这里有明末清初的抗清志士傅山、朱耷等人的条幅，也有明亡仕清的钱谦益、吴伟业、龚鼎孳等人的墨迹。还有一些墨迹的书家既是官爵显赫、名动天下的当权者，又是一代理学名儒，如魏裔介、李光地、汤斌、陆陇其等人。此外，小莽苍苍斋的收藏中还有与黄宗羲、李颙并称清初三大儒的孙奇逢的墨迹；与洪昇《长生殿》一起成为传奇压卷之作——《桃花扇》的作者孔尚任的墨迹；与方以智、陈贞慧、侯方域并称明末四公子的冒襄的墨迹。说到侯方域，其间还有一段往事值得一提。1941 年，田家英写了一篇题为《从侯方域说起》的杂文，在延安《解放日报》上发表后引起毛泽东的注意。

侯方域是明末有影响的学者，写过愤懑抑郁、寄托故国哀思的诗句。“然而曾几何时，这位复社台柱、前明公子，已经出来应大清的顺天乡试，投身新朝廷了。”（《从侯方域说起》）毛泽东赞赏这篇文章立论正确，有气魄，有锋芒；抗日战争进入相持阶段，很需要这样的文章。毛泽东鼓励田家英多写有特色的杂文，这对年仅十九岁的田家英无疑产生了巨大的影响。他之后有志于研究清史恐怕与此不无关系。

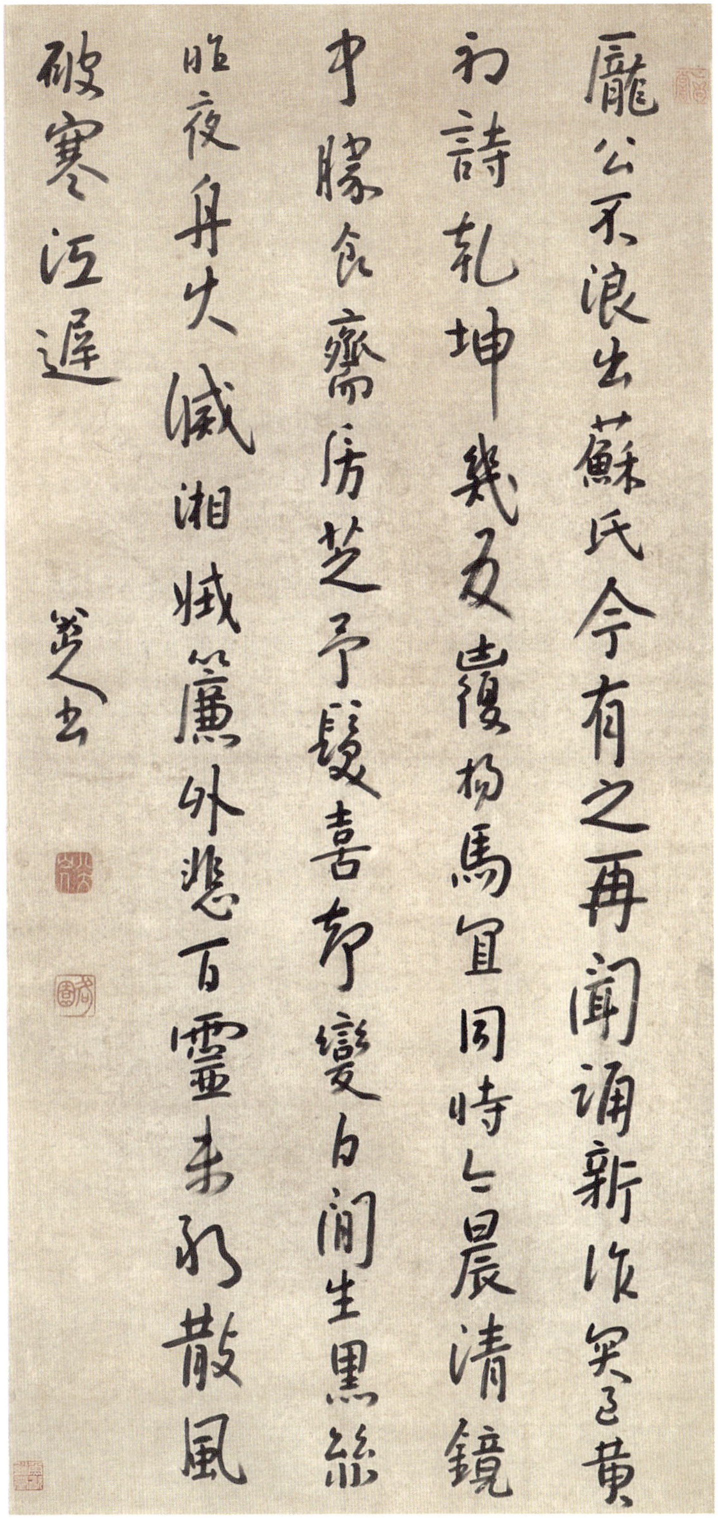

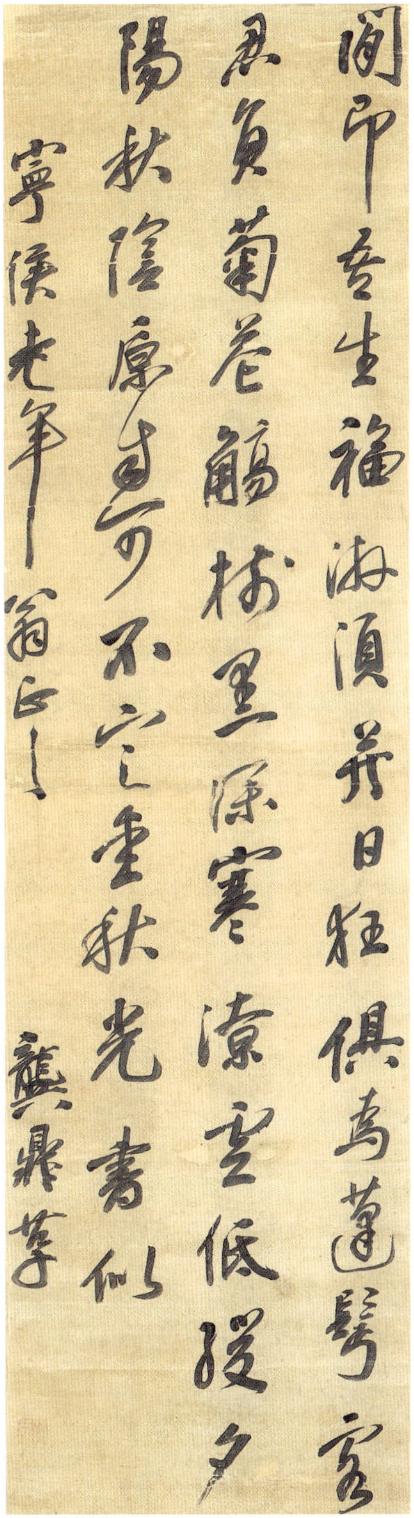

朱　耷（1626—1705），字雪个，号八大山人。僧名传綮、刃庵、个山、个山驴、个屋、驴屋。道号良月、道朗、破云樵者。江西南昌人。明宁王朱权后裔。明亡，剃度为僧，后为道士。顺治十八年（1661）于南昌建“青云谱”道院，主持其事。康熙二十四年（1685）被奉为“青云谱”开山祖。擅画水墨花草、禽鸟，尤精芭蕉、怪石。工书法，行楷学王献之，纯朴圆润，狂草尤奇伟。《清史稿》有传。

释文

庞公不浪出，苏氏今有之。再闻诵新作，突过黄初诗。乾坤几反复，扬马宣同时。今晨清镜中，胜食斋房芝。予发喜却变，白间生黑丝。昨夜舟火灭，湘娥帘外悲。百灵未敢散，风破寒江迟。

八大山人书

名下钤白文篆书“八大山人”、朱文篆书“各园”二方印；引首朱文篆书“玄赏”方印。

* * * * *

龚鼎孳（1615—1673），字孝升，号芝麓。安徽合肥人。崇祯七年（1634）进士，授兵科给事中。李自成进北京，授直指使。入清，累迁太常寺少卿，刑部、户部侍郎，左都御史；康熙间，官至礼部尚书。鼎孳博学多闻，诗、古文俱工。与钱谦益、吴伟业并称江左三大家。有《定山堂集》《白门柳传奇》《清史稿》有传。

释文

闲即吾生福，游须并日狂。俱为蓬鬓客，忍负菊花觞。树黑深寒潦，云低缓夕阳。秋阴原两可，不定金秋光。

书似宁侯老年翁正之。

龚鼎孳

名下钤白文篆书“龚鼎孳印”、朱文篆书“芝麓”二方印。

左
朱耷行书杜甫《苏大侍御访江浦，赋八韵记异》诗轴
纸本　纵125.4厘米　横59厘米

右
龚鼎孳行书五言律诗轴　　绫本　纵183.5厘米　横50厘米

小莽苍苍斋还收集到万寿祺、李渔、陈维崧、顾贞观、汪琬、吴绮、费密、彭定求、潘耒、宋荦、徐枋、徐乾学、毛奇龄、何焯等当时著名学者的墨迹。这些大家遗墨，因年代久远，数量不多，但质量却属上乘。

如果给小莽苍苍斋藏品分等级，曹寅手书律诗条幅恐怕要算精品之一。曹寅是一个值得研究的人物。他曾任康熙帝的侍卫、伴读，他的母亲又是康熙帝的奶娘。（有此一说。）曹氏祖孙三代在江宁织造任上，前后五十余年。康熙帝六次南巡，曹寅四次接驾。曹寅还是当时颇负盛名的学者，同江南士大夫有着广泛的联系，著名的《全唐诗》《佩文韵府》便是他主持纂辑的。此外，人们对曹寅的兴趣还因为他是《红楼梦》作者曹雪芹的祖父。

与曹寅同时代的陈鹏年，在当时被称为“陈青天”，曾因反对贪官污吏，被构陷入狱。康熙帝南巡，曹寅为陈鹏年讲情，叩首至血流满面，使陈氏无罪获释。三年后，陈鹏年又因写《虎丘》诗被扣上“反君”的罪名，判以充军。后来引起民众骚动，工商业纷纷罢市。由于各方声援，迫使朝廷二次撤销原判。小莽苍苍斋珍藏有陈鹏年书写的《虎丘》诗轴，它几乎使陈丢了身家性命。

这件墨迹成为陈鹏年这桩公案的实证，实为难得。

值得一提的还有题签为《周亮工书〈闽小记〉》册页。周亮工是清初蜚声海内的学者和艺术鉴赏家，一生著述颇多；《闽小记》是他任官福建时杂记当地风物之作，记载地方风俗、物产、工艺、掌故颇丰。当时人认为，该书“在近代说部之中，固为雅驯可观矣”。《闽小记》曾被收入《四库全书》，后因书中有怀明诋清之处，复查中又被撤出。

朱彝尊《与阎若璩论理古文尚书》卷也是小莽苍苍斋中不可多得的墨宝。

阎若璩，字百诗，清初著名的考据学家，曾用三十余年功力著《古文尚书疏证》，揭露千余年间上自皇帝经筵进讲，下至学童蒙馆课读的《古文尚书》，竟是魏晋人的伪作。他也由此名噪一时，成为当时学术界颇有影响的大儒。朱彝尊《与阎若璩论理古文尚书》卷的发现，对了解清初的学术状况，无疑是有帮助的。有人赞誉朱彝尊是个“通才”，称他的诗歌只有王渔洋堪与匹敌；词仅陈维崧与之相埒；文与清初古文三大家——侯方域、魏禧、汪琬不相上下，顾炎武甚至说他高于侯方域；学术则不亚于清初诸大儒。上述多数学者的墨迹，小莽苍苍斋都有收藏，而朱彝尊的墨迹，手卷、条幅、楹联、铭砚，田家英收集最多，这或许也表明田家英对朱氏的重视。

还有的收藏品，作者记载了一些有意义的趣闻。林佶的行书轴曾记录了康熙五十年（1711）四月二十四日中午，他亲眼所见的一起奇特自然现象。当时他正在书写《兰亭序》，刚临了三行，“忽骤雨旋风，林木颠簸，亟闭四窗，趣［趋］下楼，忽震电从楼前桐树起，大声霹雳，烟焰迷离，纸窗迸裂如蝶翅，令人眩掉，移时乃息”。从上述记载的现象看，应该是一起落地雷。像这样的趣闻和有意义的记载，在田家英收藏的墨迹中不止一处。

魏裔介临王献之《鹅群帖》轴
绫本　纵 221 厘米　横 49.5 厘米

李光地楷书五言古诗轴
绫本　纵 161 厘米　横 50 厘米

魏裔介（1616—1686），字石生，号贞庵，又号昆林。河北柏乡人。顺治三年（1646）进士，选庶吉士。官至吏部、礼部尚书，保和殿大学士，加太子太保、太子太傅衔。充任《世祖实录》总裁官。裔介自入谏垣，先后二百余疏，内赞政典，外筹军务，皆中机要。一生治程朱理学，服膺穷理、尽性之旨。卒谥文毅。有《兼济堂奏议》《鉴语经世编》《圣学知统录》《屿舫诗集》《约言录》（内外篇）等。《清史稿》有传。

释文

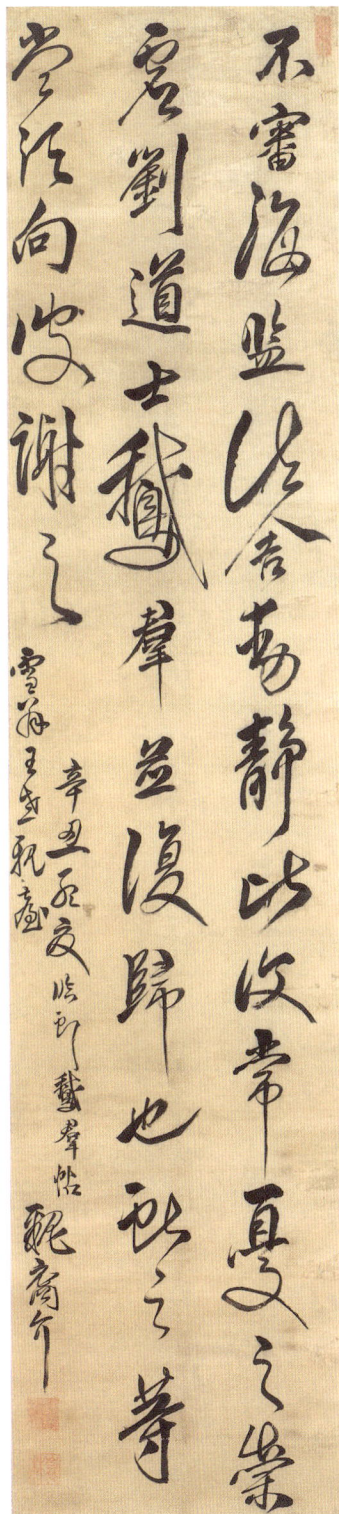

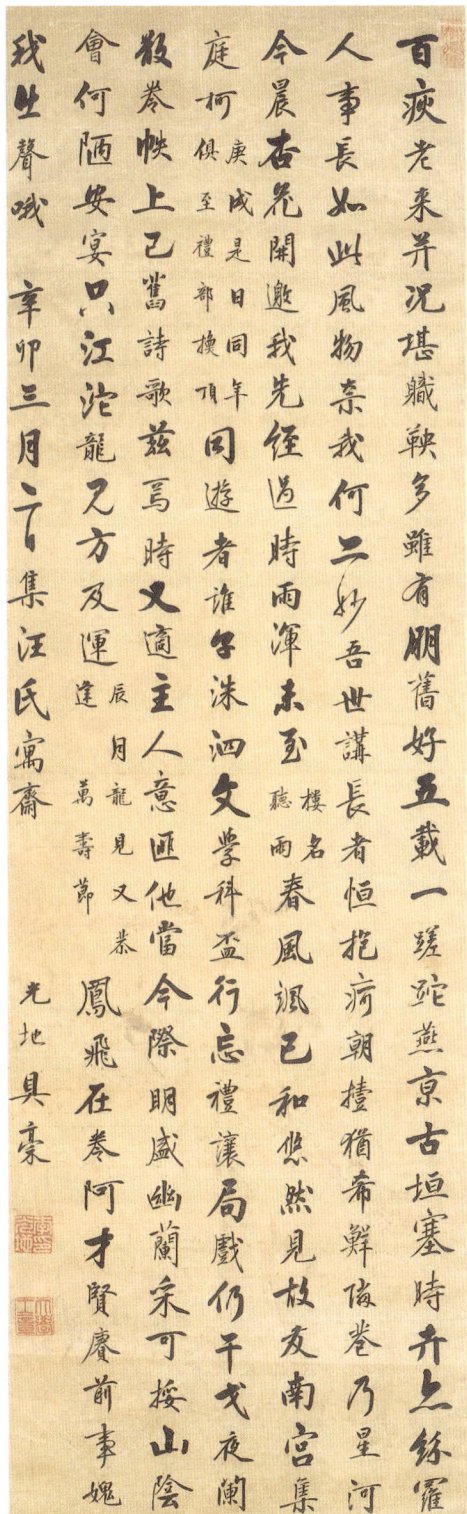

不审海监法舍动静，比复常忧之。崇虚刘道士鹅群并复归也。献之等尚须向彼谢之。

辛丑孟夏临献之《鹅群帖》，雪翁王老亲台。

魏裔介

名下钤白文篆书“魏裔介印”、朱文篆书“昆林”二方印；引首白文篆书“澹娱阁”长方印。

* * * * *

李光地（1642—1718），字晋卿，号厚庵、榕村。福建安溪人。康熙九年（1670）进士，选庶吉士，授编修。累官直隶巡抚、文渊阁大学士。三藩之乱时，郑经从台湾进军福建；光地遣使带蜡丸入京，献用兵之计，后又力主统一，推荐施琅为将。卒谥文贞。雍正初，赠太子太傅，祀贤良祠。治学以程朱理学为宗，曾奉命主编《性理精义》《朱子全书》。有《榕村全集》。《清史稿》有传。

释文

百疢老来并，况堪觥鞅多。虽有朋旧好，五载一蹉跎。燕京古垣塞，时卉亦纷罗。人事长如此，风物奈我何？二妙吾世讲，长者恒抱疴。朝抬犹希鲜，邻巷乃星河。今晨杏花开，邀我先经过。时雨浑未至，（楼名听雨。）春风飒已和。悠然见故友，南宫集庭柯。（庚戌是日，同年俱至礼部换顶。）同游者谁子，洙泗文学科。杯行忘礼让，局戏仍干戈。夜阑散卷帙，上巳旧诗歌。兹焉时又适，主人意匪他。当今际明盛，幽兰采可挼。山阴会何陋，安宴只江沱。龙见方及运，（辰月龙见，又恭逢万寿节。）凤飞在卷阿。才贤赓前事，媿我出声哦。

辛卯三月二日集汪氏寓斋。

光地具稿

名下钤白文篆书“李光地印”、朱文篆书“大学士章”二方印；引首朱文篆书“御赐教忠堂”长方印。

释文

虚堂一游瞩，骤雨满空至。的历散方塘，冥濛结云气。势逐风威乱，望穷山景翳。烟霭集林端，苍茫欲无际。凉意袭轻裾，炎氛起秋思。对此景凄凄，还增冲淡志。

录为介石年兄。

厚庵地

名侧钤朱文篆书“李光地印”、白文篆书“厚庵”二方印，引首朱文篆书“静中功夫”椭圆印。

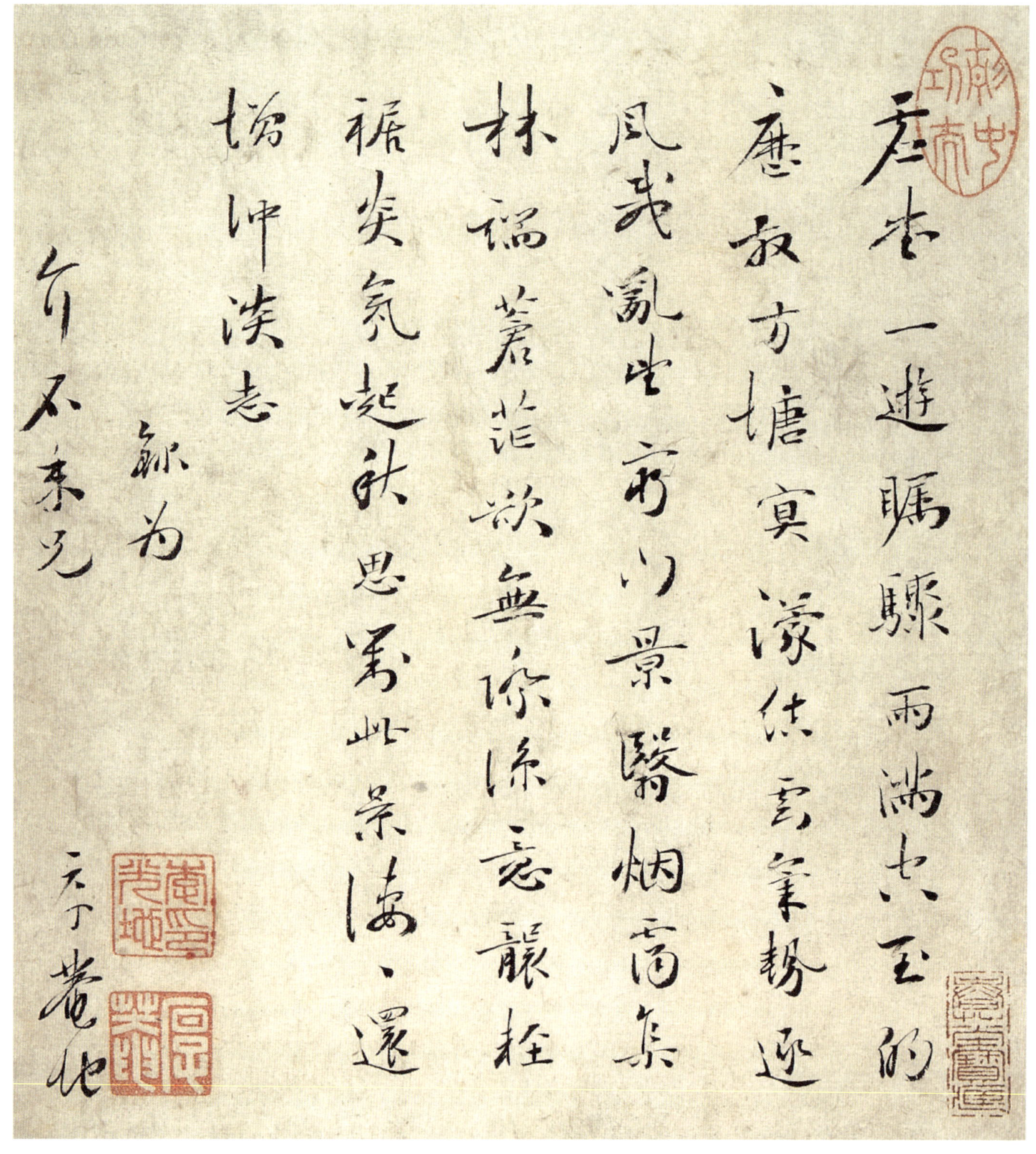

李光地行书五言诗页
纸本　纵 27.8 厘米　横 25 厘米

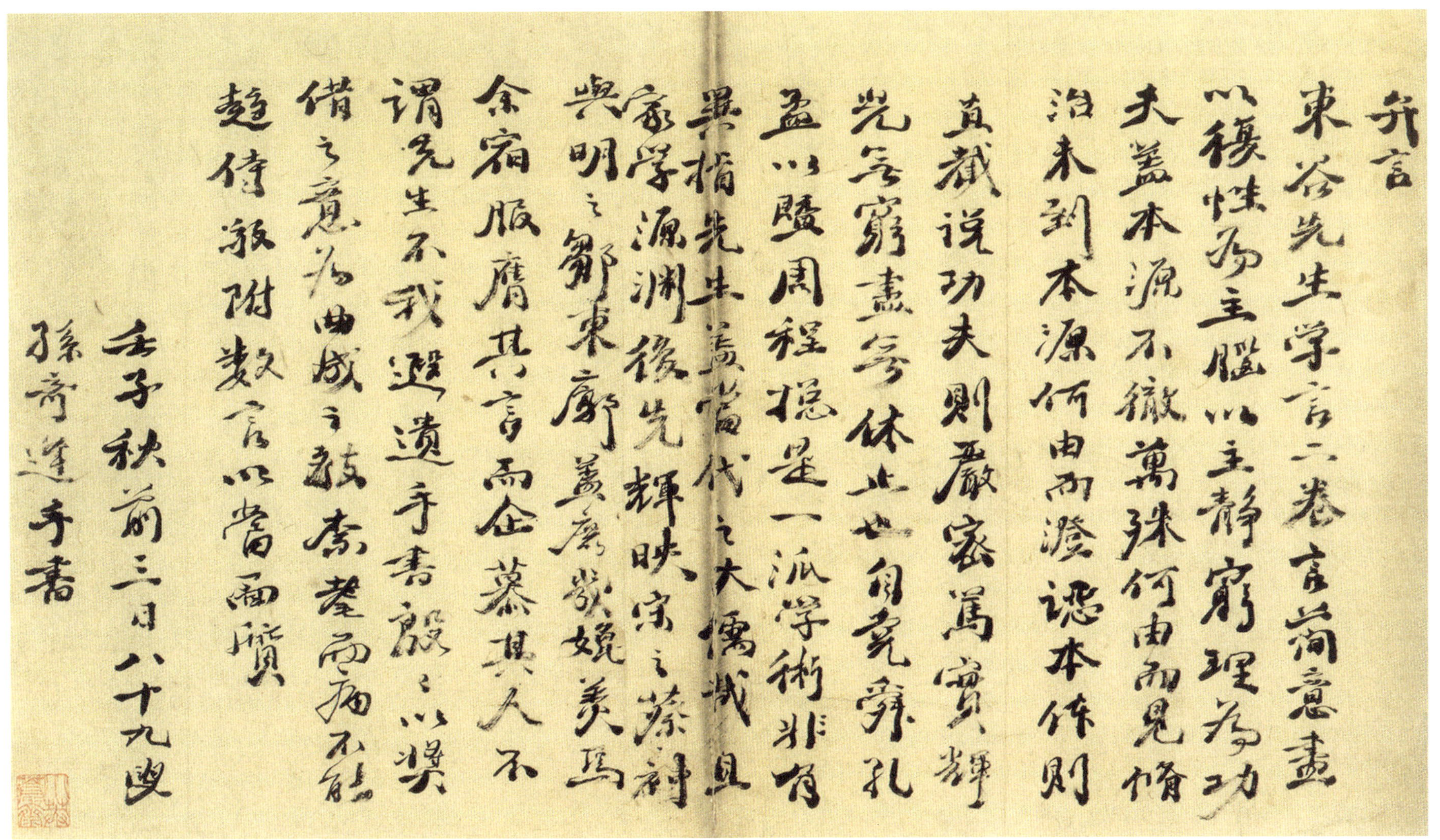

孙奇逢行书张茂兰《学言·弁言》页
纸本　纵 24 厘米　横 39 厘米

孙奇逢（1584—1675），字启泰，一字钟元。直隶容城人。万历二十八年（1600）举人。天启间左光斗等遭珰祸，奇逢倾身相救。明末入易州五公山避乱，从者数百家。晚岁移居河南辉县苏门夏峰，自明及清凡十一征皆不起。其学以慎独为宗，初宗陆九渊、王守仁，晚年倾慕朱熹理学。学者称夏峰先生。有《经书近指》《甲申大难录》《乙丙纪事》《理学宗传》等。《清史稿》有传。

释文

弁言

东谷先生《学言》二卷，言简意尽，以复性为主脑，以主静穷理为功夫。盖本源不彻，万殊何由而见；修治未到，本源何由而澄。认本体则直截，说功夫则严密。笃实辉光，无穷尽、无休止也。自尧、舜、孔、孟以暨周、程，总是一派学术，非有异指，先生盖当代之大儒哉。且家学源渊，后先辉映，宋之蔡神［沈］与明之邹东廓，盖庶几媲美焉。余宿服膺其言，而企慕其人，不谓先生不我遐遗，手书殷殷以奖借之意，为曲成之教。奈耄而病，不能趋侍，敬附数言，以当面质。

壬子秋前三日，八十九叟孙奇逢手书

冒　襄（1611—1693），字辟疆，号巢民。江苏如皋人。崇祯十五年（1642）副榜，授台州推官，未赴。入清不仕。与侯方域、陈贞慧、方以智并称明季“四公子”。曾参与反马士英、阮大铖的斗争。工诗、善书，间作山水、花卉，书卷之气盎然。家有水绘园，四方名士毕集，风流文采映照一时。有《水绘园诗文集》《巢民诗集》《兰言》《影梅庵忆语》《同人集》等。《清史稿》有传。

释文

王恭书至落银河，劝尔东来喜若何。蓬榻重开仍数载，邗江密迩更频过。鉴空毫发冰壶澈，吟动微茫水事多。若到法寂烦大手，为言凝望莫蹉跎。

别陈其年兼致阮亭使君。

雉皋冒襄

名下钤朱文篆书“冒襄巢民辟疆”长方印、白文篆书“水绘阁”圆印。

* * * * *

孔尚任（1648—1718），字季重，号东塘，又号云亭山人。山东曲阜人。孔子六十四世孙，二十岁前为诸生。康熙二十三年（1684），帝南巡至曲阜祭孔时，被荐举为御前讲书官；次年随衍圣公进京，用为国子监博士，累官至户部主事、员外郎。潜心戏剧创作，经十余年完成传奇剧作《桃花扇》，与洪昇《长生殿》齐名，有“南洪北孔”之称。有传奇《小忽雷》，诗文《东塘文集》，杂著《阙里新志》《会心录》等。《国朝耆献类征》有传。

释文

尘积青衫几碎琴，水边偶到似孤云。诗狂不断还山句，马癖难消入世心。催促客程惟柳影，勾留仙梦是蝉音。虚亭野渚无人处，白发吟秋意最深。

依韵奉题《仲景老年道翁照卷》。

云亭山人孔尚任

名下钤白文篆书“孔尚任印”、朱文篆书“东塘”二方印；引首朱文篆书“鱼玉斋”长方印。

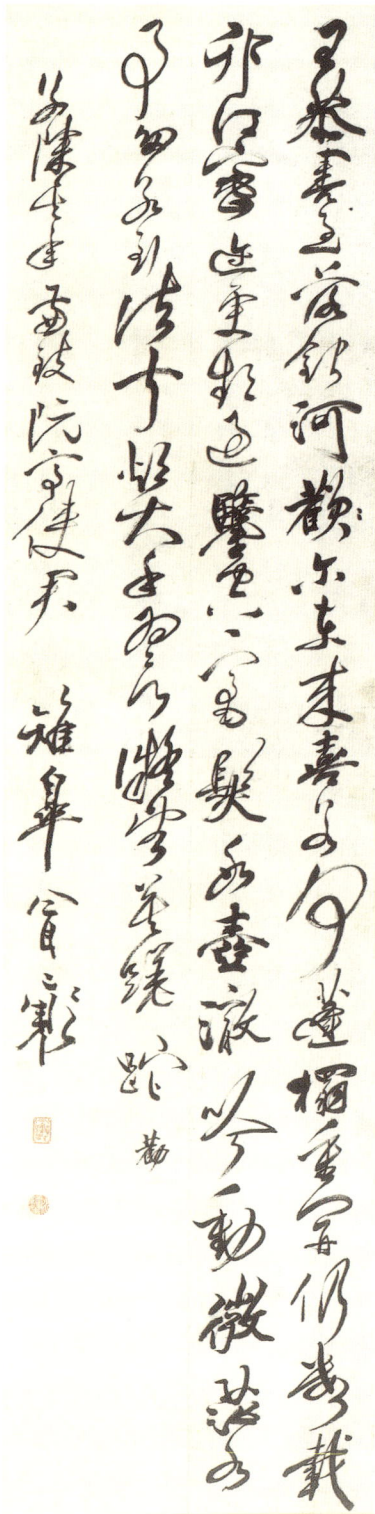

冒襄草书《别陈其年兼致阮亭使君》诗轴
纸本　纵 195.4 厘米　横 48.8 厘米

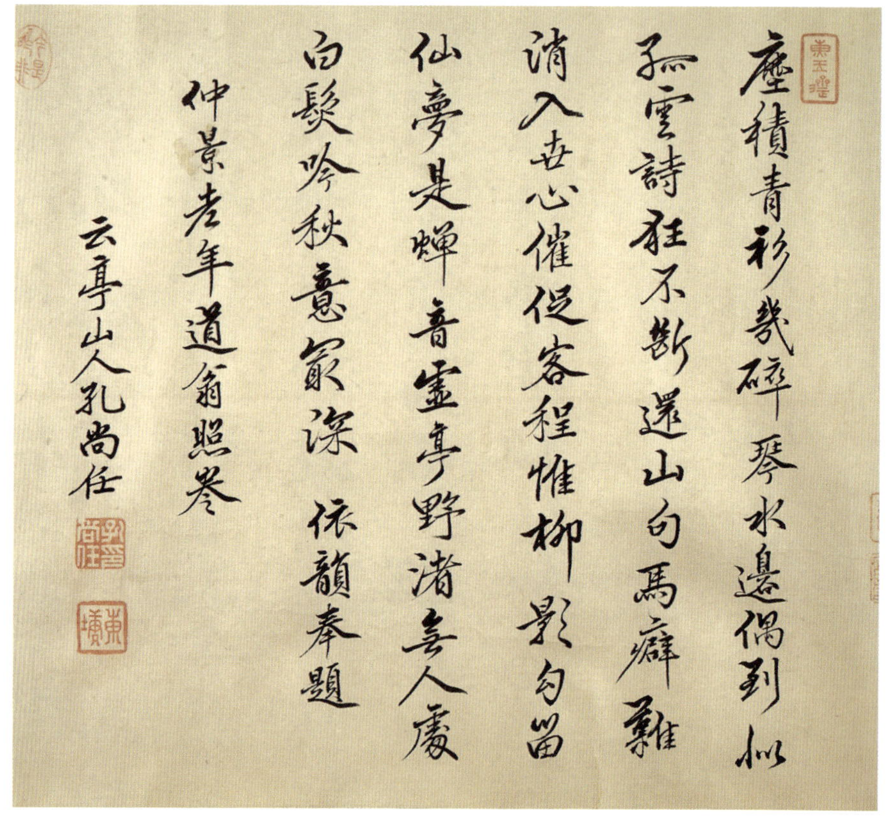

孔尚任行书《依韵奉题仲景老年道翁照卷》诗页
纸本　纵 34 厘米　横 38 厘米

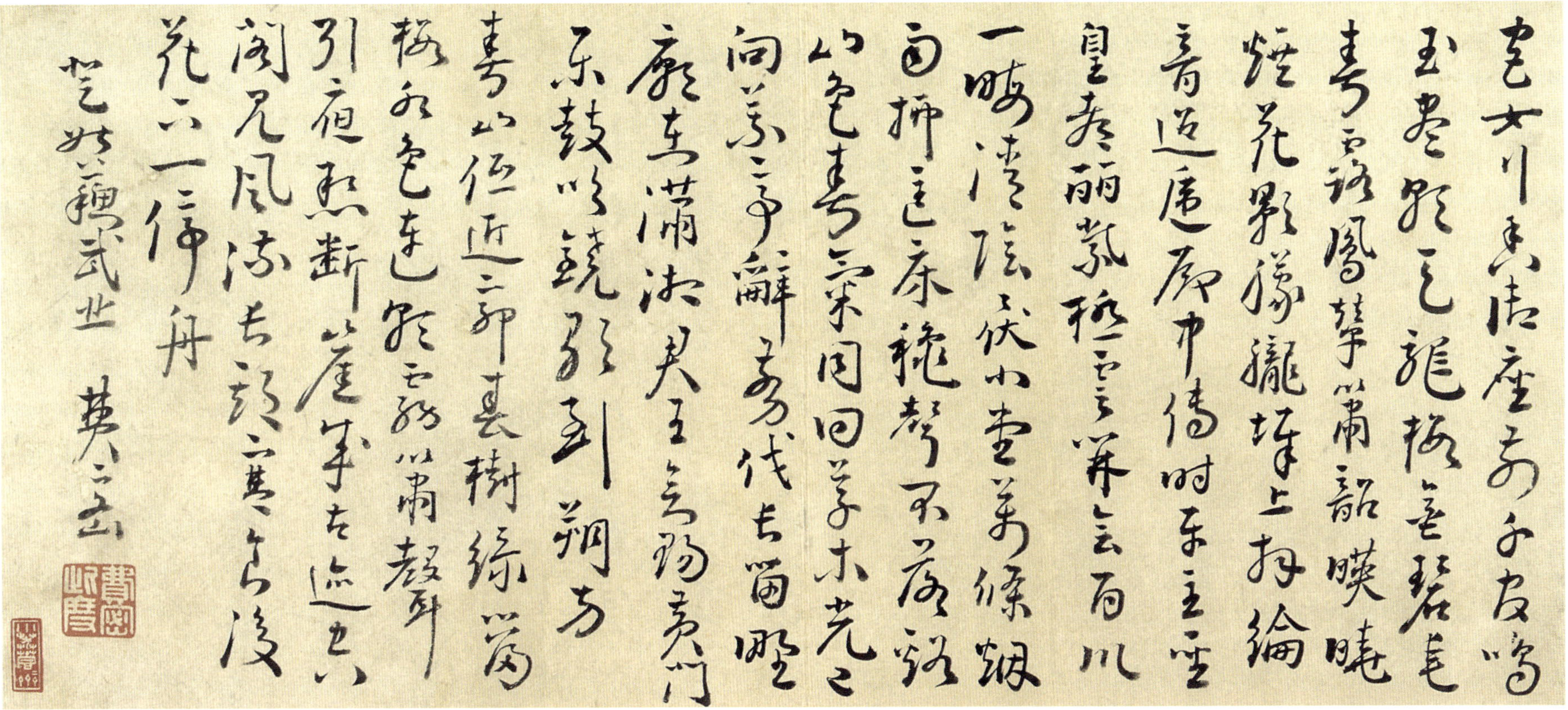

费密行书《登姑苏武丘》诗卷　　纸本　纵 18 厘米　横 40 厘米

费　密（1625—1701），字此度，号燕峰，又号卷隐。四川新繁人。尽传父业，与王复礼、阎若璩交友。时张献忠据四川，密避乱为道士，流寓江苏泰州，后往河南辉县苏门师孙奇逢，称弟子。著书终身，主张“道”要能致用，反对空谈道德性命之说；论证汉唐诸儒在学术上之贡献超过宋儒。其诗气魄宏大，为王士禛所称。有《弘道书》《尚书说》《周官注论》《二南偶说》《四礼补篇》《史记笺》《古史证》《费氏家训》《荒书》《燕峰诗钞》等。《清史稿》有传。

释文

宫女行香御座前，千官鸣玉尽朝天。龙楼金碧垂春露，凤辇箫韵映晓烟。花影朦胧墀上拜，纶音迢递殿中传。时平主圣皇都丽，紫极云开会百川。一晦清阴覆小堂，万条烟雨拂匡床。秋声不落溪山色，春气同回草木光。已向药亭辞剪伐，长留野庙在潇湘。君王会赐黄门乐，鼓吹铙歌到朔方。

春山低近郭，春树绿当楼。水色连朝雾，箫声引夜愁。断崖成古迹，空阁见风流。长期寒食后，花下一停舟。

登姑苏武丘 费密

名下钤白文篆书“费密此度”方印。

潘　耒（1646—1708），字次耕、稼堂，号止止居士。江苏吴江人。康熙十八年（1679）举博学鸿词科，授翰林院检讨，参与纂修《明史》，寻充日讲起居注官，纂修《实录》《圣训》。师事徐枋、顾炎武，博通经史及历算、音学。晚年研究易象数。有《类音》《遂初堂诗集》等。《清史稿》有传。

释文

家传伊水泽流长，椿寿初逢七十霜。冀北群空欣桂馥，河东凤舞挹兰芳。饵成桃实神偏爽，奏罢云璈韵自飏。从此筹应添海屋，先看争献紫霞觞。

奉祝尔房老年翁七衮荣寿。

稼堂潘耒

名下钤朱文篆书“潘耒之印”、白文篆书“次耕”二方印。

* * * * *

曹　寅（1658—1712），字子清，号荔轩，又号楝亭。汉军正白旗人。曹雪芹祖父。先世为汉族，原籍河北丰润；入清后，为内务府包衣。官至通政使，后为江宁织造，兼巡视两淮盐漕监察御史。以母为康熙帝乳母，权贵在江南督抚之上。受命搜集江南民情，监察官吏。能诗词，喜藏书，曾得季振宜、徐乾学所藏书。校刻《全唐诗》《佩文韵府》《楝亭藏书十二种》，有《楝亭诗钞》《楝亭词钞》《续琵琶记》等。《清史稿》有传。

释文

再报东皋一尺书，哦诗松下晚凉如。长城终古无坚垒，末路相看有敝庐。甚愿加餐燕玉暖，少忧问病梵天虚。鬓丝禅榻论情性，遽匣虫鱼已费除。

冲谷寄诗，索拥臂图，嘉予解天竺书，奉和旧作。己巳孟夏，蕉庵纳凉，承教属书并求斧政。

曹寅

名下钤白文篆书“曹寅之印”、朱文篆书“西农”二方印；引首白文篆书“聊复尔尔”长方印。

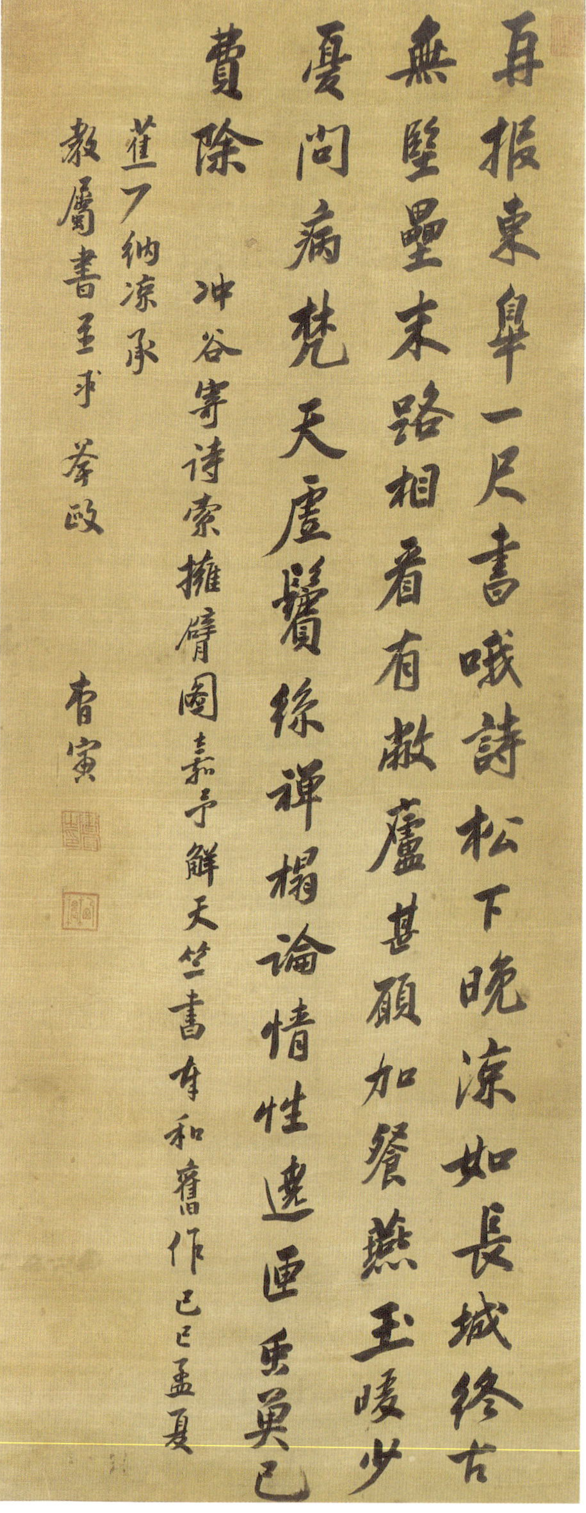

左
潘耒行书七言律诗轴
泥金笺　纵151.5厘米　横44.8厘米

右
曹寅行书七言律诗轴
绫本　纵139.4厘米　横54.2厘米

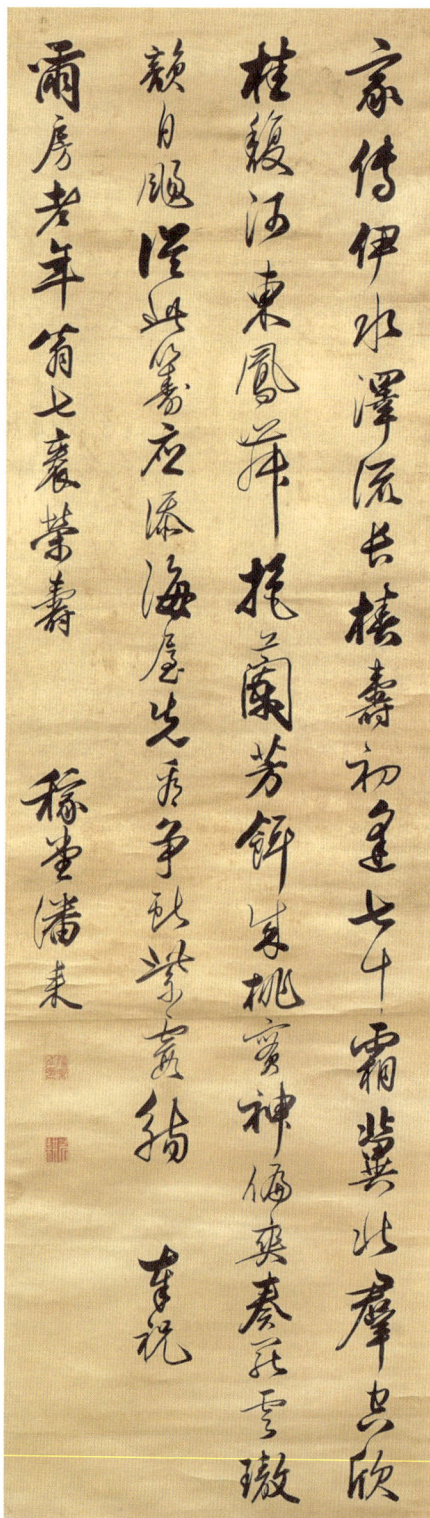

毛奇龄（1623—1716）原名甡，字大可，号初晴，后改今名；一字齐于，号西河。浙江萧山人。康熙十八年（1679）应博学鸿词科，授翰林院检讨，任职史局，纂修《明史》，后以病归。好治儒家经典，自视甚高，尝排击宋儒，崇古文经学。学者李塨、邵廷寀为其门生。平生于语音、音乐、历史、地理及哲学均有著作，晚年专究易理。《四库全书》收其著作多至四十余部。工书画，善诗文。有《古文尚书冤词》等。《清史稿》有传。

释文

舟山鸑鷟紫田芝，江左青箱数世遗。方外茂仁称令士，庭前王济是佳儿。下帷不计探花日，在泮刚逢采藻时。犹记帝京来觐省，当楼亲授鲤庭诗。

书为君祥年翁博粲。

西河毛奇龄，八十有九

名下钤白文篆书“毛奇龄书”、朱文篆书“文学侍从之臣”二方印。

毛奇龄行书七言律诗轴

纸本　纵 120.5 厘米　横 58 厘米

周亮工（1612—1672），字元亮，号栎园，号栎下先生。河南祥符人。崇祯十三年（1640）进士，官监察御史。仕清后官至福建左布政使、户部右侍郎。工古文辞，一禀秦汉风骨。喜为诗，宗仰少陵。善书。有《赖古堂诗钞》《读画录》《因树屋书影》等。《清史稿》有传。

释文

东武城边有双鹤，其一雄飞入寥（阔）廓。声闻且久去不回，遥忆羽仪尚如昨。其一修翎宿旧巢，有雏亦具凌云毛。风前鸣和实矫异，凡鸟不敢相啾啁。是时优游饱霜雪，得傍贞松安高洁。须臾已历六十春，劲翮如轮映秋月。当年缟衣已成尘，而今岁久欲成缁。定知此后无穷日，又见蓬莱清浅时。

栎下周亮工

名下钤白文篆书“原亮亮□”“□墨草堂”二方印。

* * * * *

严我斯（1629—约1679），字就斯，一字存庵，浙江归安人。康熙三年（1664）状元，官至礼部左侍郎。文章操行为当时所重。有《尺五堂诗删》。《四库全书总目》有传。

释文

邦宪分屏翰，台司肃纪纲。民歌郇伯雨，吏惮鲍公霜。丹笔惟平允，朱绳善激扬。自将飞印鹊，岂特颂神羊。深悯洪流阨，尤怀己溺伤。绘图通帝座，卧岸格穹苍。铁弩千年浸，金堤此日防。陂应名子贡，埭即匹甘棠。绣垅机环翠，澄江镜吐铓。三吴出昏垫，万祀赖丰穰。沙复冯夷导，潮回紫凤翔。毁家募版插，辞府免租装。薪倍宣房属，符从禹穴藏。丰功开不世，伟略莫非常。借寇群生切，题屏圣主扬。松扉伫曳履，旗室会铭章。难罄旬宣绩，先赓底定祥。桑田绵七郡，碑石郁相望。

雪翁老祖台世伯莅杭七载，懋绩仁声，美不胜纪，独治海塘一事，力瘁功高，东南永赖。都人士咸作诗文颂扬不朽，因赋十八韵以附赓歌者之后，用志讴思，兼呈郢正。

治年家世侄严我斯顿首拜

名下钤白文篆书“严我斯印”、朱文篆书“存庵”二方印；引首朱文篆书“爱□堂”长方印。

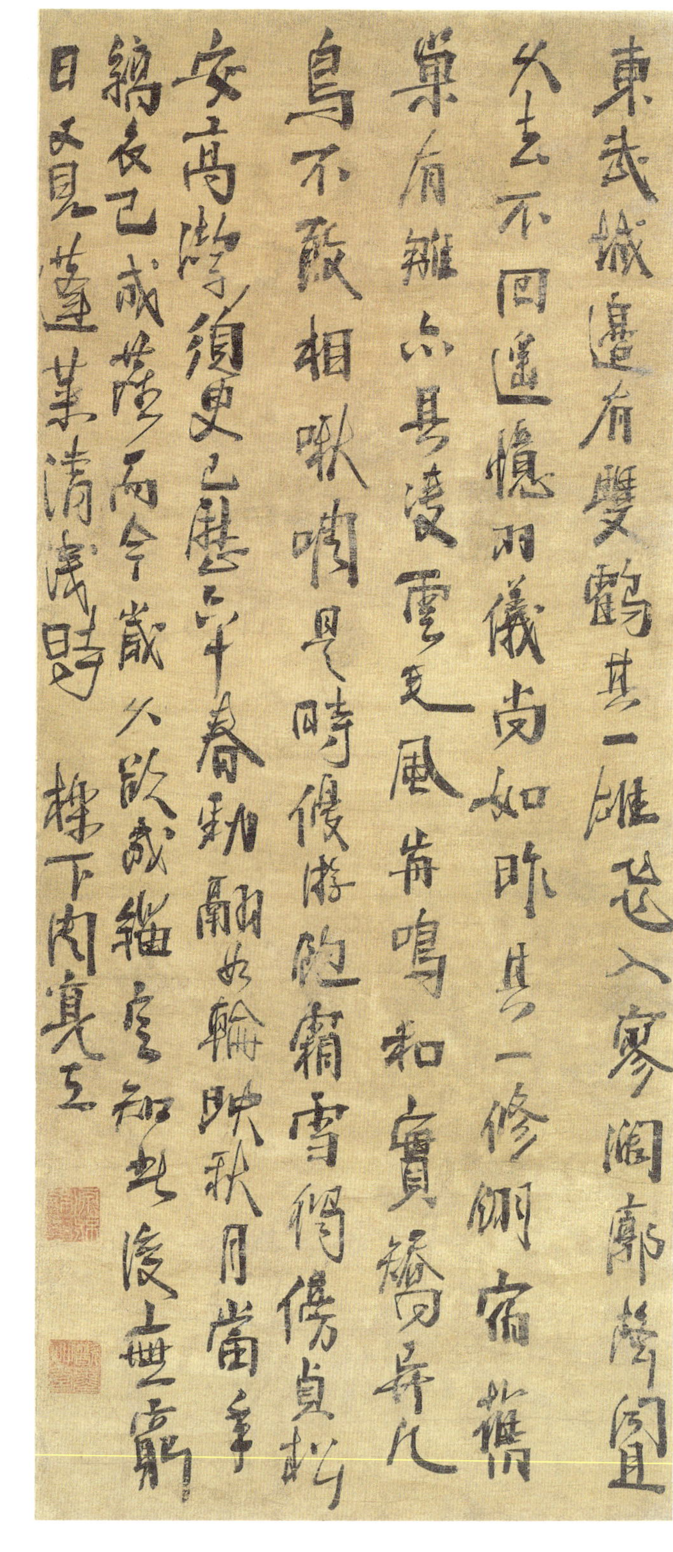

左
周亮工行书七言古诗轴　洒金笺　纵98.5厘米　横43厘米

右
严我斯行书五言排律诗轴　绫本　纵192.4厘米　横52厘米

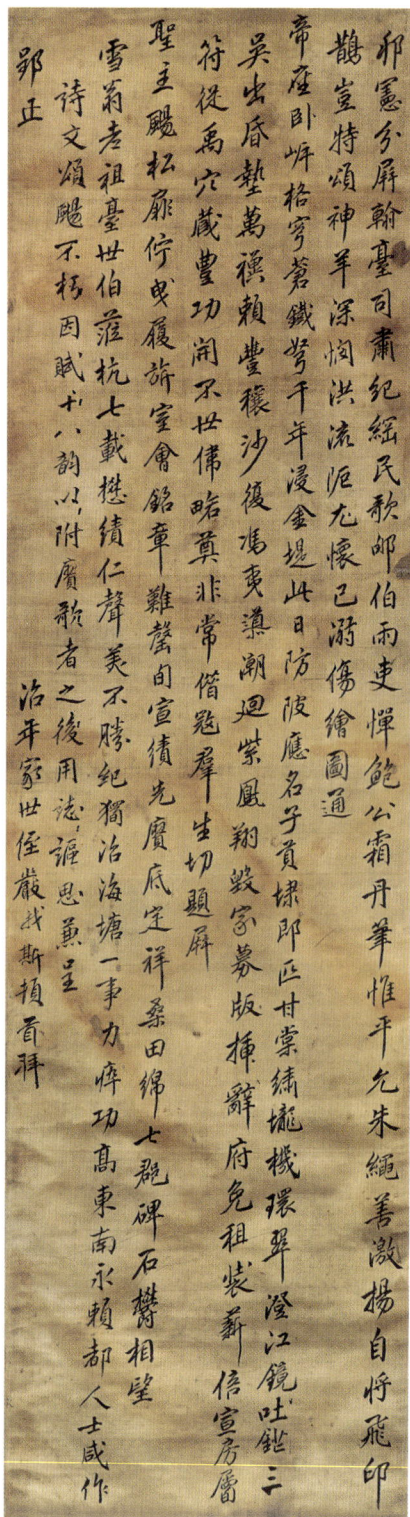

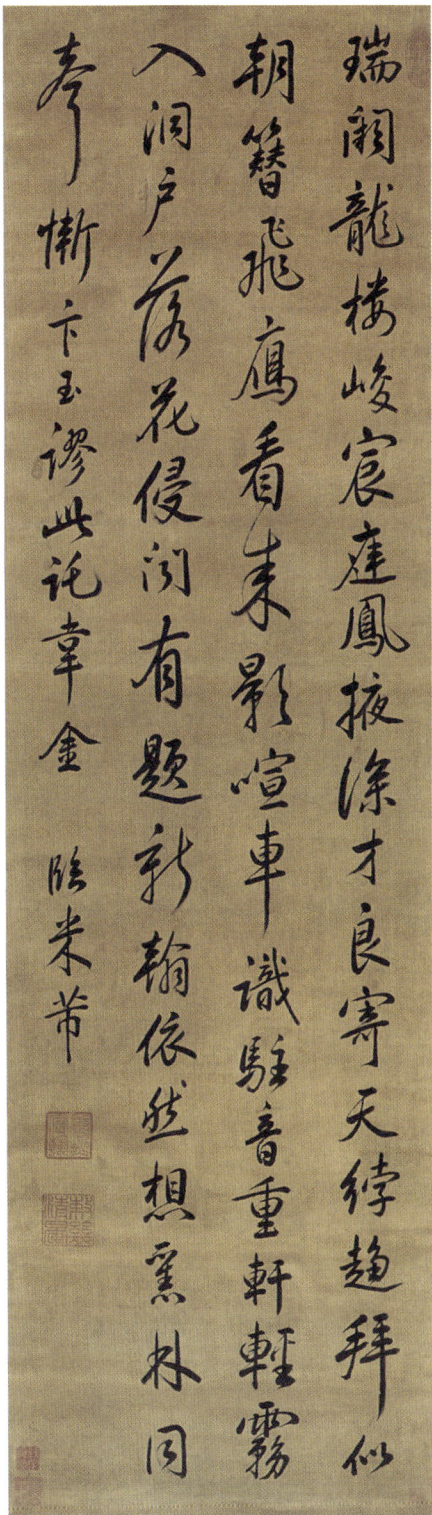

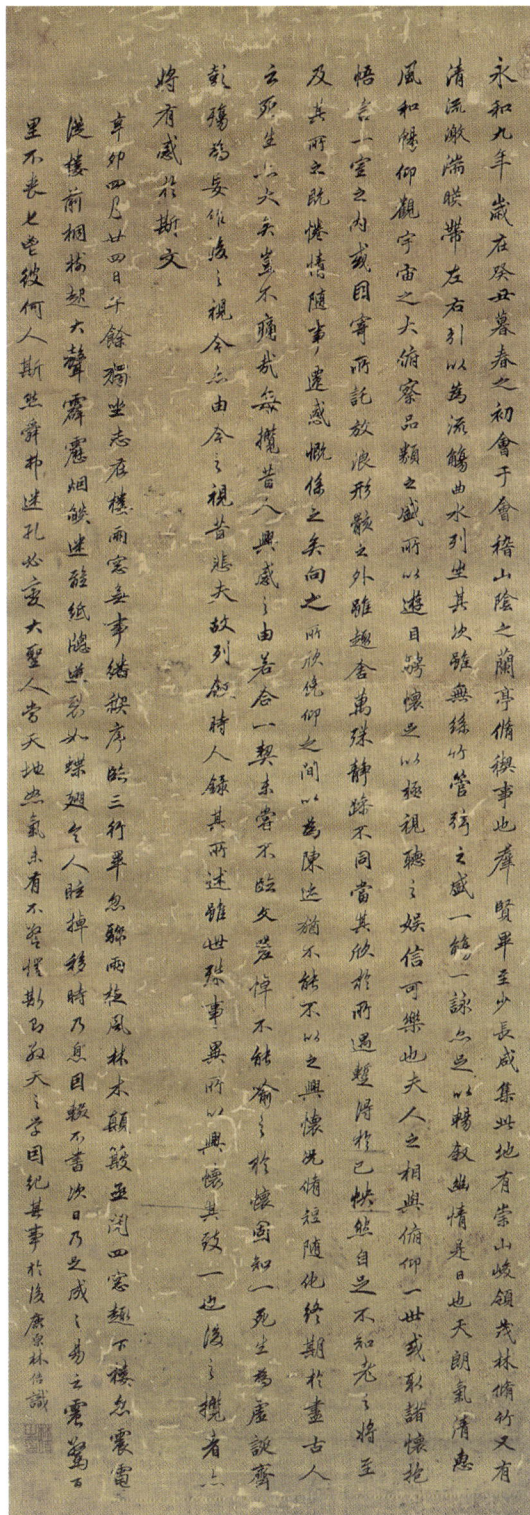

爱新觉罗·玄烨（1654—1722），清圣祖。清世祖爱新觉罗·福临第三子，年号康熙。八岁继位，十四岁亲政，在位六十一年，开创中国最后一个封建盛世。好学工书，尤爱董其昌书，常以书作赐廷臣与外国使臣。《清史稿》有传。

释文

瑞阙龙楼峻，宸庭凤掖深。才良寄天绂，趋拜似朝簪。飞雁看来影，喧车识驻音。重轩轻雾入，洞户落花侵。闻有题新翰，依然想旧林。同声惭下玉，谬此托韦金。

临米芾。

下钤朱文篆书“康熙宸翰”“敕几清晏”二方印，引首朱文篆书“日镜云伸”椭圆印。

* * * * *

林　佶（1660—1720），字吉人，号鹿原，福建侯官人。康熙五十一年（1712）以举人赐进士，授内阁中书。擅诗文，师事汪琬、王士禛、陈廷敬。喜藏书，不惜破产以求，闽中明代藏书家谢肇淛、徐𤊹之书多归之。工诗，善篆隶，尤精小楷，手写《尧峰文钞》《渔洋精华录》《午亭文编》，皆刊本行世，传抄徐乾学辑《经解》、朱彝尊选《明诗》，书法精雅为世所重。有《朴学斋集》。《清史稿》有传。

释文

（《兰亭序》全文略）辛卯四月廿四日，午余，独坐志在楼。雨窗无事，翻《禊》序。临三行毕，忽骤雨旋风，林木颠簸，亟闭四窗，趣［趋］下楼，忽震电从楼前桐树起，大声霹雳，烟焰迷离，纸窗迸裂如蝶翅，令人眩掉，移时乃息。因辍不书，次日乃足成之。《易》云：“震惊百里，不丧匕鬯。”彼何人斯，然舜弗迷，孔必变。大圣人当天地怒气，未有不警惧，斯即敬天之学，因纪其事于后。

鹿原林佶识

名下钤朱文篆书“林佶之印”、“麓原”二方印；引首朱文篆书“长林”葫芦印。

左
玄烨行书临米芾书郑愔《同韦舍人早朝》诗轴
绫本　纵 168.5 厘米　横 40 厘米

右
林佶行书《兰亭序》轴　　绫本　纵 125 厘米　横 44.8 厘米

乾嘉学人多入藏

田家英最感兴趣并曾下过一番工夫搜集的要数清中期“乾嘉学派”的墨迹。

“乾嘉学派”以考据为特色，标榜师法汉儒，是当时文化界势力很大的一个学派。它又分为两支，即吴派和皖派。两支虽都集于汉学大旗之下，但各具特色。

吴派以惠栋为代表，包括其友人沈彤，学生余萧客、江声以及王鸣盛、钱大昕、钱大昭、钱塘、钱坫等，他们大多恪守惠氏尊汉的学术途径，提出“墨守许（慎）郑（玄）”的口号，形成了“凡古必真，凡汉皆好”的学派特色。

在吴派学者中，学识最博、成绩最大的当推钱大昕。他的《廿二史考异》对篇幅浩繁的“正史”作了系统而细致的研究考证。与《廿二史考异》齐名之作是《廿二史札记》，其作者赵翼，自谓“生平嗜好”与钱大昕同。他们二人的墨迹，小莽苍苍斋多有收藏。

与钱、赵史学巨著鼎足而立的是王鸣盛《十七史商榷》，王氏正是以这部著作在清代学术史上取得了重要地位。他著作闳富，是乾嘉时期学识淹通的学者，一向为学术界所推重。其所书《颜鲁公争座位帖》是小莽苍苍斋的重要藏品之一。整帖一气呵成，活泼洒脱，有如其人自负狂傲的性格。

与惠栋齐名但并不为汉学所拘的戴震，和他的弟子、好友及后来追随者段玉裁、王念孙、王引之、金榜、程瑶田、汪中、焦循、阮元等被称为“皖派”，以及在阮元影响下的小学家，如山东的桂馥、王筠、许瀚、陈介祺等，提倡实事求是、讲求严密、识断精审的学风。

上述学者的墨迹小莽苍苍斋均有收藏，如阮元、桂

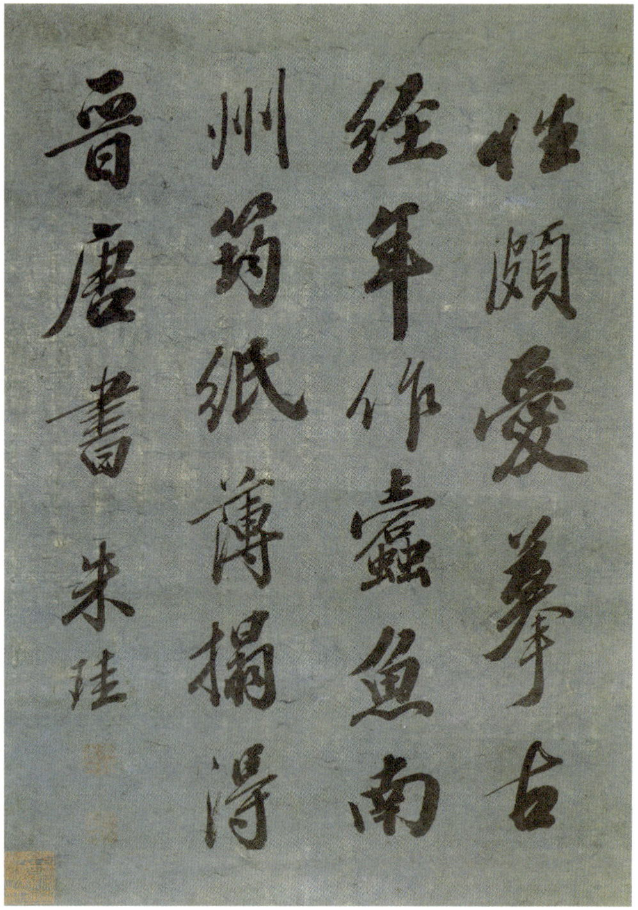

朱珪行书五言绝句诗轴
薄麻笺　纵 49 厘米　横 34.4 厘米

朱　珪（1731—1807），字石君，号南崖，晚号盘陀居士。顺天大兴人。乾隆十三年（1749）进士。历任翰林院编修、侍讲、内阁学士、兵部尚书，外而历任闽、鄂、晋、皖、粤等省按察使、布政使及总督等职，官至体仁阁大学士。卒谥文正。曾任嘉庆帝师。性孝友，于经术无所不通。在官持大体，不亲细务，清操亮节，海内宗仰。有《皇朝词林典故》《知足斋诗文集》等。《清史稿》有传。

释文

性頗爱摹古，经年作蠹鱼。南州筠纸薄，拓得晋唐书。

朱珪

名下钤白文篆书“朱珪之印”、朱文篆书“盘陀居士”二方印。

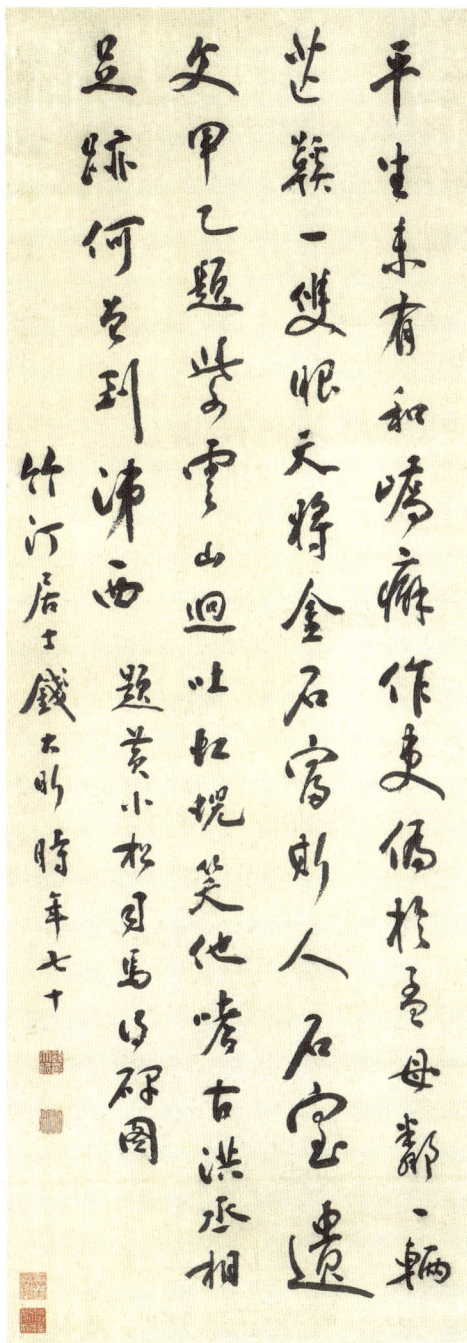

钱大昕行书《题黄小松〈司马得碑图〉》诗轴
高丽笺　纵 113.6 厘米　横 39.8 厘米

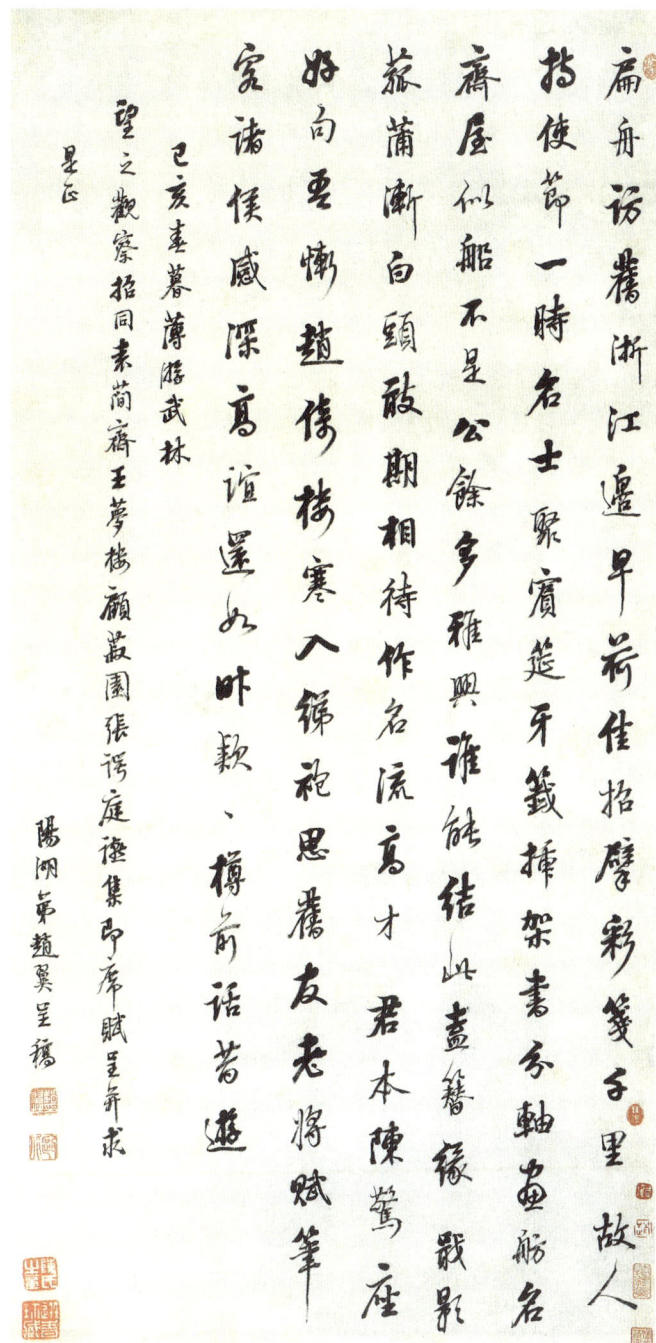

赵翼行书七言律诗轴
纸本　纵 66 厘米　横 32.6 厘米

钱大昕（1728—1804），字及之，又字晓征，号辛楣，又号竹汀。江苏嘉定人。乾隆十九年（1754）进士，官至少詹事，督学广东。学问渊博，于经史百家、舆地天文之学无不贯通，一生著述极富，为“吴中七子”之一。与修《大清一统志》《续文献通考》《续通志》。有《廿二史考异》《十驾斋养新录》《潜研堂金石文字跋尾》《潜研堂答问》等。《清史稿》有传。

释文

平生未有和峤癖，作吏偏于孟母邻。一辆芒鞋一双眼，天将金石富斯人。石室遗文甲乙题，紫云山迥吐虹霓。笑他嗜古洪丞相，足迹何曾到沛西。（《题黄小松〈司马得碑图〉》）

竹汀居士钱大昕，时年七十

名下钤白文篆书“钱大昕印”、朱文篆书“竹汀”二方印。

* * * * *

赵　翼（1727—1814），字云崧，号瓯北。江苏阳湖人。乾隆十九年（1754）举人，授内阁中书，入直军机处。乾隆二十六年（1761）进士，授翰林院编修，修《通鉴辑览》。为官清廉，颇有政声。治学精于考史，所著《廿二史札记》与钱大昕《廿二史考异》、王鸣盛《十七史商榷》并称清代三大考史名著。又工诗，与袁枚、蒋士铨齐名，称“江右三大家”。有《瓯北全集》《陔余丛考》等。《清史稿》有传。

释文

扁舟访旧浙江边，早荷佳招擘彩笺。千里故人持使节，一时名士聚宾筵。牙签插架书分轴，画舫名斋屋似船。不是公余多雅兴，谁能结此盍簪缘？

戢影菰蒲渐白头，敢期相待作名流。高才君本陈惊座，好句吾惭赵倚楼。寒入绨袍思旧友，老将赋笔客诸侯。感深高谊还如昨，款款樽前话昔游。

己亥春暮，薄游武林。望之观察招同袁简斋、王梦楼、顾菽园、张谔庭宴集，即席赋呈，并求是正。

阳湖弟赵翼呈稿

名下钤白文篆书“赵翼印”、朱文篆书“瓯北”二方印，引首朱文篆书“小卯山房”椭圆印。

馥、陈介祺等，墨迹都在五幅以上。

其中汪中的书简册十分难得。汪中一介布衣，穷困潦倒，然而学术成就甚高。他自道平生得意之举，便是参加《四库全书》的校勘，并从中得到无穷乐趣。田家英收藏的汪中书简，有他的校勘札记及与学者就疑义的研讨，从中可以看出他治学的严谨和考订核实工作的艰辛。

乾嘉时期，与汉学对立的是宋明理学。以方苞发其端，姚鼐继其后开创的“桐城派”，便是一个鼓吹程朱理学，在中国封建王朝末世盛极一时的重要文学派别。

田家英很重视搜寻这批学者的墨迹。收集到的有“桐城派”创始人方苞、刘大櫆、姚鼐以及他们的弟子、追随者梅曾亮、管同、陈用光、曾国藩、张裕钊、吴汝纶、范当世、严复、林纾等人的墨迹。精品有《方苞楷书程明道语录轴》，字写得敦厚有力。

方苞曾因列名于戴名世的《南山集》而下了大牢。由于李光地为之解脱，康熙帝亲自下达朱谕，赞其学问“天下莫不闻”，不但使他得脱死籍，更使他因此声望倍增，被誉为“桐城派”的开山始祖。

上继方苞、刘大櫆，下启梅曾亮、方东树等人的姚鼐，是“桐城派”中最有影响的作家。

乾隆时设立四库馆，一向被视为汉学家的领地。姚鼐则笃守桐城家法，为当时宋学家之代表。田家英很重视收集姚鼐的墨迹，不但有诗幅、楹联、书简、手稿，还有一方姚鼐自用澄泥砚，砚铭苍劲有力，气势磅礴。但最有学术研究价值的，还是《姚鼐文稿卷》，上有他为刘大櫆等人写的传和为钱沣等人诗集作的序。

这个时期的著名学者，还有钱维城、朱筠、王昶、朱珪、纪昀、毕沅、严可均、顾广圻、张惠言、奚冈、鲍廷博、梁同书、徐松、张穆等，他们的墨迹，田家英都没有放过。

其中以撰写《儒林外史》的吴敬梓和中国杰出的史学家章学诚的墨迹最为难得。小莽苍苍斋的收藏品，就数量和质量而言，以这一时期为多而且好。

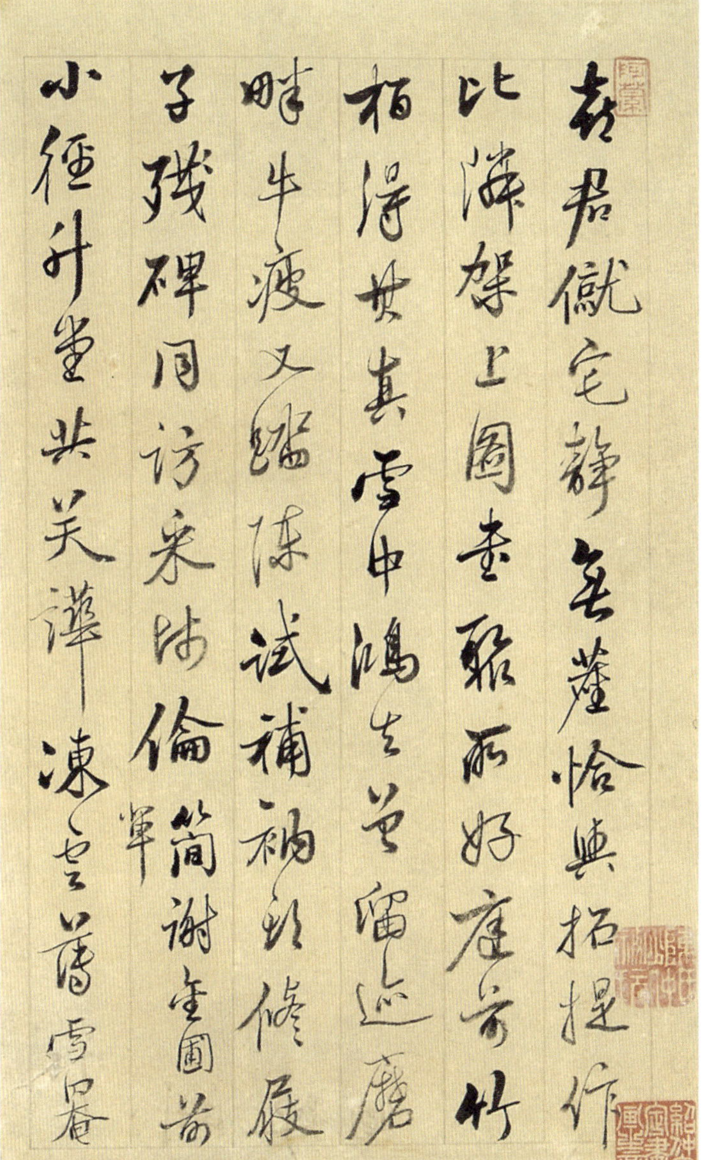

王鸣盛（1722—1797），字凤喈，号礼堂，又号西庄，晚号西沚居士。江苏嘉定人。乾隆十九年（1754）进士，授编修，累官内阁学士兼礼部侍郎，左迁光禄寺卿。以汉学方法治史，对中国古代制度、器物、文字、人物、碑刻、地理等均有考证。有《十七史商榷》《蛾术编》《西庄始存稿》《西沚居士集》《耕养斋诗文集》等。《清史稿》有传。

释文

喜君僦宅静无尘，恰与招提作比邻。架上图书聚所好，庭前竹柏得其真。雪中鸿去曾留迹，磨畔牛疲又踏陈。试补衲头修屐子，残碑同访采师伦。（《简谢金圃前辈》）小径升堂共笑哗，冻云薄雪罨檐牙。搅祛人比同林鸟，过眼年惊赴壑蛇。准备籸盆添旺相，关支椒酒作生涯。相期犯卯休归去，一任咚咚漏鼓挝。（《小除夕集金圃斋》）

近诗二律钞呈吟江二兄先生。

东吴王鸣盛

名下钤白文篆书“鸣盛”“礼堂”二方印；引首朱文篆书“阿萧”长方印。

王鸣盛行书七言律二首诗页
纸本　纵 25 厘米　横 15.1 厘米

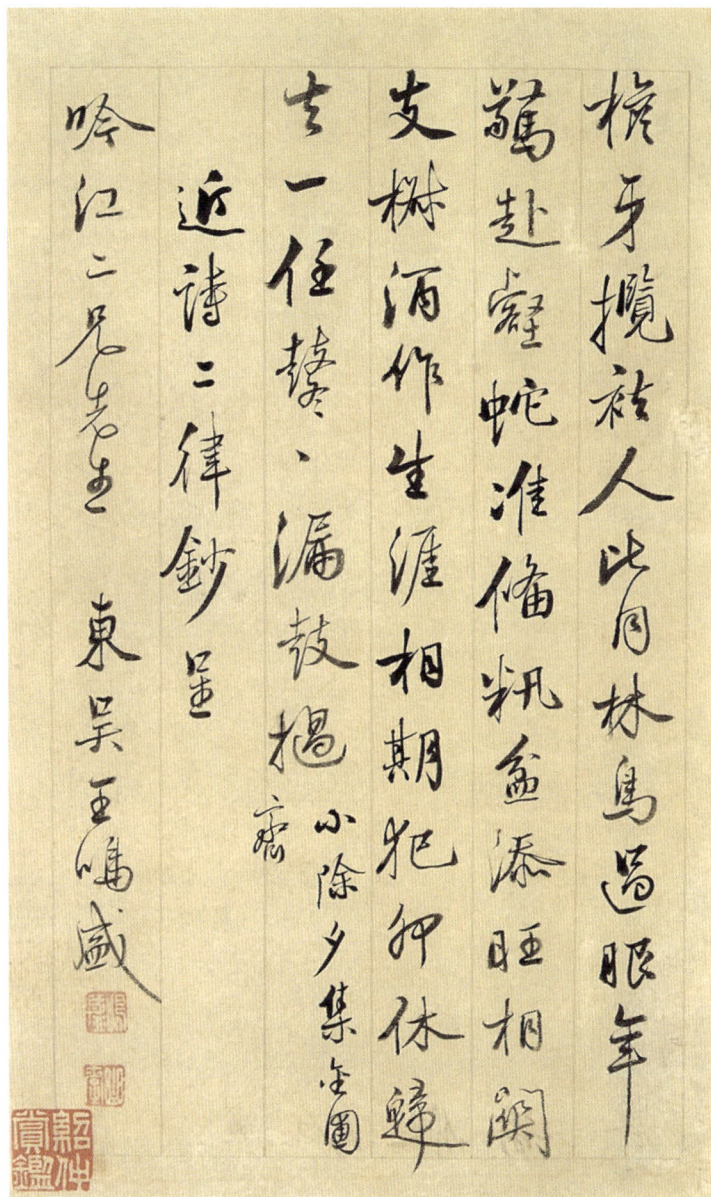

戴　震（1724—1777），字慎修，一字东原，号杲溪。安徽休宁人。少求学江永门下，与惠栋、沈彤为忘年友。因避仇入都，又与纪昀、朱筠、钱大昕、王鸣盛、卢文弨、王昶交。乾隆三十八年（1773），充四库馆纂修。四十年（1775），赐同进士出身，改庶吉士。四十二年（1777），卒于官。为学由声音、文字以求训法，由训诂以寻义理，音韵、文字、历算、地理无不淹通。有《六书论》《声韵考》《方言疏证》《考工记图注》《孟子字义疏证》等。《清史稿》有传。

释文

斜窗拗明月，曲巷勒回风。

东原戴震

名下钤白文篆书“臣戴震印”、朱文篆书“东原”二方印。

* * * * *

段玉裁（1735—1815），字若膺，号懋堂。江苏金坛人。乾隆二十五年（1760）举人，官巫山知县，游戴震之门，通经史，尤精六书。有《说文解字注》《六书音韵表》《古文尚书撰异》《毛诗故训传定本》《经韵楼集》等。

释文

闲静高明山涛鉴物真如水，清华朗润松雪能书亦类仙。

乾隆甲寅秋七月既望，若膺段玉裁

名下钤白文篆书“段玉裁印”、朱文篆书“懋堂”二方印。

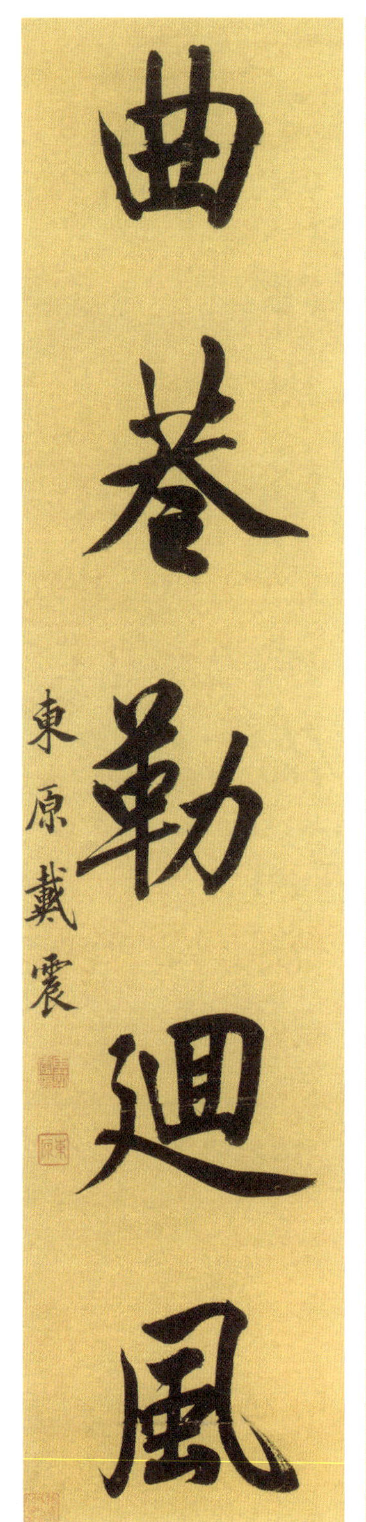

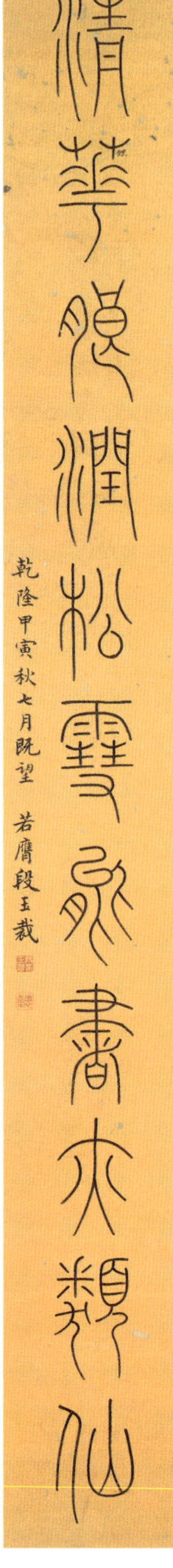

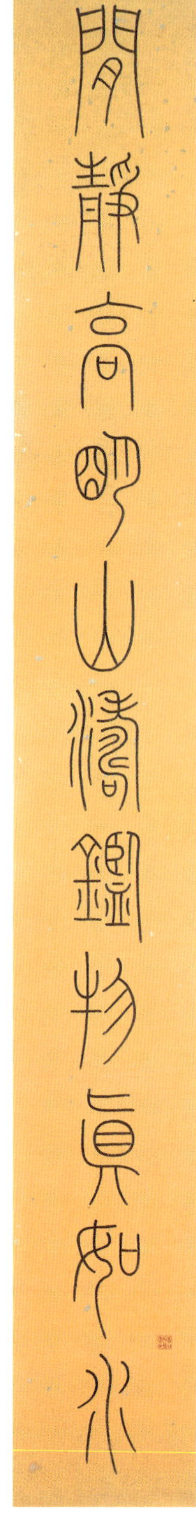

左
戴震楷书五言联
黄笺　纵 90.5 厘米　横 20 厘米

右
段玉裁篆书十一言联
洒金橘红蜡笺　纵 162 厘米　横 20 厘米

阮元行书五言古诗轴　纸本　纵 134.2 厘米　横 35.2 厘米

阮元行书《论书》轴　纸本　纵 126.6 厘米　横 32.6 厘米

阮　元（1764—1849），字伯元，号芸台，晚号颐性老人。江苏仪征人。乾隆五十四年（1789）进士，选翰林院庶吉士，授编修；因学识渊博、书法出众，入直南书房，参与编纂《石渠宝笈续编》及《秘殿珠林》。历任兵部、礼部、户部侍郎，湖广、两广、云贵总督，官至体仁阁大学士。所至皆以振兴文教为己任。如在浙立诂经精舍，在粤立学海堂，罗致学者从事编书刊印工作，曾主编《经籍纂诂》，校刊《十三经注疏》，汇刻《皇清经解》等。精经学，擅考据校勘，工诗古文辞，著述宏富，为有清一代鸿儒。卒谥文达。《清史稿》有传。

释文

岭气已郁蒸，海气复咸湿。城居岭海间，那不愁厌浥。况是春气早，细雨泄云汁。久坐尚无闻，所苦出复入。拂茵醭已浮，揽衣腥更袭。年来脚受病，颇困行与立。础雨胫同润，帘霿鼻恶吸。快掇熏炉来，爇炭呼火急。海南香尚多，价贱用易给。速结初试拈，沉水亦可拾。斑轻飞鹧鸪，涎重起龙蛰。遂使一室中，燥气满相裛。且读叶香谱，漫翻脚气集。（《焚香》一首）

朝京还过此，病足已三年。稍得秋风健，重来峡寺前。扶筇登截壁，跂石听飞泉。一饭惟闲坐，何庸肉食禅。（《泊舟峡山寺登飞泉亭回憩玉带堂晚饭》一首）

余自道光二年足有湿疾，四年未瘳。因年老地湿不加重为幸，非离岭南不能愈也。丙戌夏移节滇南，彼间寒暑适中，高而不湿，恩垂老臣至重矣。甬东范素庵先生善医，余数年皆服其药，殷然送我过端溪，船窗暑浅，心清气健，书此志别。

阮元

名下钤朱文篆书“揅经老人”方印。

释文

黄公望博学多才，经史九流无不通晓，浙西廉访使徐君辟为掾；未几弃去，改名坚，自号大痴道人，隐于杭，往来三吴，与曹知白及方外莫月鼎、冷启敬、张三丰友善。其画自王摩诘、董北苑，僧巨然而下，无不探讨，一洗赵宋工习，时登高楼，望云霞出没，以挹其胜，故其所写潇洒绝伦也。

作堂大兄属书。

阮元

名下钤白朱文篆书“阮元之印”、朱文篆书“伯元父印”二方印。

左
王引之篆书轴
纸本　纵 103.8 厘米　横 30 厘米

右
汪中楷书轴
纸本　纵 97 厘米　横 18 厘米

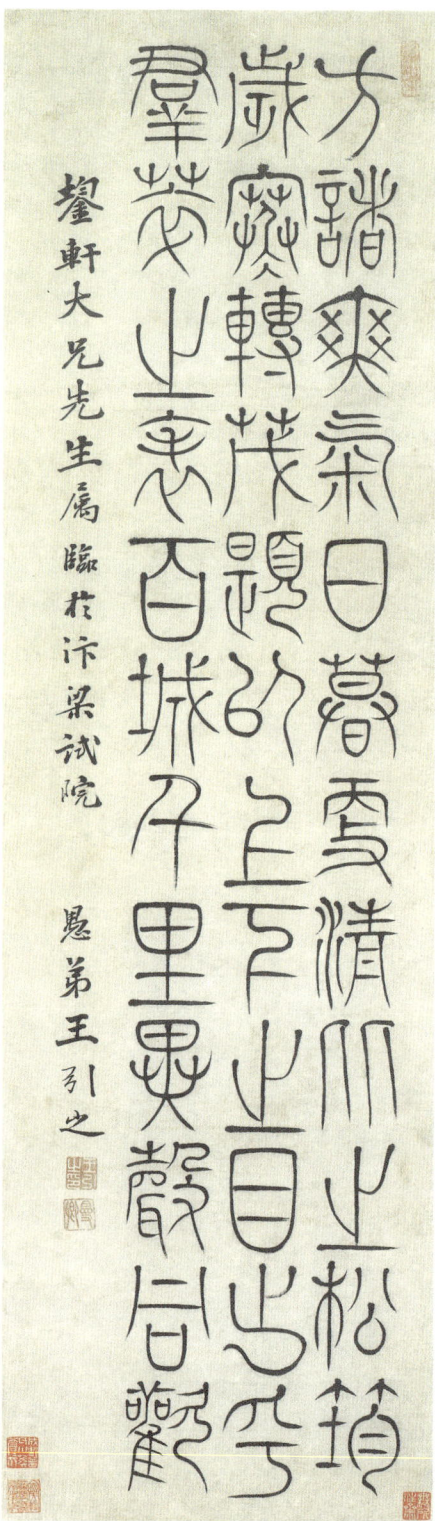

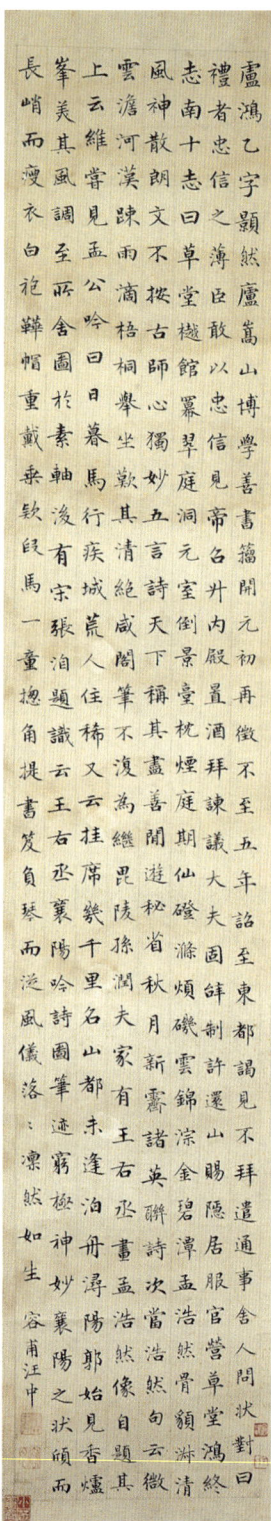

王引之（1766—1834），字伯申，号曼卿。江苏高邮人。念孙之子。嘉庆四年（1799）进士，历任翰林院编修、侍讲、侍读学士，河南、山东学政，通政使，官至工部尚书。卒谥文简。念孙与父俱为乾嘉时期著名学者。精通经学。传父声韵、文字、训诂之学而推广之。有《经义述闻》《经传释词》《春秋名字解诂》等。《清史稿》有传。

释文

方诸爽气，日暮更清。比之松筠，岁寒转茂。题以上下之目，止乎群萃之表。百城千里，异声同欢。

鋆轩大兄先生属，临于汴梁试院。

愚弟王引之

名下钤白文篆书“王引之印”、朱文篆书“曼卿”二方印，引首白文篆书“好杨雄许慎之学”长方印。

* * * * *

汪　中（1743—1794），字容甫。江苏江都人。七岁而孤，因遍读经史百家，过目成诵，遂为通人。年二十，补诸生，乾隆间拔贡生。后以母老竟不朝考，绝意仕进。治《经》宗汉学，曾校《四库全书》于浙江文宗阁。考证《兰亭序》甚精，入湖广总督毕沅之幕，得提学使者谢墉所重。善书，重厚朴茂。所著甚富，有《广陵通典》《周官征文》《春秋左氏释疑》《荀卿子通论》《经义知新记》等，《述学》内外篇尤有名。《清史稿》有传。

释文

卢鸿乙字颢然，庐嵩山，博学，善书籀。开元初，再征不至。五年，诏至东都，谒见不拜。遣通事舍人问状，对曰：“礼者忠信之薄，臣敢以忠信见。”帝召升内殿，置酒，拜谏议大夫，固辞。制许还山，赐隐居服，官营草堂。鸿终志南十志，曰：“草堂、樾馆、幂翠庭、洞元室、倒景台、枕烟庭、期仙磴、涤烦矶、云锦淙、金碧潭。”孟浩然骨貌淑清，风神散朗，文不按古，师心独妙，五言诗天下称其尽善。闲游秘省，秋月新霁，诸英联诗，次当浩然，句云：“微云澹河汉，疏雨滴梧桐。”举座叹其清绝，咸搁笔不复为继。昆陵孙润夫，家有王右丞画孟浩然像，自题其上云：“维尝见孟公吟曰：‘日暮马行疾，荒城人住稀。’又云：‘挂席几千里，名山都未逢。泊舟浔阳郭，始见香炉峰。’美其风调，至所舍，图于素轴。”后有宋张洎题识云：“王右丞《襄阳吟诗图》，笔迹穷极神妙，襄阳之状，颀而长，峭而瘦；衣白袍，靴帽重戴，乘款段马；一童总角，提书笈，负琴而从。风仪落落，凛然如生。”

容甫汪中

名下钤白文篆书“汪中印信”、朱文篆书“容父”二方印。

方　苞（1668—1749），字凤九，又字灵皋，晚号望溪。安徽桐城人。康熙四十五年（1705）会试中试，因母病未应殿试。以戴名世《南山集》案被累。后入值南书房，累擢礼部侍郎，为文颖馆、经史馆、三礼馆总裁。苞论学以宋儒为宗，与刘大櫆、姚鼐为“桐城派”创基人。著述颇多，有《周官辨》《望溪集》等。《清史稿》有传。

释文

古之人耳之于乐，目之于礼，左右起居，盘盂几杖，有铭有戒，动息皆有所养。今皆废此，独有理义之养心耳。但存此涵养意，久则自熟矣。敬以直内是涵养意，言不庄不敬，则鄙诈之心生矣。貌不庄不敬，则怠慢之心生矣。

乾隆三年戊午十二月，检程明道先生语，书寄淮远年世兄。

望溪苞

名下钤朱文篆书“方苞之印”、白文篆书“灵皋”二方印。

方苞楷书程明道语录轴
绢本　纵 123.5 厘米　横 62 厘米

刘大櫆（1698—1780），字才甫，一字耕南，号海峰。安徽桐城人。师事方苞，深得推许，又是姚鼐老师，为“桐城派”三祖之一。重古文神韵，博采《庄》《骚》《左》《史》、韩、柳、欧、苏之长，才气雄放，波澜壮阔；形成“日丽春敷，风云变态”的风格。有《文集》《诗集》《古文约选》《历朝诗约选》等。《清史稿》有传。

释文

托兴永言，情文尽致；和怀虚抱，将相齐能。

海峰大櫆

名下钤白文“海峰”、朱文“刘大櫆印”二方印。

* * * * *

齐彦槐（1774—1841），字梦树，号梅麓，又号荫三。安徽婺源人。嘉庆十四年（1809）进士，改翰林院庶吉士，散馆授江苏金匮县知县。毁淫祠、断疑狱、振荒歉，金匮士民争颂之，迁苏州府同知。尝建海运议于苏抚陶澍，得旨优奖，保擢知府。著名科学家。尤精天文学；工诗词，擅书法，精鉴藏。有《天球浅说》《中星仪说》《北极星纬度分表》《海运南漕丛议》《梅麓诗文集》等。《清史稿》有传。

释文

霁月家声承洛下，廉泉官迹寄梁州。

嘉庆庚申春杪，竹溪大哥先生将之官滇南，书此以赠，即请正之。

梅麓弟齐彦槐

名下钤白文篆书“臣彦槐印”，朱文篆书“梅麓”，白文篆书“平生百无能，一懒每自喜”三方印。

刘大櫆行书八言联
描金花卉纹蜡笺　纵 190 厘米　横 45.5 厘米

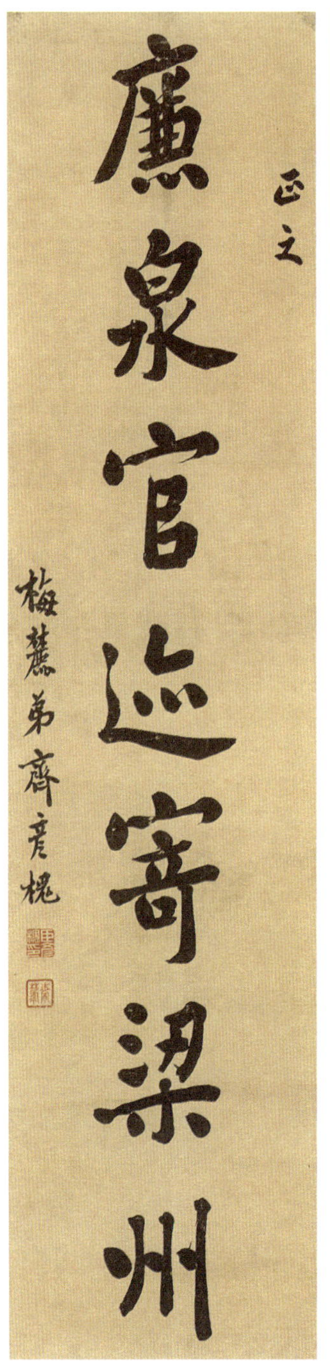
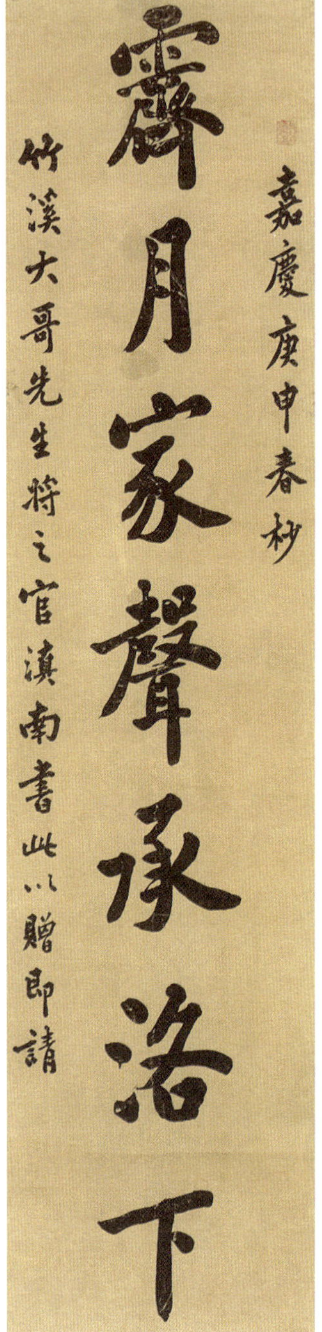

齐彦槐行书七言联
暗花粉笺　125 厘米　横 30.3 厘米

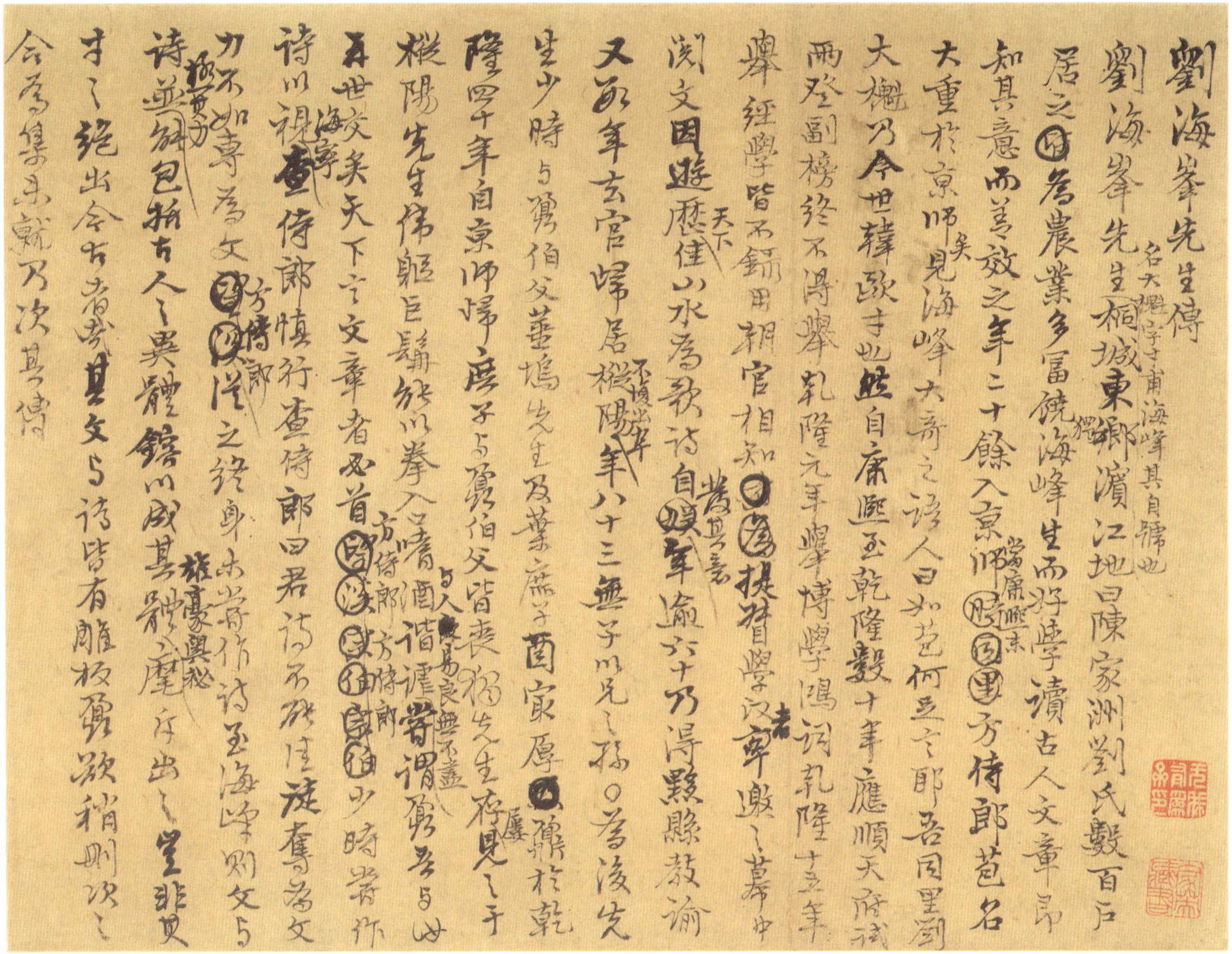

姚鼐文稿《刘海峰先生传》　纸本　纵 24.5 至 31.5 厘米　横 22 至 32 厘米

姚　鼐（1732—1815），字姬传，一字梦谷。安徽桐城人。因室名惜抱轩，人称惜抱先生。乾隆二十八年（1763）进士，选翰林院庶吉士。散馆后历任兵部主事、礼部主事，山东、湖南乡试同考官，刑部郎中，四库馆纂修官。辞官后主讲江苏、安徽等地书院凡四十年。治学以经为主，兼及子、史与诗、文，曾受业于刘大櫆，为“桐城派”主要作家。有《惜抱轩全集》《水经注》等。《清史稿》有传。

释文

刘海峰先生传

刘海峰先生名大櫆，字才甫，海峰其自号也。桐城东乡滨江地，曰陈家洲，刘氏数百户居之，为农业，多富饶。独海峰生而好学，读古人文章，即知其意而善效之。年二十余入京师；当康熙末，方侍郎苞名大重于京师矣，见海峰，大奇之，语人曰：“如苞何足言耶！”吾同里刘大櫆乃今世韩欧才也。然自康熙至乾隆数十年，应顺天府试，两登副榜，终不得举。乾隆元年，举博学鸿词；乾隆十五年，举经学，皆不录用。朝官相知提督学政者，率邀之幕中阅文。因游历天下佳山水，为歌诗自发其意。年逾六十乃得黟县教谕，又数年去官，归居枞阳不复出。卒年八十三，无子，以兄之孙〇为后。先生少时，与鼐伯父姜坞先生及叶庶子酉最厚，鼐于乾隆四十年自京师归，庶子与鼐伯父皆丧，独先生存，屡见之于枞阳。先生伟躯巨髯，能以拳入口，嗜酒谐谑，与人易良无不尽。尝谓鼐：“吾与汝再世交矣。”天下言文章者，必首方侍郎。方侍郎少时尝作诗以视海宁查侍郎慎行。查侍郎曰：“君诗不能佳，徒夺为文力，不如专为文。”方侍郎从之，终身未尝作诗。至海峰则文与诗并极其力，能包括古人之异体，镕以成其体，雄豪奥秘，麾斥出之，岂非其才之绝出今古者哉！其文与诗皆有雕板，鼐欲稍删次之合为集，未就，乃次其传。

释文

点苍山人诗序

沙君献如，余故人钱南园侍御之友也。南园以直节名当世，而其诗雄厚古劲，高越尘俗。今献如方以吏绩显，而又兼诗人之高韵逸气，幽洁之思，隽妙之语，峰起迭出，信乎滇之多奇士也。余别南园三十余年矣，来皖中，值献如为之令，因得读其诗，又相对共感叹南园之丧。夫见南园之相知，谊已加重矣，况其为英杰之才，卓然可畏如献如者哉！世谓作诗或妨为政，余谓是有辩焉。如山林枯槁之士，苦思累日夜，而仅得一韵之工者，其妨于政事必矣，其才小也。天下巨才，挥斥唾咳以为文章，未尝求工而自工者，其索不劳，其出无穷，建安曹氏军旅横槊而可以赋诗，而况于平世临民布政优之者乎！夫献如之才，大才也，其无病于为诗明矣。前岁望江令君张荔扉为南园刻诗集成，余既序之，今又欣献如之有是集也，故复书以为之序云。

嘉庆八年三月，桐城姚鼐序。

姚鼐文稿《点苍山人诗序》　纸本　纵 24.5 厘米至 31.5 厘米　横 22 厘米至 32 厘米

1840年以后，中国社会进入半殖民地半封建的近代史时期。内忧外患的环境中，出现了一批叱咤风云的人物。田家英一开始就特别注重收集这方面的资料。他曾获得一本龚自珍的《心课手稿》，虽然它只是龚氏早年学佛习儒的手记，已为罕见之物；后又得一龚氏的自作诗条幅，更是赞不绝口，每当知己临门，总要拿出品赏。

林则徐的墨迹，田家英也多有收藏。林则徐是中国近代史上声名显赫的民族英雄，又雅擅书法，凡与亲朋友好互通音问，他很少假手幕僚而大多亲自作札，因此

龚自珍（1792—1841），字尔玉，又字璱人，号定庵，一名易简，字伯定，更名巩祚。其外祖父段玉裁曾名之为“爱吾”，别号羽琌山民。浙江仁和人。道光九年（1829）进士，官礼部主事。清代著名学者、思想家。学务博览，嘉道间提倡“通经致用”，为今文经学派重要人物。当林则徐赴广东查禁鸦片时，他曾预见英国可能侵犯，建议加强战备，不与妥协。在哲学上，持“性无善无不善”之说，反对孟子“性善”论和荀子“性恶”论。受佛教天台宗影响较深。散文奥博纵横，诗尤瑰丽奇肆，自成一家。有《定庵全集》等。《清史稿》有传。

释文

珠镜吉祥龛心课一卷。苦恼众生饔并题。己卯岁馔，庚辰岁续。

道光元年九月甲子日，未正二刻奉行起，大吉羊，有如三宝。定公

二十日丁卯，入律。是日诵《初发心功德品》讫，有如所诵。定公

二十一日戊辰，发大勇猛心，持律。定公

九月二十五日午初一刻，诵《明法品》，生欢喜奉持心。定公记于定龛中。

十月十一日午初书，定公。一切无能破我法者；一切时无不可证入法界者。是时，诵《升兜率天品》竟，以此为界为证。

下钤白文篆书“大心凡夫顶礼”方印。

是日竟柴米，此勿算，以明日算起。

佛言：“过去不可得，未来不可得，见在亦不可得。”

省庵念佛偈：“如猛火聚，触之即烧。”

莲池大师语：“客问参禅念佛，可浑融否？”答曰：“若本两件事，用得浑融著。”

子曰：“非礼勿视，非礼勿听，非礼勿言，非礼勿动。”

吾友叶先生曰：“神明足，之谓贵。”

辛巳五月初八夜，想及之，是时大病。初九日起而书之。初九日午，初起矣。

下钤白文篆书“自珍私印”、朱文篆书“尔玉”二方印。

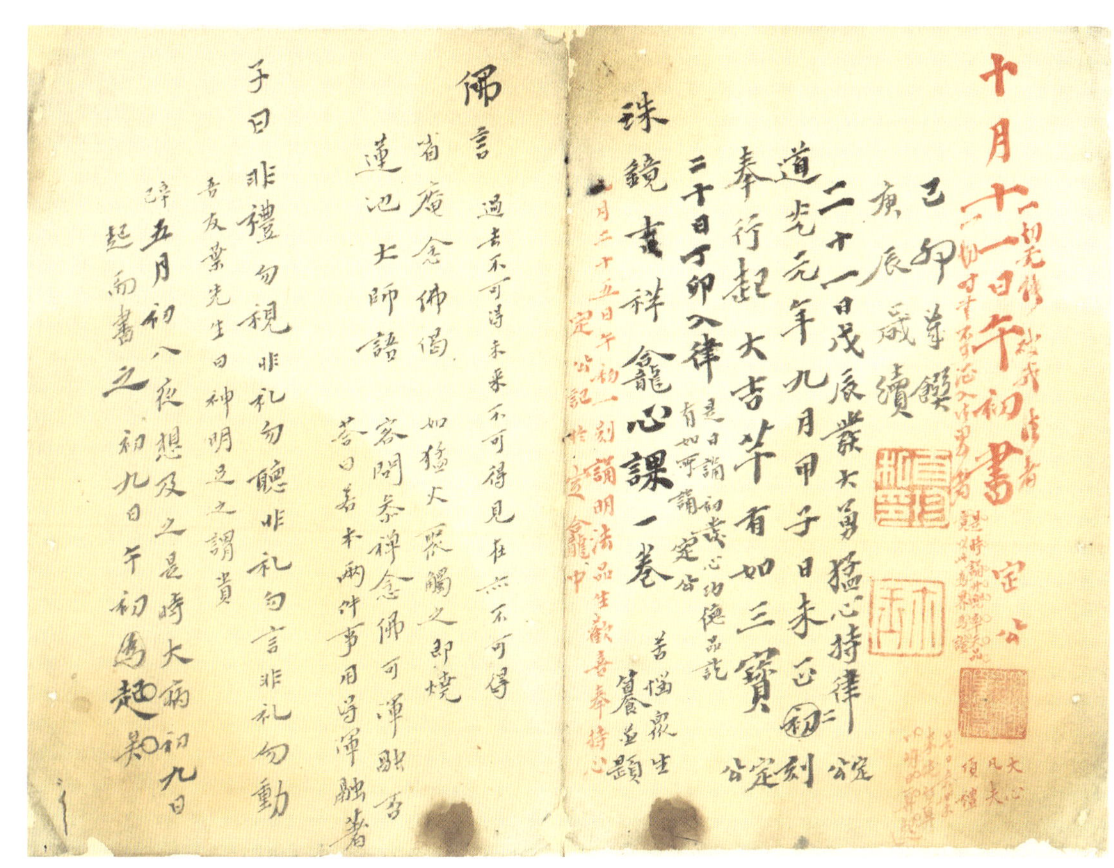

龚自珍行书《珠镜吉祥龛心课》册　纸本　每开纵27.4厘米　横35.6厘米

魏　源（1794—1857），名远达，字默深，号良图。湖南邵阳人。道光二十五年（1845）进士，官至知州。晚清思想家，新思想提倡者。学识渊博，著述颇多，有《书古微》《老子本义》《元史新编》《海国图志》等。其中《海国图志》影响最著，也是他作为地理学家的代表作。

释文

庄骚两灵鬼，父老一青钱。

集定庵句。

默深

名下钤白文篆书“魏源默深”方印。

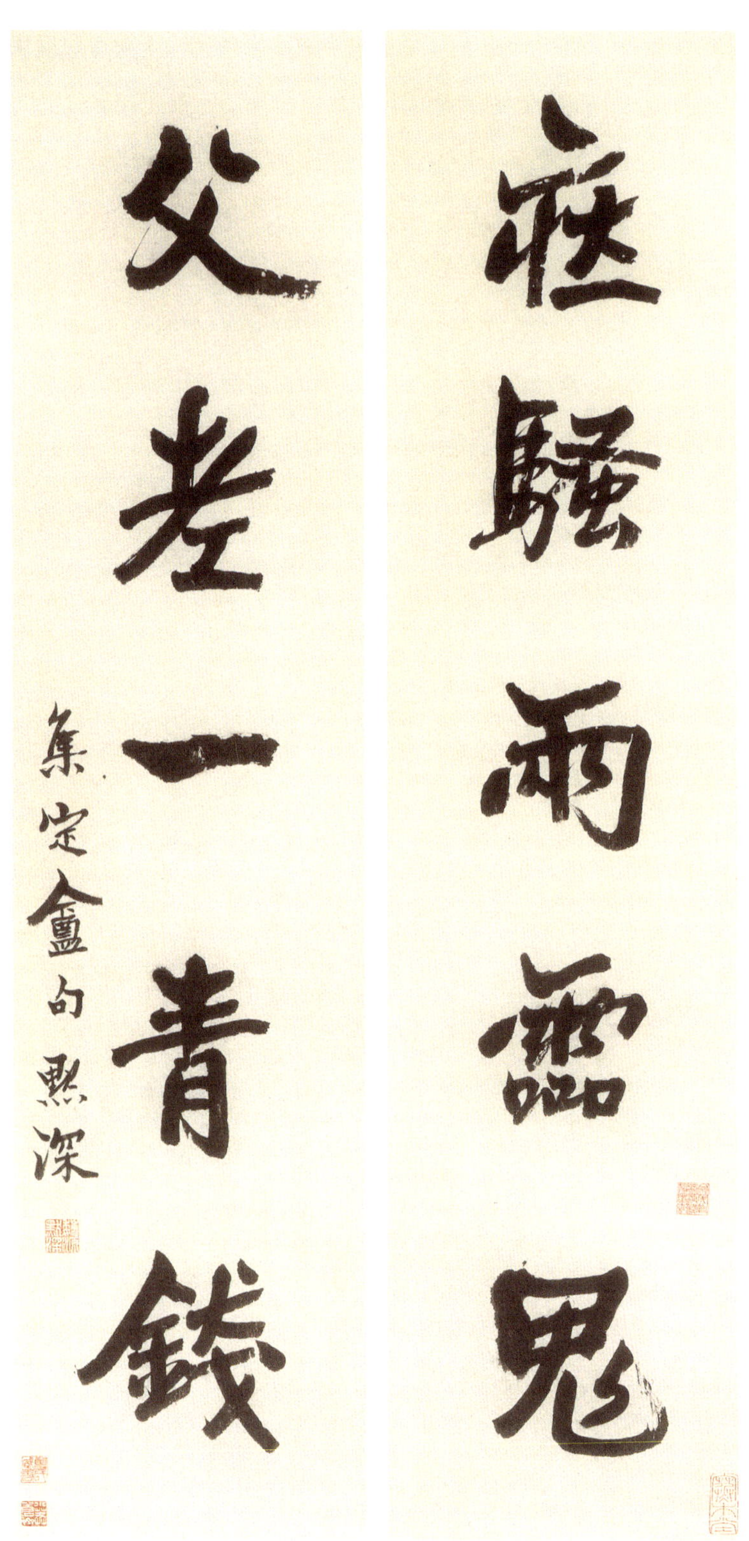

魏源行书五言联

纸本　纵 107 厘米　横 22.5 厘米

他的墨迹传世很多。小莽苍苍斋收有林则徐的条幅、楹联、扇面、书简若干，其中以“观操守”条幅见著。此件作品是林则徐仕途生涯中自我修养的总结，也是他人生观的一个缩影，对研究林则徐晚年思想不无重要作用。

与林则徐并肩抵抗帝国主义侵略的另一位民族英雄邓廷桢的墨迹则比较少见，小莽苍苍斋只存有一副行书联和三通信札，就书法看，系从褚遂良入手，寓刚劲于柔和之中。

田家英还收集到因戊戌变法遇难的六君子中谭嗣同、刘光第、杨锐、康广仁的墨迹。他希望有生之年将六君子的墨迹全部收齐。这些墨迹中，以谭嗣同的扇面和康广仁的楹联最为难得。

在收藏的清人墨迹中，还有一些是书者对自己心情的真实描述。如专长于蒙古史的屠寄写给黑龙江将军恩泽的五首感事诗，表现了对当时发生的中日甲午之战的极大关心和对敌人无比的仇恨。《马关条约》签订，屠氏“长歌当哭，短歌代泣，言不成章”，体现了一个知识分子的爱国热情。

除爱国志士外，田家英也留意热衷洋务者张之洞、吴大澂、端方等人以及晚清著名学者王先谦、郭嵩焘、李慈铭、杨守敬、王国维等人的墨迹。

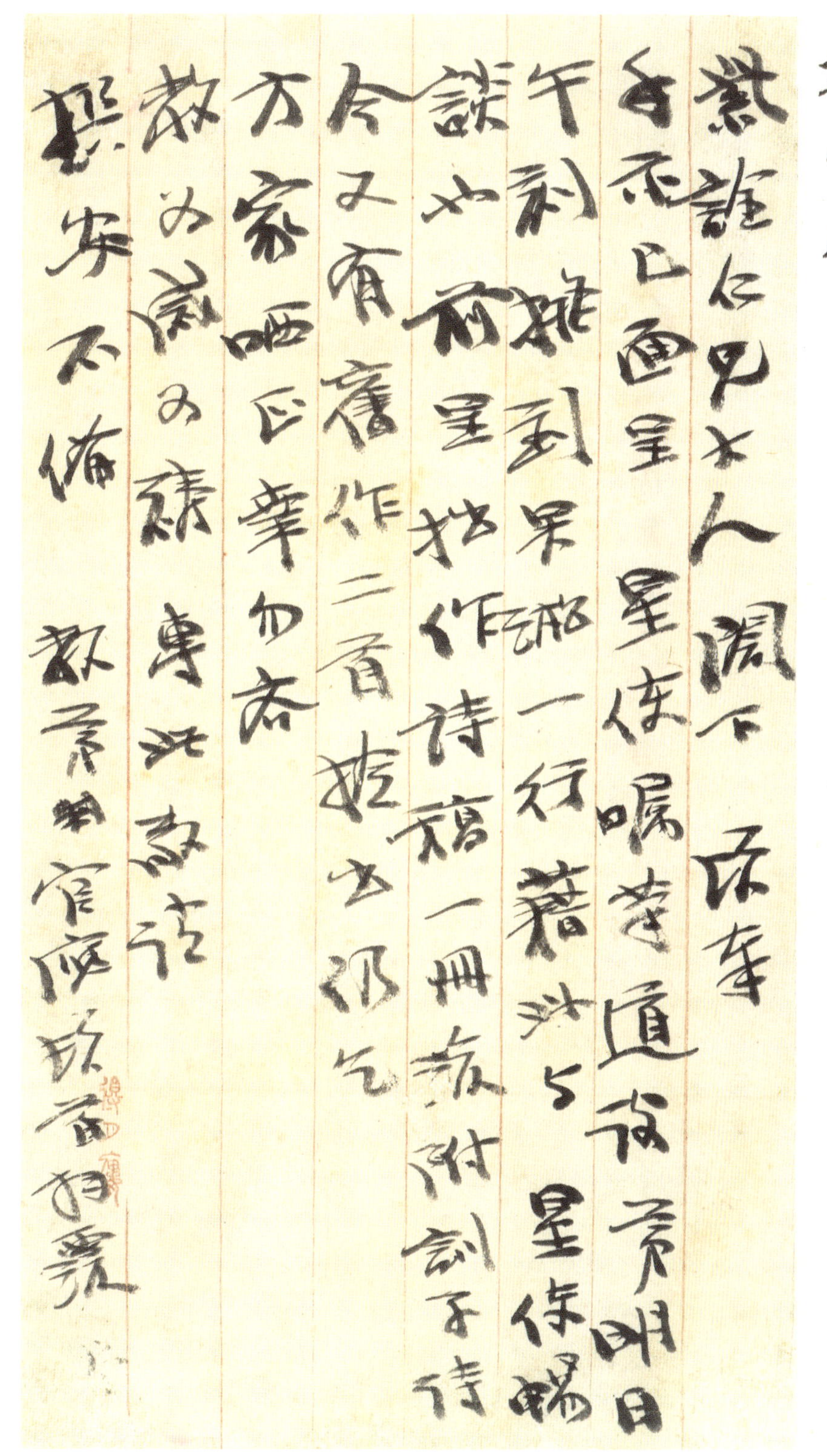
鄭官應

郑观应（1842—1922），原名官应，字正翔，号陶斋，别号杞忧生、慕雍山人、罗浮待鹤山人。广东香山人。咸丰九年（1859）至上海习商，曾在英商宝顺洋行、太古轮船公司任买办；又自经营贸易，投资轮船公司。光绪六年（1880）后，历任上海机器织布局、轮船招商局、上海电报局、汉阳铁厂、粤汉铁路公司总办。关心时务，热心西学，要求改变专制，强调振兴工商业，主张广办学校，培养人才。辛亥革命后，鄙视复辟帝制，厌恶军阀混战。有《易言》《盛世危言》等。

释文

紫诠仁兄大人阁下：

顷奉手示，已面呈星使，嘱弟道谢。弟明日午刻拟到吴淞一行，藉此与星使畅谈也。前呈拙作诗稿一册，后附训子诗，今又有旧作二首捡出，仍乞方家哂正，幸勿吝教，为感为祷！

专此敬请撰安不备。

教弟制官应顿首拜复

郑观应致王韬书札
纸本　纵 23 厘米　横 12.5 厘米

冯桂芬（1809—1874），字林一，号景亭。江苏吴县人。道光二十年（1840）进士，授翰林院编修。官至右中允。少工骈体文，中年后乃肆力古文辞。于书无所不窥，尤留意天文、地舆、兵刑、盐铁、河漕诸政。先后主讲金陵、上海、苏州诸书院，为清代著名学者。经史、小学俱有成就，尤精历算、勾股之学。有《弧矢算术细草图解》《西算新法直解》《说文解字段注考证》《校邠庐抗议》《显志堂诗文集》等。《清史稿》有传。

释文

温然而恭，慨然而义；忠以自勋，清以自修。

荣南四兄属。

冯桂芬

名下钤朱文篆书“冯桂芬印”、“梦柰”二方印。

* * * * *

严　复（1854—1921），字又陵，又字几道。福建侯官人。十四岁入福州船政学堂，从军舰练习，周历南洋、黄海。光绪二年（1876）留学英国海军学校，归后一度从政，并从事译著欧洲哲学社会科学典籍，反对顽固保守，主张维新变法，对当时思想界有很大影响。于书法亦有深造。著有《瘉壄堂诗集》《严几道诗文钞》，译有《天演论》《原富》《群学肄言》《穆勒名学》《法意》《群己权界论》《社会通诠》等。《清史稿》有传。

释文

才力应难跨数公，即今谁是出群雄？或看翡翠兰苕上，未掣鲸鱼碧海中。

筱庄道兄司长政。

弟复

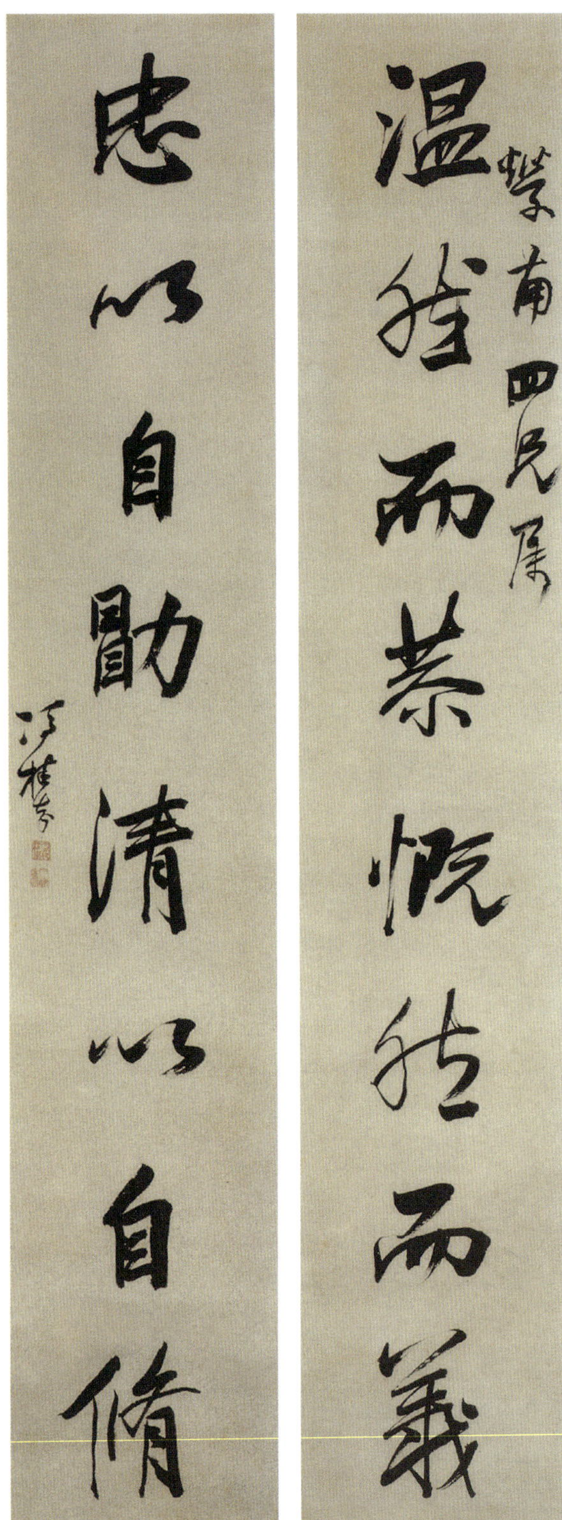

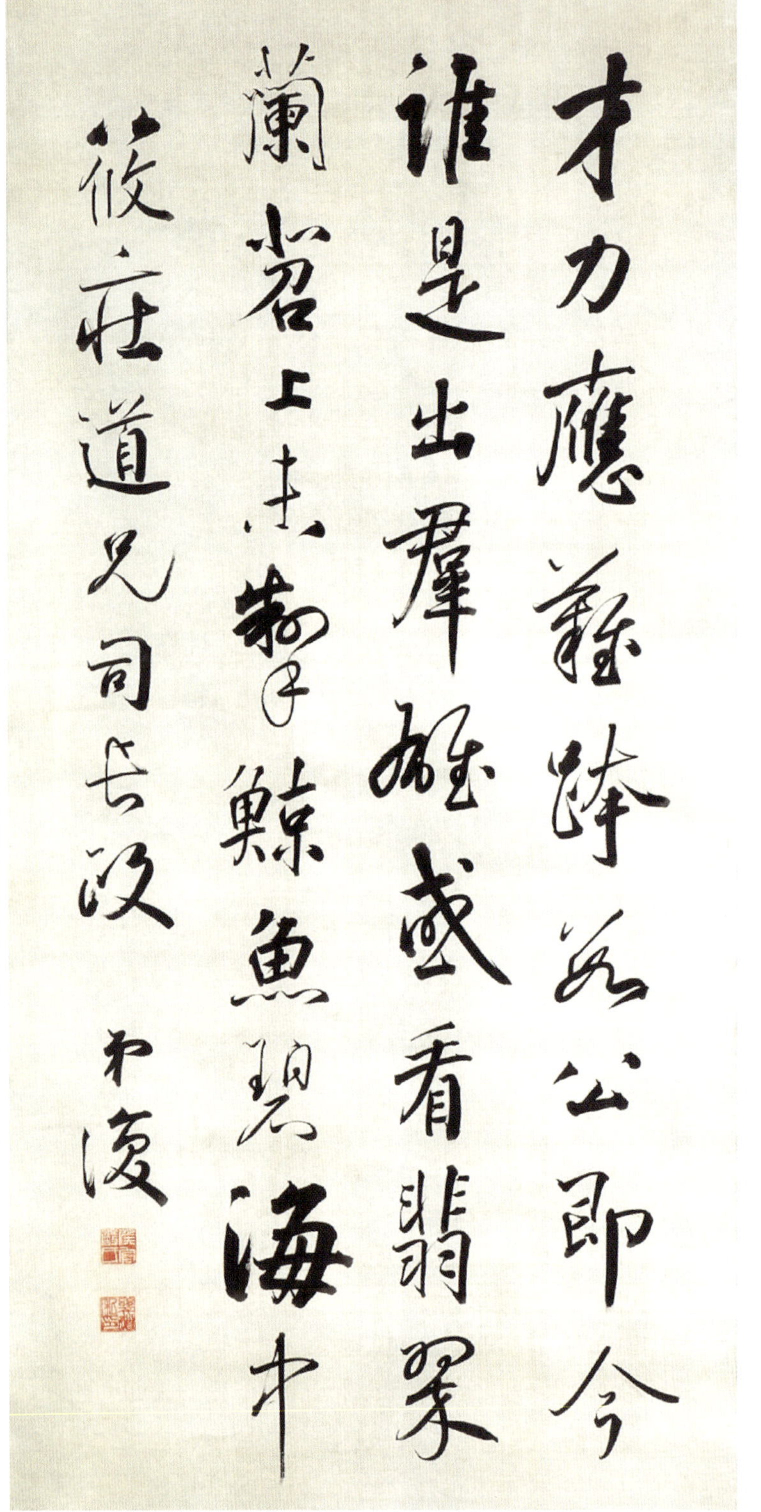

左
冯桂芬行书八言联　洒金笺　纵 170 厘米　横 37 厘米

右
严复行草七言绝句诗轴　纸本　纵 68 厘米　横 32 厘米

释文

异时长笑王会稽，野鹜膻腥污刀几。暮年却得庾安西，自厌家鸡题六纸。二子风流冠当代，顾与儿童争愠喜。秦王十八已龙飞，嗜好晚将蛇蚓比。我生百事不挂眼，时人缪说云工此。世间有癖念谁无，倾身障簏尤堪鄙。一生当著几两屐，定心肯为微物起。此墨足支三十年，但恐风霜侵发齿。非人磨墨墨磨人，瓶应未罄罍先耻。逝将振衣归故国，数亩荒园自锄理。作书寄君君莫笑，但觅来禽与青李。一螺点漆便有余，万灶烧松何处使。君不见永宁第中捣兰麝，列屋闲居清且美。倒晕连眉秀岭浮，双鸦画鬓香云委。时闻五斛赐蛾绿，不惜千金求獭髓。闻君此诗当大笑，寒窗冷研冰生水。(《答舒教授观所藏墨》)

疏疏帘外竹，浏浏竹间雨。窗扉净无尘，几砚寒生雾。美人乐幽独，有得缘无慕。坐依蒲褐禅，起听风瓯语。客来澹无有，洒扫凉冠屦。浓茗洗积昏，妙香静无虑。归来北堂闇，一一微萤度。此生忧患中，一饷安闲处。飞鸢悔前笑，黄犬怨晚悟。自非陶靖节，谁识此间趣。(《雨中过舒教授》)

侄孙以群出此纸，索书手卷，为录坡诗二首。老眼昏花，不能作庄楷细字矣。

辛酉秋分前三日，几道并识

名右钤朱文篆书“愈野”长方印、白文篆书“槁木死灰”方印，引首朱文篆书“天演宗哲学家”长方印。

严复行书苏东坡诗卷
纸本　纵 30.5 厘米　横 130 厘米

杨　锐（1856—1898），字叔峤，又字钝叔。四川绵竹人。戊戌六君子之一。光绪年间以举人授内阁中书，后加四品卿衔，充军机章京。参与维新变法，戊戌政变后被诛。有《说经堂诗草》。

释文

拙稿拟就，务祈大加改削（万勿从实，勿吝教诲），至幸！至幸！今日别有新闻否？尊件已脱稿未？明晨再拟入城，归时再奉布一切也。

敬上乙公坐下。

名心印

释文

四川庶常黄楚澜、范玉宾、张子苾均已到。叶汝谐、张鹤俦均未到，并有信来，云“临时必到”。如何办法？乞斟酌。如能日内抵京，再奉报。今日有佳消息，弟入城晚归，再奉诣面致一切。手此。

敬上子封兄长。

锐顿首

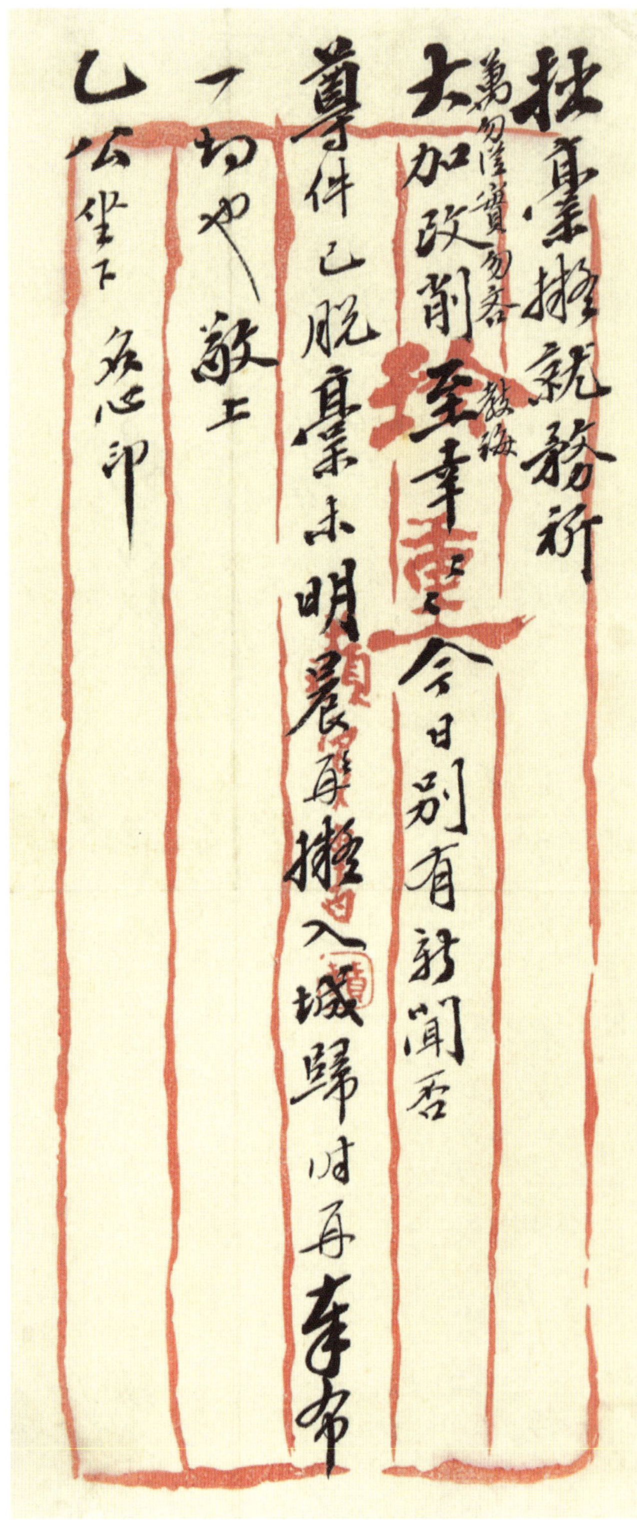

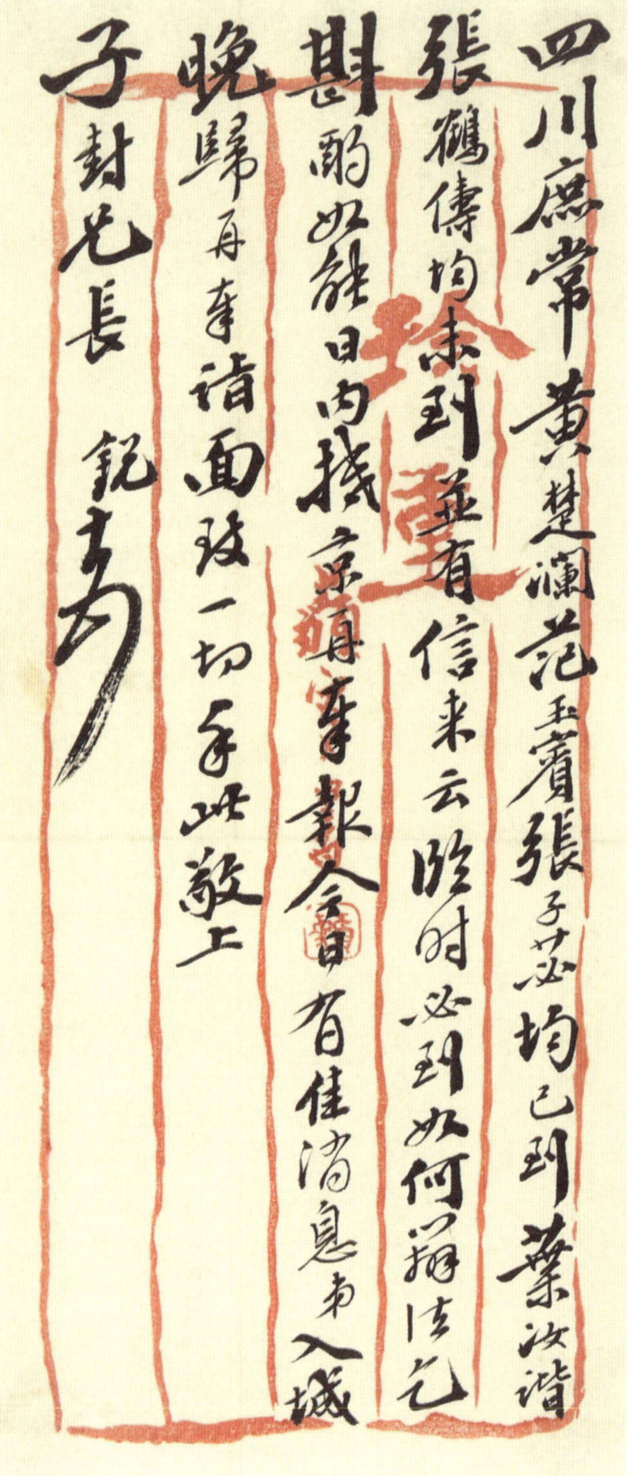

左
杨锐致沈曾植书札

右
杨锐致沈曾桐书札

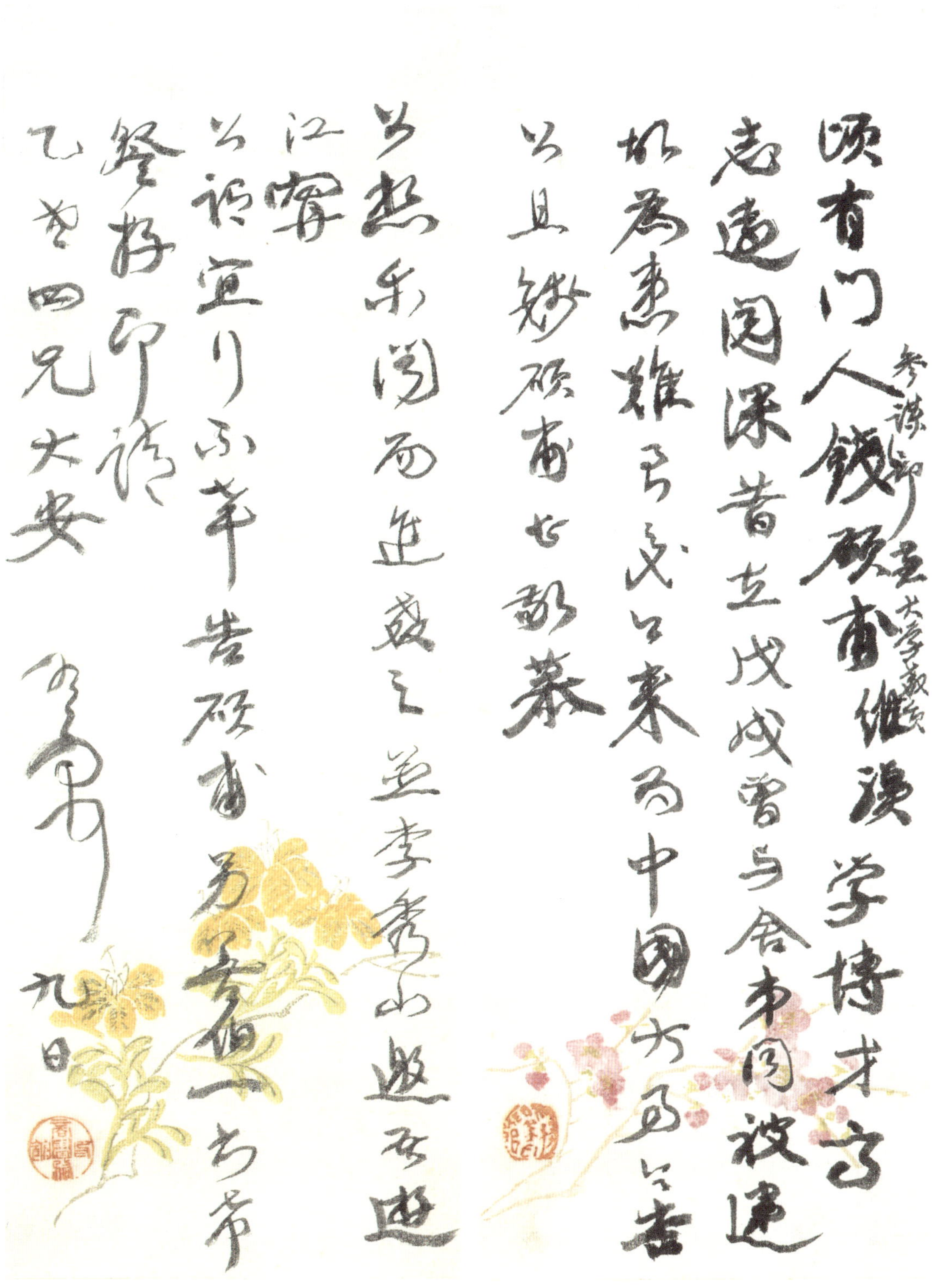

康有为（1858—1927），原名祖诒，字广厦，号长素，又号更生。广东南海人。人称南海先生。光绪二十一年（1895）进士，授工部主事。1888 至 1898 年间先后七次上书光绪帝要求变法。1898 年佐光绪帝主持新政，史称“戊戌变法”“百日维新”。失败后逃亡日本，流转南洋，遍游欧美；组织保皇党，反对民主革命。民国成立后归国，仍志在恢复清室，曾参与张勋复辟。病卒于青岛。精书法，著《广艺舟双楫》，力倡北碑，对近现代书坛影响较大。博通经史，著述甚丰。有《孔子改制考》《新学伪经考》《春秋董氏学》《春秋笔削大义微言考》《大同书》《物质救国论》《电通》及《康子内外篇》《长兴学记》《万木草堂记》《天游庐讲学记》等。《清史稿》有传。

释文

顷有门人钱硕甫维汉（参谋部兼大学教员），学博才高，志远阅深。昔在戊戌曾与舍弟同被逮，故为患难至交。今来为中国大事令告公。且钱硕甫甚敬慕公，想乐闻而进教之。并李秀山邀吾游江宁，公谓宜行不［否］？幸告硕甫。另善伯一书希詧存。

即请乙老四兄大安。

有为顿首

九日

康有为致沈曾植书札

纸本　纵 23 厘米　横 8.5 厘米

汪康年（1860—1911），字穰卿，晚号恢伯。浙江钱塘人。光绪二十年（1894）进士，官至内阁中书。甲午后于上海创《时务报》，后改名为《中外日报》。又于北京创《京报》《刍言报》。持论严正，为时所惮。清末卒于天津。

释文

星吾先生左右：

初四回申，得读两书（一由舍弟寄来，一哲嗣祇仲二兄带来）敬悉，即以示菊生同年，菊仍执前说，盖营业只以能获利与否为断，而书之精否，不能十分研究。故尊言皆未能用，所有沿革图承刊一事，只得作罢论。惟尊刊之书，如欲由商务印，书统代售，则可遵命；但须俟祇仲二兄回申时，将全书送彼一阅，方可定耳。

专肃，敬请台安。

康年再拜

十月十三日

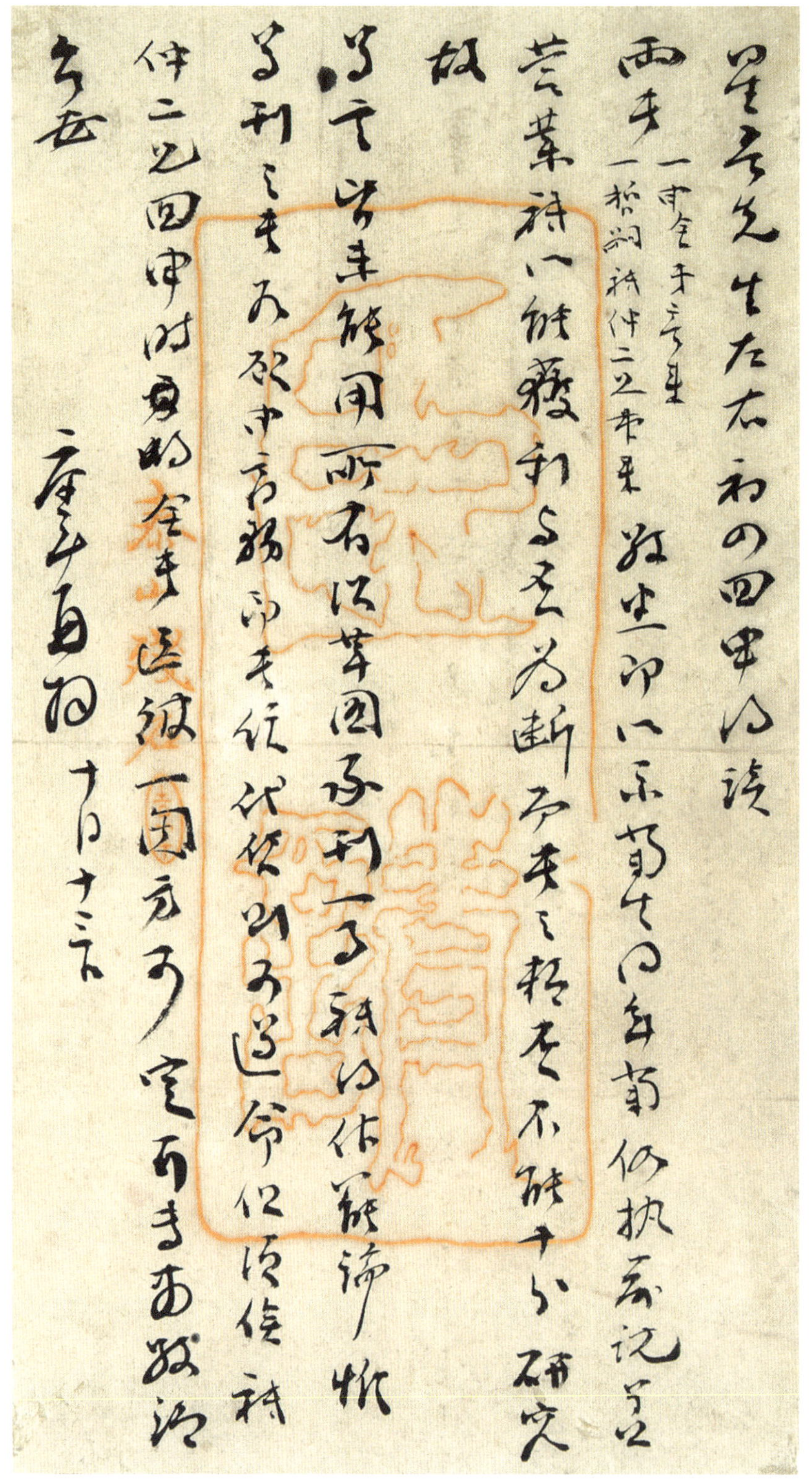

汪康年致杨守敬书札
纸本　纵 23 厘米　横 12.5 厘米

杨守敬行书七言绝句诗轴
纸本 纵 134.5 厘米 横 32.7 厘米

梁启超行书王安石《杨柳》诗轴
纸本 纵 104.5 厘米 横 34 厘米

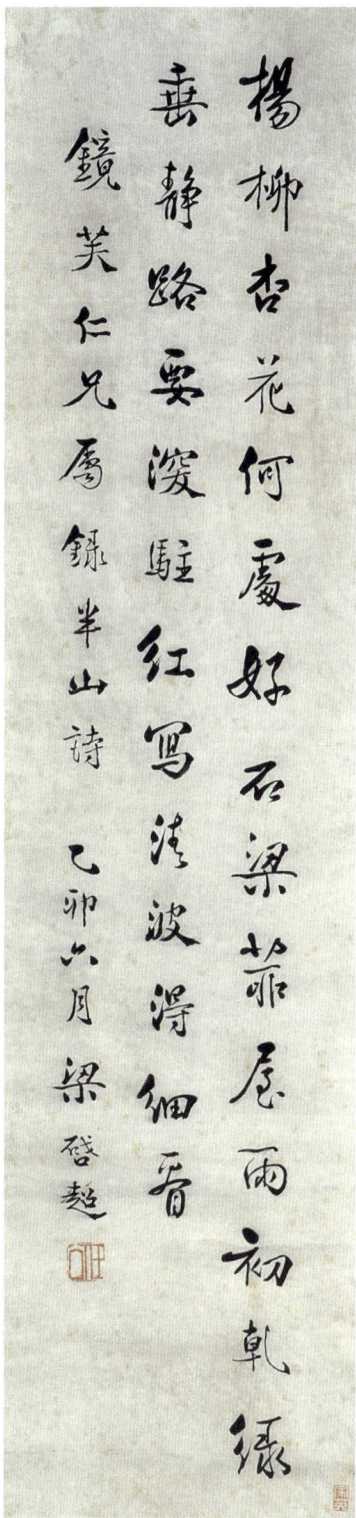

杨守敬（1839—1915），字惺五，星吾，号邻苏。湖北宜都人。同治元年（1862）举人。四年（1869）考取景山官学教习。光绪六年（1880）从黎庶昌随使日本，其间致力搜集散佚古籍，多得唐宋善本。后任湖北黄冈教谕，并主讲两湖书院及存古、勤成两学堂。其学通博，精舆地学，对《水经注》研究尤为着力。兼精金石学，收藏汉魏六朝碑刻甚富。擅书法，对日本近代书坛曾产生重大影响。著作甚丰，有《汉书地理志补校》《三国郡县表补正》《隋书地理志考证》《历代舆地图》《历代舆地沿革险要图》《水经注疏》《日本访书志》《齐民要术引用书目》等。《清史稿》有传。

释文

霜落荆门烟树空，布帆无恙挂秋风。此行不为鲈鱼脍，自爱名山入剡中。

辛亥嘉平月，邻苏老人

名下钤白文篆书“杨守敬印”、朱文篆书“邻苏老人”二方印。

* * * * *

梁启超（1873—1929），字卓如，号任公，又号饮冰室主人。广东新会人。光绪十五年（1889）举人。康有为弟子。光绪二十一年（1895）随康发动“公车上书”，主张变法维新。变法失败，流亡日本。辛亥革命后，先后任袁世凯政府司法总长、段祺瑞政府财务总长。五四运动后，倡导文学革命，赞同民主与科学。晚年任教于清华大学。一生著作宏富，于文、史、哲多有论述。工书。其著作合编为《饮冰室合集》《枫园艺友录》有传。

释文

杨柳杏花何处好，石梁茅屋雨初干。绿垂静路要深驻，红写清波得细看。

镜芙仁兄属录半山诗。

乙卯六月，梁启超

名下钤朱文篆书“任公”方印。

王国维（1877—1927），字静安，号礼堂、观堂、永观。浙江海宁人。近代历史学家，金石学家。从事中国古代史料、古器物、古文字学、音韵学考订，尤致力于甲骨文、金文、汉晋简牍考释，主张以地下实物资料参订文献数据，对史学界有较深影响。其在哲学、教育、历史、文字、考古诸方面皆成就卓著。有《殷周制度论》《汉代古文考》《静安文集》《观堂集林》《观堂别集》等。《清史稿》有传。

释文

北扉新命忝同除，南溠经年忆卜居。久叹道存温雪子，复惊文似汉相如。日躔龙尾春方永，夕课蝇头眼未疏。诗话文经无恙在，天教野史作官书。

路出东城又日斜，意园重过一咨嗟。征文考献都成迹，昭德春明几旧家。垂老复温铜辇梦，及时且看洛阳花。与君努力崇明德，墙角西山粲晚霞。（《寿杨留垞六十》）

玉溪诗得少陵魂，向晚高歌武帝孙。解道英灵殊未已，不须惆怅近黄昏。（《题〈乐游原游赏图〉》）

潞庵先生教正

甲子长夏，观堂弟王国维书于京师履道坊寓庐

名下钤朱白文篆书“王国维”方印。

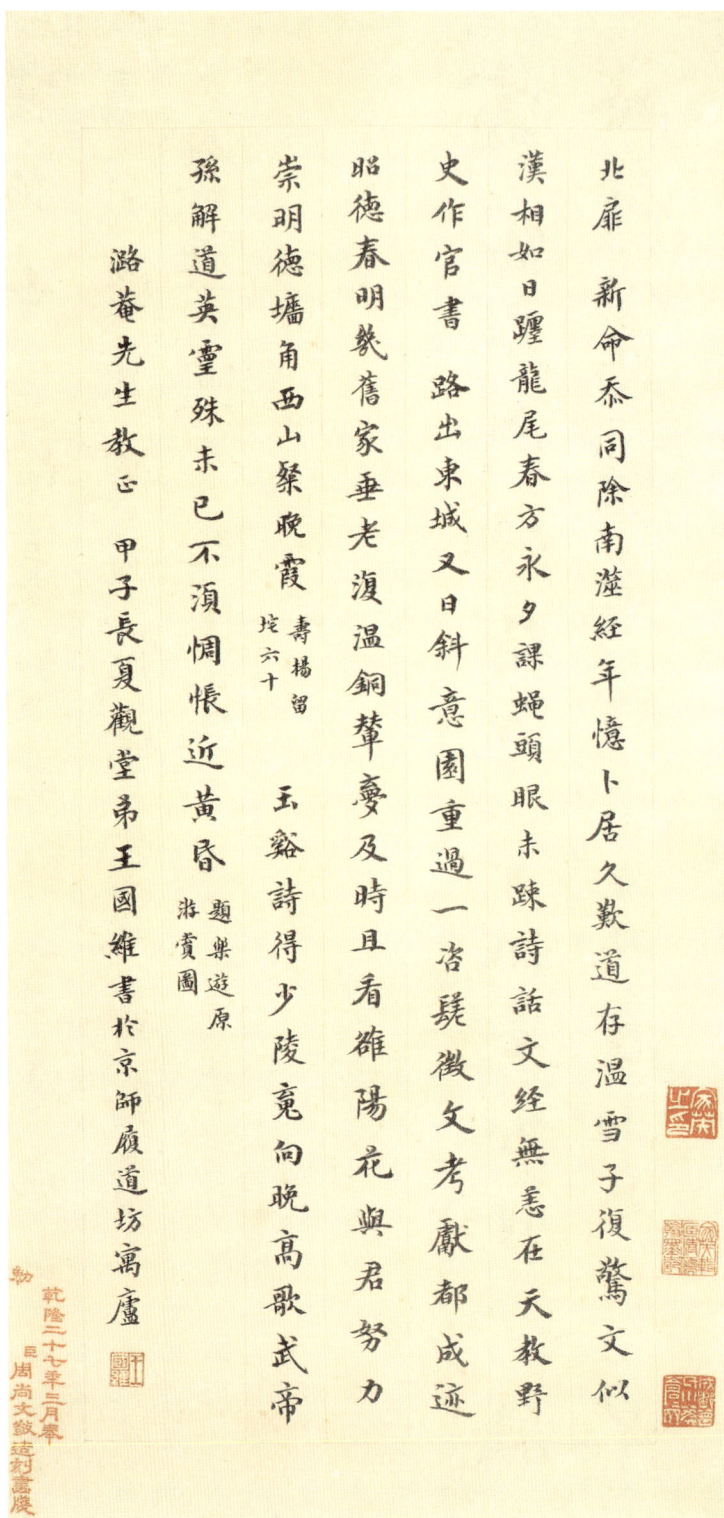

王国维楷书诗轴
纸本　纵 62.8 厘米　横 30.8 厘米

田家英收集到的清代学者墨迹，除了少数书稿、诗稿等手卷、册页外，多数为楹联、条幅和书简。楹联在清代中晚期很盛行，文人雅士大都自撰自书，内容多是警策格言或清词丽句，其中有许多情文并茂、辞书俱佳的作品。比较有历史或学术研究价值的还是条幅和书简。小莽苍苍斋收藏的上百件条幅书轴，其内容，诗比文占更大的比重。我们可以通过这些作品，看到在清代诗坛上以王渔洋为首的神韵派，沈德潜为首的格调派，袁枚为首的性灵派的影子。另外，像宋琬、赵执信、黄景仁、厉鹗、蒋士铨、钱载、姚燮、郑珍等当时颇有名气的诗坛射雕手和清末“同光体”的陈三立、范当世、沈曾植、袁昶以及其他流派的高心夔、樊增祥、易顺鼎等名家，和“诗界革命”运动后出现的康、梁等新派诗人，他们的手迹或诗作，在小莽苍苍斋都能找到。田家英还把零散的诗札汇编成册，分甲、乙、丙三编，共收有六十位学者的诗。此外，小莽苍苍斋还保存有一些诗集手迹，如《王渔洋诗卷》《徐乾学诗册》《施闰章诗册》《顾图河诗册》《杭世骏全韵梅花诗集》《梁同书诗稿》《齐召南诗卷》《伊秉绶诗册》《王芑孙、曹贞秀题画杂诗册》等；也有诸家为某人书诗册，如《王岱、田雯、曹贞吉、黄虞稷等为宋荦书诗册》等等，集中数以千计的诗，对清诗的研究有着不可替代的价值。

书简的收集是小莽苍苍斋另一特色。田家英有这样一个想法：收藏家往往重字画，轻书简，而书简涉及的范围很广，时代特征很鲜明，能够真实地反映当时政治、经济、文化、学术的面貌，史料价值更高。所以他锐意寻觅清人书简。在他收集到的二百余家六百余通书简之中，多数为学者之间的往来函牍。有千言长信，有短笺小札，也有三言两语的名片。这些学者在经学、哲学、史学、地理学、音韵学、金石学以及天算历法等自然科学方面，各有卓越的成就。他们的往来信札，或有疑义相析，或以所得相告，或缕述搜集材料之艰，或细陈考订核实之苦，谈及内容大半属于学术问题。如汪辉祖在致孙星衍札中，论述了自己在幕期间，先后编次《史姓韵编》《九史同姓名录》《二十四史同姓名录》《辽金元三史同名录》等史学工具书，成为后人“读史时手钞备考之物”；札中所涉人物邵晋涵、洪亮吉，也都是当时著名的学者。此札由汪辉祖口授，其子代笔。汪继培，字因可，号苏潭，学问不在其父之下，父子合书为该札增添了几分色彩。章学诚在给孙星衍的信中甚至诉说自己在武昌修《湖北通志》，“前后五年，中间委曲，一言难尽……逆苗扰扰，未得暇及文事，鄙人狼狈归家，两年坐食，困不可支”。由此感叹：“古今绝大著述，非大学问不足攻之，非大福泽不足胜之，此中甘苦，非真解人不能知也。”全札反映了当时著书修志的艰难情景。

周春致吴骞的信，甚至谈到了《红楼梦》。这是田家英于20世纪60年代初听说浙江海宁蒋光煦的后人欲将“别下斋”所藏千余封书简处理时，托人借来，连夜通读，历时七日寻觅到的。周春（1729—1815），号松霭，乾隆十九年（1754）进士，官广西岑溪知县。他与吴骞同是海宁老乡，彼此常有书信往来。周春小曹雪芹十四岁，可为同时代人。雪芹晚年贫困交加，隐居北京西山，身后留下的《红楼梦》却辗转誊抄，不胫而走，使得居住南方的文人骚客只知其书，不闻其人。难怪周春在“拙作《题红楼梦》诗及《书后》”，竟对“曹楝亭墓铭行状及曹雪芹之名字履历皆无可考”，特书与吴骞“祈查示知”。该信写于乾隆五十九年（1794），距雪芹之死仅三十一年。这是迄今发现最早评点《红楼梦》的墨迹，难得之至，无以言表。

田家英对收集到的信札一一辨认、整理、考证，装裱成册，汇编成集。他把赵翼、王念孙、章学诚、汪辉祖、武亿、江声、洪亮吉等人写给孙星衍的信合为一集，订为《清代学者手简·平津馆同人赤［尺］牍》；把钱大昕、梁章钜、潘奕隽、汪为霖等人给钱泳的信合为一集，订为《梅华溪同人手札》。这样合成专集的书简有好几大本。

对于大部分零散书简，田家英则根据内容，以时间为序，分甲、乙、丙、丁四编和文苑上、下两个附编。这里面收有王原、卢文弨、赵佑、王杰、吴骞、汪熹孙、顾广圻、齐彦槐、秦恩复、徐松等一百多位学者的手札。另外，他还把一些与某一历史事件有关联的书简汇集在一起，以便于专题研究时查找。如在收有冯桂芬、王

释文

昨从吴门归，因年事匆匆，尚未及候，想起居安适。张香岩兄过我，言及现欲入都，诸多窘迫，托告诸相好量为少助。吾兄自有将意，祈允叙堂九兄及序仁大兄再为转恳，量助行色。年近恐两兄有事，不及面候，俟新岁往贺矣。

肃此，布候素履，余不一一。

甫翁大兄大人览。

愚弟孙星衍顿首

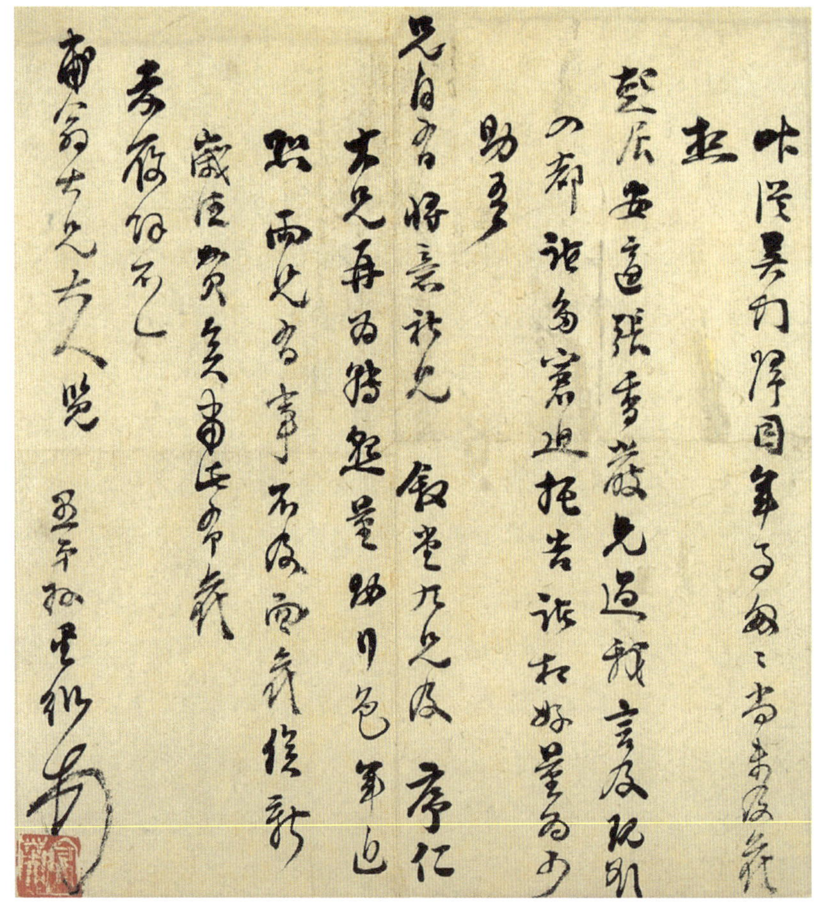

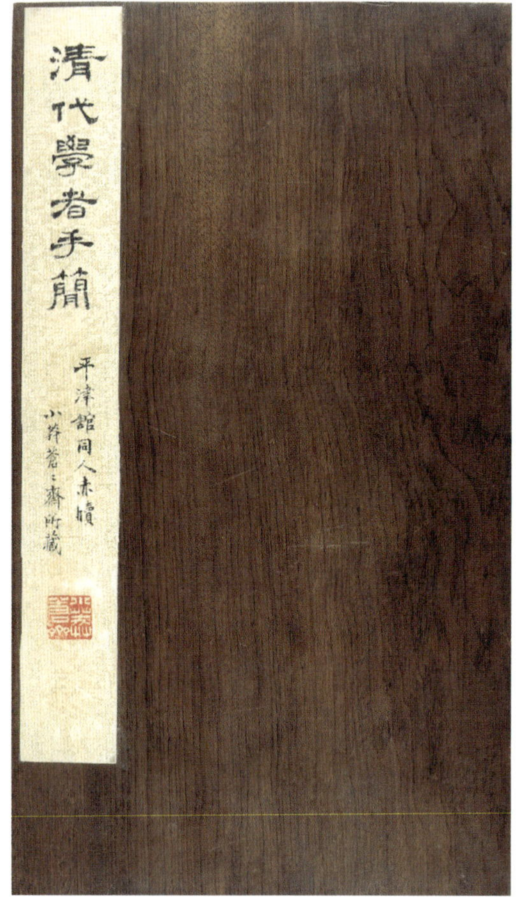

左
平津馆主孙星衍致甫翁书札
纸本　纵 25 厘米　横 23 厘米

右
《清代学者手简·平津馆同人赤［尺］牍》封面

韬、汪康年、郑观应、杨锐、康有为、梁启超等人的专集上面，标注得很清楚："此册所收乃晚清输入新思想者。"

除了清人书简外，田家英也保存了一些现代学者如章炳麟、黄侃、苏曼殊、柳亚子、鲁迅、郁达夫、郭沫若等人的书简和墨迹。对鲁迅 1927 年 10 月 21 日写给廖立峨的一封信，田家英还专门做了板夹，妥善保存。田家英还收藏有周作人 1929 年至 1940 年间写给好友的三十余封信。这些书简，已成为研究、比较周氏兄弟的极其宝贵的史料。

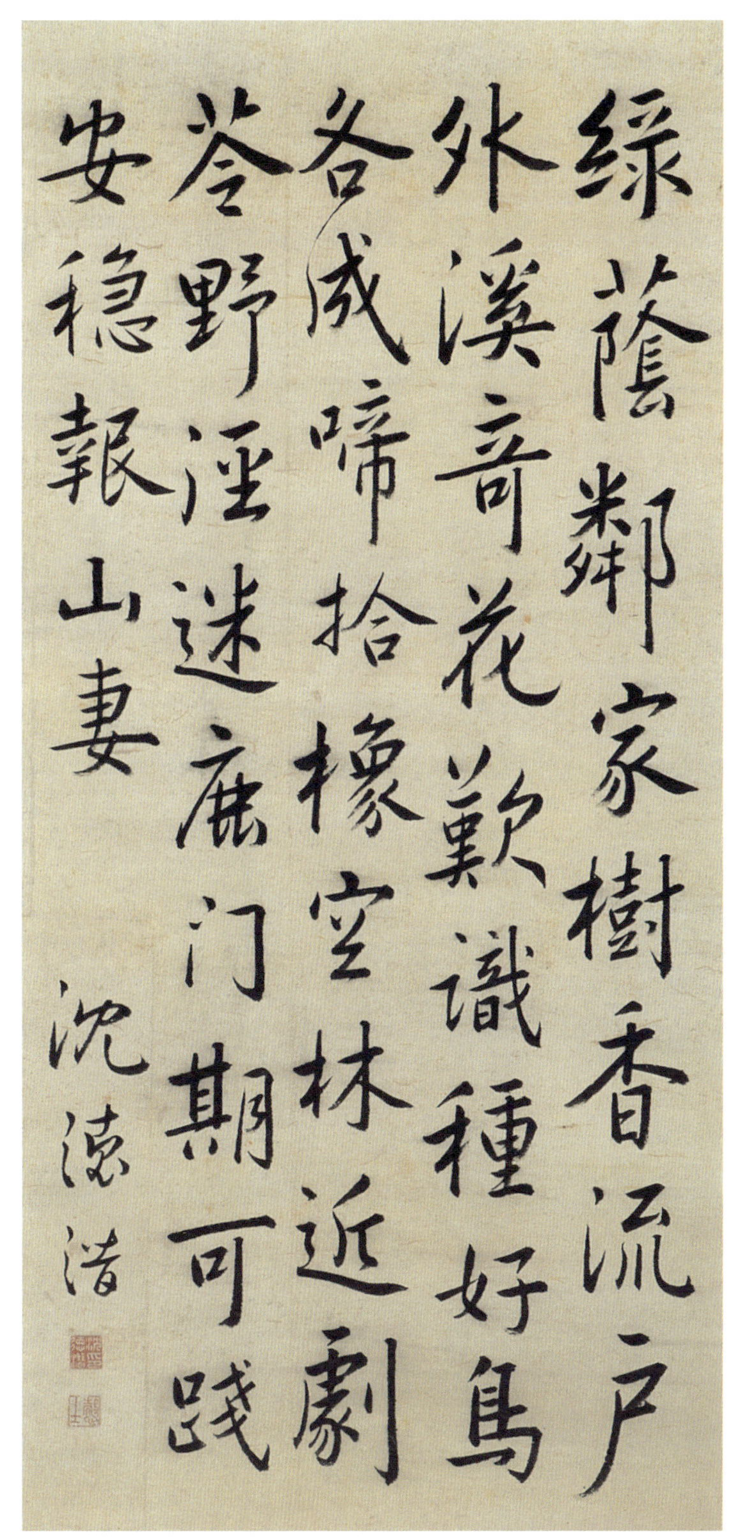

沈德潜行书五言律诗轴
库绢本　纵 126.2 厘米　横 29.3 厘米

沈德潜（1673—1769），字确士，号归愚。江苏长洲人。乾隆四年（1739），年近七十始成进士，乾隆帝称之"老名士"。后入直南书房，充会试副总裁。乾隆十四年（1749）后，以年老多病请归故里，遂专心著述，曾选编《古诗源》《唐诗别裁》《明诗别裁》《国朝诗别裁》等。死后赠太子太师，谥文悫。德潜为诗主严格律，与王士禛之主神韵、袁枚之主性灵，在当时诗坛皆自成流派。善书，以楷法为主，温文尔雅，有二王神韵。《清史稿》有传。

释文

绿荫邻家树，香流户外溪。奇花欢识种，好鸟各成啼。拾橡空林近，剧苓野径迷。鹿门期可践，安稳报山妻。

沈德潜

名下钤白文篆书"沈德潜印"、朱文篆书"悫士"二方印。

袁　枚（1716—1797），字子才，号简斋，又号随园老人。浙江钱塘人。乾隆四年（1739）进士。先后任溧水、江浦、沭阳、江宁等县知县。年甫四十告归，筑园于江宁小仓山，曰“随园”。以吟咏著作为乐，世称随园先生。工诗文，享盛名者数十年。亦擅书法，人赞其书“淡雅如幽花，秀逸如美士”。有《小仓山房集》《随园诗话》《随园随笔》等。《清史稿》有传。

释文

总持掩雅刘公是，批抹云霞李义山。

蕉园世兄同年出纸索书联句。予素不能书，且尤不能作，苦不敢辞，勉强应命，殊自愧耳！

嘉庆元年清和月，随园老人袁枚

时年八十有一

名下钤白文篆书“袁枚”长方印，朱文篆书“子才子”方印，引首白文篆书“百石山房”长方印。

释文

蒙廉也大人远寄手书，索枚文集，衔恩感旧，赋诗二首；恭呈钧诲，兼求和章。

淮北牙旗卷朔风，淮南招隐到山中。卅年名姓犹知我，一代风骚信属公。（赐札有卅年来久钦学业之语。）手答长笺挥倚马，心怜小技问雕虫。如何卿月当天满，偏照幽栖草一丛。

御李当年有旧恩，（谓粮储李公，公戚也。）曾持手板谒清尘。谁知屏后窥探客，即是天家柱石臣。（公云曾在李公署中屏后见枚。）老去自怜知己尽，书来重见爱才真。何当远泛清江棹，白发追陪话宿因。

前江宁吏袁枚呈稿

名下钤白文篆书“存斋”、朱文篆书“袁枚”二方印；引首朱文篆书“妙德先生之后人”椭圆印。

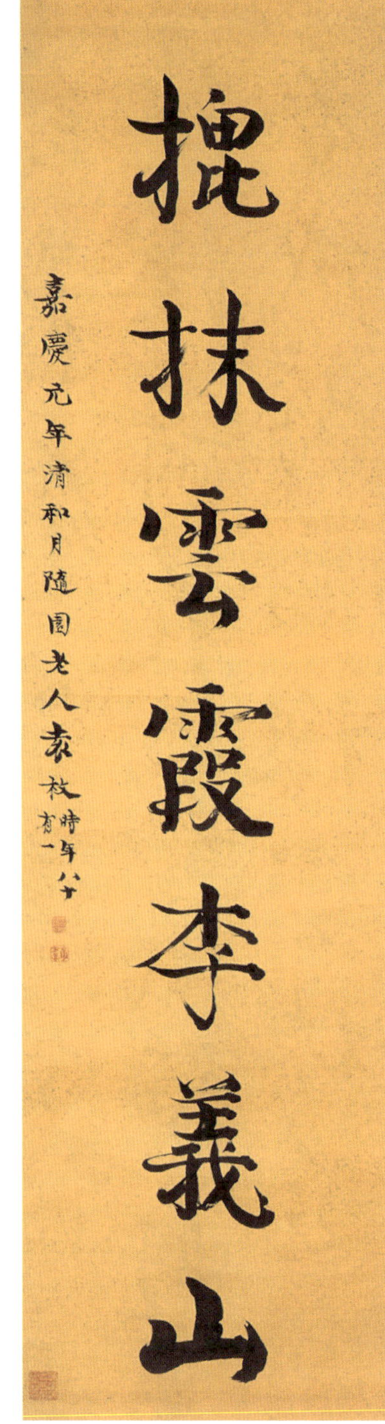

袁枚楷书七言联
洒金黄笺　纵 125.5 厘米　横 33.6 厘米

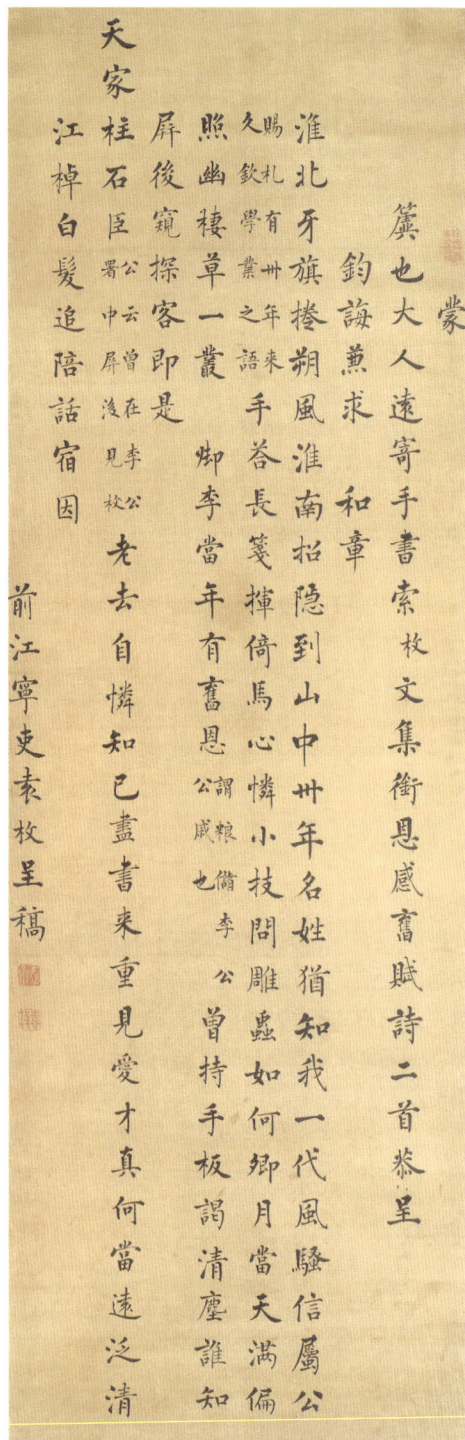

袁枚楷书七言律诗轴
绫本　纵 135.2 厘米　横 44 厘米

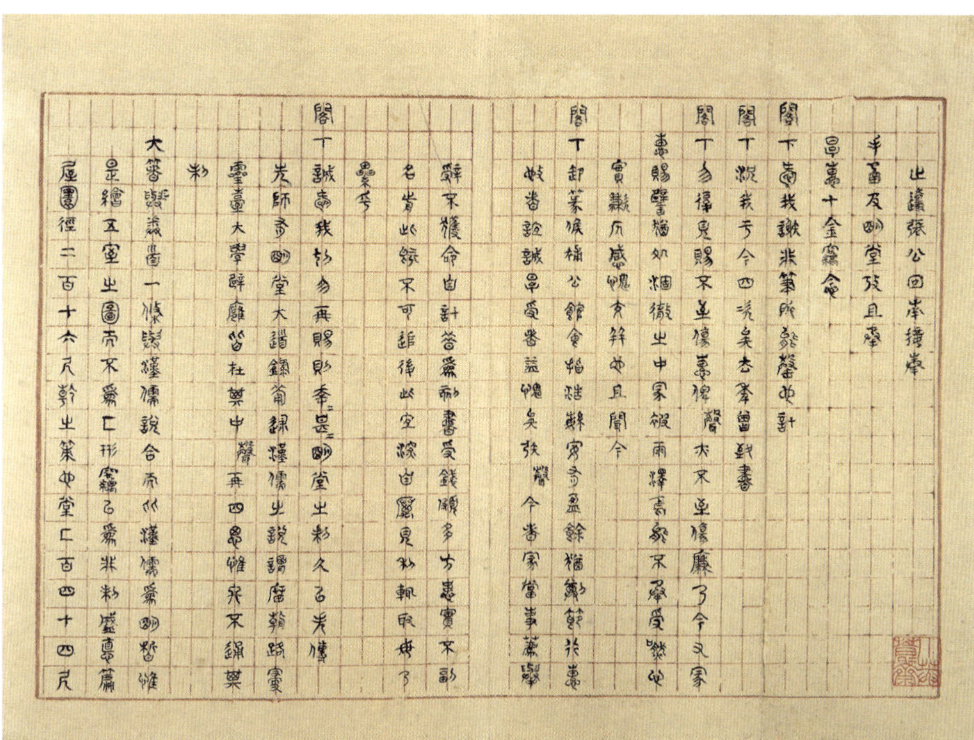

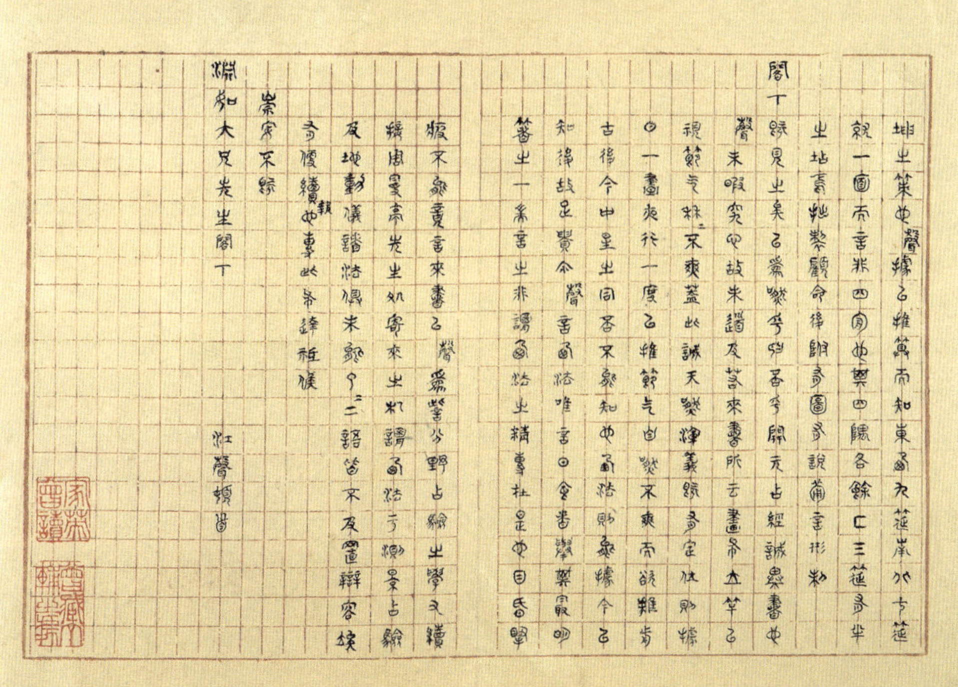

江　声（1721—1799），字鲸涛，一字鳣涛，又字叔沄，号艮庭。江苏吴江人。性至孝，耿介不慕荣利。嘉庆元年（1796）举孝廉方正，赐六品顶戴。师事惠栋，与王鸣盛、王昶、毕沅交游，皆重其品。声邃于经学，治《尚书》，多阎、惠二氏所未及。精小学，以《说文解字》为主，《说文》所无之字，必求假借之字以代之。生平所作笔札，皆用古篆。有《尚书集注音疏》《六书说》《释名疏证》等。《清史稿》有传。

释文

止原张公回南，接奉手函及《明堂考》，且承厚惠十金。窃念阁下爱我，谢非笔所能罄也。计阁下贶我，于今四次矣。去年曾致书阁下勿复见赐，不至伤惠，俾声亦不至伤廉。乃今又蒙惠赐，譬犹处涸辙之中，蒙被雨泽，焉能不承受？然心实歉仄，感愧交并也。且闻今阁下卸篆候补，公馆食指浩繁，安有盈余？犹撙节行惠。施者谊诚厚，受者益愧矣。矧声今者蒙当事荐举，辞不获命，自计昔为刻书，受钱颇多，方患实不副名，前此既不可追，后此宜深自厉。见利辄取，毋乃累乎？阁下诚爱我，切勿再赐，则幸甚！幸甚！明堂之制久已失传，先师有《明堂大道录》，备述汉儒之说，谓庙朝、路寝、灵台、大学、辟雍，皆在其中。声再四思惟，终不通其制。大著卷首一条与汉儒说合，而比汉儒为明析，惟是绘五室之图而不为'匚'形，窃以为非制。《盛德篇》"屋圜径二百十六尺，乾之策也，堂'匚'百四十四尺，坤之策也。"声据以推算，而知东西九筵，南北七筵，就一面而言，非四面也。其四隅各余"匚"三筵有半之坫焉。拙制《顾命》后，附有图有说，备言形制。阁下既见之矣，以为然乎？抑否乎？《开元占经》诚异书也，声未暇究心，故未道及。若来书所云："画布立竿以示节气，历历不爽。"盖此诚天然浑义，既有定位，则据日一昼夜行一度，以推节气，自然不爽，而欲推前古后今中星之同否，不能知也。西法则能据今以知后，故足贵尔。声言西法惟言日食者，举其最明著之一端言之，非谓西法之精专在是也。目昏腕疲，不能竟言。来书以声为"訾分野占验之学"，又续接周曼亭先生处寄来之札，谓"西法于测景、占验及地动仪诸法，俱未能了了"二语，皆不及置辩，容俟有便续报也。

专此布达，祗候崇安。不既。

渊如大兄先生阁下。

江声顿首

江声致孙星衍书札
纸本　纵 21.5 厘米　横 29 厘米

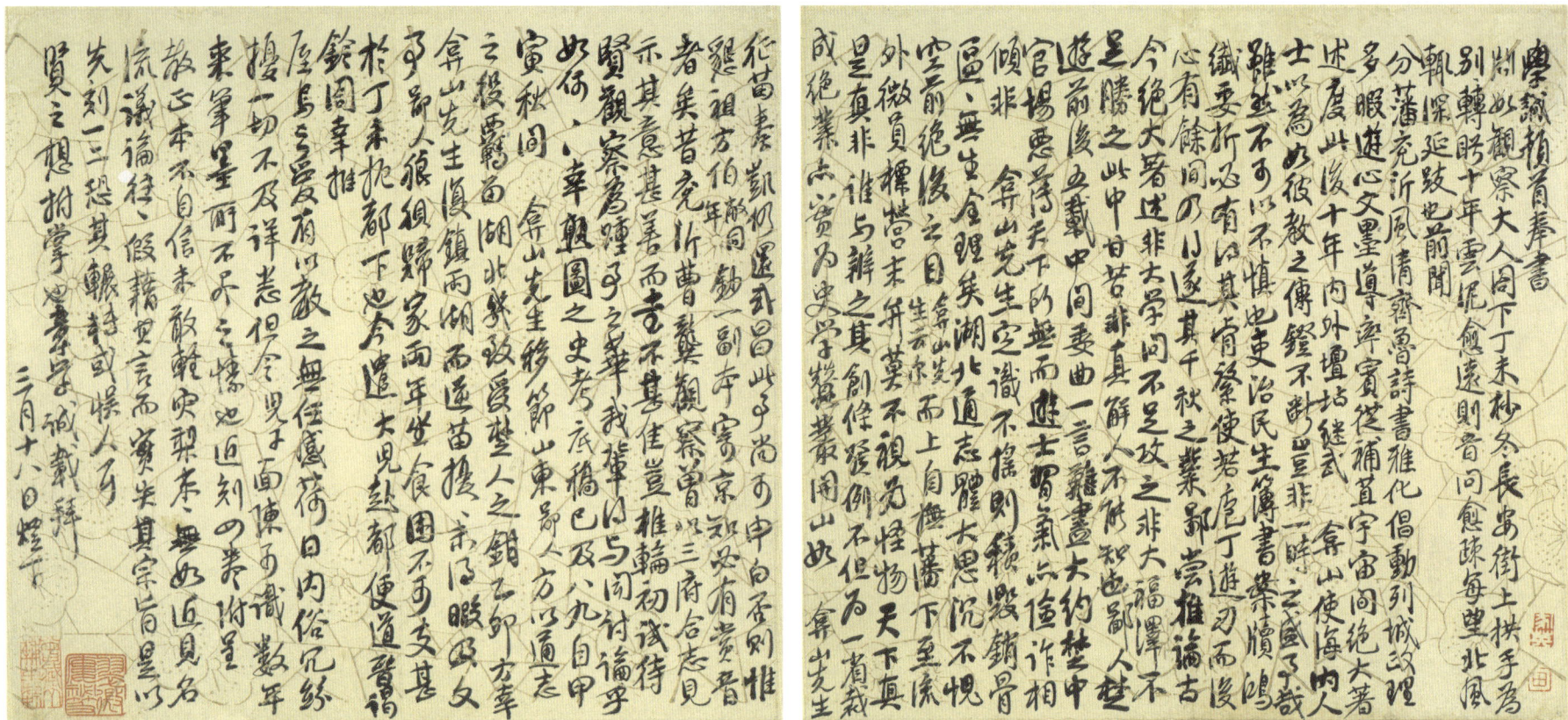

章学诚致孙星衍书札　冰梅笺　纵 25 厘米　横 27 厘米

章学诚（1738—1801），字实斋，号少岩。浙江会稽人。乾隆四十三年（1778）进士。官至国子监典籍。生平致力于史学，得朱筠、毕沅赏识。与戴震、邵晋涵、王念孙等交游。主讲肥乡、永平、保定等地书院。学诚继承黄宗羲史学传统，总结发展了古代史学理论。重视方志之编纂，专门收集乡邦文献。平生著述甚富。有《文史通义》《校雠通义》《史籍考》等。《清史稿》有传。

释文

学诚顿首奉书渊如观察大人阁下：

丁未杪冬，长安街上拱手为别，转盼十年。云泥愈远，则音问愈疏；每望北风，辄深延跂也。前闻分藩兖沂，风清齐鲁，诗书雅化，倡动列城。政理多暇，游心文墨，导率宾从，补苴宇宙间绝大著述。度此后十年内外坛坫，继武弇山，使海内人士以为如彼教之，传灯不断，岂非一时之盛事哉！虽然，不可以不慎也。吏治民生，簿书案牍，鸿纤委折，必有得其肯綮，使若庖丁游刃而后心有余闲，乃得遂其千秋之业。鄙尝推论古今绝大著述，非大学问不足攻之，非大福泽不足胜之。此中甘苦，非真解人不能知也。鄙人楚游，前后五载，中间委曲，一言难尽。大约楚中官场恶薄，天下所无，而游士习气亦险诈相倾，非弇山先生定识不摇，则积毁销骨，区区无生全理矣！《湖北通志》体大思沉，不愧空前绝后之目。（弇山先生云尔。）而上自抚藩，下至流外微员，标营末弁，莫不视为怪物。天下真是真非，谁与辨之？其创条发例，不但为一省裁成绝业，亦实为史学蚕丛开山。如弇山先生征苗奏凯，仍还武昌，此事尚可申白，否则惟恳祖方伯（敝同年）钞一副本寄京，知必有赏音者矣。昔兖沂曹龚观察曾以《三府合志》见示，其意甚善，而书不甚佳，岂椎轮初试，待贤观察为踵事之华，我辈得与闻讨论乎？如何？如何？幸熟图之。《史考》底稿已及八九，自甲寅秋间弇山先生移节山东，鄙人方以通志之役羁留湖北，几致受楚人之钳。乙卯方幸弇山先生复镇两湖，而逆苗扰扰，未得暇及文事；鄙人狼狈归家，两年坐食，困不可支，甚于丁未扼都下也。今遣大儿赴都，便道晋谒铃阁，幸推屋乌之爱，有以教之，无任感荷。日内俗冗纷扰，一切不及详悉，但令儿子面陈，可识数年来笔墨所不尽之愫也。近刻四卷，附呈教正，本不自信，未敢轻灾梨枣，无如近见名流议论，往往假藉其言而实失其宗旨，是以先刻一二，恐其辗转或误人耳。览之想拊掌也。

章学诚载拜

三月十八日灯下

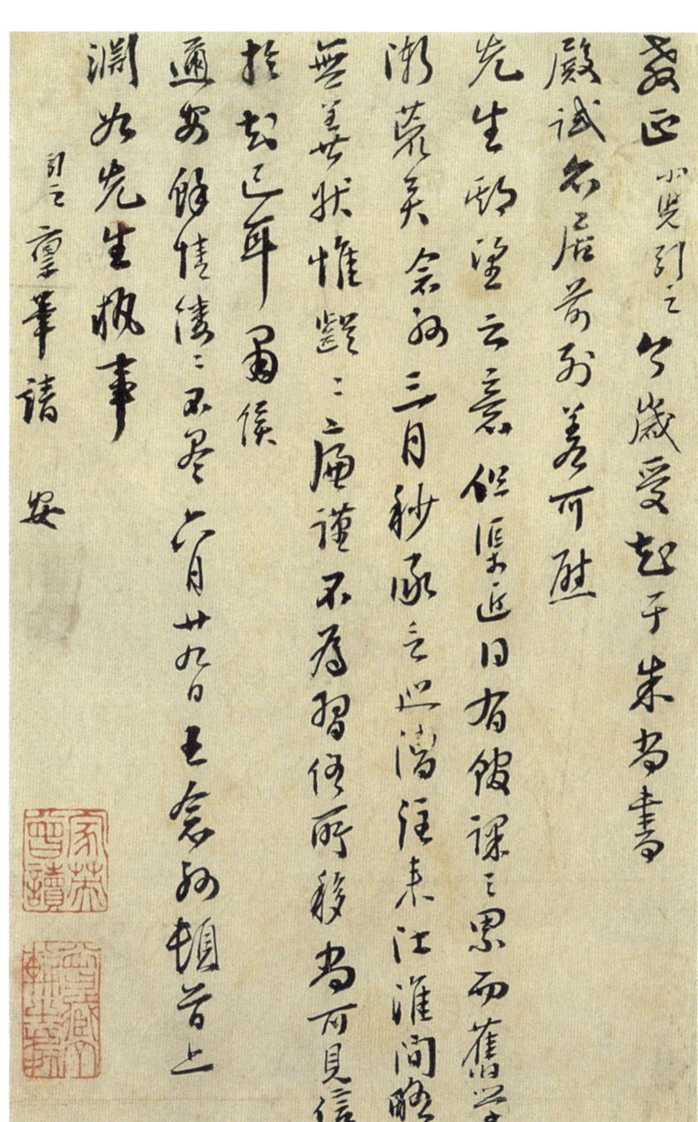

王念孙致孙星衍书札
纸本　纵 20.5 厘米　横 13 厘米

王念孙（1744—1832），字怀祖，号石臞。江苏高邮人。乾隆四十年（1775）进士。选翰林院庶吉士，历任工部主事、吏科给事中、直隶永定河道、山东运河道等职。通晓水利，著《导河议》上下篇，与修《河源纪略》。生平探究古籍文义，精于声音训诂之学，清代为此学者，首推高邮王氏。撰《广雅疏证》，搜罗汉魏以前古训，详加考证，以形、音、义互相推求，颇称精核。所撰《读书杂志》，校正古书文字，阐明古义，多有创见。另有《古韵谱》《说文解字校勘记残稿》等。《清史稿》有传。

释文

去年惊闻太夫人辞世，匆匆未及修函敬唁，至今歉然。迩惟尊候安适，著述益富于前。《问字堂文集》别后凡增几种？发明汉诂者必多，何时一一读之，以祛茅塞。念孙《广雅疏证》近已成书，十年之力，幸不废于半途，容质便人寄呈教正。小儿引之，今岁受知于朱尚书，殿试亦居前列，差可慰先生期望之意；但渠近日有馆课之累，而旧学渐荒矣。念孙三月秒［杪］承乏巡漕，往来江淮间，略无善状；惟龊龊廉谨，不为习俗所移，尚可见信于知己耳！肃候迩安，余情缕缕不尽。

六月廿九日，王念孙顿首上渊如先生执事，引之禀笔请安。

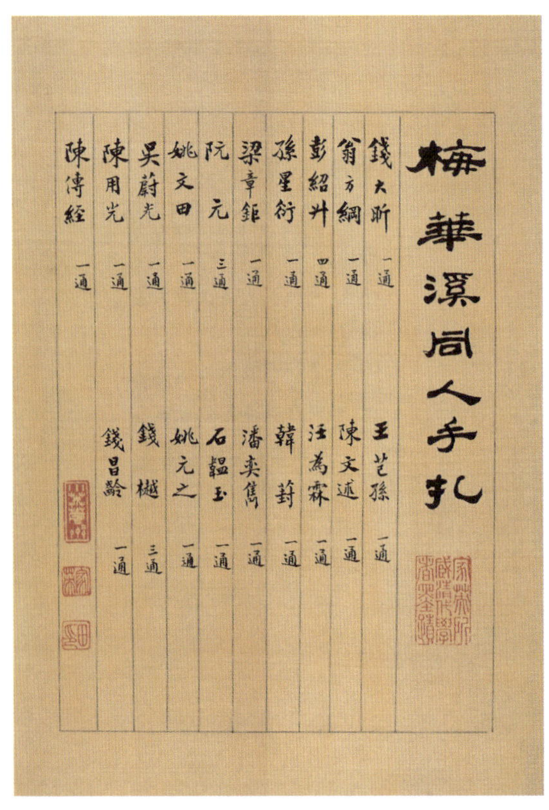

梅華溪同人手札

錢大昕 一通　王芑孫 一通
翁方綱 一通　陳文述 一通
彭紹升 四通　汪為霖 一通
孫星衍 一通　韓葑 一通
梁章鉅 一通　潘奕雋 一通
阮元 三通　石韞玉 一通
姚文田 一通　姚元之 一通
吳蔚光 一通　錢樾 三通
陳用光 一通　錢昌齡 一通
陳傳經 一通

左
《梅华溪同人手札》封二

右
田家英整理装裱的《清代学者手简》六册

黃石公素書

闇齋李大釗手鈔

原始章第一 言道不可以無始

夫道德仁義禮五者一體也

道者人之所蹈 使萬物不知其所由

德者人之所得 使萬物各得其所欲

仁者人之所親 有慈惠惻隱之心以遂其生成

義者人之所宜 賞善罰惡以立功立事

禮者人之所履 夙興夜寐以成人倫之序

夫欲為人之本不可無一焉

賢人君子明於盛衰之道 通乎成敗之數 審乎治

闇齋手鈔

李大钊手抄《黄石公素书》（部分）
纸本　纵 24 厘米　横 28 厘米（共十二面）

立峨兄：

十二日的來信，昨天收到了，先寄的另一封信，亦已收到。我于七日曾寄一信，後又寄《野草》一本，想亦已到。

我到上海已十多天，因為熟人太多，一直靜不下，幾乎日日喝酒，看電影。我想，再過一星期，大約總可以閒空一點。倘若這樣下去，是不好的，書也不看，文章也不做。

這裏的情形，我覺得比廣州有趣一點，因為各式的人物較多，刊物也有各種，不像廣州那麼單調。我初到時，報上便造謠言，說我要開書店了，因為上海人慣于用商人眼光看人。也有來請我去教國文的，但我沒有答應。現在我住在「寶山路，東橫浜路，景雲里二十三號」，此後有信，可以直接寄此。這裏是中國界，房租較廉，只要不開戰，是不要緊的。

中大校長赴港，我已在報上看見，張之蓮輩即刻影影鬼鬼，實在一樣。其實他們是不要緊的，會變化，那裏會吃虧。至于我回廣東，卻連自己還沒有想到過。

林語堂先生已見過，現回廈門接他的太太去了，聽說十來天以後再來上海。

許先生在南京大學院做秘書，他們要請我譯書，但我還沒有去的意思。

江紹原先生已經見過，他今天回杭州去了，當暫住在他太太的寓裏。聽說大學院要請他做編譯，我想，這于他倒頗相宜的。

廣州中大今年下半年大約不見得比上半年好。我想，你最好是自己多看看書。靠教員，是不行的，即使將他們的學問全都學了來，也不過是「瞠目呆然」。倘遇有可看的書，我當寄上。

鼓浪嶼同廈門之說，上海倒沒有聽到。中央日報不好了。南京另組織了一個中央日報籌備處，其中大抵是「現代派」。

我本很想靜下來，專做譯著的事，但很不容易。鬧慣了，周圍不許你靜下。所以極容易捲入旋渦中。等許多朋友都見過了，周圍清靜一些之後，再看情形，倘可以用功，我仍想讀書和作文章。

廣平姊也住在此，附筆問候。她有幾個舊同學在此，邀她去辦關于婦女的刊物，還沒有去。

迅

十月廿一

1927 年 10 月 21 日，鲁迅致廖立峨书札一渠兄：

昨得快信，欣慰无似，承垂念尤感厚意。鄙人此刻不能移动，我家中人多，北大方面亦特准留平，俟日后再看情形。其实只夫妇及小儿辈来共只三人，而舍弟携其妇在沪，（近一年来不寄分文、）妻儿四人弃掷不顾，不能不由此间代养，日用已经加倍，若迁移亦非同行不可，则有七人矣。且家母亦仍居平，鲁迅（并非在上海的那位、）夫人亦在，此二老人亦须有人就近照料，而上述七人有待于可以南行，此事亦有问题也。小女已出嫁，现其婿往西安北平大学教书，亦寄寓舍间。鄙人一人即使可以走出，而徒耗旅费，在沪寄家用，反不如不动稍可省事，近来在译希腊文之古神话，（前有希腊拟曲一册已由译会出版、）向编译会支点款，目下聊可敷衍过去，殊不能有远大计画耳。琐屑家事不宜妄陈，唯此系实在理由，故述一二。匆匆奉覆，顺颂

近安

作人启、

十一月十三日

1937 年 11 月 13 日，周作人致张一渠书札

书法源流细推详

田家英称自己的字写得不好是一生之憾事，但他对书法却颇感兴趣，也很在行。每天傍晚，将条幅或手卷展开边欣赏边诵读，是他与董边共享的乐趣之一。田家英爱看篆隶，董边则着意草书。田家英认为清代书法中草书是薄弱的一环，没有出现像唐代张旭、怀素、孙过庭那样的名家，但篆隶两种书体却有一定成就，其水平之高和名家之多，都弥补了唐宋以来的不足。如郑簠的隶法，以细劲挺拔之笔逆入平出，自成一家，高凤翰、万经诸家皆学有所得。桂馥、黄易、陈鸿寿、伊秉绶等也都是写隶书的名家。篆书方面，则首推邓石如，由于长期临摹钟鼎古碑，结体气势磅礴，用笔挥洒自如，被誉为清代书法第一。此外，洪亮吉、钱坫、杨沂孙等也颇负盛名。

这些大家的作品中，田家英最喜欢，将其视为珍宝的一副，是邓石如行草“海为龙世界，天是鹤家乡”五言联；整联字体如秋鹰腾霄，浩荡无前。邓以篆隶造诣最深，声誉也最高，但他的行草竟也写得这样好，确是难能可贵。

还有一副钱坫的对联，也是田家英的极爱。上联“文翰之美高于一世”，下联“淮海之士傲气不除”。这副手绘金龙边、玉箸体的字联，在钱坫的作品中属精品，如他自谓：“斯、冰（李斯、李阳冰）之后，直至小生”，真是文如其人。

除篆隶外，田家英最喜欢的还是颜体。准确地说，是喜爱颜真卿的书法。这可以从小莽苍苍斋收藏的碑帖中明显地感到。他收有颜真卿的《茅山碑》《祭侄帖》《争座位帖》《麻姑仙坛记》等旧拓本。特别是著名的《多宝塔感应碑》，他不但有两件不同形式的南宋明初拓本（一轴一册），甚至连不同本的影印件和印刷品也都收留。有同事闻其喜颜书，特将自己收藏的《颜真卿八关斋会报德记》的旧拓本“举以赠之”。由于对颜体的偏好，清代学者中凡书颜体的作品，他多喜收留。如钱沣的字，便是以颜体入笔，形神皆至的典范。他的墨迹，小莽苍苍斋收有八九件之多。其中以《临颜真卿争座位帖》卷为著。该卷长十四点六米，纵零点六五米，浅绫地，大字行楷，端庄雄伟，称得上小莽苍苍斋镇斋之一宝。

何绍基的字也如是。何早年学颜，后学北碑、篆隶，以“回腕”法化为自家之貌。田家英一直留意何氏作品。一次他在杭州买到一副何的对联，何在边跋中称自己的字是从颜鲁公转化过来的。田大喜过望，对旁人说：“你看，我找到证据了。”

也许出于偏爱书法的缘故，小莽苍苍斋收藏有清代各个时期各种流派的书家作品。清代前期的书法家，如王澍、何焯取法于文徵明；王鸿绪、张照取法于董其昌。到了清中期，受汉学的影响，书法意境为之大变，不再走文徵明、董其昌的老路，甚至超越唐宋各家，上追金石碑版。翁方纲精金石之学，能为篆隶行楷，蜚声一时；金农精于隶法，首创“漆书”；钱沣在人人“淡墨渴笔”崇尚董其昌的时候，却直法颜真卿；郑板桥在帖学盛行的时代，反能独辟蹊径，以八分之八入行楷，自称“六分半书”；刘墉不受缚于古人，工于大小真行各体，被称为“浓墨宰相”，与翁方纲、永瑆、铁保并享书法盛名，被誉为清代书法四大家。

道光、咸丰之后，帖学渐衰，碑学代兴，黄易、张廷济、刘喜海等专事访碑，后经包世臣、康有为等人大力提倡，书风靡丽之气消失。像何绍基、赵之谦、张裕钊、李文田、翁同龢、徐三庚等，无不得力于碑学。另外，张燕昌的飞白体，罗振玉的甲骨文，章炳麟的小篆结合籀文，吴昌硕的石鼓文等，都别有一番古趣。上述各名家的书法真迹，小莽苍苍斋收罗颇多，足以窥见近三百年书法之嬗变。

田家英还很喜欢收藏毛泽东的书法墨迹。他说毛泽东的字是学怀素体的，很有气魄。毛泽东时常以练字作为一种休息和锻炼。他也常应人请题词或题写刊名，而且绝不敷衍，常常多写几幅，各具风格，以备选用。田家英平时注意把毛泽东练字的零张散页细心保存，装裱得十分考究。他把这些毛泽东墨迹称之为小莽苍苍斋收藏的“国宝”。

王时敏（1592—1680），字逊之，号烟客，又号西庐老人、西田主人。江苏太仓人。明相国锡爵孙。崇祯初，以荫官至太常寺少卿。入清不仕。少年学画，宗法黄公望，得其神髓，后与董其昌、陈继儒研究画理，影响甚深，为清初画家首领。与王鉴、王原祁、王翚合称“四王”而为之首。工诗文，善书，隶追秦汉，当时誉为第一。有《王烟客先生集》《西田集》《西庐画跋》等。《清史稿》有传。

释文

黄山瑞气产人豪，门第汪家喜最高。风雅自来夸鹭羽，鱼盐何惜试牛刀。茱萸节里蟠桃宴，丛菊花前琥珀醪。闻道昔年曾像设，优填福德报非遥。

八十一老人王时敏

名下钤白文篆书“王时敏印”、朱文篆书“西庐老人”二方印，引首白文篆书“澡野□”长方印。

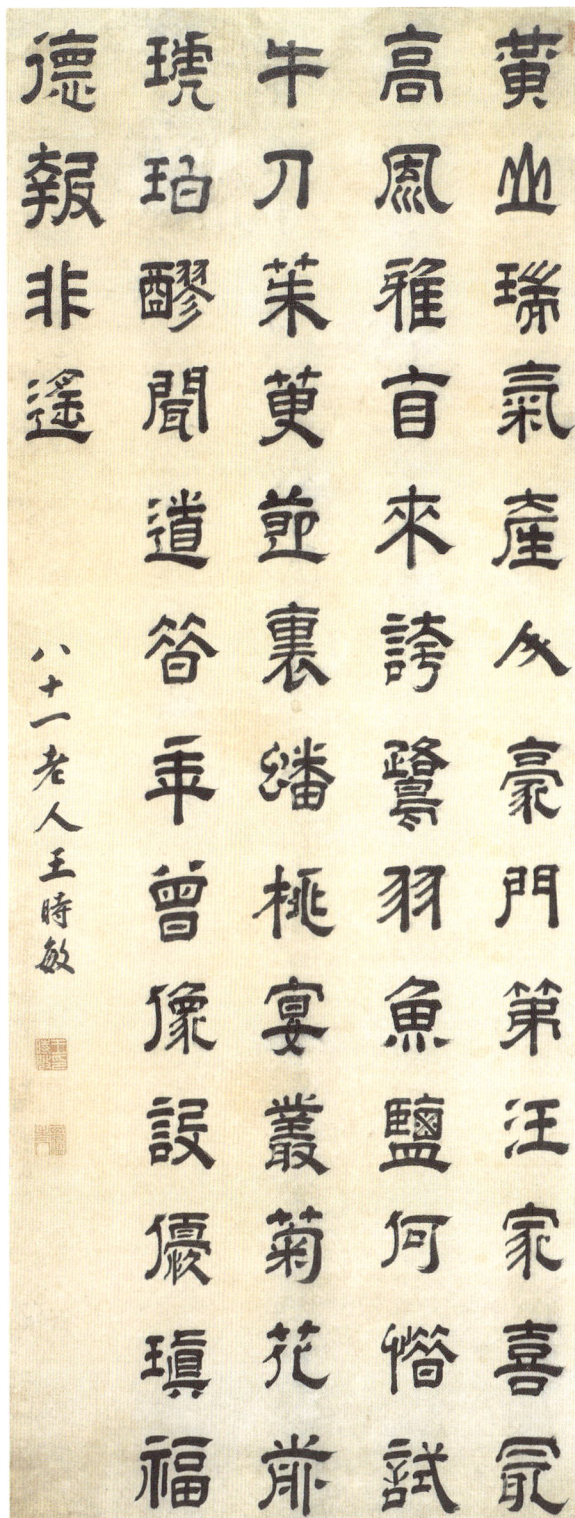

王时敏隶书七言律诗轴
纸本　纵 217 厘米　横 85 厘米

郑　簠（1622—1693），字汝器，号谷口。江苏上元（今南京）人。名医郑之彦次子，学得家传，以行医为业，终生不仕。擅书法，尤以八分书闻名。取法《郑固》《史晨》《曹全》诸碑。为清初碑学大家。与王概、王蓍合著《天发神谶碑考》，补三十一字。《昭代名人尺牍小传》有传。

释文

玉树春归日，金宫乐事多。后庭朝未入，轻辇夜相过。笑出花间语，娇来烛下歌。莫教明月去，留着醉嫦娥。绣户香风暖，纱窗曙色新。宫花争笑日，池草暗生春。绿树闻歌鸟，青楼见舞人。昭阳桃李月，罗绮自相亲。寒雪梅中尽，春风柳上归。宫莺娇欲醉，檐燕语还飞。迟日明歌席，新花艳舞衣。晚来移彩仗，行乐泥光晖。

戊辰初夏，余因人事杂沓，偶息静于墨稼轩中，焚香啜茗，蒐览前人书籍，倦余作书，适架上有《李青莲集》，载宫中行乐词，漫录三首，摹仿汉人书法，自觉手腕生涩，一步一趋何其难也。因书此以志愧。

谷口老农郑簠

名下钤白文篆书“郑簠之印”、朱文篆书“谷口农”二方印，引首朱文篆书“书带草堂”长方印。

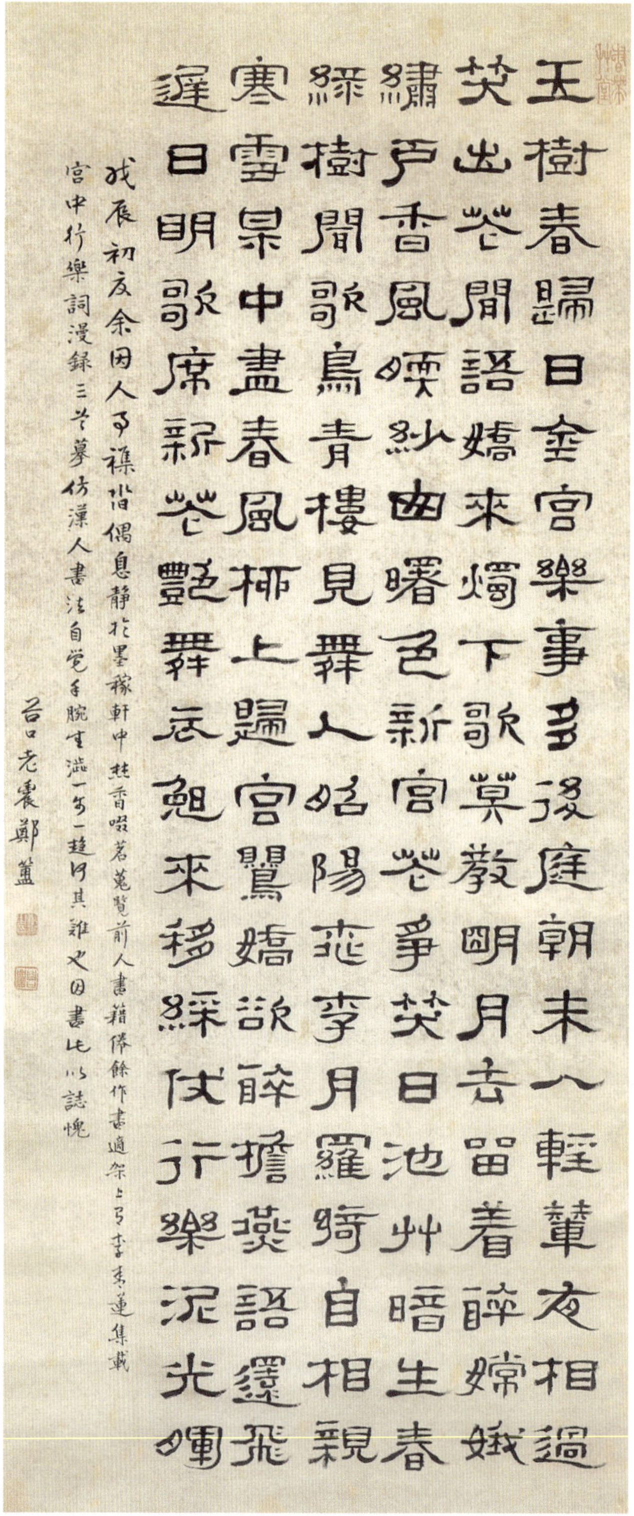

郑簠隶书李青莲《宫中行乐词》轴
纸本　纵124.2厘米　横54厘米

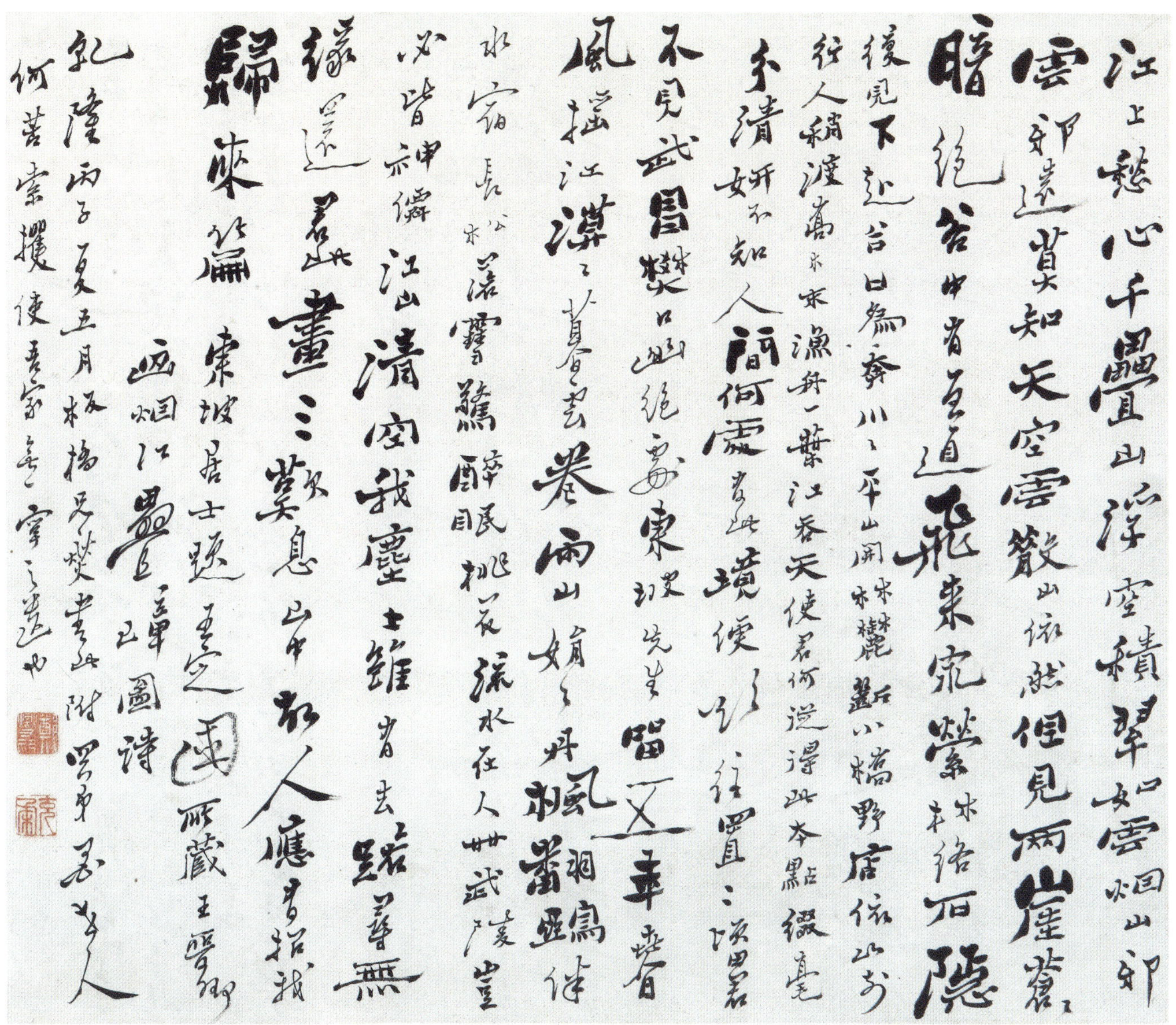

郑燮行书苏东坡《题王定国所藏〈王晋卿画烟江叠嶂图〉》诗轴　纸本　纵 48.4 厘米　横 56.4 厘米

释文

江上愁心千叠山，浮空积翠如云烟。山耶云耶远莫知，天空云散山依然。但见两崖苍苍暗绝谷，中有百道飞来泉。萦林络石隐复见，下赴谷口为奔川。川平山开林麓断，小桥野店依山前。行人稍渡乔木末，渔舟一叶江吞天。使君何从得此本，点缀毫<末>分清妍。不知人间何处有此境，便欲往置二顷田。君不见，武昌樊口幽绝处，东坡先生留五年。春风摇江<天>漠漠，暮云卷雨山娟娟。丹枫翻鸦伴水宿，长松落雪惊醉眠。桃花流水在人世，武陵岂必皆神仙。江山清空我尘土，虽有去路寻无缘。还君此画三叹息，山中故人应有招我归来篇。

东坡居士《题王定国所藏〈王晋卿画烟江叠嶂图〉》诗。

乾隆丙子夏五月，板桥兄燮书此，附四弟墨；世人何苦索攫，使吾家无一字之遗也。

名下钤白文篆书“郑燮印”、朱文篆书“克柔”二方印。

郑　燮（1693—1765），字克柔，号板桥。江苏兴化人。乾隆元年（1736）进士。历任山东范县、潍县知县，以惠政称。因助农民胜讼及办理赈济，得罪豪绅而罢官。寓居扬州，靠卖画为生。诗、书、画皆有成就，号称“三绝”，为时人推重。绘画上主张“自出己意”，发挥个性。所画兰竹，以草书长撇法用笔，体貌疏朗，风格峻峭。又常借诗与跋补充其画意。诗文讲求真情，傲放慷慨；书法糅隶、楷、行、草而为一，自称“六分半书”。有《板桥全集》《板桥诗钞》等。《清史稿》有传。

释文

欲求寡过偏多过，且喜藏书未卖书。

如翁老长兄句。

板桥郑燮书

名下钤白文篆书“郑燮之印”、“七品官耳”二方印，上联钤白文篆书“郑板桥”方印。

* * * * *

黄 慎（1687—1770），字恭寿，一字恭懋，号瘦瓢子、瘦瓢山人。福建宁化人。少时家贫，一生布衣，寓居扬州，卖画自给。早年师法上官周，画多工笔人物；中年以后，变为粗笔挥写，山水学倪瓒、黄公望；晚年用狂草笔法作画，别开生面。慎工草书，法怀素，运笔无起止之迹。与郑燮、金农、李鱓、李方膺、汪士慎、罗聘、高翔等并称“扬州八怪”。能诗，有《蛟湖诗草》。《汀州府志》《国朝耆献类征》有传。

释文

黄山归去住天间，一百滩头啸夜猿。和月东峰微玉魄，钱塘孤棹独销魂。高烧画烛双龙尾，绮靡花开银杏园。了却功名应自足，几番清兴到黄昏。（《送宗兄兼三归新安》）

下钤朱文篆书“黄慎”、白文篆书“瘦瓢”二方印，引首白文篆书“莫笑”长方印。

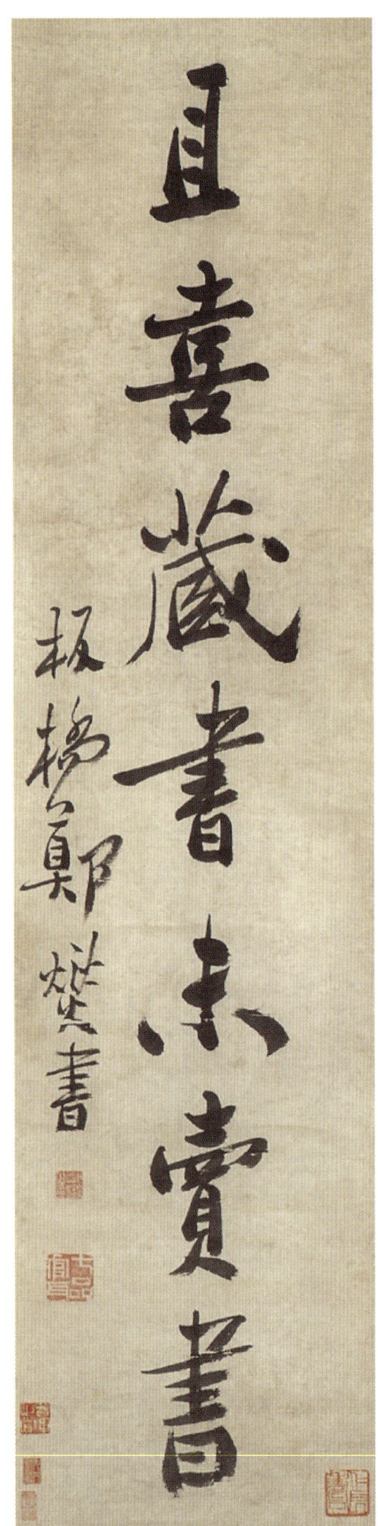

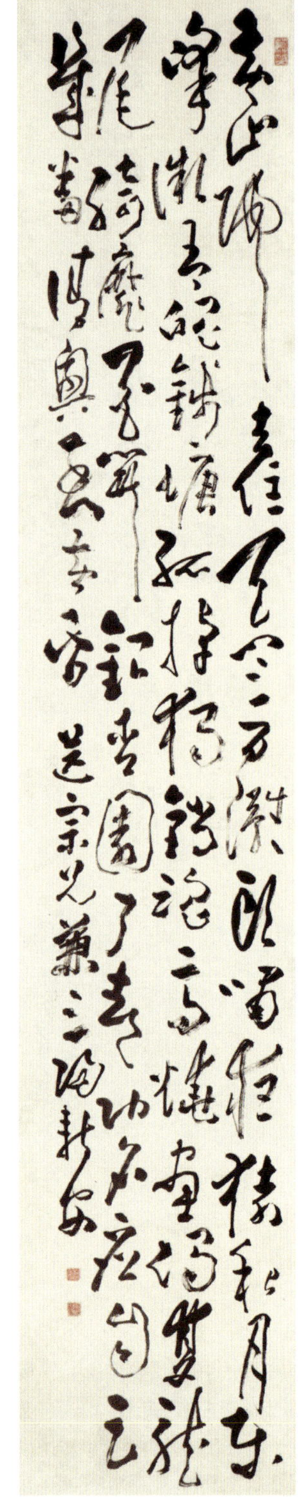

左
郑燮行书七言联　　纸本　纵 121.2 厘米　横 29.5 厘米

右
黄慎草书七言律诗《送宗兄兼三归新安》轴
纸本　纵 121.2 厘米　横 29.5 厘米

黄易隶书七言联　　描银花笺　纵 132 厘米　横 30.4 厘米

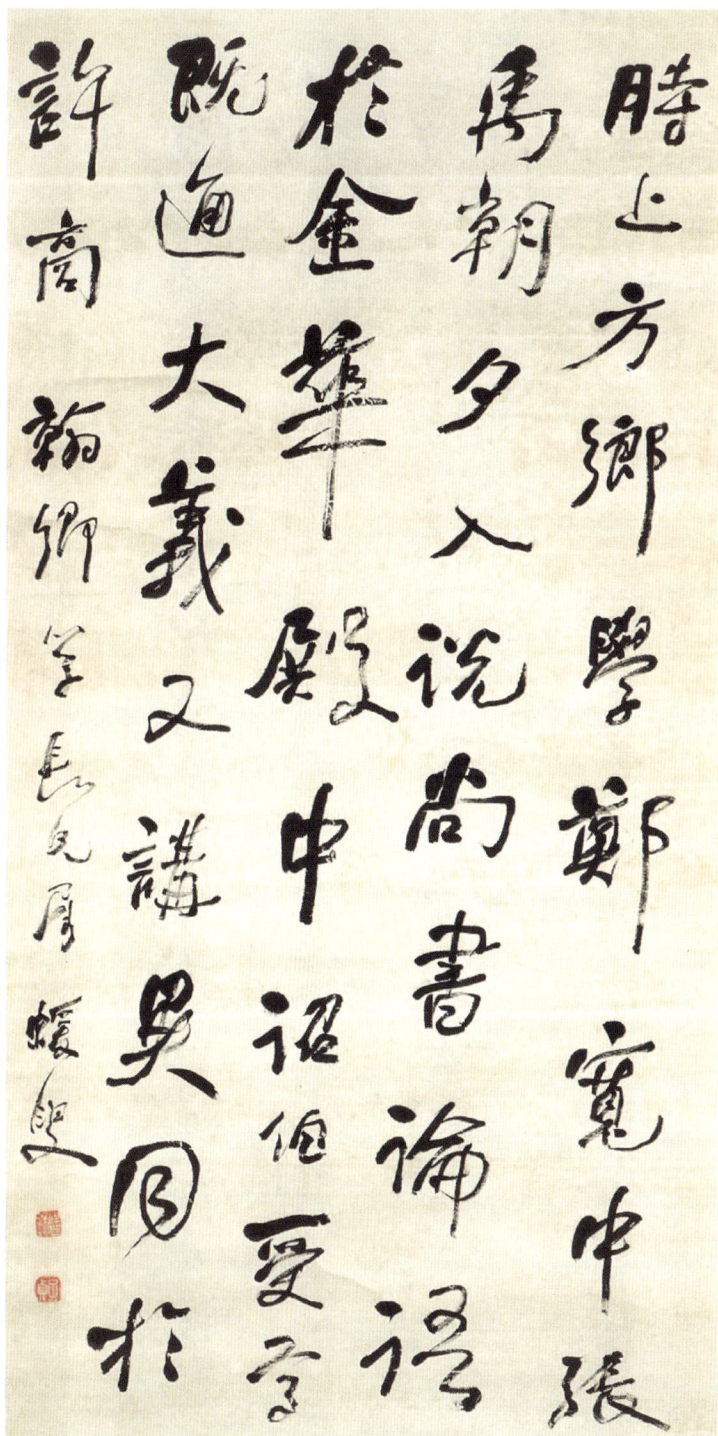

何绍基行草轴　　纸本　纵 115 厘米　横 62.5 厘米

黄　易（1744—1802），字小松，号秋庵。浙江钱塘人。官山东兖州府济宁运河同知。父树谷工隶书，博通金石。易承先业，工分隶篆刻，笔意沉着，醇厚渊雅，与丁敬并称“丁黄”，为“西泠八家”之一。善绘山水。所画墨梅饶有逸致。兼喜集金石文字。有《小蓬莱阁金石目》等。《清史稿》有传。

释文

文章散作生灵福，议论吐为仁义辞。

墨园大人正。

钱唐黄易

名下钤白文篆书“汉书室”、朱文篆书“小松隶古”二方印。

* * * * *

何绍基（1799—1873），字子贞，号东洲居士，晚号蝯叟。湖南道州（今道县）人。道光十六年（1836）进士，授翰林院编修。通经史、小学，研讨金石碑版文字数十年。于书学悉心追研，探源入化，成就极高。行、楷书法颜鲁公，融会李北海、苏东坡而能纵变其法；于周秦两汉篆、隶饶有心得，卓然成家；草书奇纵凝炼，为一代之冠。有《惜道味斋经说》等。《清史稿》有传。

释文

时上方乡学，郑宽中、张禹朝夕入说《尚书》《论语》于金华殿中，诏伯受尊，既通大义，又讲异同于许商。

翰卿学长兄属。

蝯叟

名下钤白文篆书“何绍基印”“子贞”两方印。

永　瑆（1752—1823），字镜泉，号少庵，因藏晋陆机《平复帖》，又号诒晋斋主人。乾隆帝十一子，封成亲王，谥曰哲。曾任军机处行走，总理户部三库。工书，胎息欧阳，出入羲献，临摹唐宋各家，均造极诣，世以其与刘墉、翁方纲、铁保并称清四大书法家。有《听雨屋集》《诒晋斋集》，辑刻《诒晋斋帖》。《清史稿》有传。

释文

漫道春风如系马，还防意马欲趋风。井澜不动凭何事，一局枯棋二老翁。

春日观弈，录奉云门先生清赏。

皇十一子

名下钤朱文篆书“皇十一子”、白文篆书“诒晋斋”二方印。

* * * * *

刘　墉（1718—1804），字崇如，号石庵，别号青原，又号日观峰道人。山东诸城人。乾隆十六年（1751）进士，由编修累官至体仁阁大学士、吏部尚书，加太子太保，卒谥文清。工书，书法浑厚雄劲，得钟繇、颜真卿神髓，一时名满天下；用墨厚重，时称“浓墨宰相”，与翁方纲、永瑆、铁保并称清代四大书家。有《石庵诗集》《清爱堂帖》等。《清史稿》有传。

释文

镜水屏山开胜境，瑶林珠树撷名香。

刘墉谨书

名下钤朱文篆书“刘墉印信”、白文篆书“石庵”二方印。

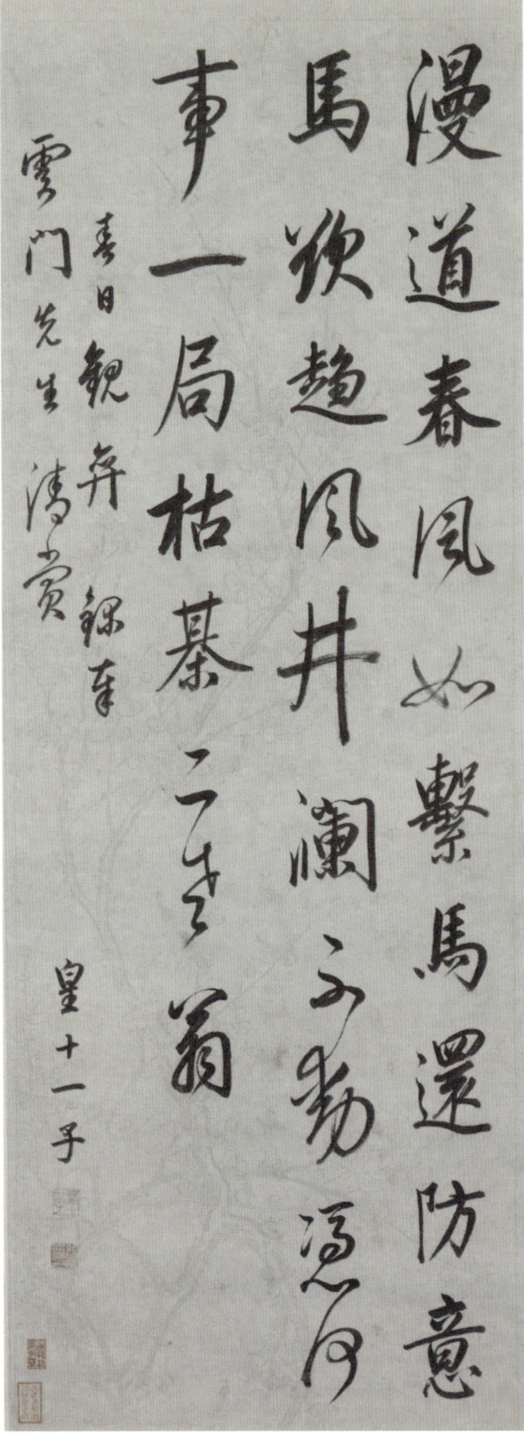

永瑆行草七言绝句诗轴
梅花蜡笺　纵 97.5 厘米　横 36 厘米

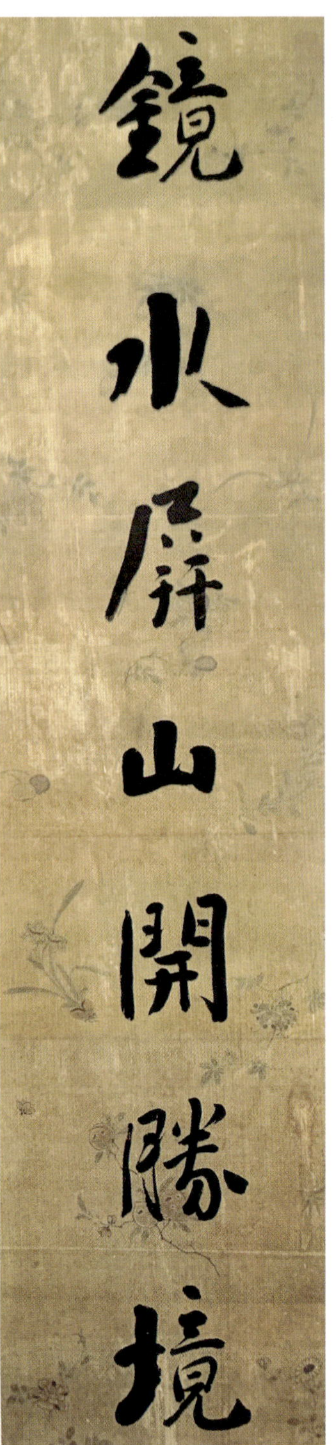

刘墉行书七言联
描画绢本　纵 131 厘米　横 32.8 厘米

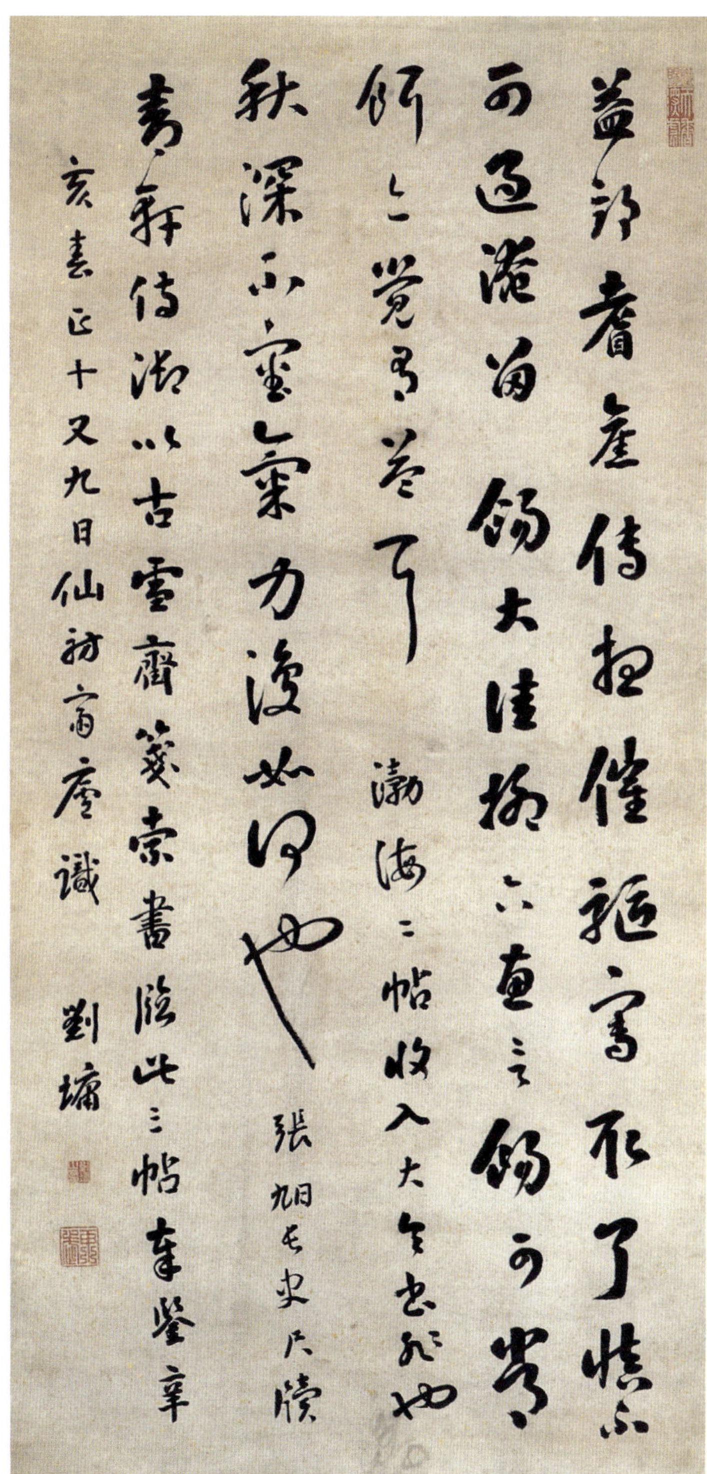

刘墉临帖轴　纸本　纵 124 厘米　横 63 厘米

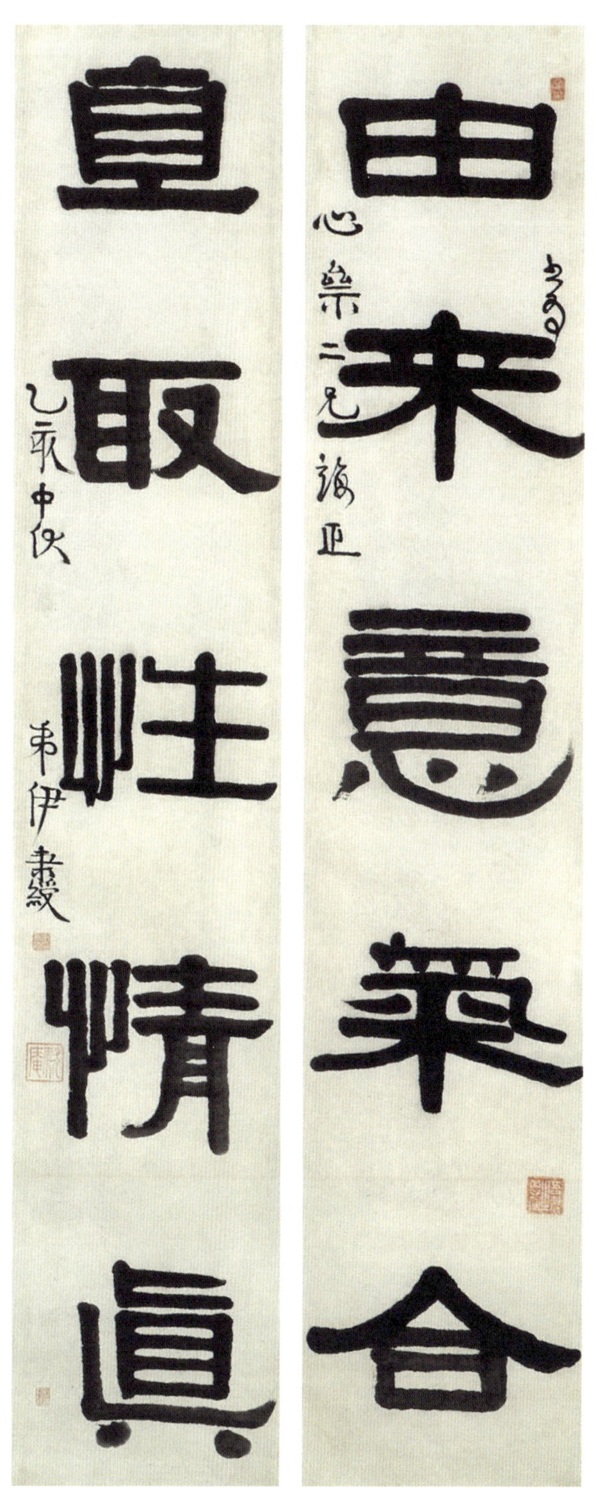

伊秉绶隶书五言联　纸本　纵 132.5 厘米　横 25 厘米

释文

《益都耆旧传》想催驱写取了，慎不可过淹留。饧大佳，柳下惠言，饧可常饵，今觉有益耳。（渤海二帖收入大令书，非也。）秋深，不审气力复如何也？（《张旭长史尺牍》）

青轩侍御以古雪斋笺索书，临此三帖奉鉴。

辛亥春正十又九日，仙舫斋庐识。

刘墉

名下钤白文篆书“刘墉之印”、朱文篆书“东武”二方印，引首朱白文“御赐天香深处”长方印。

* * * * *

伊秉绶（1754—1815），字组似，号墨卿、默庵。福建宁化人。乾隆五十四年（1789）进士。历任刑部主事、员外郎、广东惠州知府、扬州知府，有善政。工书法，尤擅隶书，劲健沉着，长于布白。正、行书取法颜真卿、李东阳。兼能画山水梅竹。有《留春草堂诗钞》《攻其集》《坊表录》《修斋正论》等。《清史稿》有传。

释文

由来意气合，直取性情真。

书为心斋二兄诲正。

乙亥中秋，弟伊秉绶

名下钤白文篆书“伊秉绶印”、朱文篆书“默庵”二方印，引首白文篆书“宴坐”长方印，闲章白文篆书“吾得之忠信”方印。

翁方纲（1733—1818），字正三，号覃溪，晚号苏斋，直隶大兴人。乾隆十七年（1752）进士，散馆授编修，历官内阁学士，广东、江西、山东等省学政，国子监司业。精研经术，长于金石考证之学，著述宏富。工书，初学颜真卿，继习欧阳询，亦喜汉隶，以《史晨》《韩敕》诸碑为法；名满海内，与刘墉、永瑆、铁保齐名。有《两汉金石记》《汉石经残字考》《粤东金石略》《苏米斋兰亭考》《复初斋文集》《石洲诗话》等。《清史稿》有传。

释文

宝墨旧亭藏北海，诗碑新轴访西涯。

以宛平衙斋故事与蕙麓老友访碑西郭事为句奉赠。

戊午冬十二月，翁方纲

名下钤白文篆书“翁方纲印”、朱文篆书“覃溪”二方印，引首朱文篆书“复初斋”长方印。

* * * * *

陈鸿寿（1768—1822），字子恭，号曼生，别号种榆道人。浙江钱塘人。嘉庆六年（1801）拔贡。官至江南海防同知。篆刻取法秦汉，旁及丁敬、黄易，善于切刀，刀法纵肆爽利，对后来取法“浙派”者影响颇大，为“西泠八家”之一。又擅书法，行楷古雅有法度，善古隶。亦长绘画。官溧阳县时，制陶家杨彭年为制茶具，经其作铭，风行于时，人称“曼生壶”。有《种榆仙馆诗集》《种榆仙馆摹印》《种榆仙馆印谱》《桑连理馆诗集》等。《清史列传》有传。

释文

课子课孙先课己，成仙成佛且成人。

幻香九兄属。

曼生陈鸿寿

名下钤朱白文篆书“鸿寿之印”、白文篆书“曼生”二方印。

翁方纲行书七言联　纸本　纵 218 厘米　横 27.2 厘米

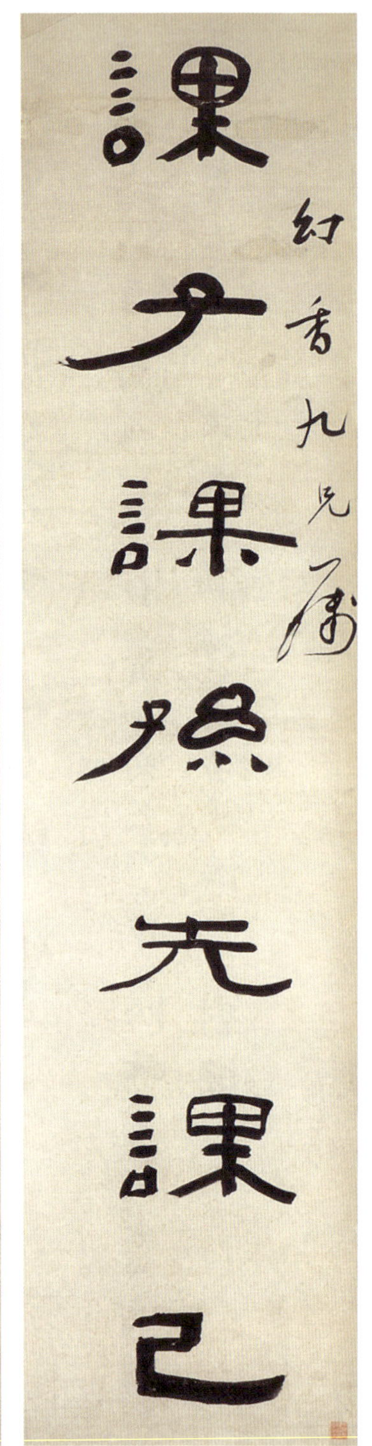

陈鸿寿隶书七言联　洒金粉笺　纵 131.5 厘米　横 31 厘米

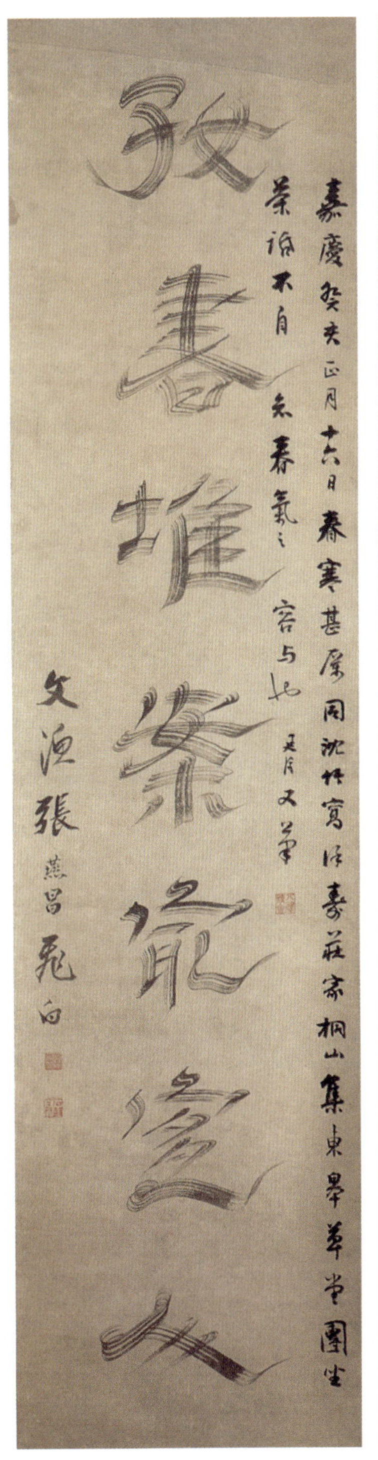

张燕昌飞白七言联
纸本　纵 126.4 厘米　横 31.4 厘米

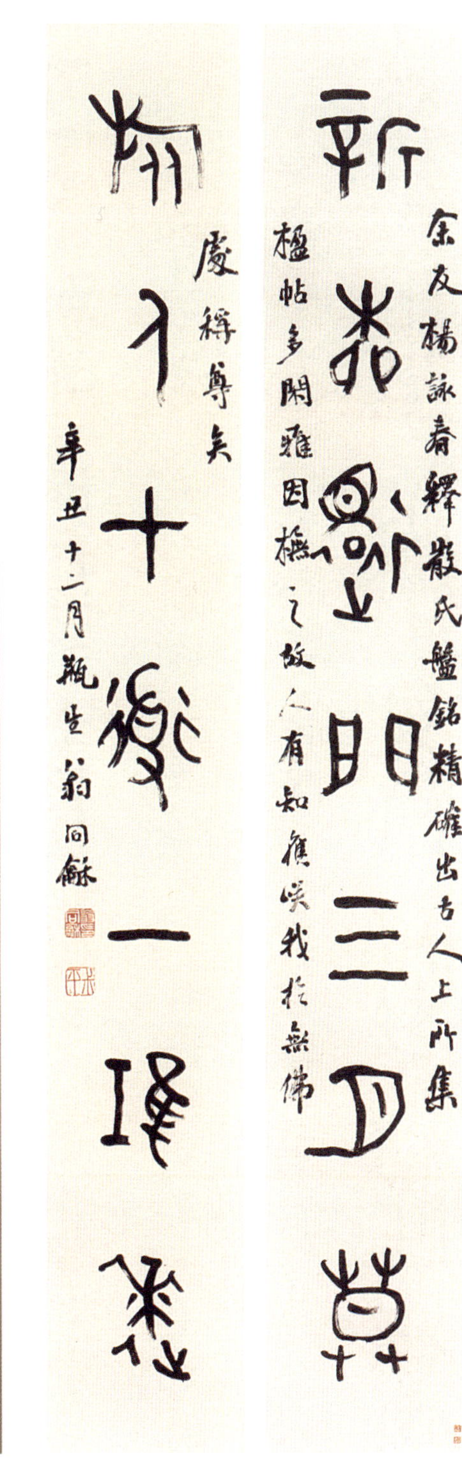

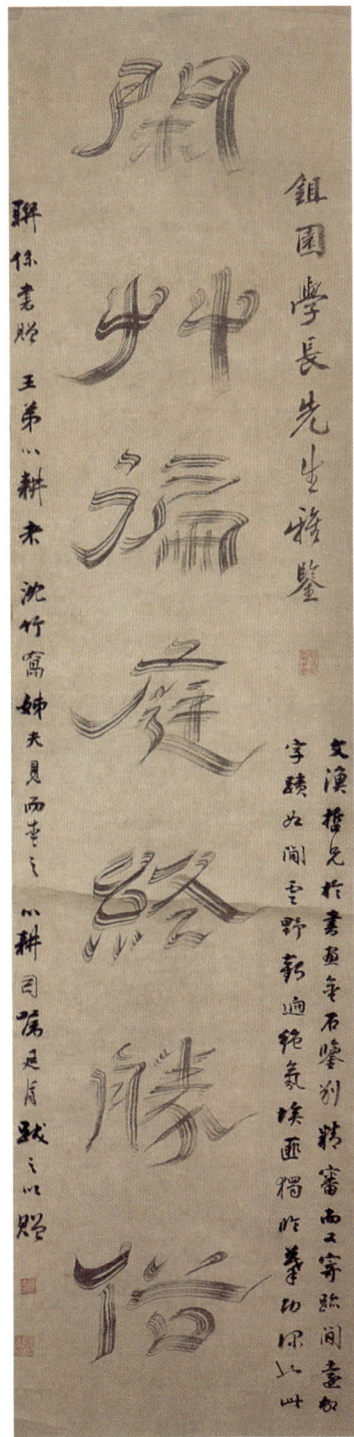

翁同龢集《散氏盘铭》七言联
纸本　纵 141.5 厘米　横 19.5 厘米

张燕昌（1738—1814），字芑堂，号文渔，又号金粟山人。浙江海盐人。嘉庆元年（1796）举孝廉方正。嗜金石，擅书法，篆、隶、飞白、行、楷俱佳。工画兰竹，兼擅山水人物花卉，清新典雅，别有意趣。又精篆刻，为丁敬高足。有《金石契》《飞白书录》《鸳鸯湖棹歌》等。《国朝书人辑略》《飞鸿堂印人传》有传。

释文

闲草遍庭终胜俗，好书堆案最宜人。

锄园学长先生雅鉴。

文渔张燕昌飞白

文渔哲兄于书画金石鉴别精审，而又寄迹闲远，故字迹如闲云野鹤，迥绝氛埃，匪独临摹功深也。此联系书赠王弟心耕者，沈竹窝姊夫见而爱之，心耕因嘱廷济跋之以赠。

嘉庆癸亥正月十六日，春寒甚厉，同沈竹窝、徐寿庄、家桐山集东皋草堂团坐茶话，不自知春气之容与也。

廷济又笔

张燕昌名下钤朱文篆书“张燕昌印”“石鼓亭”二方印，张廷济名下钤白文篆书“张氏叔未”、朱文篆书“张廷济印”“八□精舍”三方印，上联左钤闲印朱文篆书“臣居此当力田”长方印。

* * * * *

翁同龢（1830—1904），字叔平，又字声甫、笙甫，号笙谐、韵斋，自署松禅，晚号瓶庵居士。江苏常熟人。咸丰六年（1856）状元。同治、光绪两朝直弘德殿，为师傅。历任工部尚书、军机大臣、户部尚书，在总理各国事务衙门行走，以户部尚书职协办大学士。因支持光绪帝实行变法，被慈禧太后罢职，令回原籍。戊戌政变后，又令革职，永不叙用，交地方官严加管束。卒谥文恭。能诗文，亦擅绘画，尤以书法名于时。有《翁文恭公日记》《瓶庐诗稿》等。《清史稿》有传。

释文

新柳还门三月暮，旅人在道一鸿来。

余友杨咏春释《散氏盘铭》，精确出古人上，所集楹帖多闲雅，因杌之。故人有知，应笑我于无佛处称尊矣！

辛丑十二月，瓶生翁同龢

名下钤白文篆书“翁同龢印”、朱文篆书“叔平”二方印。

邓传密（1795—1870），初名廷玺，字守之，号少伯。安徽怀宁人，邓石如子。从李兆洛学，晚客曾国藩幕。工书，篆隶近承家学。《清史稿》有传。

释文

吾谁与共此芳草，几生修得到梅华。

平湖二兄温厚和平，怡情风雅，尤精六法，秀润淡远，深得思翁、南田之意。君不喜自炫其能，人亦鲜能知之者，悠游闺阁以自适其天焉，斯亦高矣。制笺索书，即希察篆。

岁在阏逢困敦四月维夏，邓传密并识

名下钤白文篆书“铁砚山房图书”、朱文篆书“家在四灵山水间”二方印。

* * * * *

赵之谦（1829—1884），字益甫，号㧑叔，又号梅庵，更号悲庵，晚号无闷。浙江会稽（今绍兴）人。咸丰九年（1859）举人，官江西鄱阳、奉新、南城知县。书画篆刻，卓绝一时。书初法颜真卿，后专意北碑；篆隶师邓石如，加以融化，自成一家。能以北碑写行书，尤为特长，其作花卉木石及杂画亦以书法笔意为之，刻印取法秦汉金石文字，为晚清大家。诗文新奇，不落俗气。有《甬庐闲话》《二金蝶堂印存》《缉雅堂诗话》《梅庵集》《悲庵居士诗剩》等。《碑传集补》有传。

释文

荒山野水破茅屋，商盘夏鼎周尊彝。

尘遗尊兄以黄虎痴句嘱篆，力疾作此。

光绪六年九月，弟赵之谦

名下钤朱文篆书“赵之谦印”、白文篆书“赵㧑叔”二方印。

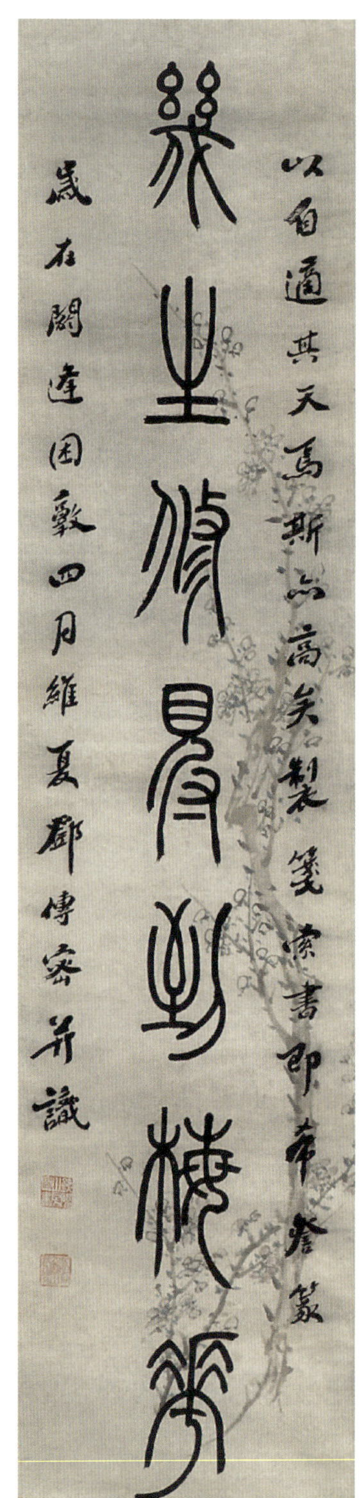

左
邓传密篆书七言联
竹梅花笺　纵 129 厘米　横 29.5 厘米

右
赵之谦篆书七言联
纸本　纵 132 厘米　横 26.5 厘米

罗振玉（1866—1940），字叔蕴，又字叔言，初号雪堂，又号贞松。浙江上虞人。清末任学部参事。辛亥革命后逃亡日本，图谋复辟清皇朝，后参与制造“伪满洲国”活动。曾收集整理甲骨、铜器、简牍、明器、佚书等考古资料，均有专集刊行。工书，甲骨、金文、小篆、汉隶、行楷无不典雅有致。著作颇多，有《殷虚书契考释》《石鼓文考释》《殷商贞卜文字考》《读碑小笺》《古器物识小录》《石交录》《俑庐日札》等。《清史稿》有传。

释文

窦（燎）于河一牢，薶（埋）二牢。乙酉卜，酌御于妣庚，伐廿，鬯卅。庚辰卜，大贞，来丁亥，其桼丁于大室，勿丁。西乡。贞，勿侑于高妣己、高妣庚。己丑卜，行宾贞，王兄己岁叙亡。尤贞于甲，介御妇好。

公雨仁兄大人大雅之属，贞松罗振玉

名下钤白文篆书“罗振玉印”、“楙雨楼”二方印。

* * * * *

吴昌硕（1844—1927），初名俊，又名俊卿，字仓石，后更字昌硕，别号缶庐、破荷亭长等，七十后以字行。浙江安吉人。早年曾从俞樾、杨岘习文字训诂、辞章、书艺。光绪三十年（1904）发起成立西泠印社，被推任社长。其诗、书、画、印皆精，时称“四绝”。书法着力于《石鼓》，参以草法；晚年以篆隶笔法作狂草，苍劲雄浑，为“海派”杰出代表。有《削觚庐印存》《缶庐集》等。《广印人传》有传。

释文

猷作原作导彼遄我嗣除帅阪草为世里微铁乃罟栗柞棫其棕榕。

己未四月维夏，临《臼鼓文》。

南湖先生雅属。

安吉吴昌硕，年七十六

名下钤朱文篆书“俊卿之印”、白文篆书“仓硕”二方印。

左
罗振玉临甲骨文轴　　纸本　纵 133 厘米　横 64.2 厘米

右
吴昌硕临《石鼓文》轴　　纸本　纵 139.2 厘米　横 32.2 厘米

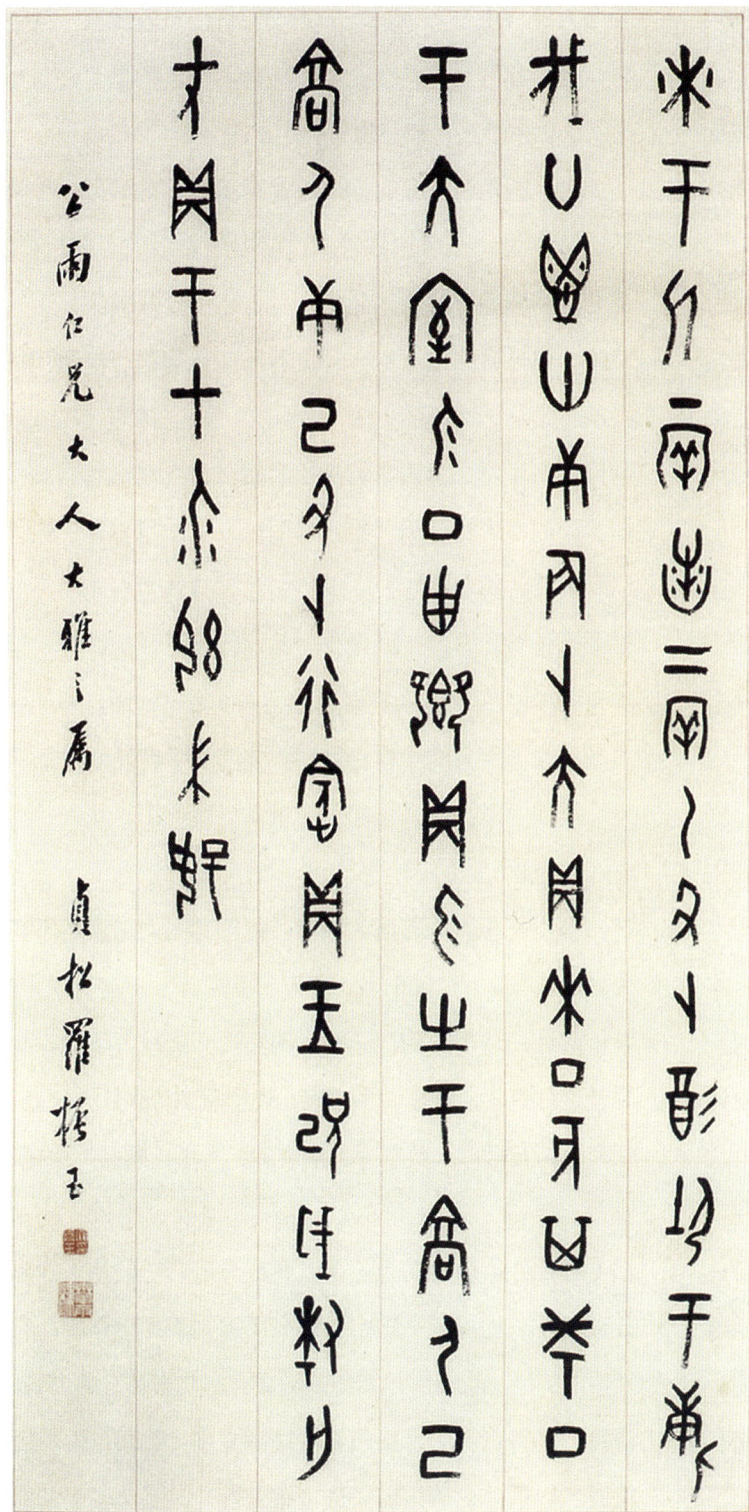

清儒翰墨第一家

田家英收藏的原则是：一有二好。即在“有”的前提下，尽量挑选质量高、内容好或有研究价值者。一次随毛泽东到杭州开会，田家英托人为他寻觅一张丁敬的字，以补“西泠八家”之缺。杭州文物商店送来两张内柜出售的丁敬墨迹：一张属丁敬的应酬之作，写得端正，裱得讲究；另一张是丁敬的《豆腐诗》草稿，写得随便，印章也系后人补盖，但内容好，字也天趣盎然。二者相权，田家英选定了丁敬的《豆腐诗》。为了凑齐一个时期或一个派别的墨迹，他常常四处寻觅，多方嘱托。有时售方索价较高，他也并不介意。他不但与一些文物商店订有“协约”，还亲自到文物商店的库房寻找。到上海朵云轩，他曾在库房的地上翻腾了一天，搞得身上、脸上全是尘土。一旦发现几幅有价值的清人墨迹，他会高兴好几天。

田家英对收集清人墨迹常常抱着审慎的态度，仔细辨别真伪，遇有拿不准的，则请来懂行的好友共同揣摩，并听取内行意见。有一次，遇到顾炎武的一副手卷，从内容看还不错，但他从未见过顾氏墨迹，便借来一本《顾亭林文稿》仔细研究，最后判定该卷为伪作。还有一次遇到一幅蒲松龄的条幅，上录《聊斋诗》二首。绫边有王献唐的跋，考证该诗的成作年代。王氏为山东近代著名学者，又曾任省文物管理委员会副主任，对家乡学者的手迹应该说看得不错；何况这条幅字体流畅，绫色古朴，引得王献唐“卧观三日，颇有桑下之恋”（王献唐跋语）。然而田家英并不盲从，他从诗文考证，觉得靠不住的因素多。即便如此，他还是收下了。他认为：凡有人看真，有人看假时，还是以收为妥；收下来若假，不外个人经济上受点损失，放走了若真，是收藏家一生憾事。基于此种想法，他收下了一批看不准的墨迹，这里面不乏稀世珍品，自然也有看走眼的赝作。

对一些清代学者，同时又是声望卓著的画家，如清初的陈洪绶、王时敏、朱耷，清中期的金农、郑板桥、黄易、高凤翰，晚清的赵之谦等，他主要取其字，不取其画。他开会路过上海，一位朋友向他推荐一幅明代的画，不论从艺术水准还是年代之久考量，都值得收藏，况且价格不贵。但田家英兴趣索然。而当他偶然购得一幅水印的清末杨深秀《松风水阁图》时，因有杨氏的题记而十分高兴，提笔在绫签上注明：“戊戌六君子中以漪村（杨深秀）墨迹传世最少，此幅藏山西晋祠，得一景本亦可珍也。”田家英有时也收留一些名家的画，但其目的多是为了用来交换自己所缺。如清初学者孔尚任的题诗，便是他用扬州八怪之首金农的《墨梅图》从一位朋友处“变通”来的。

小莽苍苍斋所藏清人翰墨，经过其主人田家英不遗余力地收集，到 1966 年上半年，已具有了一定的规模。以年代计，从明末到民国初，约三百年；就人物论，有学者、官吏、金石家、小说家、戏剧家、诗人、书法家、画家，约五百位；数量（包括中堂、条幅、楹联、横幅、册页、手卷、扇面、书简、铭墨、铭砚、印章）超过二千五百件。在这些墨迹中，有钱沣手书仿颜体十四点五米长卷，也有仅一尺余长的高凤翰左手反字横幅；有皇帝的御笔，也有农民卖田的契文；有文人骚客的书稿、诗稿，也有官吏们附庸风雅的应酬文字；数量最多、收集最专的是一代清儒的墨迹。有人赞誉田家英收藏的清

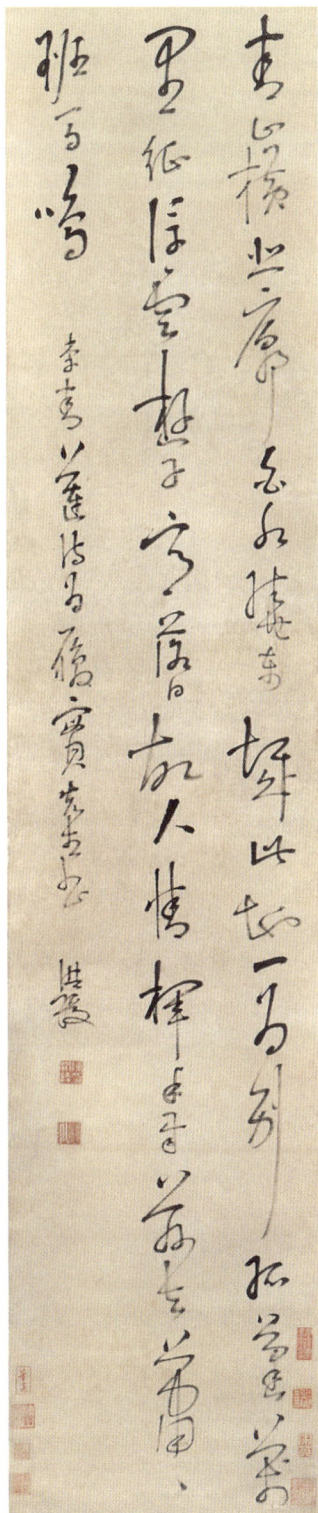

陈洪绶行草李白诗轴
纸本　纵 135 厘米　横 28 厘米

陈洪绶（1599—1652），字章侯，号老莲，又号莲子。浙江诸暨人。尝为诸生，崇祯间，召为舍人；摹历代帝王像，纵观御府图画，艺益进。入清后，混迹浮屠间，自号悔迟。在京师与崔子忠齐名，号为“南陈北崔”。能诗文，擅书法，尤擅人物画。所作《西厢记》等绣像插图，名工木刻，为明清间复制版书之精品。有《宝纶堂集》《清史稿》有传。

释文

青山横北郭，白水绕东城。此地一为别，孤蓬万里征。浮云游子意，落日故人情。挥手自兹去，萧萧班马鸣。

李青莲诗，为履实先生书。

洪绶

名下钤白文篆书“陈洪绶印”、朱文篆书“章侯氏”二方印。

蒲松龄行草《聊斋诗》轴
绫本　纵 56.5 厘米　横 30.5 厘米

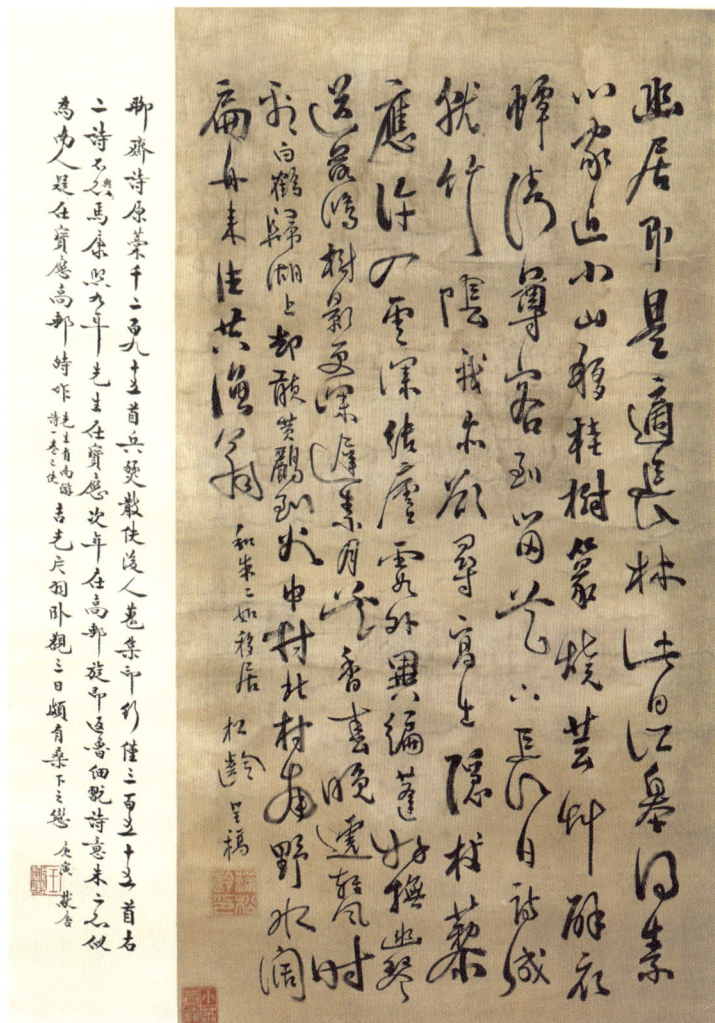

蒲松龄（1640—1715），字留仙、一字剑臣，号柳泉居士，世称聊斋先生。山东淄川人。早年即有文名，深为施闰章、王士禛所重。屡试不第，年七十一始成贡生，除中年一度作幕于宝应，一生居乡以塾师终老。家境贫寒，接触底层百姓。能诗文，善作俚曲。所著《聊斋志异》，以谈狐说鬼方式，对当时社会、政治多所批判。又有《聊斋文集》《聊斋诗集》《聊斋俚曲》及关于农业、医药等通俗读物多种传世。

释文

幽居即是适长林，此日江皋得素心。家近小山移桂树，篆烧芸草辟农蟫。清尊客到留花下，长日诗成就竹阴。我亦欲寻高士隐，杖藜应许入云深。

结庐霞外异编蓬，好抚幽琴送落鸿。树影更深迟素月，花香春晚递轻风。时看白鹤归湖上，却听黄鹂到谷中。村北村南野水阔，扁舟来往共渔翁。

和朱二如《移居》。

松龄呈稿

名下钤白文篆书“蒲松龄印”方印。

《聊斋诗》原稿千二百九十五首，兵燹散佚，后人蒐搜集印行仅三百五十五首，右二诗不与焉。康熙九年，先生在宝应，次年在高邮，旋即返鲁。细玩诗意，朱二如似为南人，疑在宝应、高邮时作（先生有《南游诗》一卷，已佚）。吉光片羽，卧观三日，颇有桑下之恋。

庚寅，献唐

名侧钤朱文篆书“王献唐”方印。

丁　敬（1695—1765），字敬身，号钝丁，自称龙泓山人。浙江钱塘人。乾隆元年（1736）举博学鸿词科，不就。好金石文字，工书能诗。尤精篆刻，擅长以切刀法刻印，苍劲质朴，独具一格，为“浙派”开山鼻祖，“西泠八家”之首。兼擅画梅，笔意苍秀。有《龙泓山馆诗钞》《武林金石录》《砚林诗集》等。《清史列传》有传。

释文

《豆腐绝句》四首并小引

岁焉将尽，汪静甫秀才来过寓馆慰藉老夫，因以槐堂先生近作询之秀才，使诵先生食豆腐绝句四首；文藻纷纶，风味蕴藉，何意凡近市物，得宠大雅之什。予适当饭，亦有冻腐冬齑之荐，辄亦漫成四首。嘻！秦缶之击，讵可以叶湘瑟之鼓，然自得之味或亦有同然者在乎？知槐堂之必有以教我也。

茅店鸡声板迹霜，最怜菽乳晓成浆。更看点就盐梅手，不羡蓬壶软玉方。（李蓬溪酿造品豆腐，须收以盐酸之味。）

冻腐冬齑各称时，聊听瓦釜一鸣雷。当飡笑语砂锅老，合与冰壶合传来。（李太仆礼白岳记新安许文穆公在中书遇拂意处，辄曰：“我何舍我乡砂锅腐而恋此煤烧肉耶？”“欲为冬齑作冰壶”，先生传苏易简对太宗语也，见《宋人小说》。）

莫厌儒飡但粝粗，谁面月而屠沽□。寻常不把葵菘芼，也似姑阳冰雪肤。

满地闻尔店里羹，颓厨冷突任煎烹。参差何限雕盘味，只有黎翁不世情。（《老学庵笔记》，闻人滋嘉禾老儒也，多藏书，喜荐穷生馆地。每以豆腐食客人，谓滋作书馆，弟祁开豆腐羹店。豆腐一名黎祁，见《放翁集》及《骈雅》。）

下钤朱文篆书“丁氏敬身”方印（印后盖）。

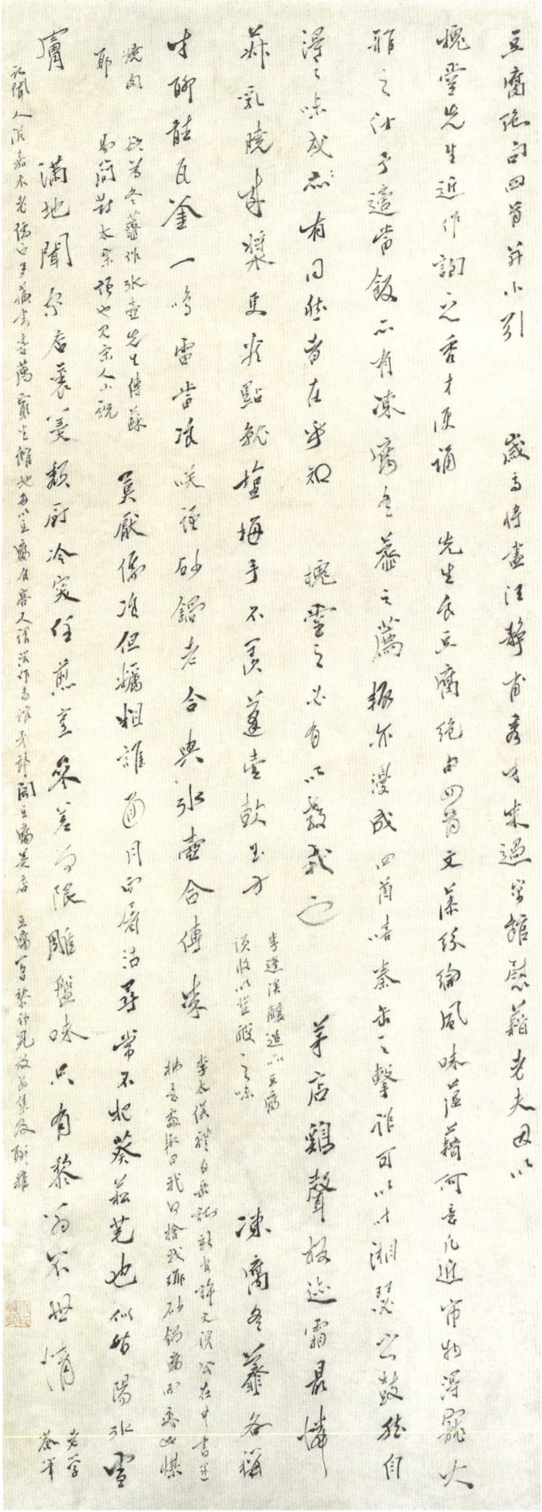

丁敬行书《豆腐》诗轴
纸本　纵129厘米　横47.5厘米

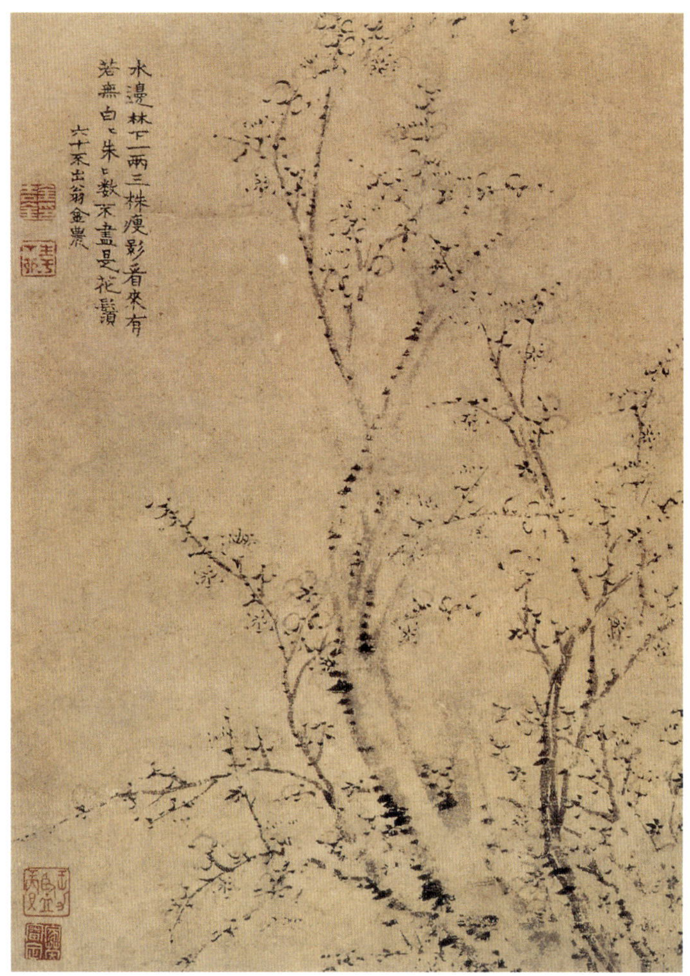

金农《墨梅图》（田家英用此画与友人换取孔尚任行书《题仲景老年道翁照卷》）

人翰墨为“海内第一家”，而他却自知仅凭个人的工资、稿酬购买藏品，力量毕竟有限。他曾对友人说：“清人墨迹收藏最多，质量也好的，应该是上海图书馆。”

正值田家英精力充沛地工作并满怀信心地为实现撰写清史而做必要准备时，他没能料到，这一毕生夙愿连同自己的生命都被那场“史无前例”的运动毁灭了。1966 年 5 月 23 日，田家英带着终身的遗恨离开了人间，年仅四十四岁。

“男儿到死心如铁，看试手，补天裂。”辛弃疾的这句词，是一位朋友在田家英辞世前两个月镌刻在印章边款上送给他的，对他寄以愿望。然而，浩劫给中国人民带来的厄运是那样深重，连国家主席都未能幸免，又何况田家英呢？

田家英去世的当天，他的家人被逐出中南海，个人物品全部被封存。小莽苍苍斋在劫难逃。陈伯达派人取走了龚自珍自书诗轴等墨迹，到底当了名副其实的“贼”。戚本禹不但取代了田家英的工作，也“顺便”接管了小莽苍苍斋的部分藏书。被田家英称为“国宝”的毛泽东手迹、印章，小莽苍苍斋藏品的总账目，以及数以百计的清人墨迹、信札、印章等都不翼而飞。董边喜欢董其昌的字，当年曾将其轮换挂在卧室，可现在一幅也看不到了。至于书籍的损失就更大，二十多架书，退回时十存其二。

最令人惋惜的是，田家英一生笔耕，勤于撰述，但最后退还给亲属的除一纸遗书，竟没有任何文字，以致我们无法了解他毕生倾心的清史撰写和研究进行到什么程度。20 世纪 60 年代初，董边曾与田家英谈起这批

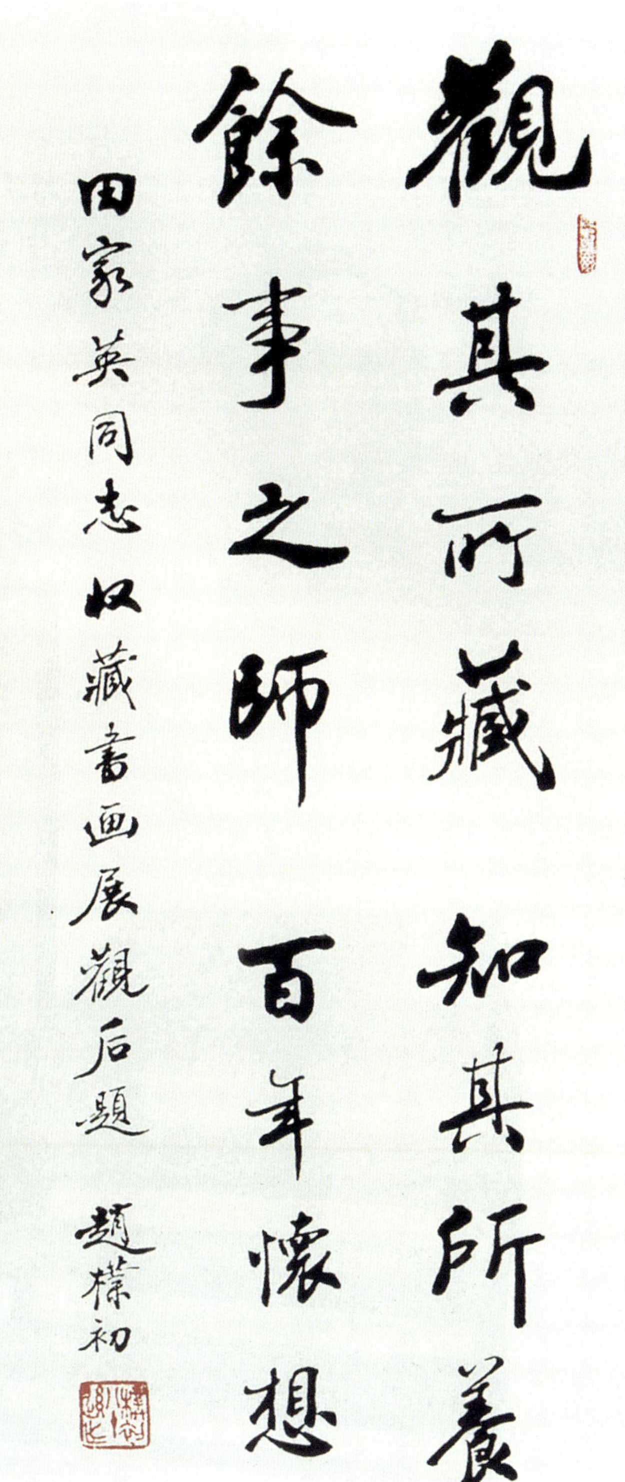

觀其所藏知其所養
餘事之師百年懷想
田家英同志收藏書画展觀后題
趙樸初

1991 年 5 月 24 日，赵朴初观看“田家英收藏清代学者墨迹展览”后题词：“观其所藏，知其所养；余事之师，百年怀想。”

墨迹的归宿，田家英表示：物从民众来，将来定要还给民众。

时光流逝，他的亲人没有忘记这个嘱托，就在他去世的第二十五个年头，一份包括王时敏、吴伟业、龚鼎孳、王渔洋、龚自珍、林则徐、何绍基等一百多位学者的墨迹清单作为小莽苍苍斋的首批藏墨捐献给中国国家博物馆（原中国历史博物馆）。国家没有忘记田家英对文博事业的贡献，国家文物局专项拨款，国家博物馆、文物出版社举办了他的收藏展览，编辑出版了他的藏品集。人民没有忘记田家英，许多人从很远的地方来参观展览，表达对他保存民族文化遗产之举的敬慕。正如赵朴初为展览所书的题词：“观其所藏，知其所养；余事之师，百年怀想。”

田家英整理、装裱成册的部分清人墨迹

第二编

小莽苍苍斋收藏纪事

谚云："五日京兆，宦海沉浮。"这是人们对旧时京城做官人的看法，意思是官场险恶。新中国诞生了，旧官场覆灭了，新体制建立了，用毛泽东的话说，不论担任什么职务，"我们所做的一切，都是为人民服务"，并不是做官。田家英作为毛泽东的政治秘书，一干便是十八个春秋，经历了许多重大的历史事件，也参与了不少重要决策的制定。然而，他并不热衷于仕进，多次自嘲自己是个"渔船三副"（即中华人民共和国主席办公厅副主任、中央政治研究室副主任、中央办公厅副主任），而他所心仪的是"三副"换"一正"，即中央档案馆研究室主任（摘自洪廷彦说），若遂此愿，可以看更多的书，搞些研究，此生足矣。他不看中官位，不追逐名利，始终认为"书生"这词对于他比较贴切，也符合意愿。田家英在1959年的庐山会议之后，嘱托梅行为他镌刻的"京兆书生"印章，边款即是他那年所作的一首诗："十年京兆一书生，爱书爱字不爱名。一饭膏粱颇不薄，惭愧万家百姓心。"诗中所说"爱书爱字"是指他自小养成的酷爱读书的习惯和新中国成立后一直坚持收藏清代学者墨迹的雅兴。他把"书"和"字"都收藏在小莽苍苍斋。工作之余，田家英在书斋中看书习字，收藏鉴赏，度过了他最向往的那段时光。

买书与读书

1949年北京解放，对于酷爱读书的田家英，真是天赐良机。那时的北京城，专卖古旧书籍的店铺比比皆是；除琉璃厂外，西单、东单、东安市场、前门、隆福寺都有，不但书多，价格也便宜。那时候清人字条、信札一类也归在古旧书市。20世纪50年代初，田家英常常在晚饭之后去琉璃厂逛旧书店，每次都抱着一捆书回来。好几次，毛泽东有事找他，卫士把电话打到了琉璃厂。

田家英不但在北京买书，他随着主席走遍大江南北，足迹也遍及所在城市的各个书店，次数最多的当属杭州。有一次，在杭州的毛泽东突感有事，坐上专列去了上海，忘记通知秘书田家英，以致浙江省委四下给各古旧书店打电话，果然找到田家英；于是出现小汽车追赶火车的场景。

田家英买书注意出版者，商务印书馆和中华书局出的书是他的首选。他认为这两家的书水平较高。短短的几年里，他买了《四部丛刊》《古今图书集成》《万有文库》《中国近代史丛书》等一批图书，许多都是从各书店、书摊儿一本本分散配齐的。此外，田家英还喜欢收集杂文一类的闲书，算下来也有十几书架之多。他的闲暇时光，几乎都沉浸在书中，读得非常认真。他比较喜欢周作人的杂文，认为与其他作品相比，周的杂文写得最好。聂绀弩的杂文集他也收集得相当齐全。他还多次提到简又文、陆丹林编的《逸经》杂志。他从马叙伦的《石屋余沈》看到四·一二反革命政变的史料，蒋介石作出“清党”决定时，作会议记录的竟是马叙伦。在中央党校审议《中国史稿》现代部分“抗日”一节，有人提到陈布雷为蒋介石起草的《文告》；田家英说，陈写文章有他的特色，遂将《文告》背诵了一遍。田家英告诉编辑“现代史”的在座人员：香港出了一本关于汪精卫傀儡政权始末的书，作者就是这个傀儡政权的成员，立场反动，但他接近上层人物，写得很生动，叫人能一气读完。而我们写历史书，往往枯燥无味，叫人硬着头皮也看不下去。田家英说，有一位大学三年级学生，还不知道武则天是男的还是女的。

国防大学教员姚旭记得田家英介绍他们读格拉塞的书，书中就有这么一段话：“马克思从不利用任何未经检验过的材料来源，决不引用间接的根据，而总要找到它原来的出处。”田家英不能容忍断章取义地引用半句，略去半句，或者做不适当的删节而使原意走了样的做法。姚旭联想到自己在写抗美援朝运动这一节时，就间接地转引当年美国参谋长联席会议主席布莱德雷形容朝鲜战争是“我们在一个错误的地方，错误的时间和错误的敌人进行一个错误的战争”。（几十年过去，这句话仍然在流传。）后来，姚旭找到了这个说法原来的出处——美国新闻处1951年5月15日的电讯。电讯中说，布莱德雷在麦克阿瑟撤职后的辩论中指责麦克阿瑟要把战争扩大到中国，说：“把战争扩大到共产党中国，会把我们卷入一个在错误的地方，错误的时间和错误的敌人进行一个错误的战争。”显然，布莱德雷指的是扩大战争到中国，而不是指朝鲜战争。姚旭将自己的这个失误牢记了一辈子。

田家英除自己购书外，还承担为毛泽东置办个人图书室的重任。凡买来的书，首先看主席那里是否有。例如1952年，合作总社的邓洁告诉田家英，他们从没收敌伪的财产中发现一部乾隆武英殿本的二十四史，问田家英可有兴趣？田家英马上想到主席那里还没有，便立即差人取回送去。从此，这部毛泽东最为钟爱的书籍，伴随他走完了生命的最后历程。1996年线装书局便是根据这部经毛泽东评点的史籍，影印出版了《毛泽东评点二十四史》。以后琉璃厂“松古堂”的老板又费尽心思为田家英搞到一部百衲本二十四史，并亲自送到中南海的新华门，算是圆了田家英渴求得到一部二十四史的梦。

自从田家英当了毛泽东秘书，他将自己的喜好放到了次要位置，而全身心地服务于主席，做到知其所知，想其所想。

1956年夏天，毛泽东在北戴河。一天，他叫机要秘书高智打电话给在北京的田家英，点名要《增广贤文》，而且明日就要送到。高智没有听清，准备掏出小本子记下，却被主席制止了，笑着说：“只要提‘增广’，家英就知道了。”次日，高智接到这本灰黑皮、内瓤发黄的小册子，打开一看，全是明朝流传至民国的警世格言，如：“静坐常思己过，闲谈莫论人非”；“善恶到头终有报，只争来早与来迟”等等。当时高智不理解主席为什么点名看这本书，特将这本小册子抄录了一遍。其实，田家英很早就知道主席有这个偏好，所以他逛旧书店，见到《增广贤文》（即《增广便读昔时贤文》）就买，他知道这是主席常随手翻阅的书。

田家英凡是买到的书，不通读一遍绝不上架。他总结一套看书的诀窍：先看前言后记，再看目录章节，通读时省去“穿靴戴帽”的套话。用田家英的话，“要学会把书读‘薄’，只记住其精髓，以后用时知道到哪里去找就行了。”

毛泽东一向欣赏田家英的读书精神和“过目成诵”的天赋，曾戏言田家英将来的墓碑上镌以“读书人之墓”最为贴切。毛泽东还喜欢和田家英闲聊历史掌故，臧否历史人物。他们的闲聊有时无所不包：从麻将牌中的“中、发、白”各代表什么意思到算命先生如何看手相等，每次都有新的题目。有一次田家英和孩子们散步，还专门到故宫筒子河请教了算命先生。孩子们笑父亲迷信，田家英却说：这里面有辩证法。

我们在已出版的《毛泽东书信选》中看到毛泽东给田家英的信，其中有几封都是要田家英查找某历史人物、某古诗词的出处。如1964年12月29日，毛泽东读《五代史》时，想起早年读过的一首诗《三垂冈》，是讲李克用父子的，但记不起作者的名字，于是致信田家英，请他帮助查找，并将全诗凭记忆写下来附上。田家英告诉主席，该诗是清乾隆朝诗人严遂成所作。董边很惊异：像这样冷僻的人名，田家英怎么也知道？原来，田家英不但熟悉清代著名诗人的主要作品，而且旁及一些次要的作者，在小莽苍苍斋就收藏有《严遂成先生吟稿》，上有作者描述李克用的另一首诗，诗中就有“老泪秋洒三垂冈”的诗句。田家英凭借长期读书积累的知识，每次都能及时地完成任务，成为毛泽东的得力助手。

1958年，党中央号召干部下放，有几位省委书记希望田家英下放到他们那里，毛泽东说：“田家英我不能放，在这个问题上我是理论与实际不一致的。”

田家英同志：

近读五代史后唐庄宗传三垂冈战役，记起了年轻时曾读过一首咏史诗，忘记了是何代何人所作。请你一查，告我为盼！

毛泽东

十二月二十九日

三垂冈诗一首：

英雄立马起沙陀，奈此朱梁跋扈何。
只手难扶唐社稷，连城犹拥晋山河。
风云帐下奇儿在，鼓角灯前老泪多。
萧瑟三垂冈下路，至今人唱百年歌。

诗歌颂李克用父子。

1964年12月29日，毛泽东致田家英信

毛泽东索书叶恭绰

1953年8月5日，著名学者叶恭绰将自己刚刚编辑出版的《清代学者象传（第二集）》送给毛泽东。

主席钧鉴：

恭绰年来渥承光被，稍获新知，然结习未忘曩时所业，有可供参考者仍随宜掇拾，冀附轻尘之助，兹印成《清代学者象传（第二集）》一种方始出版。谨上呈一部，期承乙览之荣，并赐训诲。

附致崇礼。

叶恭绰敬上

八月五日

毛泽东接到叶恭绰的书和函，十分高兴，但美中不足的是此书只有像，没有传。毛泽东在是月16日复函叶恭绰索阅“第一集”。

誉虎先生：

承赠清代学者画象一册，业已收到，甚为感谢！不知尚有第一集否？如有，愿借一观。

顺致敬意。

毛泽东

一九五三年八月十六日

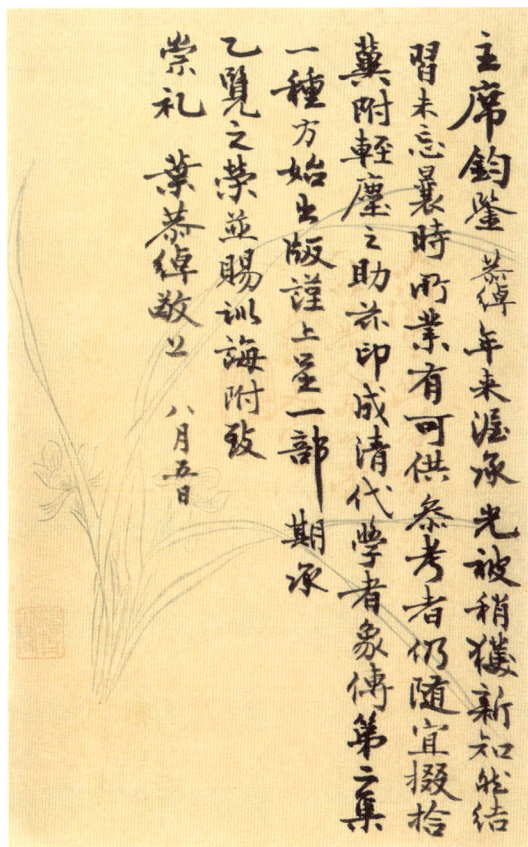

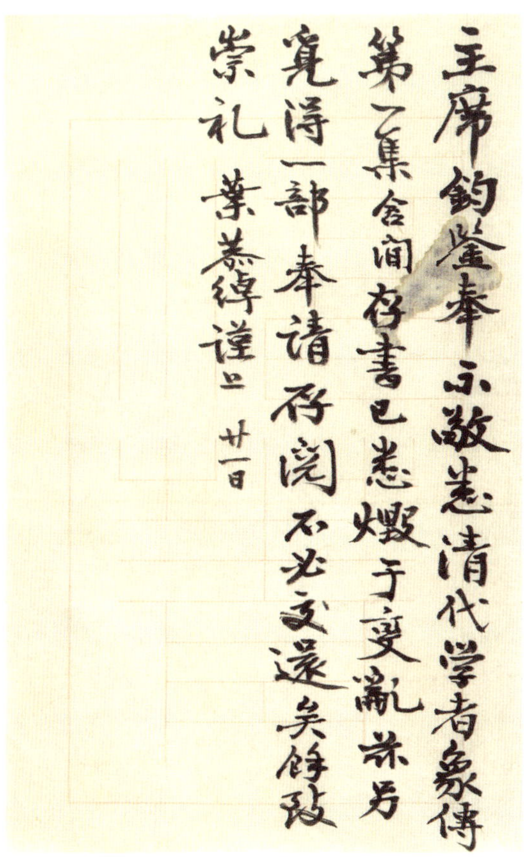

主席钧鉴奉示敬悉清代学者象傳第一集舍间存书已悉燬于变亂并另覔得一部奉请存阅不必交還矣餘致崇礼 葉恭绰谨上 廿一日

1953年8月5日、21日，叶恭绰致毛泽东信

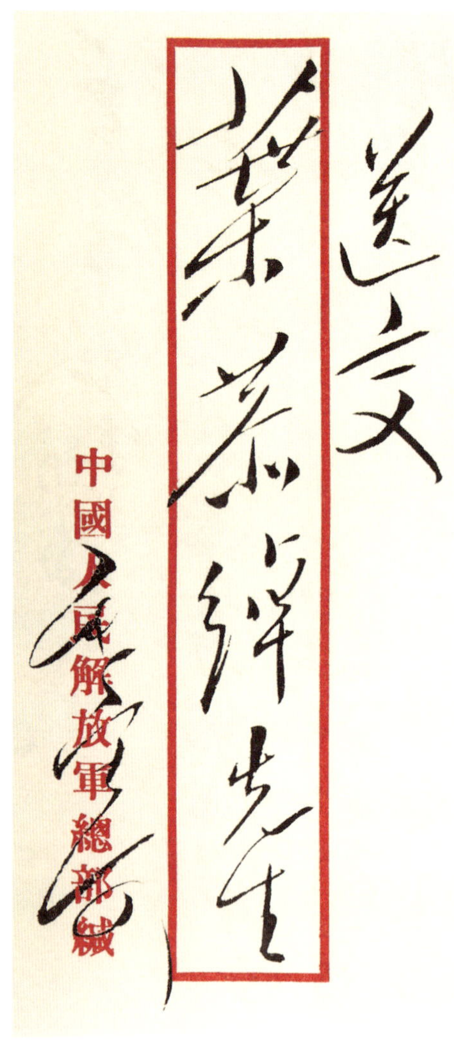

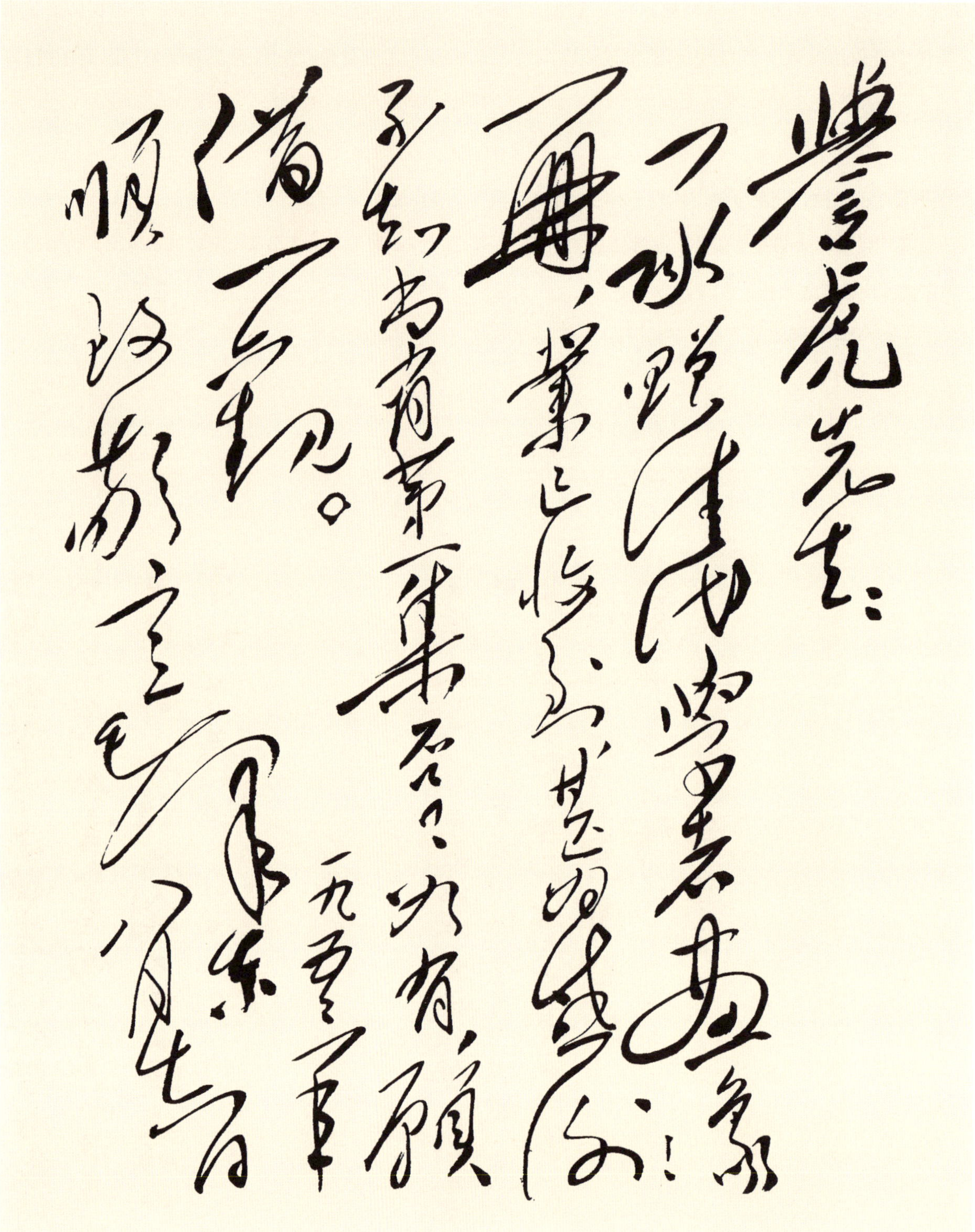

誉虎先生：

承赠清代学者画像一册，业已收到，甚为感谢！另外尚有第一集否？如有，愿借一观。

顺致敬意！

毛泽东

一九五三年八月十六日

1953年8月16日，毛泽东致叶恭绰信

毛泽东信中所提到的“第一集”即《清代学者象传（第一集）》。该书于 1928 年出版，由叶恭绰祖父南雪公亲手勾摹一百七十位清代学者的画像，每位学者附有长篇小传，清楚地记述该学者的生平及学术成就。此工程浩大，费时三十余年，一经出版，风行一时。1932 年由杜连喆、房兆楹合编出版的《三十三种清代传记综合引得》，把该书列为研究清史不可或缺的工具书。

叶恭绰接到毛泽东的信，五天后即将第一集共四册寄送毛泽东。

主席钧鉴：

奉示敬悉。《清代学者象传（第一集）》，舍间存书已悉毁于变乱。兹另觅得一部奉请存阅，不必交还矣。

余致崇礼。

叶恭绰谨上

廿一日

一九二八年余影印先祖南雪公所手自繪寫之清代學者象傳曾風行一時其時余即擬續輯第二集經廿年之久蒐集又得二百人以時局不定資力又窘且各人傳記不易着筆故延未付印解放以來從事文史方溫舊業而精力已衰恐及今不為後無可託不但已集諸象慮致湮沒有乖夙願且無以慰頻年親友相助之勞因斥賣燼餘藏物以名象先付影印其傳則待續編行竊躬短景所能為者僅此亦聊備治近代史者之參考而已略例具于左方敬希同志指教

一九五三年四月葉恭綽

製版時名象姓名有誤注處應更正如下

謝蘭生与徐松互易

譚瑩与譚獻互易

毛主席賜存

葉恭綽敬上

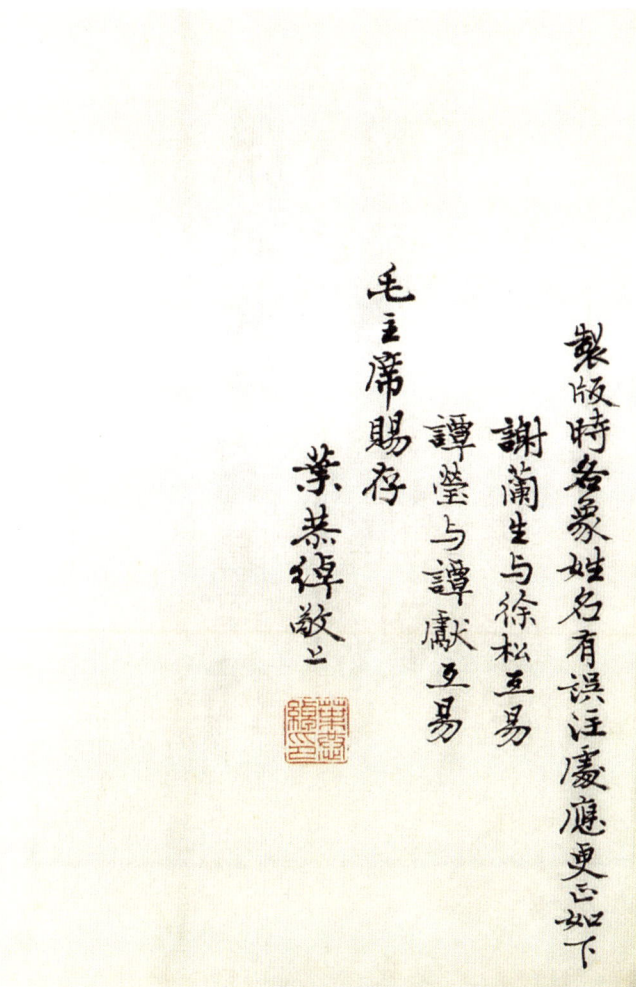

《清代学者象传（第二集）》叶恭绰题赠及跋语

清代學者象傳序

孔子言詩可以興可以觀吾以謂興起人心足資觀感莫圖畫若也寫周公輔成王圖足以興寫紂擁妲己圖足示戒自周漢至唐圖尙人物顧虎頭吳道子由此選也凡有功德能文章鑄金刻石盈衢巷圖象寫形滿畫院以激厲人心鼓動人才故興奮者衆也日本西京紫宸殿內壁懸漢唐名臣像數十其觀感遠矣今歐洲亦然吾國畫自荆關董巨後山水方滋元明以還高談氣韻排寫眞爲匠筆虛造邱壑謂寫胸中逸氣名家皆恥不敢作畫像或寫先像不藏之于是圖像之風大衰遂使有功德之名臣名儒名士遺像不存令國無以興觀人心不感奮人才不振起所關亦大矣哉有清三百年才傑蔚起雲布鱗萃然名臣之像尙有紫光閣圖之若著道德能文章名于世者以百數清高遺像泯滅不存無可觀感耗矣傷哉番禺葉蘭臺先生以詞館改郎曹直樞垣文采風流照映一時倚聲之餘妙精圖畫綱羅唐宋元明清五朝人物遺像手筆繪之色相如生惟妙惟肖而清朝尤多凡得百數十人先生彌珍之祕不示客及歸老而教于鄉主講越華書院吾頻陪文讌縱觀所藏笙哥酒酣盡出名人遺像相示歡喜讚歎恭敬興觀驚未嘗有請布于天下以起後士先生許之旣而先生逝矣吾以戊戌黨禍亡海外十六年而歸則朝市變易忽忽卅餘年與鄉黨文獻不接不知此圖像猶在人間否也先生文孫譽虎不忘厥祖之遺澤乃今欲印行之以光緒朝士耆舊盡凋海內人士曾與先生論文讀畫者惟有鄙人屬題序之則老夫明年已七十矣俛仰賢劫而諸賢之圖像乃得無恙後之覽者亦有感

毛泽东转赠田家英的《清代学者象传》

毛泽东收到第一集的四册后，爱不释手。他立刻告知叶恭绰，感谢他复赠之情，并郑重地在书的首页钤盖了自己的藏书印“毛氏藏书”。

20世纪50年代初，田家英为研究清史，开始收集清代文人墨迹，常向主席借阅有关书籍，其中就包括这两部《清代学者象传》。毛泽东酷爱书法，田家英也常将小莽苍苍斋收藏的清人字幅轮换地挂在主席的卧室、书房，或受毛泽东之托，向故宫借阅名家书迹。两人关系在50年代大部分时间是融洽、和谐和亲密的。

1959年，党中央在庐山召开会议，田家英坚持实事求是的原则，受到“左派们”的攻击，被指责为右倾，被迫向毛泽东作了检讨。1962年，田家英又因支持“包产到户”的意见，受到毛泽东的严厉批评。两次大的挫折，使田家英感到或许自己已不适合在主席身边工作，便向毛泽东表露出离开现岗位到下边去当县委书记，认真搞点调查研究，或研究清史，完成著书的夙愿。毛泽东没有同意田家英的要求，反倒送给他一句话：“你也想搞‘本本主义’啊。”

毛泽东虽然因工作需要没有放走田家英，但他对田家英的业余爱好是清楚的。没过多久，田家英便收到了之前叶恭绰赠送毛泽东的两部《清代学者象传》。

田家英十分珍视这两部书，他工整地在“毛氏藏书”印旁，加盖了自己的书斋“小莽苍苍斋”和“家英曾读”印章，并将叶恭绰致毛泽东的两封信珍藏于书中，保持了该书的流传有序。

1958年4月27日，毛泽东给田家英写了一封信。

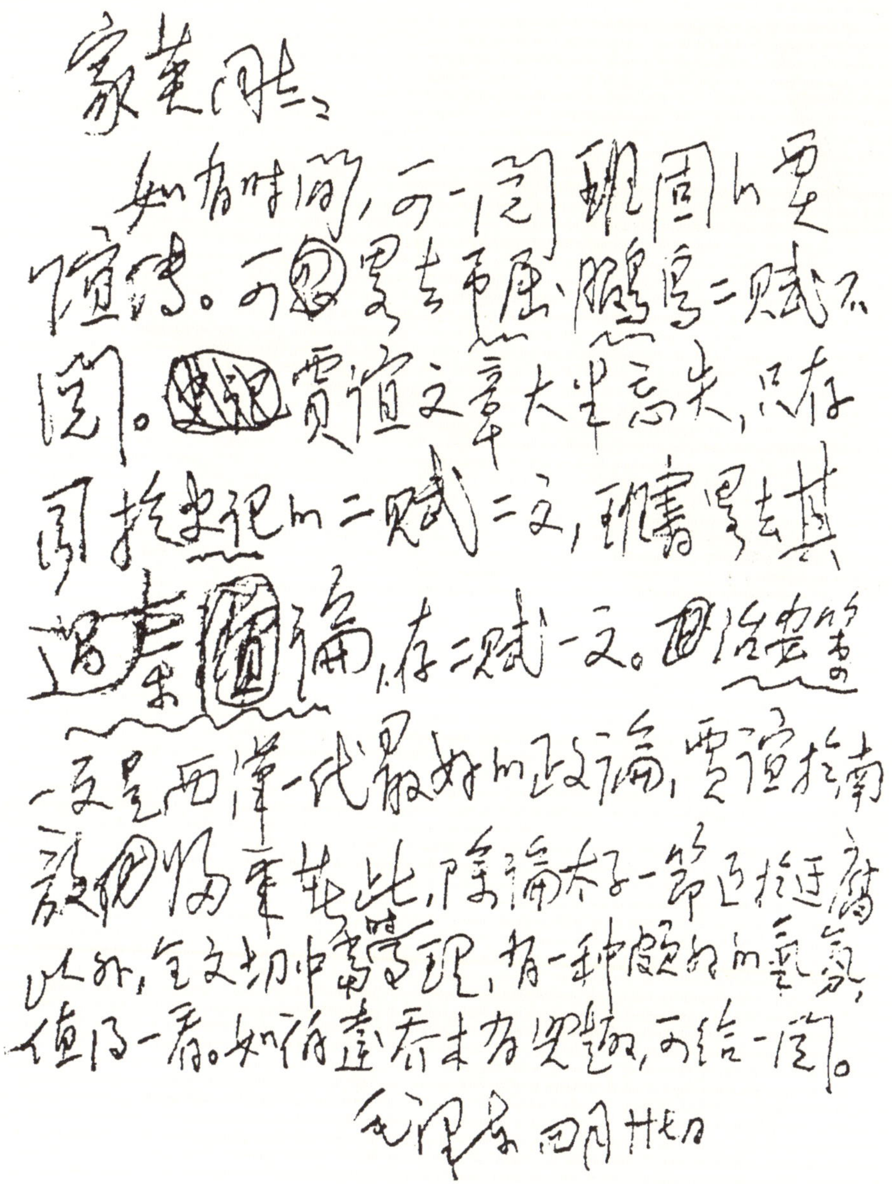

家英同志：

如有时间，可一阅班固的《贾谊传》。可略去《吊屈》《鹏鸟》二赋不阅。贾谊文章大半亡失，只存见于《史记》的二赋二文。班书略去其《过秦论》，存二赋一文。《治安策》一文是西汉一代最好的政论，贾谊于南放归来著此，除论太子一节近于迂腐以外，全文切中当时事理，有一种颇好的气氛，值得一看。如伯达、乔木有兴趣，可给一阅。

毛泽东

四月廿七日

贾谊，西汉时人。据《史记》《汉书》记载，他十八岁时，“以能诵诗属书”闻名于世。文帝时被召为博士，每次皇帝诏下要议论的问题，许多年长博士说不清楚的地方，年仅二十余岁的贾谊对答如流。他才华出众，虽然在几年后经历了被贬黜的磨难，但忧国忧民之心未泯，仍然向文帝写了《治安策》，即毛泽东所说“南放归来著此”。

1958年4月27日，毛泽东致田家英信

1959年，田家英参加庐山会议后在九江至南京的客轮上（吴冷西摄）

《治安策》又名《陈政事疏》，它是贾谊为当时国家的长治久安提出的政治谋策。包括君主要居安思危、削弱诸侯权力、培养接班人等问题。文章朴实犀利，感情中肯真挚。凡此，毛泽东称它“是西汉一代最好的政论”。

鲁迅也曾赞扬过贾谊的《治安策》是“沾溉后人，其泽甚远”的“西汉鸿文”，这与毛泽东的评价异曲同工。毛泽东欣赏贾谊，在其早年诗句“年少峥嵘屈贾才”中已见端倪。后来，他在评论初唐诗人王勃的作品时，也曾同王弼的哲学、贾谊的历史学和政治学相媲美，称他们都是少年英发的“英俊天才”。毛泽东还特别对贾谊三十三岁那年由于梁王坠马深感自责，不久郁郁而死表示惋惜。他曾用诗感叹道：“梁王坠马寻常事，何用哀伤付一生。”

由此可见，毛泽东让田家英读《贾谊传》，其目的在于引导他的年轻秘书像贾谊那样文必切于时用，发挥聪明才智，做一个有骨气、有创见的人。

田家英确实从毛泽东那里学到了许多常人无法与之相比的东西，看书常常有感而发，并有自己独到的见解。1959年庐山会议期间，田家英向吴冷西谈到主席推荐自己看《贾谊传》时说，他很欣赏《吊屈原赋》，喜欢背诵其首段。他觉得，中国目前的情况隐约显出《治安策》中历陈的弊端，他赞成1954年中央撤销六大中央局，不赞成现在又设六大协作区（后来又形成六大中央局的建制）；他认为汉初罢诸侯是英明的；唐代建藩镇是自乱天下；秦始皇是历史上第一个中央集权的皇帝，功不可没，可惜焚书坑儒，留下把柄，遭后世人咒骂。历代所谓圣明君主，大体都既能治国又能治家；两者兼备不易，但非如此不可。田家英的这些议论，看似纯属论史，实则有所谓而发。

田家英长期在毛泽东身边工作，对主席的不同凡响、棋高一着，比一般人感触更深。但他确实没有将毛泽东当作一尊神，因而对毛泽东的某些做法，私下常有议论。如毛泽东对经济工作不熟悉，缺乏这方面必备的知识和理论，这使他在处理经济问题上远不如处理军事、政治问题那样得心应手。田家英在庐山上和同事谈起一副对联：“隐身免留千载笑，成书还待十年闲。”即指主公（在两个人谈话时，田家英对毛泽东的尊称）应当摆脱日常事务，专心于理论的研究。他很惋惜主公志不在此。又如说主公有任性之处，这是他有次同杨尚昆谈到深夜时两人的同感：主公常有出尔反尔之事，有时捉摸不定，高深莫测，令人无所措手足。田家英有枚闲章“长存敬畏”，可看出在相当长的时间里，他内心深处的矛盾心理。

自1962年中央北戴河会议后，毛泽东对田家英愈加不信任，两人关系也愈来愈疏远。田家英在他最后的几年，常流露出十分矛盾的心理。他不止一次地对逄先知说过：“我对主席有知遇之感，但是照这样下去，总有一天要分手。”

田家英的结局是个悲剧。他跟随毛泽东十八年，把毕生的精力都献给了传播毛泽东思想的伟大事业。（他是《毛泽东选集》一至四卷九百多条注释的主编。）他常说：“毛泽东思想已经深入我的骨髓。”他不允许毛泽东思想有一点点瑕疵。他对毛泽东本人的某些做法偏离或违背毛泽东思想所表露出的那种疑惑、不解、彷徨，那种忧心忡忡、无奈的悲怆，正是田家英的悲哀所在。田家英赴死的第二年（1967），他的好友曾彦修还在诗中愤愤不平：“贾生泉下迎新客，世上于今革命难！”

田家英确实像贾谊。

1962年3月，毛泽东同湖南调查组全体成员合影。前排右四为田家英

毛泽东与田家英的诗交

毛泽东有深夜工作的习惯，为此，田家英也保持着与主席同步工作的习惯。1961年11月6日清晨，忙碌一夜的田家英刚刚宽衣解带，便在不到三个时辰内，连续接到机要员送来的毛泽东三封内容相近的信，都是让他查找“雪满山中高士卧，月明林下美人来”这两句诗的出处。田家英预感到毛泽东将有新作问世。

诗很快查到了，是明代高启的《梅花》九首之一：

琼姿只合在瑶台，谁向江南处处栽？
雪满山中高士卧，月明林下美人来。
寒依疏影萧萧竹，春掩残香漠漠苔。
自去何郎无好咏，东风愁寂几回开！

这是“婉约派”的诗作，以“高士”和“美人”形容梅花的高洁和美丽。毛泽东自己的诗风豪迈雄健，但他对抒情味浓、艺术性高的“婉约派”诗词，也不排斥。毛泽东曾说过，他对古代诗词的兴趣“偏于豪放，不废婉约”。

果然，读过高启的诗集后不久，在“豪放派”诗人陆游的《卜算子·咏梅》词的触发下，毛泽东“反其意而用之”，结合当时的国际大局，直抒宽阔胸怀，写出了自己的《卜算子·咏梅》：“已是悬崖百丈冰，犹有花枝俏”；“待到山花烂漫时，她在丛中笑。”——这是革命诗词中的千古绝唱。

毛泽东选用秘书历来很挑剔，也很有侧重。他使用田家英，除了欣赏他的文笔外，还看重他的古文诗词功底扎实。我们看到，在已发表的毛泽东致田家英的信中，至少有五封是谈论诗词或诗词的作者，有一封是谈论古文的。田家英读书有过目不忘的本领，他能背诵许多像贾谊《过秦论》这样长篇的政论文章，背诵古诗词更是他茶余饭后消遣的一个内容。接触过田家英的人都有这方面的深刻印象。洪廷彦回忆，有次随田家英饭后散步，听他背诵杜甫的长诗《北征》，因其中的一句没背下来，便掉头回住所查阅，竟忘记同行的其他人。

许多人都认为，田家英的古诗词底子得益于长期与主席的交往。柳亚子就曾在日记中写道：“田家英来谈政治与旧诗，所见到颇深刻，意者受毛主席的影响欤？”（1949年5月10日）

其实，柳亚子只说对了一半。田家英的旧体诗早在他任毛泽东秘书之前，已经具有深厚功底。他写过不少旧体诗词，但保留下来的不多。事隔几十年，杨述还记得田家英在延安写给他的诗，其中两句“回首嘉岭山上塔，俯视行人若有情”；还有一首词，开篇是：“如此时局，当慷慨悲歌以死”，末尾是“弃毛锥荷枪卫边区，去去去”。讲述的都是他随毛泽东撤离延安时的心情。

董边当年在陕北公学时就知道家英酷爱文学，“背旧诗作新诗，都是他的所好”。那时女生晚上睡前聊天，议论的话题之一：“田家英又作什么新诗了？”董边把田家英的诗作陆续誊写下来，积少成多，到1966年已有满满的一厚本，可惜“文革”中被造反派抄走，就再也没有下落。为此，董边耿耿于怀了几十年，因为有一首抒情长诗是田家英专为她所作的。那是在抗战胜利后，董边随大部队开拔绥远转赴冀东，田家英则留在延安。那时通信极为困难，一次田家英正在给学员上课，接到董边来信时已是泪流满面，课也无法继续下去。他在写给董边的回信中附有一首长诗，其中“惊闻冀东烽火起，鸿雁飞来泪两行。”描述的便是彼时彼景。

杨翊是田家英在延安时的好友，更是难得的诗友。杨翊欣赏田家英在诗词方面的天赋，说他更爱词赋，特别欣赏陆游、辛弃疾的“抚时感事”之作，而摒弃那些轻靡浮艳的词派。田家英填过一首《沁园春》，是专门谈“词”的，其中两句“吾人论词，独推辛陆”是他那时的真实体会。

杨栩还记得 1947 年 3 月胡宗南派飞机空袭延安时，他们常躲在防空洞里。等飞机离去，田家英一首《满江红・空袭》已完成。

> 空袭来时，小窗外，天青日白。闻警报，暗中辨识，解除紧急。忧患风霜餐已饱，鞠躬尽瘁果何惜。论平生无畏历多艰，吾何怯。　身在斯，心飞跃；耻下泪，甘流血。虽万千人在，吾能往也。忍看独夫蟹行遍，非期苟免先为别。把片片微力集合起，摧顽敌。

田家英也尝试新诗创作。1947 年春，他在晋绥解放区参加土改时，住在老乡家，房东的女儿叫“不吞儿”，田家英以她作原型，搜集了不少素材，以“信天游”体，写下了长篇民歌体新诗《不吞儿》，受到著名诗人萧三的赞扬，称其“是农民斗争的史诗，以及有时代意义的优美散文”。（据朱子奇回忆。）1951 年青年出版社出版了该作单行本。

田家英的诗词功底得到毛泽东的认可。毛泽东在 20 世纪 50 年代初期，时常将早年战争岁月中所填的词作凭记忆用毛笔写下来，交田家英核实创作的年代并补写注释等。这样，田家英收有一批毛泽东的词作手迹，如 1925 年《沁园春・长沙》、1927 年春《菩萨

風前的燈火霜後的草，
舊社會的日月過不了。
舊社會世事不公道，
樂的樂呀熬的熬。
樹蔭底長草—草不高，
窮的多呀富的少。

汾河兩岸川連川，
崖靠着崖山靠山。
山嶮㊀低來山梁高，
地主家糧食起了毛㊁。
明光光的流水青溜溜的山，
地主家的財寶藏着不見天。
大雁兒一日飛千里，
千山萬水都是地主的。
山梁高來山嶮低，
莊稼漢活活折磨死。

— 3 —

田家英（郑昌）创作的信天游体长诗《不吞儿》
（青年出版社，1951 年版）

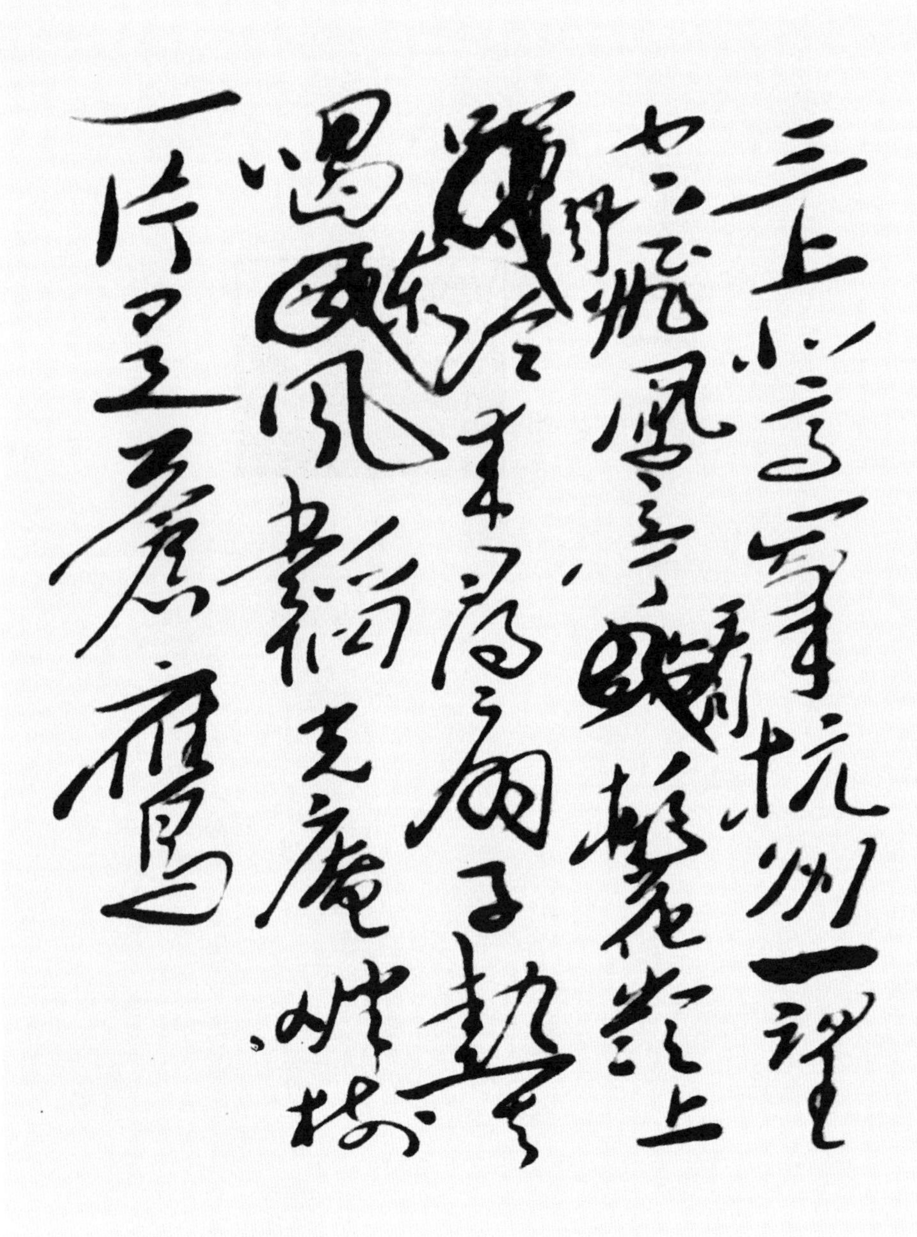

左
毛泽东《五律 · 看山》手迹

右
毛泽东《忆秦娥 · 娄山关》手迹

释文

西风烈，梧桐叶下黄花发。黄花发，马蹄声碎，喇叭声咽。　　雄关漫道<真>如铁，而今迈步从头越。从头越，苍山如海，残阳如血。

调寄《忆秦娥》 一九三四

蛮·黄鹤楼》、1934年夏《清平乐·会昌》、1935年2月《忆秦娥·娄山关》、1936年2月《沁园春·雪》以及1949年后陆续创作的诗词，如1949年4月29日《七律·和柳亚子先生》、1950年10月《浣溪沙·和柳亚子先生》、1954年夏《浪淘沙·北戴河》、1956年6月《水调歌头·游泳》。上述诗词经田家英整理，得到毛泽东首肯，在《诗刊》1957年1月号上首发。1958年，在田家英协助下毛泽东编辑了自己的第一部诗词集《毛主席诗词十九首》，这些诗词再次入集。

在田家英收藏的毛泽东诗词手迹中，还能找出两首1955年在杭州时的作品。其一为《五律·看山》：

> 三上北高峰，杭州一望空。
> 飞凤亭上看，桃花岭上闻。
> 冷来寻扇子，热去喝东风。
> 韬光庵畔树，一片是苍鹰。

其二为《七绝·莫干山》：

> 翻身复入七人房，回首峰峦入莽苍。
> 四十八盘才走过，风驰又已到钱塘。

特别是《看山》，共计四十字，到1993年发表时，我们对照初稿，发现已修订了十六字。它记录了毛泽东对这首诗认真推敲的过程，为后人编辑、研究毛泽东诗词提供了第一手材料。

此外，毛泽东还让田家英为他在1929年至1931年于马背上哼成的六首词补上词牌，并在田家英查出的“共工怒触不周山”典故的基础上，为自己“不周山下红旗乱”句作了一条长达四百多字的注释。

田家英在编辑《毛主席诗词十九首》和《毛主席诗词（三十七首）》期间，经常同诗家交换意见，共同探讨毛泽东诗词的用典及含义。有一次，他在电话中告诉臧克家：毛泽东有首词的起头，是有意仿照辛弃疾《永遇乐·京口北固亭怀古》的。

当然，我们说到田家英与毛泽东的诗词交往，并不意味着他与毛泽东的诗词涵养处在同一水平。郭沫若称颂毛泽东“诗词余事，泰山北斗”。毛泽东笔下的诗词，无论是思想的崇高，气魄的雄伟，还是语言的光彩都是无人可以比拟的。但作为秘书，田家英凭借坚实的功底，协助毛泽东在诗词创作方面做了大量细致的案头工作，这个功绩不应该被忽视。

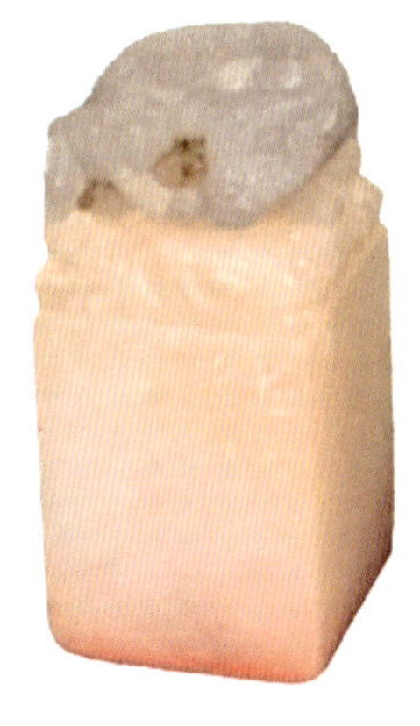

俏色田白对章

稀有的《毛主席诗词二十一首》

小莽苍苍斋的藏书中，有一本采用传统装帧形式的线装书。该书大十六开，瓷青色封面，左边配有黑字加框的白绫题签，“毛主席诗词二十一首”九个仿宋体大字十分醒目。书页依照古书直行加栏的传统格式，木刻字，无标点。用宣纸，丝线明订，诗集的装帧设计古色古香。

之所以说《毛主席诗词二十一首》稀有，原因有三：

其一，毛泽东公开出版的第一部诗集叫《毛主席诗词十九首》，是世人常见的本子，也是毛泽东“钦定”的稿本。田家英所藏的《毛主席诗词二十一首》，内容多了两首。但是，这本《毛主席诗词二十一首》末页牌记上标明“一九五八年九月文物出版社刻印”，并且书号、定价，与《毛主席诗词十九首》的末页所印完全相同。

1958 年，田家英协助毛泽东编辑出版自己的第一部诗集。他挑选了毛泽东自 1925 年创作的《沁园春 · 长沙》至 1957 年 5 月 11 日创作的《蝶恋花 · 游仙赠李淑一》（后改为《蝶恋花 · 答李淑一》）共计十九首，由人民文学出版社和文物出版社分别于当年 7 月和 9 月以不同版式出版。毛泽东有段批语：“一九五八年十二月，在广州，见文物出版社一九五八年九月刊本，天头甚宽，因而写了下面的一些字，谢注家，兼谢读者。”这段批语便是写在《毛主席诗词十九首》天头处的文字。

其二，《毛主席诗词二十一首》与《毛主席诗词十九首》相较，新增加的是《七律二首 · 送瘟神》。这两首诗最初发表于 1958 年 10 月 3 日的《人民日报》（以后各出版物都把这个日子确定为最初发表的时间）。现在看来，该诗“始发者”应是文物出版社，时间可以提早到 9 月。

为什么会有这样一本《毛主席诗词二十一首》？据我们推测，田家英编定毛泽东诗词交由文物出版社印制的是《毛主席诗词十九首》，采用宣纸线装本，刻板、印刷到装订全部为手工操作，专为喜爱线装版的读者而制，故印数很少。刚刚上市，恰逢毛泽东的新作《送瘟神》问世。于是，出版社突击改版，利用尚未装订的散页，刻印补加了两首新作附后，然后“改头换尾”，更

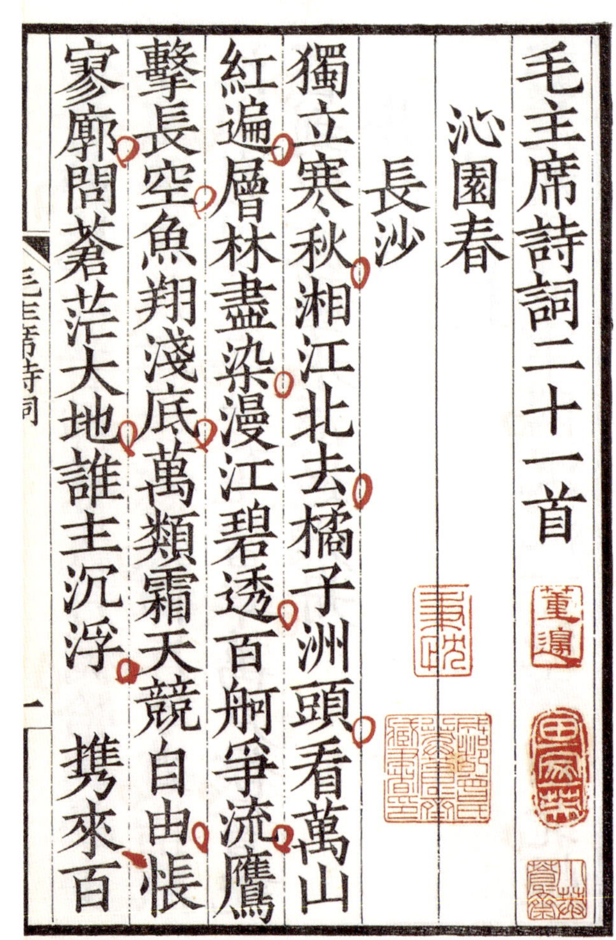
毛主席詩詞二十一首
沁園春
長沙
獨立寒秋湘江北去橘子洲頭看萬山
紅遍層林盡染漫江碧透百舸爭流鷹
擊長空魚翔淺底萬類霜天競自由悵
寥廓問蒼茫大地誰主沉浮　携來百

《毛主席诗词二十一首》首页

替首页、末页，于是有了《毛主席诗词二十一首》这个本子。由于印数极少，它的象征意义大于实际意义。

其三，1958 年 12 月 21 日上午，毛泽东在《毛主席诗词十九首》的天头处写下了十三条批注，其中第一条约二百五十字，是作者对全部诗词创作思想的阐述，后十二条是对十一首诗词的注释。作为这本诗词集的编辑者，田家英自然不会放过这次宝贵机会，他请陈秉忱用朱墨蝇头小楷将十二条注释过录到自藏本《毛主席诗词二十一首》相应字句的天头，并钤盖了见证这一过程的田家英、董边、陈秉忱的印鉴。

1963 年 11 月，毛泽东在校订《毛主席诗词（三十七首）》时，又将几首诗作的个别字句作了调整。田家英同样请陈秉忱用墨书过录到自藏本《毛主席诗词二十一首》上。当年，这本《毛主席诗词二十一首》都在“第一时间”保存了毛泽东两次校注的原始信息。与后来正式发表的注释对比，可以看出其中的改动。

《毛主席诗词二十一首》基本遵从《诗刊》最初发表时的原样，只在个别处作了校订。譬如《菩萨蛮・黄鹤楼》，将“把酒纣滔滔”的“纣”校订为“酹”，便是缘于读者的一封信。

1957 年春天，当时就读于复旦大学中文系的黄任轲见到报纸上刊登毛泽东《菩萨蛮・黄鹤楼》词中“把酒纣滔滔”一句，感到不解。他联想起苏东坡词中的“人生如梦，一樽还酹江月”一句，是描写诗人把酒洒在江中祭奠先人。由此他认为“纣”是“酹”的笔误，于是写了一封“北京・毛主席收”的普通邮件。信到了田家英手里，引起他的注意。那时他正在着手编辑这本诗集。不久，经与主席核实后，田家英责成秘书室给黄任轲同学回信，告诉他关于“纣”“酹”的看法，毛主席认为“你提的意见是对的”。

又如《沁园春・雪》，《诗刊》最初发表的是“原驰腊象”。1957 年 1 月 14 日，《诗刊》主编臧克家应邀去见主席。在谈到《雪》时，臧建议将“腊”改为“蜡”，理由是“可以与上面‘山舞银蛇’的‘银’字相对”，毛泽东欣然接受。但由于时间紧迫，当月出版的《诗刊》未能更改，此次田家英也作了订正。

田家英显然很珍视这件“过录本”，上面钤盖了包括名章、斋号章、闲章等十一方印章。1965 年冬，田家英随毛泽东去杭州，见到史莽，知道他喜欢藏书，曾许诺为他过录同样的一本。不料半年后田家英遽然离世，这个诺言化为泡影。

直到十多年后，陈秉忱见到来访的史莽，才得知田家英曾有此许诺。他慷慨将自己朱笔过录这些注释的《毛主席诗词（三十七首）》赠送给史莽，并在跋语中写道：“对田家英同志的怀念，谨将我抄存的这一本，敬以奉赠。藏于史莽秘籍，有如自存。”这样，陈秉忱既代已故的

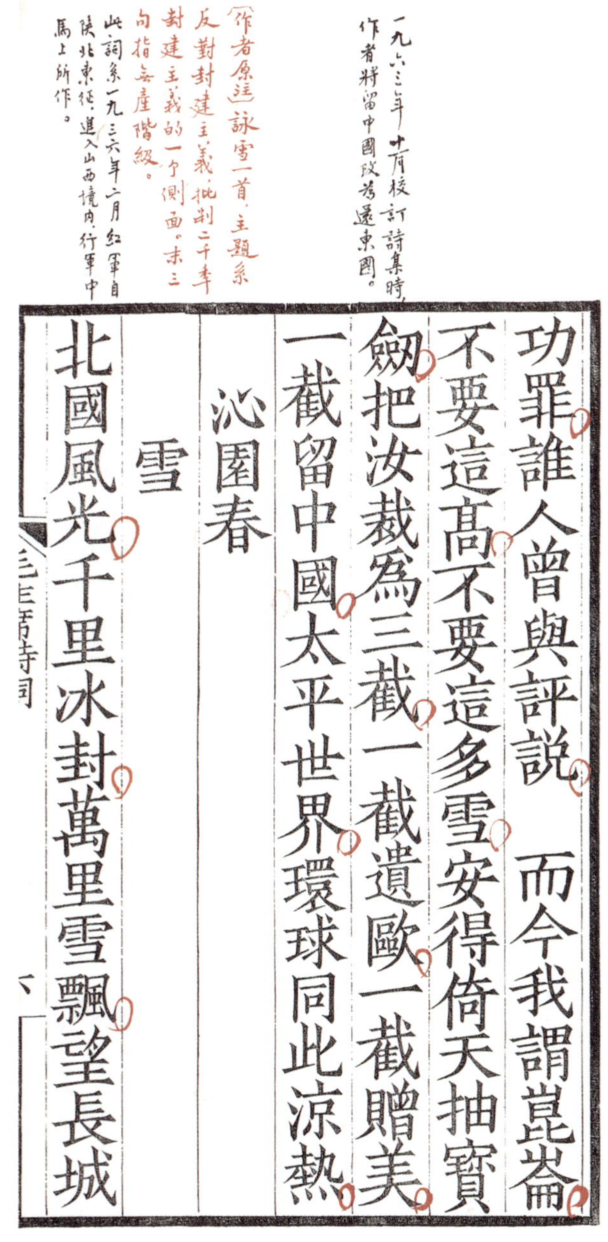
一九六三年十一月校訂詩集時，作者將留中國改為還東國。

（作者原注）詠雪一首，主題係反對封建主義，批判二千年封建主義的一个側面。末三句指無產階級。

此詞系一九三六年二月紅軍自陝北東征，進入山西境內，行軍中馬上所作。

功罪誰人曾與評說　而今我謂崑崙不要這高不要這多雪安得倚天抽寶劍把汝裁爲三截一截遺歐一截贈美一截留中國太平世界環球同此涼熱

沁園春

雪

北國風光千里冰封萬里雪飄望長城

《毛主席诗词二十一首》天头陈秉忱过录的毛泽东批注

田家英实现了诺言，又让史莽的愿望得以满足。

这里抄录田家英藏《毛主席诗词二十一首》天头文字（诗词标题为笔者所加，余皆照录。除注明“墨书”者外，均为朱书）。

《沁园春·长沙》

【作者原注】击水，指游泳。少年时有诗：自信人生二百年，会当水击三千里。

《菩萨蛮·黄鹤楼》

【作者原注】心潮：此词写于一九二七年春季，大革命失败的前夕，心情苍凉。

《清平乐·会昌》

【作者原注】此词作于一九三四年。红色根据地形势危急，红军准备长征，心情又郁闷，故言踏遍青山人未老。此词与《菩萨蛮·咏大柏地》一首同一心情。

《忆秦娥·娄山关》

【作者原注】万里长征，千回百折，顺利少于困难不知多少倍，心情是沉郁的。过了岷山，豁然开朗，转化到了反面，柳暗花明又一村了。自咏娄山关一首以下诗篇，反映了这种心情。

《七律·长征》

【作者原注】水拍仍改浪拍。

《清平乐·六盘山》

【作者原注】三军，指红一、二、四方面军。

旄头，一作红旗，误。一九三六年作者另一词云：壁上红旗飘落照，西风漫卷孤城。此在保安时作。

【作者原注】苍龙，指蒋介石，非指日本，因为当时全副精力是要对蒋。

（墨书）一九六三年十一月校订诗集时，作者又将旄头改为红旗。

《念奴娇·昆仑》

【作者原注】咏昆仑一首，主题系反对帝国主义，非指别的。

（墨书）一九六三年十一月校订诗集时，作者将留中国改为还东国。

《沁园春·雪》

【作者原注】咏雪一首，主题系反对封建主义，批判二千年封建主义的一个侧面。末三句指无产阶级。

此词系一九三六年二月红军自陕北东征，进入山西境内，行军中马上所作。

《七律·和柳亚子先生》

还旧国，手稿作归故国。【作者原注】一九一九年离北京，一九四九年回到北京，故云三十一年。归故国之国，指都城。

柳亚子原作：火树银花不夜天，弟兄姊妹舞蹁跹。歌声唱澈月儿圆。不是一人能领导，那容万族尽骈阗。今宵良会盛空前。

《水调歌头·游泳》

【作者原注】长沙水：民谣云，常德德山山有德，长沙沙水水无沙。所谓长沙水，地在城东，有著名之白沙井。

武昌鱼：三国时孙权一度从京口迁武昌。反对迁都者造作口号云，宁饭扬州水，不食武昌鱼。当时扬州人士心情如此。

《蝶恋花·游仙答李淑一》

飏，铅印通行本作扬，误。此本依手稿作飏。

1949年4月21日，时任中央军委主席的毛泽东发出《向全国进军的命令》，23日，百万大军强渡长江，一举占领民国政府“首都”南京。当天，毛泽东接到陈毅从“总统府”打来的电话，兴奋得一夜未眠。次日清晨，毛泽东于北平香山的双清别墅漫步，在院内的凉亭中休息，看着机要员刚刚送来的“南京解放”号外，他时而凝眉沉思，时而昂首吟哦，激奋之情溢于言表。

毛泽东即兴赋诵的便是十四年后他自定标题的《七律·人民解放军占领南京》。当时他用毛笔将这首诗写在一张普通的宣纸上，既缺标题，也无落款。但笔走龙蛇，激情澎湃，一气呵成，鲜有改动。只是不知何故，毛泽东对自己的即兴之作并不十分满意，把它随手扔进了纸篓。这一切被细心的田家英看在眼里，随即取出保存了起来。

时光荏苒，转眼到了1957年7月。《诗刊》再次刊登毛泽东的诗作，引起社会的巨大反响；好评如潮，注家蜂起，人们期待看到更多的毛泽东诗作。第二年，田家英着手协助毛泽东编辑他个人的第一部诗集，即《毛主席诗词十九首》。

1963年，古稀之年的毛泽东或许意识到可以对自己的诗词创作作一个总结。他责成田家英以《毛主席诗词十九首》为基础，加上此后陆续发表的诗词，重新结集出版。毛泽东不但亲自校订，还逐一确定篇目，开列名单，请一些专家、诗人对拟入编集的作品提出意见建议。

就在诗集定稿发排之际（11月29日），田家英告诉逄先知，他又记起一首主席的诗。于是，由田家英口述，逄执钢笔记录：

钟山风雨起苍皇［黄］，百万雄师过大江。
虎踞龙盘今胜昔，天翻地覆慨而慷。
宜将剩勇追穷寇，不可沽名学霸王。
天若有情天亦老，人间正道是沧桑。

这便是毛泽东十四年前扔进纸篓的那篇诗稿。田家英将逄先知的记录稿及所附短信一并交给毛泽东。短信表述了三点内容：诗是主席1949年4月在香山时所作；诗的内容是当时自己强记下来的；此份是由逄先知记录的。毛泽东这才想了起来：“我还写过这么一首诗，写得还可以，收进去吧。”随手在记录稿上将“苍皇”改为“苍黄”，并作了批示给田家英：“此诗打清样两份，你一份，我一份，看看如何，再定。”

很快，毛泽东对这首诗有了态度。12月5日，他再次批示给田家英。

田家英同志：

“钟山风雨”一诗，似可以加入诗词集，请你在会上谈一下，酌定。“小小寰球”一词，似可以收入集中，亦请同志们一议。

其余反修诗、词，除个别可收入外，都宜缓发。

“八连颂”另印，在内部流传，不入集中。

毛泽东 十二月五日

至此，由田家英保存下来的毛泽东这首七律终于和读者见面了，但也留下了不解的疑团。譬如：1958年

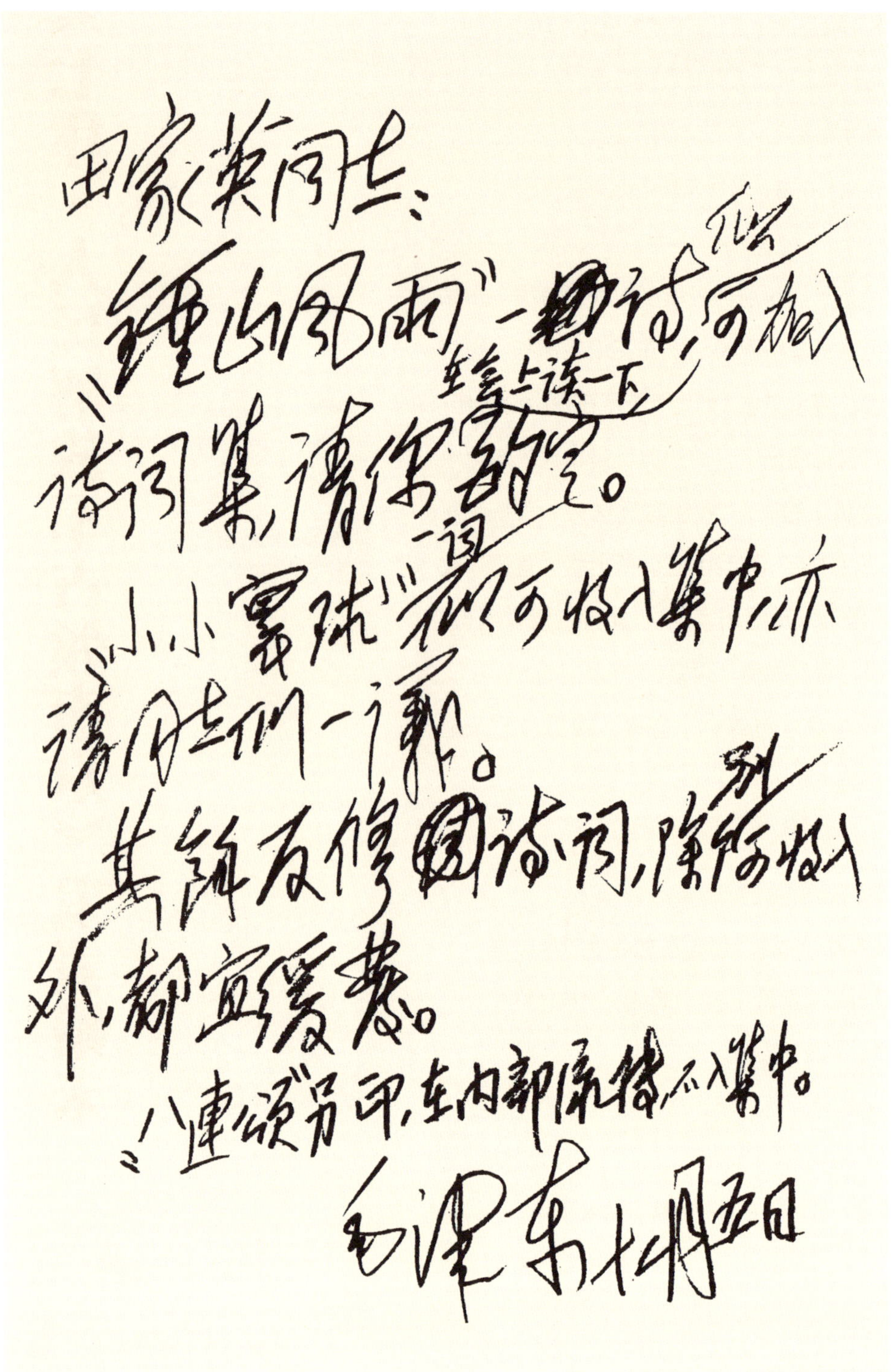

田家英同志：

“钟山风雨”一诗，似可收入诗词集，请你斟酌。

“小小寰球”一词，亦可收入集中，亦请同志们一议。

其余反修的诗词，除个别可收入外，都宜缓发。

“八连颂”另印，在内部流传，不入集中。

毛泽东　十二月五日

1963 年 12 月 5 日，毛泽东致田家英信

田家英编辑《毛主席诗词十九首》时，这首诗为什么没有入选？田家英为什么没有将原迹拿给主席核对，而说这首诗是自己背下来的？

斯人已去，无端揣摩逝者的意图已似苛求。我们对照原诗手迹，发现田家英送交给主席的诗改动了三个字。其一，改“苍黄”为“苍皇”；其二，改“虎据”为“虎踞”；其三，改“天未有情”为“天若有情”。在田家英的眼里，这三字应属笔误。但毛泽东对“黄”字有着不同的解释，他认为“苍黄”同“苍皇”，是说南京突然遭受到革命暴风雨的袭击，苍黄兼有变色的意思，这是修辞上的所谓“双关”。看来，关于“苍黄”一词，毛泽东仍然坚持十四年前创作时的初衷。至于“天若有情天亦老”一句，毛泽东是借用唐人李贺的诗句，显然“天未有情”的“未”是笔误。

其实，作为秘书，编辑文章（包括核实用典、查证史料）、替主席复信本是分内之事，一来可以避免占用主席大量时间，二来作为缓冲，留有余地。

这一次，田家英在编辑毛泽东诗词时面临着思想压力。诗词是诗人语言浓缩了的精华，尊重原创是编辑者最起码的原则。早在编辑《毛主席诗词十九首》时，田家英就有过困惑。例如《蝶恋花·答李淑一》，词的上阕“柳”“九”“有”“酒”属上声二十五“有”韵；下阕除了“袖”外，“舞”“虎”“雨”属词韵第三部，与上阕韵脚不同。这样的韵脚犯忌，深谙格律的毛泽东自然是清楚的。但毛泽东仍坚持“上下两韵，不可改”，显然是对这几句词有着自己的偏好，不愿因韵废意，而“只得仍之”。

毛泽东的“固执”，招致非议。胡适在日记中记述，“全国文人大捧的‘蝶恋花’词”，其实“没有一句通的”！他为此还请教了语言学家赵元任，最终得出就是照方言也不押韵的结论，此为后话。

另一方面的压力，是来自陈伯达等人的妒忌。那个年代，毛泽东已被奉若神明，指出他的“错”，改动他的“字”，都可能被对手

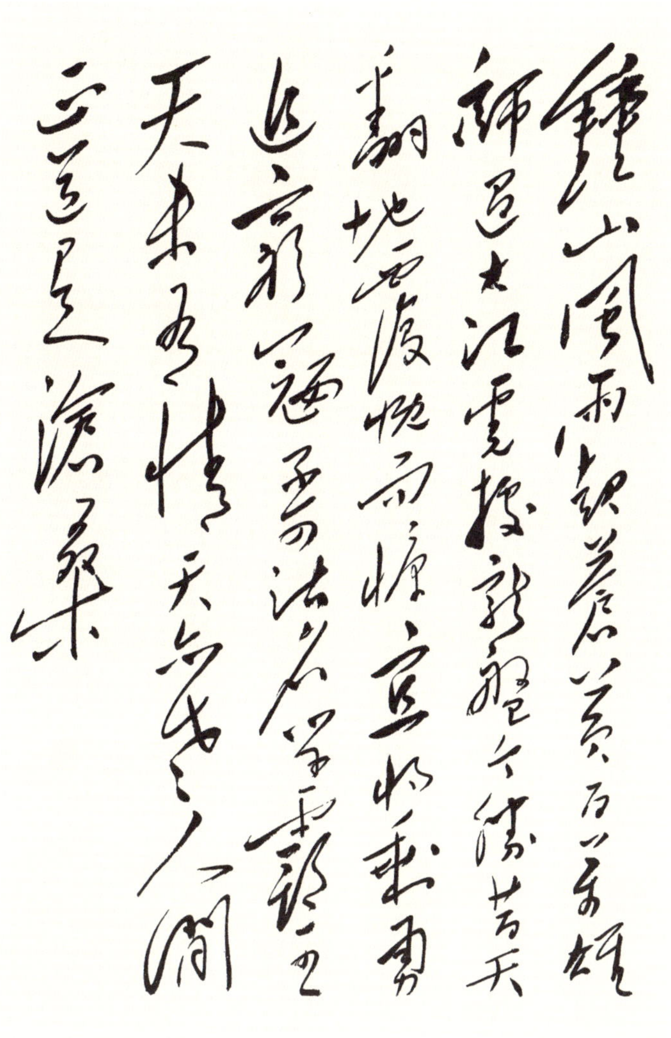

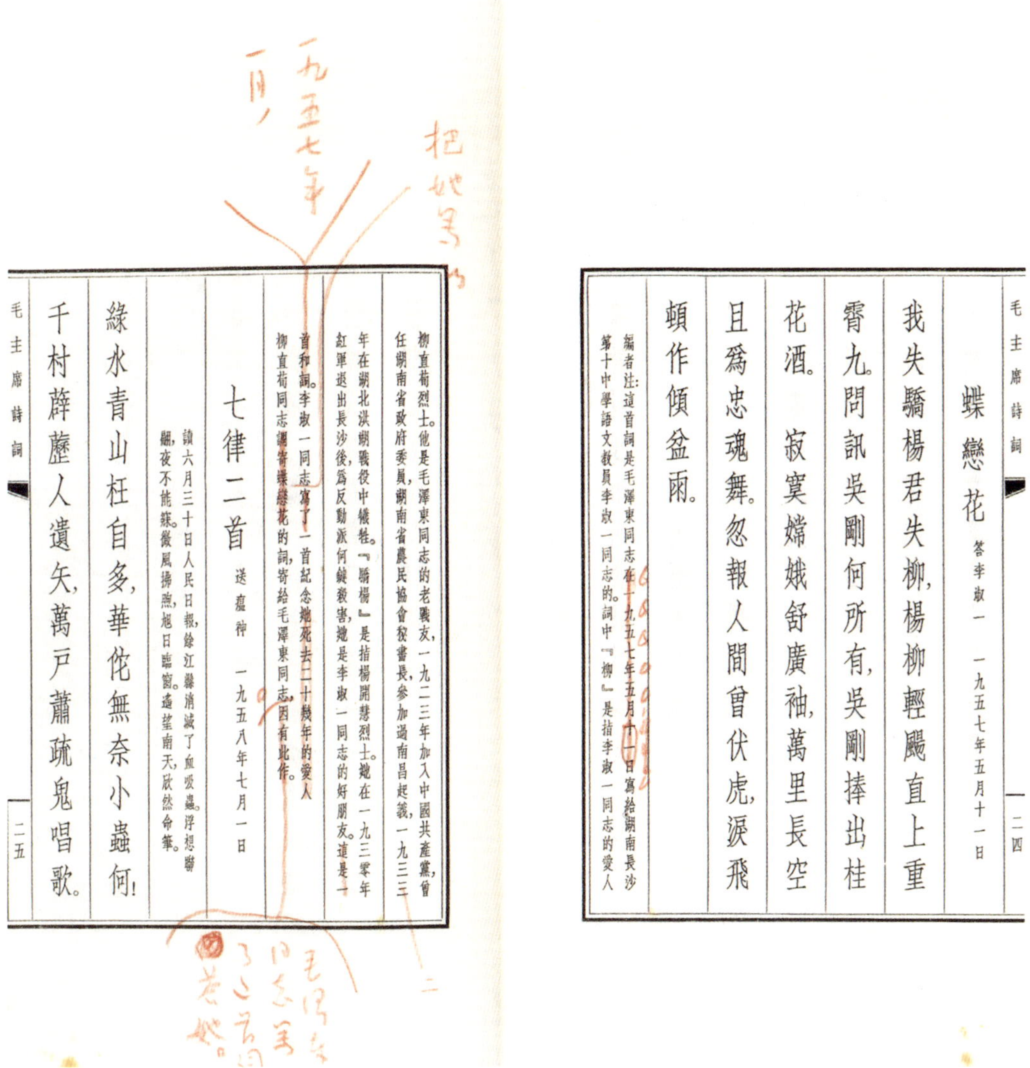

鍾山風雨起蒼黃百萬雄師過大江虎踞龍盤今勝昔天翻地覆慨而慷宜將剩勇追窮寇不可沽名學霸王天若有情天亦老人間正道是滄桑

蝶戀花 答李淑一 一九五七年五月十一日

我失驕楊君失柳，楊柳輕颺直上重霄九。問訊吳剛何所有，吳剛捧出桂花酒。 寂寞嫦娥舒廣袖，萬里長空且爲忠魂舞。忽報人間曾伏虎，淚飛頓作傾盆雨。

編者注：這首詞是毛澤東同志在一九五七年五月十一日寫給湖南長沙第十中學語文教員李淑一同志的。詞中『柳』是指李淑一同志的愛人

柳直荀烈士。他是毛澤東同志的老戰友，一九二三年加入中國共產黨，曾任湖南省政府委員，湖南省農民協會秘書長，參加過南昌起義，一九三二年在湖北洪湖戰役中犧牲。『驕楊』是指楊開慧烈士。她在一九三零年紅軍退出長沙後，爲反動派何鍵殺害，她是李淑一同志的好朋友。這是一首和詞。李淑一同志寫了一首紀念她死去二十幾年的愛人柳直荀同志調寄蝶戀花的詞，寄給毛澤東同志，因有此作。

七律二首 送瘟神 一九五八年七月一日

讀六月三十日人民日報，餘江縣消滅了血吸蟲。浮想聯翩，夜不能寐。微風拂煦，旭日臨窗。遙望南天，欣然命筆。

綠水青山枉自多，華佗無奈小蟲何！千村薜藶人遺矢，萬戶蕭疏鬼唱歌。

左
毛泽东《七律·人民解放军占领南京》手迹

右
《毛主席诗词（三十七首）》出版后田家英修改的注释

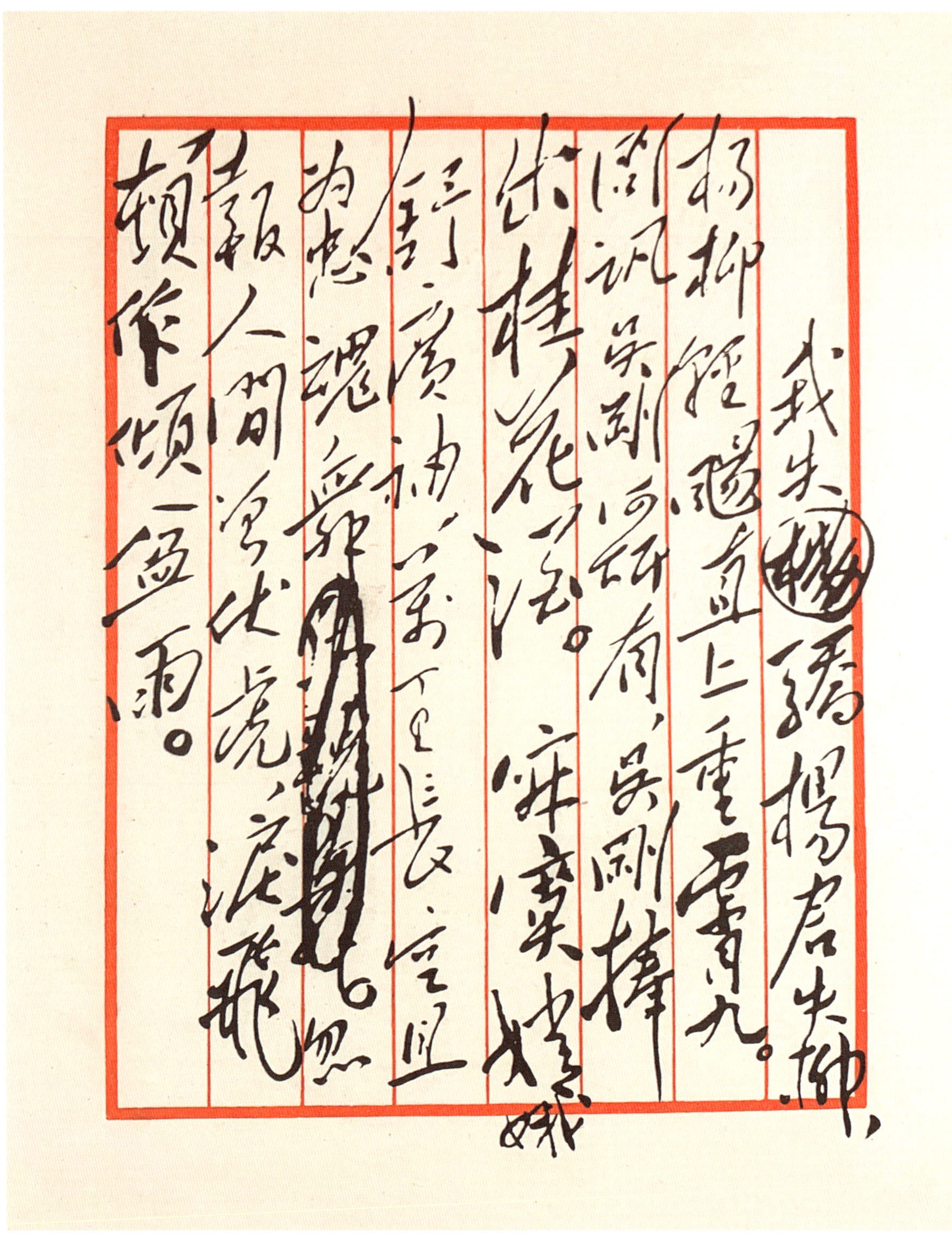
我失骄楊君失柳，楊柳輕颺直上重霄九。問訊吳剛何所有，吳剛捧出桂花酒。寂寞嫦娥舒廣袖，萬里長空且為忠魂舞，忽報人間曾伏虎，淚飛頓作傾盆雨。

毛泽东《蝶恋花 · 答李淑一》手迹

拿去做“文章”。果然，两年后导致田家英赴死的“罪证”之一，便是有人检举，他在整理毛泽东的杭州谈话时，删去了关于“海瑞罢官”的重要内容。这些，仅是我们的推测。

田家英保存的毛泽东这首诗的墨迹，是在他去世后，从他存放毛泽东墨迹的蓝布匣中找到的。“文革”期间，文物出版社拟印制珂罗版的毛主席诗词手迹。碍于原本与正式发表的本子有出入，康生曾打报告征求主席意见：或重写，或将原迹做技术上的处理。毛泽东同意了后者。

或许正如毛泽东写给胡乔木信中所感叹的那样：“诗难，不易写，经历者如鱼饮水，冷暖自知，不足为外人道也。”（1959 年 9 月 7 日）

毛泽东再也没有书写过这首七律。

熟悉田家英的人都知道，他的爱好之一是背诵古诗词，即便在战争年代也不例外。杨述晚年回忆延安时期的生活时还清晰地记得：夕阳西下，不满二十岁的田家英英姿勃发，站在黄土高坡朗声吟诵：“我见青山多妩媚，料青山、见我应如是……不恨古人吾不见，恨古人、不见吾狂耳。”辛弃疾的《贺新郎》在杨家岭上空回响，飘逝。

然而，知道田家英喜欢作诗的人则少之又少。据董边回忆，家英既会赋诗又擅填词，还尝试写民歌，是个多面手。可惜经历“文革”，她保存的家英作品已不复存在。田家英是否留有底稿，不得而知；因为按照规定，他的文字（除遗书外）不在清退之列。

如今我们只在梅行篆刻的“京兆书生”印章的边款上，发现了田家英于1959年在庐山上作的一首诗，这成了田家英诗中仅存的“硕果”。我们走访他的同事、朋友时，还能听到几句、甚至完整的田家英的诗作，其中他的庐山诗常被友人提起。

1959年，庐山会议会场

第一次上庐山

1959年7月，党中央在庐山召开会议。会议的初衷是要解决“大跃进”中出现的“左”的倾向。为此，毛泽东在会议前特别召集“秀才们”开了个“神仙会”，统一认识，为会议定了调子：成绩伟大，问题不少，前途光明。

当时大家心情舒畅，白天开会、游山，晚上散步、跳舞，颇有“神仙”味道。后又传来毛泽东新近所写的两首《到韶山》《登庐山》诗，引得“骚人”诗兴大发，朱德、董必武、林伯渠等率先赋诗唱和，其他人紧随其后。

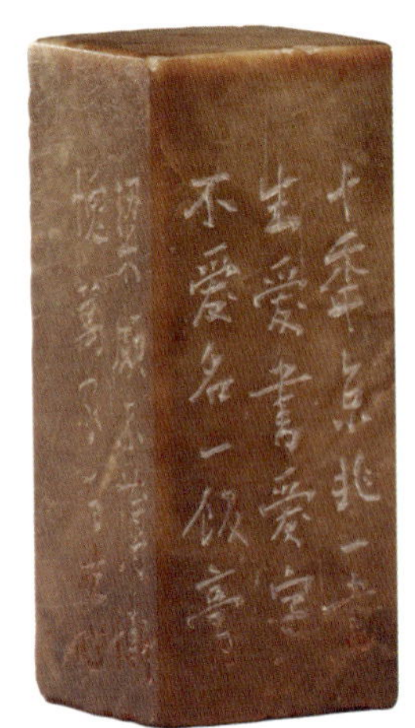

梅行刻"京兆书生"印章边款及印文

一天，康生、陈伯达、田家英三人结伴去含鄱口。路上，田家英背起白居易被贬九江时在庐山所作的诗。不知是谁提议，三人来个联句吧，其他二人立刻响应："三人结伴走，同上含鄱口；不见鄱阳湖，恨无拿云手。鄱阳忙开言，不要拿云手；只因圣人来，羞颜难开口……"他们的诗正好反映会议初期人们的普遍心态：陶醉自然，忘情物外。

但始料不及的是，随着彭德怀"万言书"的出现，事态发生了大逆转。起初，代表们对彭总的发言各抒己见，有反对也有赞同，赞同者居多。为此，朱德还赋诗："此地召开团结会，交心献胆实空前。"说明会上的气氛还是平和的。毛泽东 7 月 11 日与周小川等人谈话，也察觉到"大跃进"的负面影响使他产生的困惑——"自己常是自己的对立面，上半夜和下半夜互相打架"，似乎有反省之意。此时，"左派们"也跑到主席那里诉苦："现在主席再不出来说话，'左派'的队伍就要散了。"（见吴冷西文章。）几天后，局势急转直下，毛泽东将它定性为党内两条路线的斗争，会议的方向也就由原先的"纠左"转向了"批右"。

那段日子，田家英一下子跌入政治核心的漩涡。之前，田家英与张闻天通电话，要他在小组发言时慎重些，尤其不要涉及"全民炼钢"和"得不偿失"的话题。张闻天对妻子刘英说："连田家英都不敢讲话了，我再不说，就没人说了。"之后，随着小组批判的升级，他与旁人闲聊时讲的关于"主席百年之后不要有人议论"的悄悄话，也被中南组的代表捅了出来，一时风生水起。尤其毛泽东 7 月 23 日的讲话，无疑是对"秀才们"的当头棒喝，犹如晴天霹雳。他们愕然、茫然。尽管会前"秀才们"对"讲话"可能产生的负面影响作了种种猜测，但都没料到毛泽东会将他们划入"动摇派"，"离右派只有三十公里远"的那类人里去。

会后，田家英、陈伯达、吴冷西等四人沿河东路西行，走过仙人洞，一路上默默无语。看到一石亭几根石柱无一联刻，有人提议写副对联吧，田家英捡起地下烧焦的松枝，抬手写下"四面江山来眼底，万家忧乐到心头"，一下道出了当时大家的心情。

当晚夜深人静，田家英辗转反侧，久久不能入睡。他走出屋门，在松林踱步，听松涛沉吟，回想自 1949 年随主席进京，一晃十年有余，感慨万千。日前与吴冷西聊天，吴提到不久前主席与他谈话，还说到书生历来多端寡要，抓不住时机，不能当机立断等弊病。想到这些，田家英思绪万千，对政治的无奈，对前景的堪忧，从未有过的困惑，特别是对不起人民大众的深深内责之情，萦绕心头。

田家英怀着复杂的心情，写下了这首七绝《京兆书生》：

十年京兆一书生，爱书爱字不爱名。

一饭膏粱颇不薄，惭愧万家百姓心。

8 月初，田家英被迫当面向主席作了检讨。毛泽东说："秀才还是我们的。"虽然暂时躲过一劫，但田家英和毛泽东在政治上已经出现了裂痕。

第二次上庐山

1961年8月23日，中共中央又在庐山召开工作会议。之前，由田家英主持起草的《农村工作六十条》(即《农村人民公社工作条例（草案)》）颇得毛泽东的赞赏，毛泽东提出“城市也要搞几十条”，从而有了它的姊妹篇《工业七十条》的诞生。此次庐山会议内容之一，就是重点讨论刚刚起草的《工业七十条（草案)》。

上山之前，毛泽东对田家英说：“这次要开一个心情舒畅的会。”第一次庐山会议引起了灾难性后果，毛泽东感受深刻，所知不比别人的少。在与旁人谈话时，他就道出了当时的心绪：“如果继续反（左）下去就好了。谁知道彭德怀在中间插了一手，我们就反右。……这个教训值得我们记取。庐山会议反右这股风把反‘左’打断了。”(1961年3月5日）

其他与会者也都谨慎得多。薄一波因田家英有“很会处理大争论矛盾问题”的办法，特地找他商量，如何做才能减少争议，尽快统一认识。田家英认为其实很好办，建议同中央颁发《六十条》一样，另写一封指示信，强调突出党的领导，对发挥工人积极性等政策性强的语言要说足讲透，但对条例的实际内容则细之又细，环环相扣。

这一方案得到邓小平的首肯，他再次重申“调整、巩固、充实、提高”的八字方针三年不改。中央书记处同意这一建议，指定田家英组织人起草指示信稿。田家英对吴冷西说：“历朝乱世要有一个善断的宰相，当今亦是如此。”

修改后的条例草案和指示信得到六大区代表的认同，庐山会议在平静中结束。剩下的便是代表们自由活动，结伴散心了。

次日，铁道部副部长吕正操、水电部副部长刘澜波、国家经委副主任谷牧约田家英一起去五老峰。一路上，大家兴致很高，吕正操说起上一次游五老峰时，宾馆派了好几个年轻姑娘，左搀右扶，前导后呼，生怕自己出意外。

田家英照例边走边背诵古诗，当背到东汉建安文学代表、三曹之一曹植的诗作时，谷牧打断了田家英，问曹植的“七步成诗”是否确有其事？田家英说：“应该不会有什么问题，史书早有记载，何况七步成诗对于曹植也并非难事。”吕正操插话：“都说田家英是才子，何不效仿曹植也来个‘七步成诗’？”

在大家的怂恿下，田家英应允了。他略想一下，出口一句“公子素游五老峰”，话音未落，刘澜波哑然失笑。吕正操自知“素游”二字是在编排自己，表情微微有些尴尬：

公子素游五老峰，烟雨弥漫雾腾腾。
有朝电力火车到，满目青山尽芙蓉。

这次轮到刘澜波“抗议”了，说田家英偏向，如果不先通电，哪开来的电力火车？谷牧忙出面调解，对田家英说：“解铃还须系铃人，你惹的麻烦还是你来解决。”好在田家英脑子快，将“电力”与“火车”对调了一下，改为“有朝火车电力到”，吕正操和刘澜波都算认可了。

毛泽东喜欢『和而不同』

20世纪50年代中期，毛泽东需要一位懂得英语并研究国际形势的秘书。当林克到中南海报到时，田家英曾对他说过一番话："主席对秘书的要求很严，主要在工作质量上，对问题的看法要有深度，要有自己的见解。要想做到这些，只有多读书，不然几年你也帮不上主席什么忙。"田家英说自己也是"自恨读书迟"。虽然是谈读书，却反映了毛泽东一向倡导思考问题要有自己的独到见解，也就是他喜欢的"和而不同"。

在小莽苍苍斋收有一册装裱的毛泽东手稿册页，深蓝套封上用小楷写着"毛泽东：《中国农村的社会主义高潮序言》"，下面署款"一九六四年三月家英装藏"。《序言》分两稿，都是过程稿（作者手写的草稿，不是定稿），均为十页，一稿用铅笔书写，另一稿用毛笔书写。一篇文章几次易稿，表明作者对它的重视。我们就从《序言》谈起。

新中国成立初期的1955年，在农业合作化的进程上，用毛泽东自己的话说，是社会主义和资本主义决胜负的一年。这一年的5月、7月和10月中共中央召集了三次会议，推动农业合作化，于是几千万户农民响应党中央号召，合作化搞得热火朝天。

为了进一步推动这一运动的发展，毛泽东带领田家英和逄先知，从各省报来的一百多篇材料中，亲自筛选，认真修改文字，准备编辑成书。有的材料文字太差，毛泽东像老师批改作文似的，改得密密麻麻，甚至连题目都要改得鲜明、生动。例如，有一篇材料原题为《大泉山怎样由荒凉的土山成为绿树成荫、花果满山？》，毛泽东则将其改为《看！大泉山变了样》，多么吸引人！

毛泽东还为每篇文章写了按语，共计一百零四条。

那段时间，每天清晨，田家英都会接到一批主席改过的稿子，让他做文字上的处理。毛泽东的激情感染了田家英，以致田家英要当时在《中国妇女》主持宣传工作的董边赶紧从农村妇女角度选一些有代表性的稿件，也一起加入进来。

12月20日毛泽东写信问田家英：

书名叫作"五亿农民的方向"如何？如果用这个名称，那就要把补选的那篇《五亿农民的方向》放在第一篇的位置，请酌定。

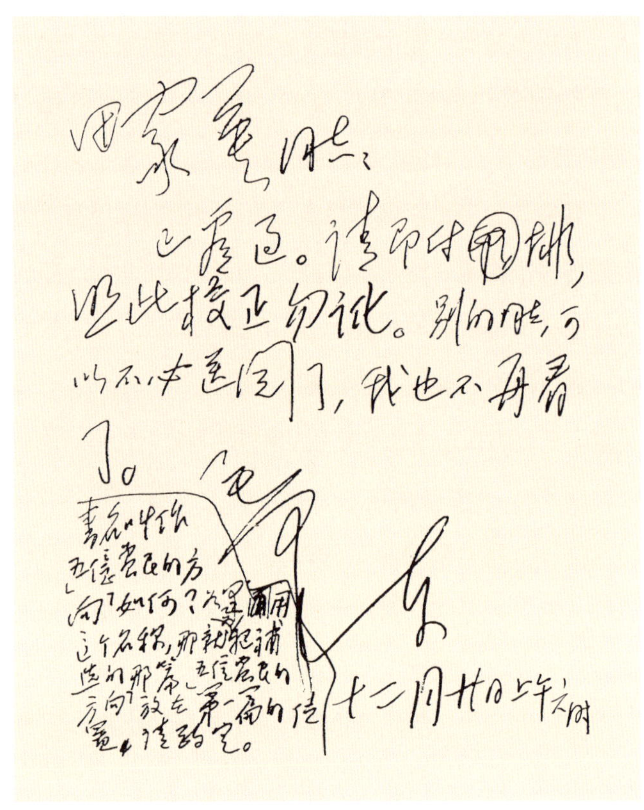

田家英同志：

已看过。请即付排，照此校正句读。别的同志，可以不必送阅了，我也不再看了。

毛泽东

十二月廿日上午六时

书名叫作"五亿农民的方向"如何？如果用这个名称，那就要把补选的那篇"五亿农民的方向"放在第一篇的位置，请酌定。

1955年12月20日，毛泽东致田家英信

1956 年 9 月 15 日，毛泽东、刘少奇、周恩来等在中共八大主席台上

田家英感到书中的内容与书名有差距，因为其中有经验也有教训，把书名定为“方向”，不很妥当。他与逄先知谈起这个思路，而逄先知却认为改换主席亲定的书名要慎重。逄的担心是有理由的。毛泽东一向认为改造五亿农民是最艰难的事业，需要花费很长的时间和精力才能完成，如今合作化运动发展如此迅猛，大有燎原之势，很出乎他的意料；用毛泽东自身的话而言，1949年全国解放时都没有这样高兴过。

然而田家英没有迎合毛泽东的想法。他向主席直陈己见，建议书名用《中国农村的社会主义高潮》更为客观。毛泽东认为田家英的想法有道理。几天后，毛泽东在生日（12月26日）那天完成了读书序言的定稿。我们还从毛泽东30日写给周恩来、刘少奇等人的信中得知，“为《中国农村的社会主义高潮》一书写的一篇序言，请审阅，看是否可用。如有修改，请告田家英同志”。毛泽东确实接受了田家英的建议。

说起毛泽东采纳田家英的意见和建议，还有一件大事值得一提——毛泽东要田家英代他起草中共八大（即中国共产党第八次全国代表大会）开幕词。

中共八大开幕词毛泽东曾两易其稿，不知为什么都没有写完。后来让陈伯达起草，陈稿毛泽东看后仍不满意，说写得太长，扯得太远，于是找来田家英。田家英看过毛泽东起草的开幕词，感觉内容略显空洞，言辞流于口号，他把自己的感觉告诉了主席。毛泽东决定让田家英起草。他告诉田家英：“不要写得太长，有个稿子带在口袋里，我就放心了。”

田家英一个通宵赶写出初稿，毛泽东比较满意。1956年9月15日，“八大”在政协礼堂召开。毛泽东致开幕词，据统计，全场响起三十二次掌声，其中六次是长时间鼓掌。代表们都称赞开幕词写得好，毛泽东说：“这不是我写的，是个少壮派，他叫田家英，是我的秘书。”

人们可能还记得开幕词中的一句话：“虚心使人进步，骄傲使人落后。”它早已成为脍炙人口的格言。1972年，毛泽东在接见即将出席联合国大会的中国代表团一行时说：“送你们两句话，一是没有调查就没有发言权；二是虚心使人进步，骄傲使人落后，这是田家英讲的。”

此时田家英已去世六年了。

毛泽东喜欢听不同意见。他欣赏和赞同孔子的“和而不同”，不喜欢“同而不和”。在他眼里，“同而不和”的“同”，意味着表面上大家意见都一致，掩盖了实质上的“不和”。而“和而不同”，是在确定大目标的前提下，可以有各式各样的想法，像音符一样，只有“和声”，才能演奏出乐曲，“单调”是成不了音乐的。毛泽东说他最不高兴看到的就是会场上鸦雀无声，就是说没有不同意见了。毛泽东之所以喜欢田家英，也在于他能提不同意见。

令人惋惜的是，在顺利解决农业合作化的同时，也助长了毛泽东对个人意志的自信。他愈发相信自己的主张总是正确的，而且是能够立即生效、“立竿见影”的。加上党内“个人崇拜”之风愈演愈烈，毛泽东提倡的“和而不同”被自己搞的“一言堂”所替代；而他对田家英的信任，也因田家英过多地与他意见“不同”而丧失殆尽。以致1966年3月18日至20日在杭州召开的中央工作会议上，毛泽东当众坦言了对田家英的不满，并历数田家英在几次反右倾机会主义问题上，如对批判《武训传》《红楼梦》、“二胡”（即胡风、胡适）、“海瑞罢官”等，田家英都不赞同，没能和自己同心同德。最终，毛泽东向往的“和声”，还是被“单调”的一种声音所替代。而一旦党内只听到一种声音，像“文革”这样的悲剧发生，就只是个时间问题了。

田家英居住的永福堂，正房西屋西北角靠墙码放着一排柜子，里面全是他收藏的清人字轴。柜前有一张长方形茶几，上面摆放着几乎相当于茶几的长方形蓝布匣。不管是秘书、勤务员或是家里的什么人，从来没有动过它。因为它的主人田家英对此物格外看重，也保护得格外精心。偶有贵客来临，他才肯拿出展示一下。多数时间是在夜深人静之时，他自己独自欣赏。这就是被主人称为小莽苍苍斋收藏的“国宝”——毛泽东手迹。

打开蓝布匣，进入眼帘的首先是一册深蓝布面裱成的套封，上面用小楷写着“毛泽东：《中国农村的社会主义高潮序言》”，下面署款“一九六四年三月家英装藏。”

另有题签为《毛主席诗词手稿》，大部分诗词收入1958年版的《毛主席诗词十九首》，只有《七律·人民解放军占领南京》迟至1963年才发表，另有两首《五律·看山》《七绝·莫干山》，直到1993年才由《党的文献》第六期公之于世。

蓝布匣中保存最多的还是毛泽东书写的古代诗词，有李白、杜甫、杜牧、白居易、王昌龄、刘禹锡、陆游、李商隐、辛弃疾等人。毛泽东书写古诗词大都是默写，像《木兰词》，白居易的《琵琶行》《长恨歌》这样的长诗，也是一挥而就，很少对照书籍。由于只是为了练字或是作为一种休息，毛泽东并不刻意追求准确，书写中常有掉字掉句的现象；有的长诗，像《长恨歌》，甚至没有写完。

田家英非常喜欢毛泽东的书法，很早就留意收集。他的收集主要通过几个途径：一是主席交办田家英的事大多用毛笔书写；如1957年之前，毛泽东把早年作的诗词凭记忆陆续写下来，交田家英补上词牌并编辑整理（包括考证创作的年代和写注释）。再有就是从纸篓里捡；毛泽东练字有个习惯，凡是自己写得不满意的，随写随丢。有一次，田家英从纸篓里捡回毛泽东书写的《七律·人民解放军占领南京》这首脍炙人口的诗，高兴地对董边说：“这是纸篓里捡来的‘国宝’。”还有一次，逄先知整理主席的书籍，从字典中翻出两篇毛泽东未完成的手稿（即中共“八大”开幕词）；田家英忙招呼：“归体系，归体系。”意思是归到他收藏毛泽东字迹的蓝布匣中。有许多次，董边看见田家英在书桌前将攥成团的宣纸仔细展平，那是毛泽东随手记的日记，上面写有“今日游泳”“今日爬山”一类的话。董边不解：“这也有用？”田家英说：“凡是主席写的字都要收集，将来写历史这都是第一手材料，乔木收集的比我还多。”

日积月累，蓝布匣里的毛泽东手迹越积越多，到1964年，田家英统一将它们装裱成册，即便是单页纸，他也精心裱成轴或裱成单页。有一次，田家英把装满毛泽东手迹的蓝布匣双手举过头顶，得意地对董边说：“这些都是‘国宝’啊。”董边说：“国宝应该由国家收藏。”田家英说：“早晚都要交给国家。”

大约在1965年，王冶秋来访，看到田家英保存这么多的毛泽东手迹，十分羡慕，说故宫至今都没有一件主席的手迹。田家英听到后说：“国家级的博物院怎么能没有主席的墨迹？”随后，将毛泽东书写的白居易《琵琶行》交给了王冶秋。没过多久，田家英便收到故宫转来的毛泽东《琵琶行》的复制件。

如今，毛泽东这些手迹收藏在中央档案馆，成为名副其实的国宝。

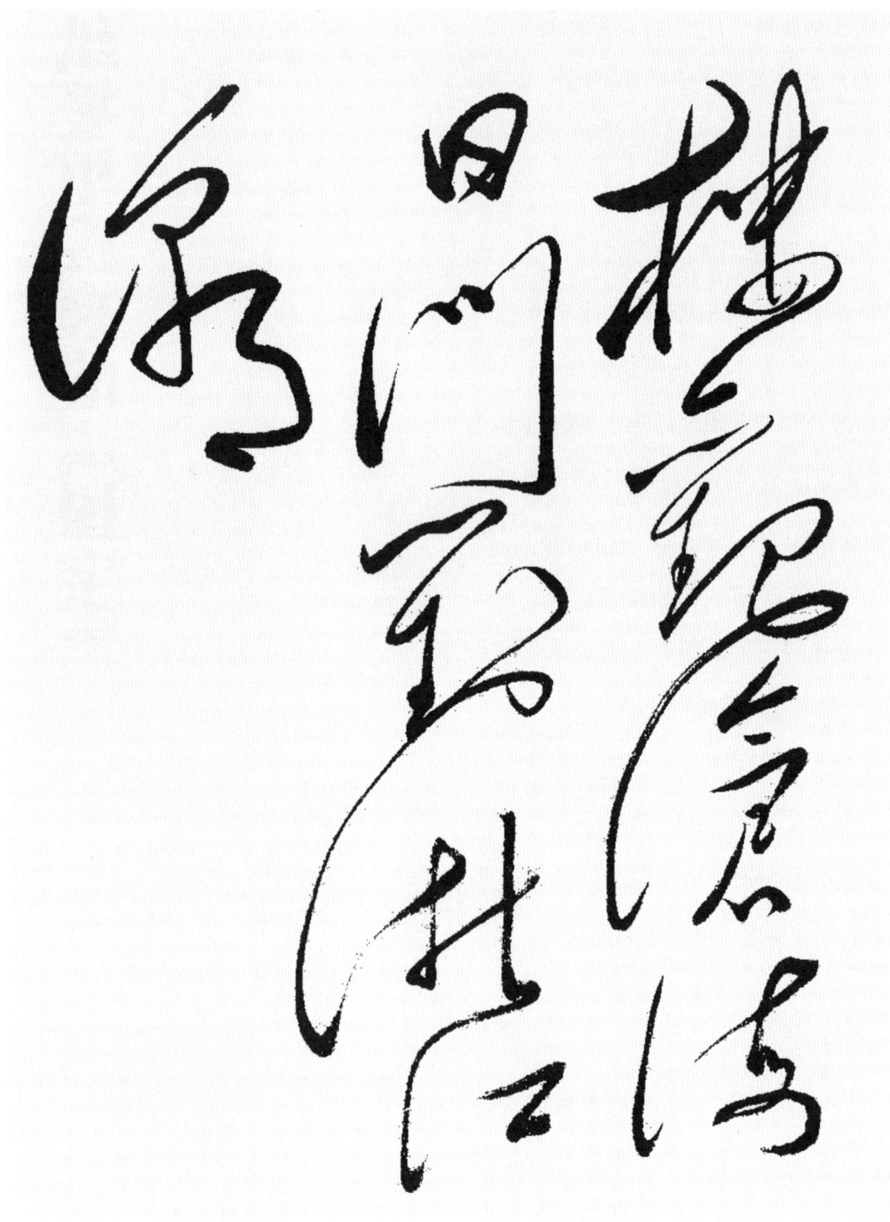

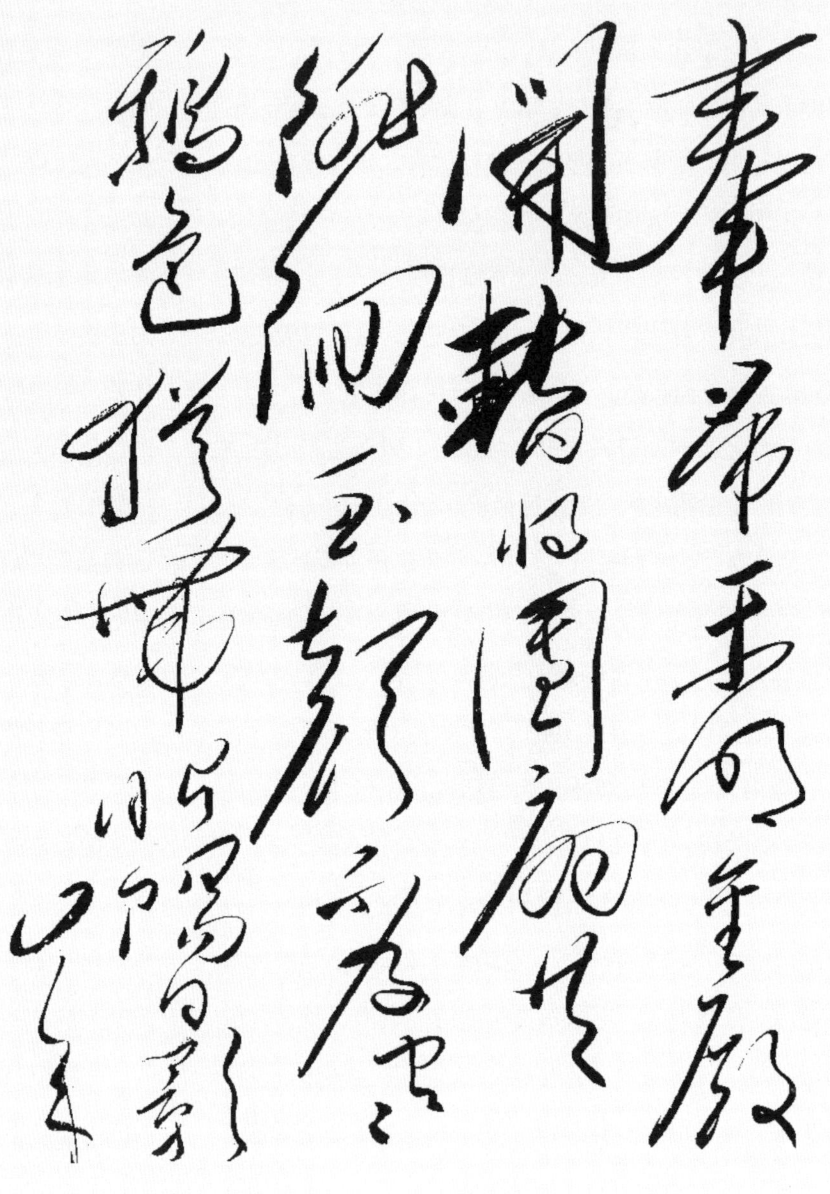

释文

楼观沧海日，
门对浙江潮。
——毛泽东录宋之问《灵隐寺》句手迹

奉帚平明金殿开，
暂将团扇共徘徊；
玉颜不及寒鸦色，
犹带昭阳日影来。
——毛泽东录王昌龄《长信秋词五首（其三）》手迹

毛泽东手书古诗手迹

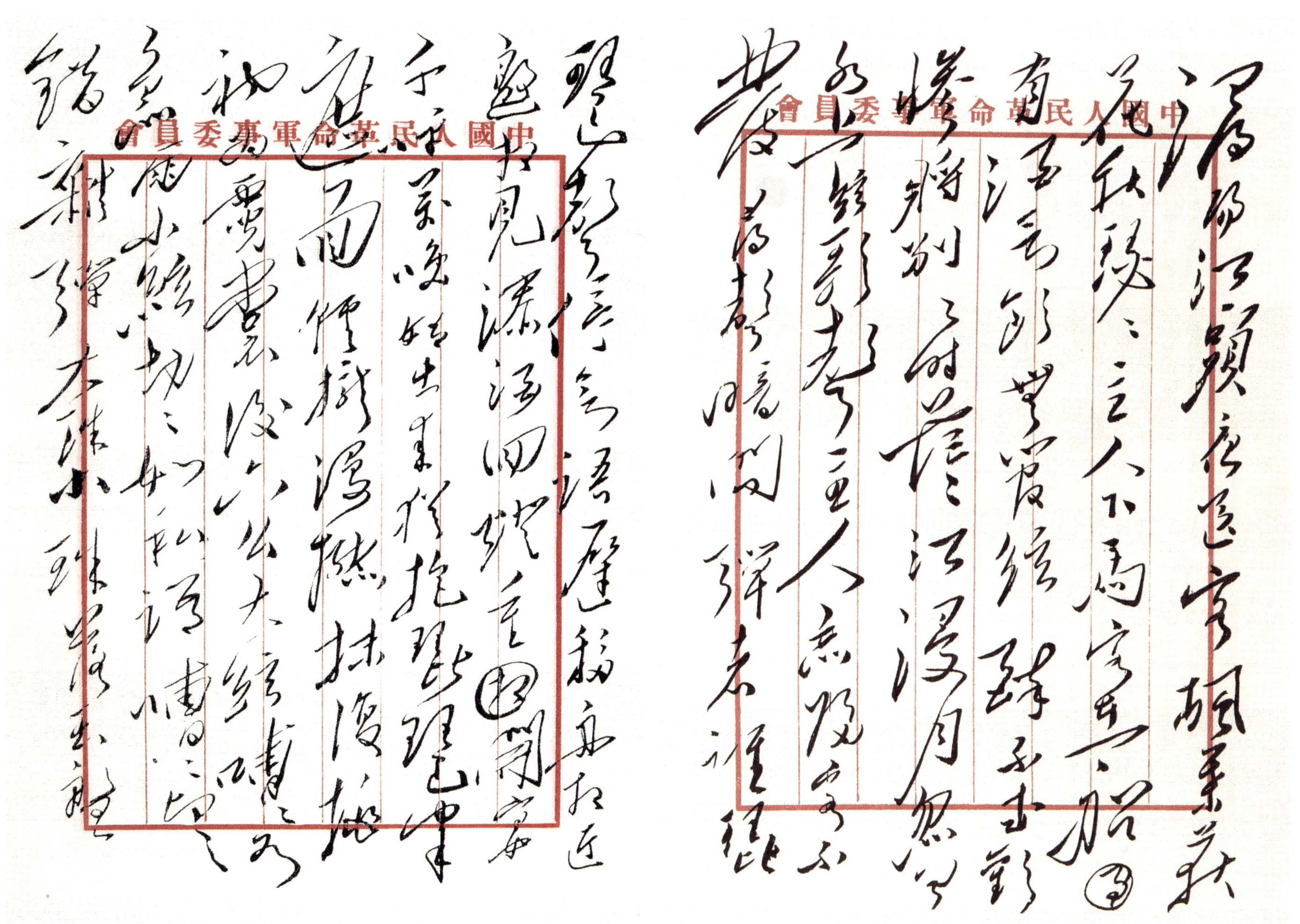

毛泽东手书白居易《琵琶行》（部分）

从毛泽东读帖说起

1958年10月16日，毛泽东用毛笔写给田家英一封信。

田家英同志：

请将已存各种草书字帖清出给我，包括若干拓本（王羲之等），于右任千字文及草诀歌。此外，请向故宫博物院负责人（是否郑振铎？）一询，可否借阅那里的各种草书手迹若干，如可，应开单据，以便按件清还。

毛泽东

十月十六日

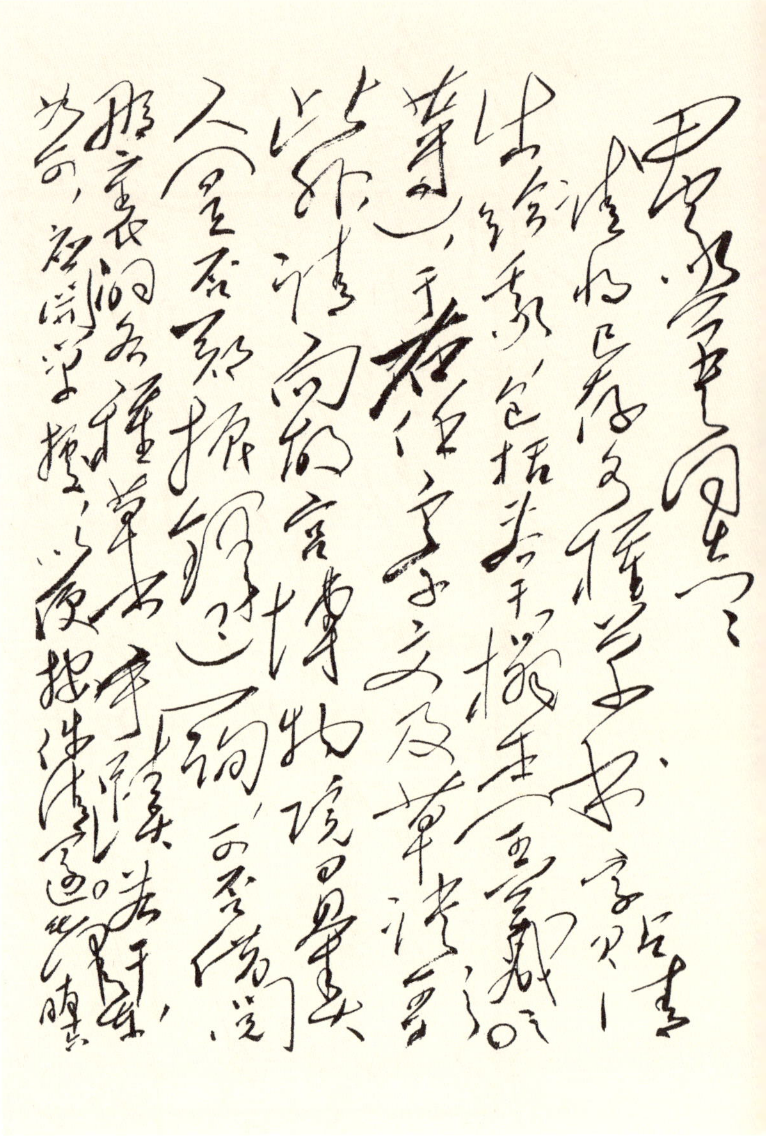

这封信据行内人说，毛泽东着意用草体写就。毛泽东一生做着改天换地的大事业，但他们那辈人都注重传统的书艺，尤其在新中国成立后，毛泽东更是潜心笃志于此。一些书法研究者将毛泽东的书体由楷而行，由行而草划分为早、中、晚三期，而以此信作为中、晚期的分水岭。有意义的是，这件具有书法价值的信函，所谈之事正与毛泽东习书相关。

故宫至今保存有两份毛泽东借阅书画的目录：一次是1959年10月23日，借阅书画二十件；另一次是1963年2月11日，借阅书画二十六件。这两次所借均为明清两代名人作品。从目录上看，毛泽东更偏爱草书，特别看重谢缙、张弼、傅山、文徵明、董其昌的作品。

对于不方便借阅的明代以前作品，田家英主要是从市场上寻找旧拓本替代。北京琉璃厂的庆云堂是一家老字号门店，专售碑帖（俗称“黑老虎”），是田家英常去

1958年10月16日，毛泽东致田家英信

的地方。小莽苍苍斋至今仍保留着一些旧拓本，许多都出自庆云堂、上海朵云轩，还有一些来自友人的馈赠。

如《魏上军大将军曹真碑》初拓本，封套上有张伯英（齐白石的老师）的题签，该碑于清道光二十三年（1843）陕西长安出土。旧为端方所藏，今藏故宫博物院。初拓本一册十八开三十六页。其隶书方正遒丽，上承东汉遗韵，下迄晋代书风，是研究隶书嬗变的珍贵资料。《小字兰亭合璧帖》一册五开，是后人摹刻翁方纲的，便于外出随身携带之用。《小子残碑》《子游上碑》的初拓本原为张西帆所藏，他于 1966 年 1 月 24 日转赠田家英。《钟繇荐关内侯季直表》拓本，一册六开，属乌金拓。题跋出自清中期学者铁保之手，收藏印中有“温陵陈伯达印”，是陈伯达转让给田家英的。

田家英收藏的旧拓本还有《绛帖（卷一至十二）》《佛遗教经》（内有“项子京家珍藏”印）、《曹娥碑》《王廙帖》《力命帖》（钟繇书）、《护梦经》《丙舍帖》（王羲之临钟繇帖）、《宣示帖》（王羲之临钟繇帖）、《东方画象赞》《麻姑仙坛记》（颜真卿书）、《乐毅论》（王羲之书）、《洛神赋》（赵孟頫书）、《停云馆帖卷三孙过庭〈书谱〉》《龙门造像二十品合装册》《杨大眼造像记、广川王太妃祖母造像》（龙门造像两种）、《魏曹植词》（梁鹄书）、《石鼓文及韩愈石鼓歌合册》（汪由敦临）、《小字麻姑仙坛记》（铁保临）等。上述旧拓本、临本均钤盖多枚小莽苍苍斋收藏印，说明田家英是用自己的钱购买，却作用于毛泽东。

此外，田家英还从坊间陆续买到一批《三希堂法帖》《昭和法帖大系》（日本影印）等套帖和民国时期影印本，如《南唐真本澄清堂帖》《颜真卿书颜勤礼碑》《元赵雪松（孟頫）六体千文》《元俞和书忠祐庙碑》《褚遂良孟法师碑铭》《旧拓薛刻〈孙过庭书谱〉》《汉西岳华山碑》《智永真草千字文》《雍睦堂法书》《安（岐）刻初拓〈孙过庭书谱〉草正合刊》《文徵明书前后赤壁赋》《于右任标准草书草圣千文》等。

新中国成立初期，出版的名家字帖比较少，田家英最初找到的是赵万里主编的《汉魏南北朝墓志集释》，共六册，始编于 1933 年；“中更艰屯，屡作屡辍”，直到 1956 年才由科学出版社出版。

田家英到复制能力强的上海博物馆和故宫博物院，尝试复制了一批唐宋名家作品，如《晋尚书令王献之鸭头丸帖》《唐怀素草书苦笋帖》《宋徽宗书千字文真迹》《宋高宗摹虞永兴千文真迹》等，复制效果都不错，几可乱真。为此，田家英还在每件作品的首尾处钤盖了“郑昌”（田家英的另一个笔名）印章，以区别于馆藏原迹。

田家英使用的铜笔架

1957 年文物出版社成立，该社开始有计划地出版或影印著名拓本。田家英凡买新出版的碑帖拓本，一般都是两册，自存一册，主席藏书室存一册。

经过六七年的准备，当 1964 年 12 月 10 日毛泽东再次提出要看各书家书写的各种字体（尤其是千字文）的碑帖时，田家英已经可以拿出百十余件，真草隶篆，各体都有，摆满了毛泽东会客厅的三四个书架，以便主席随时观赏。

毛泽东酷爱书法，晚年尤甚，读帖到了痴迷的程度。他让田家英将这些字帖摆放在他目之所及的各个位置，如办公桌、客厅的茶几、卫生间，甚至连卧室

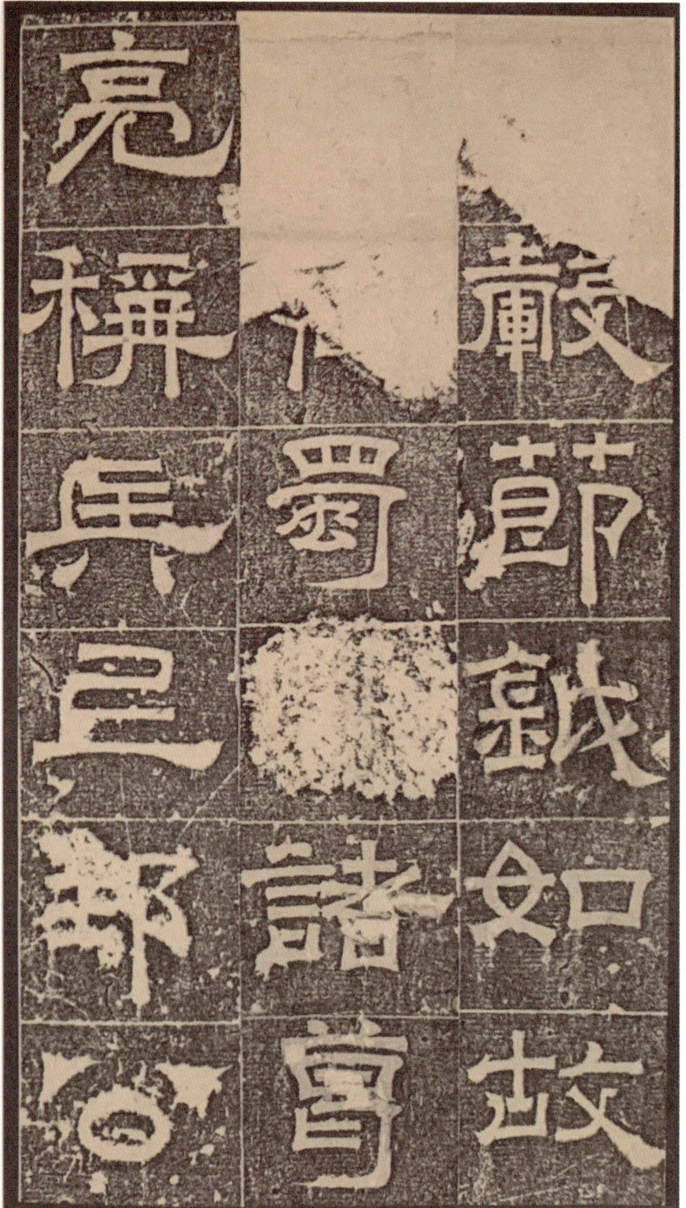

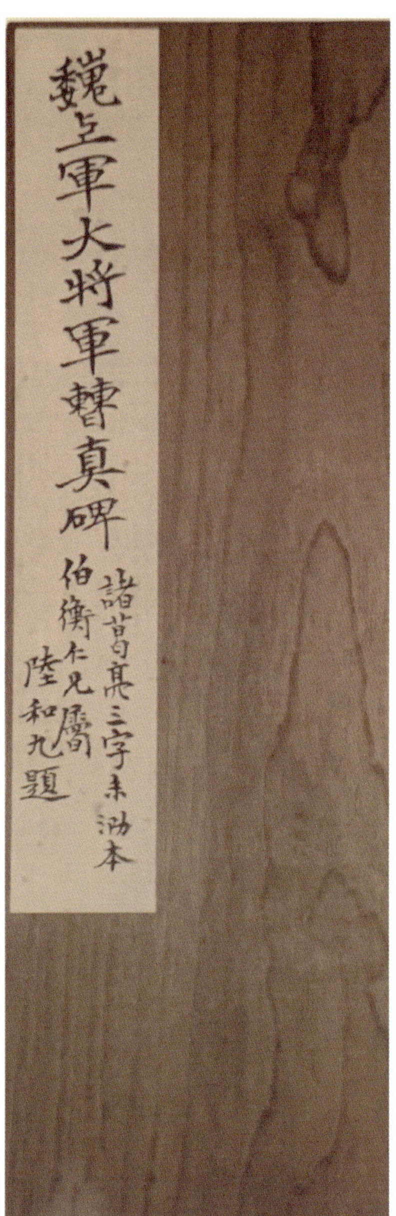

《魏上军大将军曹真碑》初拓本（部分）

床铺上也都摆满了字帖。但毛泽东却曾经告诫田家英：“千万别临帖，临都临傻了，我是只读不临。”

小莽苍苍斋收藏的清人墨迹此时也派上了用场。田家英会根据毛泽东的喜好，不定期更换清人书法，尤其挑选一些好的行草作品挂在主席的书房、卧室；毛泽东常手持叶恭绰赠送他的《清代学者象传》，边对照作者小传，边欣赏这些作品。

田家英最后为主席购买的碑帖，是文物出版社1966年4月版的《伊阙佛龛碑》。该拓本是明代中叶何良俊“清森阁”旧藏。“清森阁”藏本向称为宋拓，但从用纸（白棉纸）和墨色（不擦蜡）的特征看，可能是明初或再早一些的拓本。碑文为唐初书法家褚遂良所书，原碑刻位于河南洛阳龙门石窟宾阳中洞南侧的崖壁上，北宋欧阳修《集古录》有著录。

田家英买了两册，在自存的那册帖中，他一改往常钤盖小莽苍苍斋印章，而用了一方“无我有为斋印”。这方印是梅行一个月前应他的嘱托镌刻的。半个月后，“文革”开始，田家英含冤离世，那本为主席购买的《伊阙佛龛碑》最终还是没能送出去。

《伊阙佛龛碑》封面

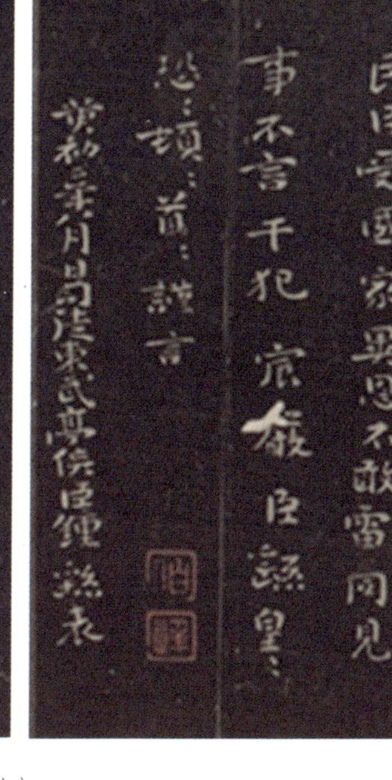
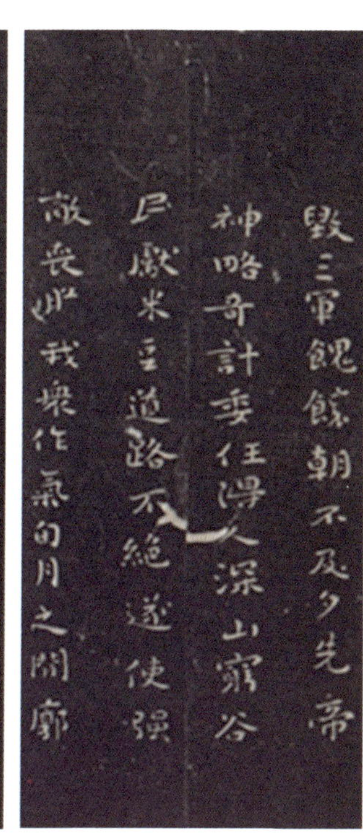
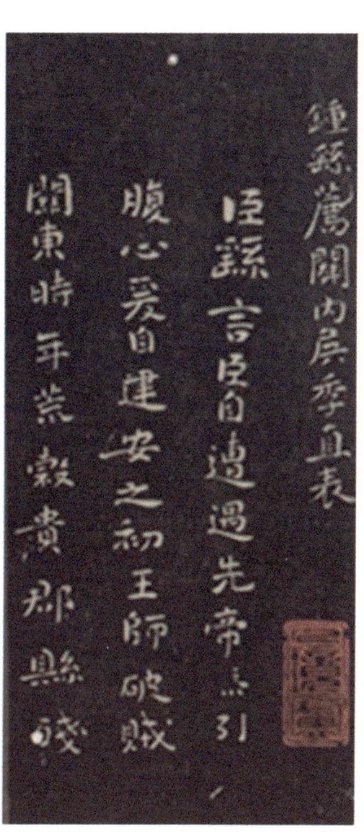

《钟繇荐关内侯季直表》拓本（部分）

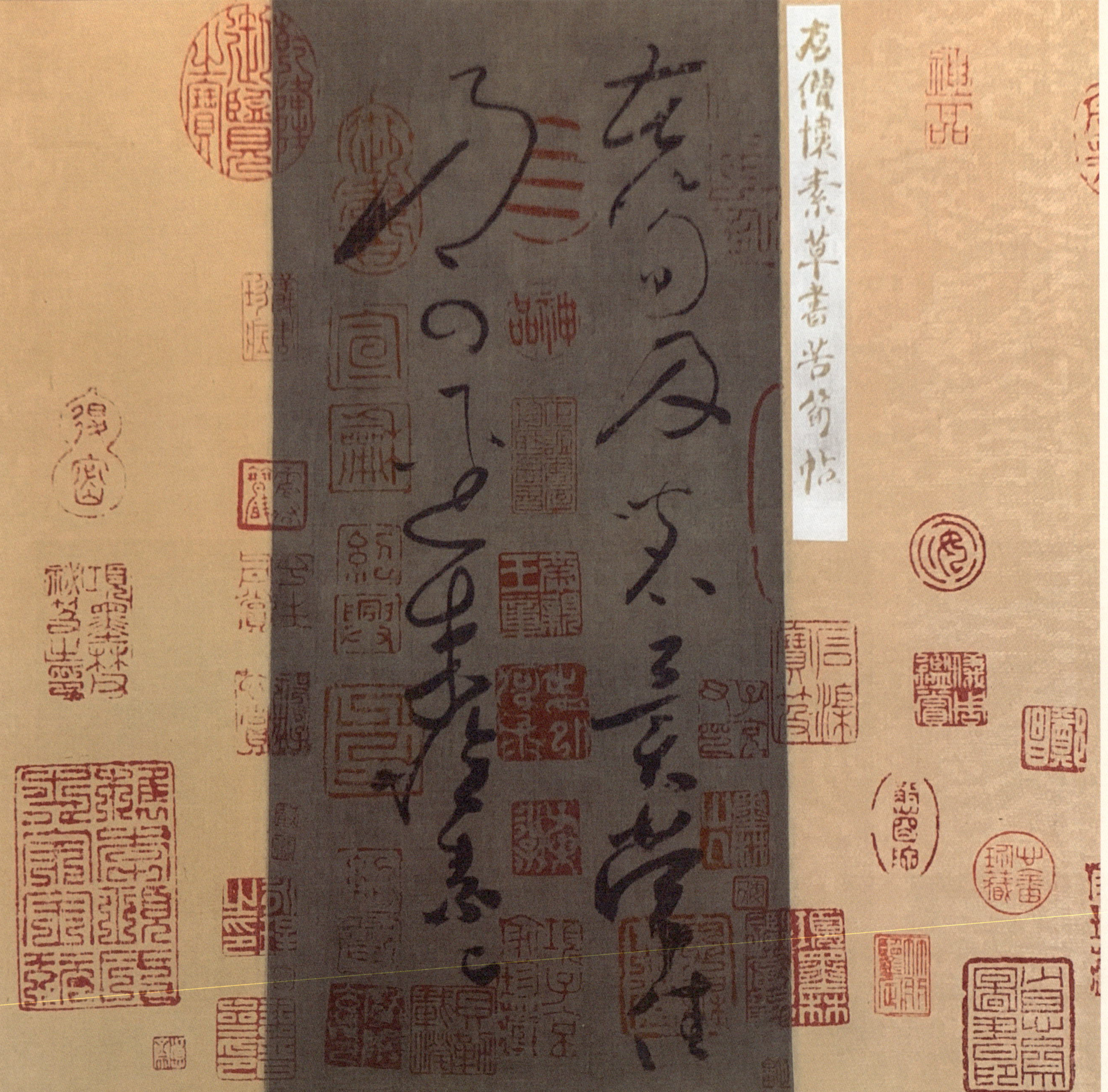

田家英藏《唐怀素草书〈苦笋帖〉》复制品

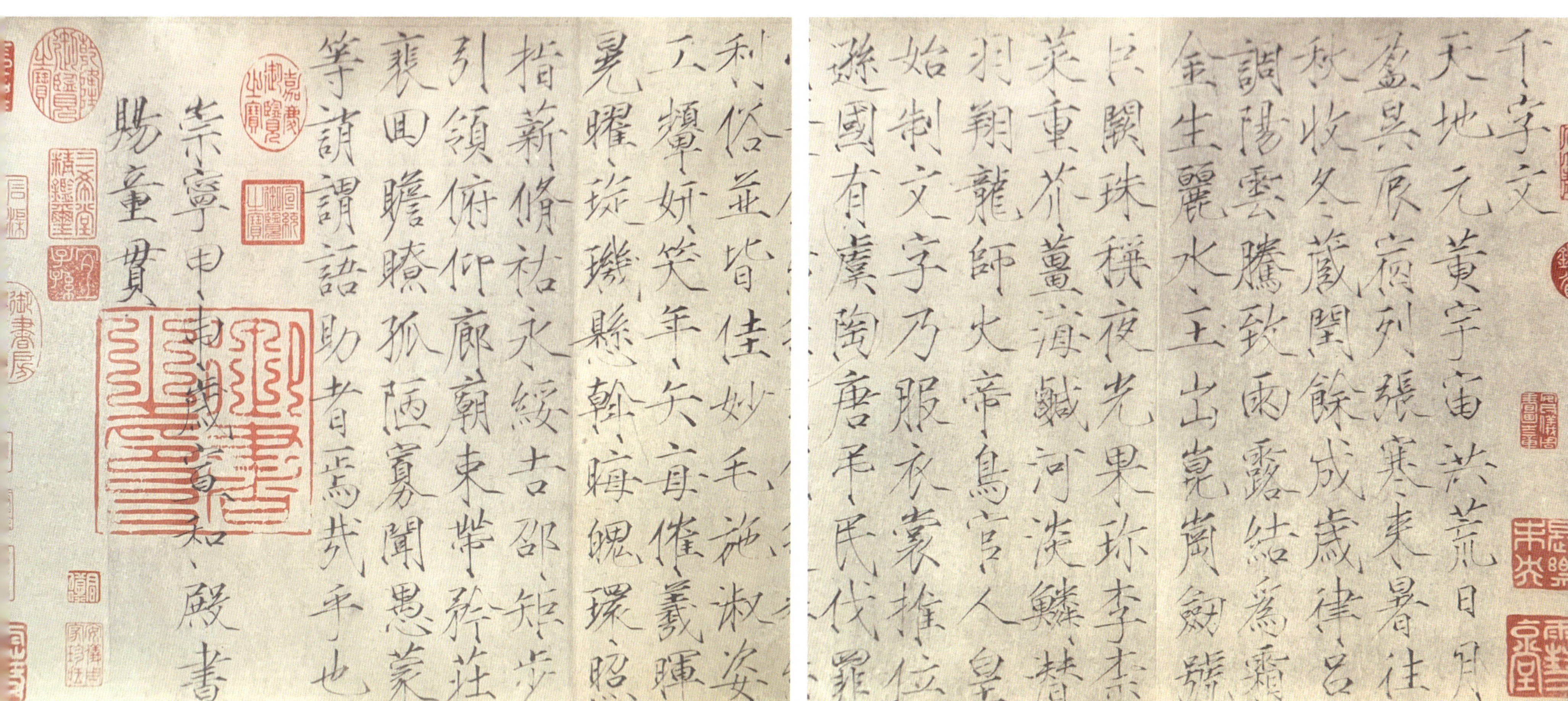

田家英藏《宋徽宗书〈千字文〉真迹》复制品（部分）

为毛泽东制作《中国历代货币》展板

田家英的许多爱好都与毛泽东有着惊人的相似，是巧合，或是受其影响？譬如藏书，我们发现，许多书中至今还保留有原始发票，大多是两册（套），小莽苍苍斋与毛泽东藏书室各存一册（套）。毛泽东酷爱京剧，会哼戏，田家英也有同好。早年，田喜欢家乡的川剧，到北京后迷上了京剧，还学起了拉二胡。小莽苍苍斋收有四百多张20世纪三四十年代百代出品的老唱片，基本上都是京剧。毛泽东、田家英还都爱看连环画，像《红楼梦》《三国演义》《水浒传》《聊斋志异》等都是整套买来的。所不同的是，田家英只是看，如厕看连环画是他的习惯；而毛泽东不但自己看，还介绍他人看，甚至还在连环画上写批注。

1980年初，我们收到“中办”退回的田家英遗物，经过多年整理，基本理清了田家英收藏的思路。最后只剩下一堆古钱币不知它的来龙去脉，其中一套六张如炕桌大小，勾有朱丝栏的布面纸板，上面精心缝缀着一百七十五枚古钱币，从最早的商代海贝，到清朝末代皇帝的“宣统通宝”，编排成“中国历代货币之一”到“之六”。在每一枚古币旁，都有陈秉忱用蝇头小楷书写的说明。碰到个别难于收集到的特殊钱币，如东汉王莽时期的“一刀平五千”（这种钱币存世量极少，为当时应付通货膨胀而铸造），还特别标明是“伪造”。此外，另辟栏目，附上李自成的“永昌通宝”、张献忠的“大顺通宝”和洪秀全1853年铸造的“太平天国”等农民革命时期发行的铜钱。

可是，毛泽东、田家英二人为什么对古货币如此感兴趣呢？

我们守护着闲散的古钱币（包括春秋时期刀币、布币，多数是圜钱，以宋代居多），加上一套六板的“中国历代货币”四十余年。也因它采访过许多人，没有谁能说清此事，甚至他们都没有这方面的印象。

为了不落下遗憾，2022年我们又请教了国家博物馆古钱币专家王俪阎研究馆员。她仔细通看古币旁的小字，得出这样的印象：一定要从货币史的角度看待田家英藏品，譬如：商“海贝”、赵“明”刀、秦“半两”、唐“开元通宝”、宋“崇宁通宝”、金“泰和重宝”、元“大元通宝（八思巴文）”等，看起来更像一面面展板；它不求藏品的稀缺性或价值属性，更在乎古代货币史的完整性，甚至包括少数民族使用的货币，如果从货币史方面理解收藏者的意图，田家英不仅做到了，而且质量还很高。

那么，这些“展板”田家英准备讲述给谁呢？应该是毛泽东。

20世纪50年代的大多数时间，毛泽东与田家英的关系是融洽的。据当时的中办主任杨尚昆回忆：“田家英和主席是无话不谈，我和家英也是无话不谈；我和主席则是有话就谈，谈完就走。”大伙儿都羡慕田家英可以毫无拘束地同毛泽东摆“龙门阵”，几乎每个晚上的闲暇时间，都看到主席和秘书在聊天；每次都有一个主题，其中就有毛泽东与田家英谈到秦始皇统一中国，政绩之一是货币的统一，也就是将各国发行的奇形怪状的“刀币”“布币”等都统一到以秦国发行的内方外圆的“半两”模式。如果把它理解为成王败寇使然，应该是合理的。但不解的是：秦王朝寿命很短，汉取代了秦，

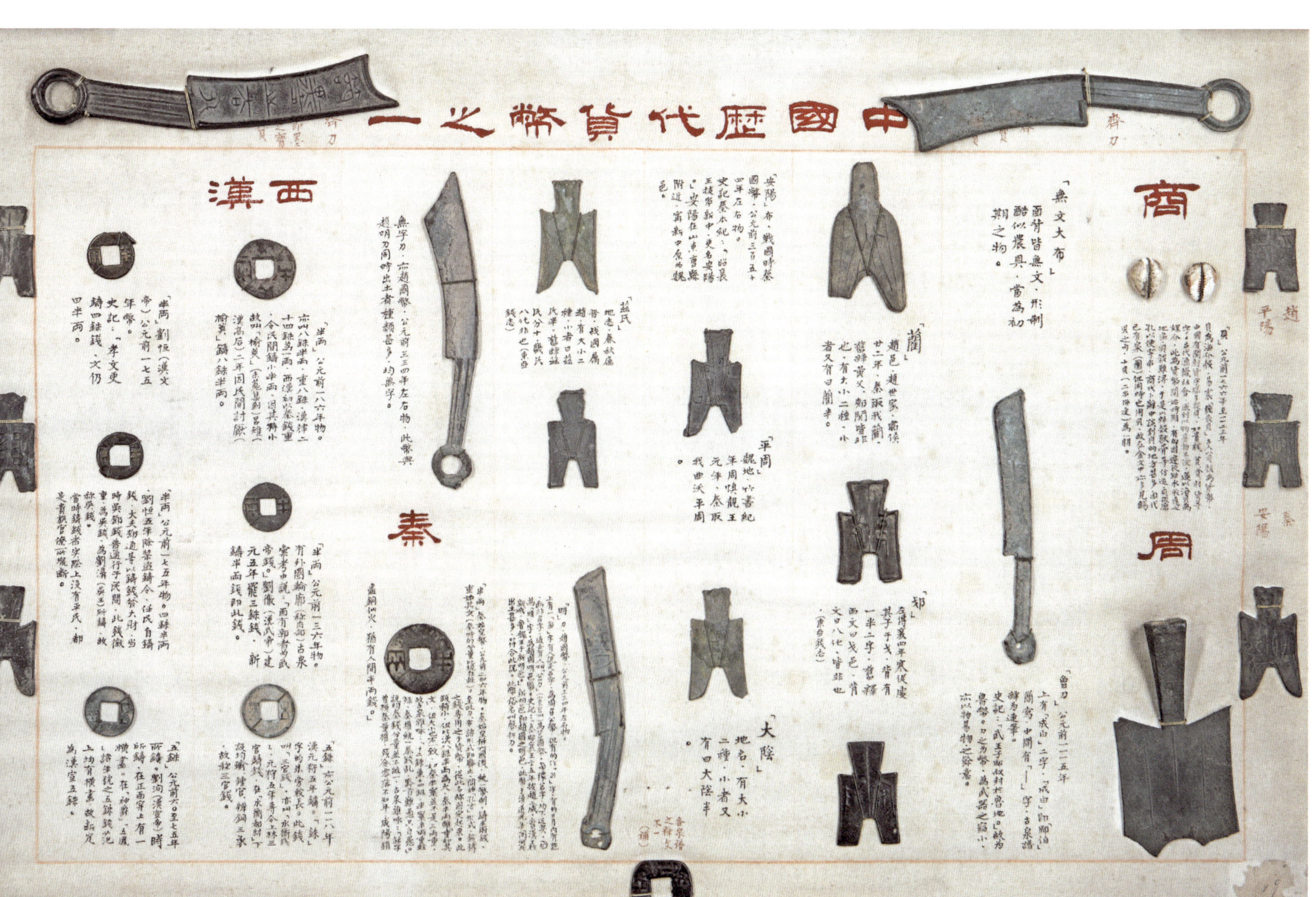

“中国历代货币”之一

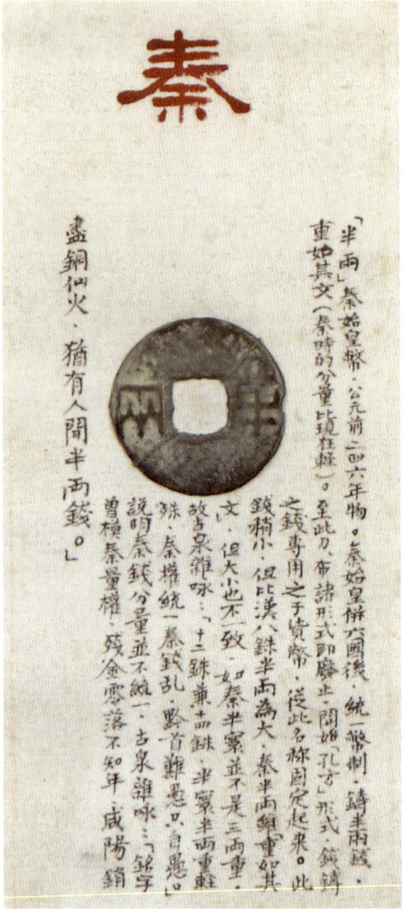

秦半两（“中国历代货币”之一局部）

汉“五铢”取代了秦“半两”。这种“孔方圆”的造币形式一直延续了两千多年直到清末。存在即是合理，这是田家英要弄懂的，也是他要给主席一个清晰的、令人信服的答案。

田家英有个座右铭：“要从根本求生死，莫向支流分浊清。”他从小莽苍苍斋藏有《吴荷屋（荣光）古泉拓本》《古今拓存——鲍臆园手题手集本》《汉四朱方泉拓本——陈簠斋（介祺）手拓题识》《诸城王蘭谿题跋古泉拓本》《泉范拓本——张燕昌、张石匏、张叔未（廷济）诸家题识》等许多清代学者关于古代钱币的拓本和著述中汲取营养，整理出一百七十五段文字，将持续三千多年的中国古代货币史用实物与文字相结合的方式展现出来。

我们尝试挑选数枚古币旁的录文，看看田家英是如何言简意赅地解读“中国历代货币”的。

商“贝”（公元前1766—前1123年）

释文：贝为海介壳，易震“德丧贝”，古人以贝壳为货币。中国有关财货字样多从贝，如贵贱、贫、贪、财、货等字。古代渔猎社会，感到以物易物不便，遂以海贝为媒介，此为货币开始时期，有的因迁徙距水较远之地区，贝壳难得，于是与蚌壳兽骨等仿造，贝后磨孔以便穿串。商代卜辞中谈到贝的地方甚多，周代已有泉（圜）但同时也用贝。故此在金文中亦多见锡贝之句。十贝（二串并连）为一朋。

赵国“明”刀（公元前334年前后物）

释文：赵国币。上有一象形字，有人说是召字，为周召公币，但有的作“司”字，有的日月内有点，断非召字，过去有人叫“莒刀”（山东莒州）为莒国币。其像莒字，均不近实，其为“明”字，为赵国明邑币。史记：“秦昭襄王二十五年拔赵二城。会韩王于新城，会魏王于新明邑。”新明邑即赵国之明邑。此币于清道光年间河北出土甚多，符合此说。此币俗名叫磬折刀。

秦“半两”（公元前246年物）

释文：秦始皇并六国后，统一币制，铸半两钱。重如其文（秦时的分量比现在轻）

至此刀、币诸形式即废止。开始“孔方”形式。钱铸之钱专用之于货币，从此名称固定起来。此钱稍小，但比汉八铢半两为大，秦半两虽“重如其文”，但大小也不一致，如秦半寰并不是三两重，故《古泉杂咏》：“十二铢兼十四铢，半寰半两重轻殊，秦权统一秦钱乱，黔首虽愚只自愚。”说明秦钱币分量并不统一。《古泉杂咏》：“铭字曾模秦量权，残金零落不知年，咸阳销尽铜仙火，犹有人间半两钱。”

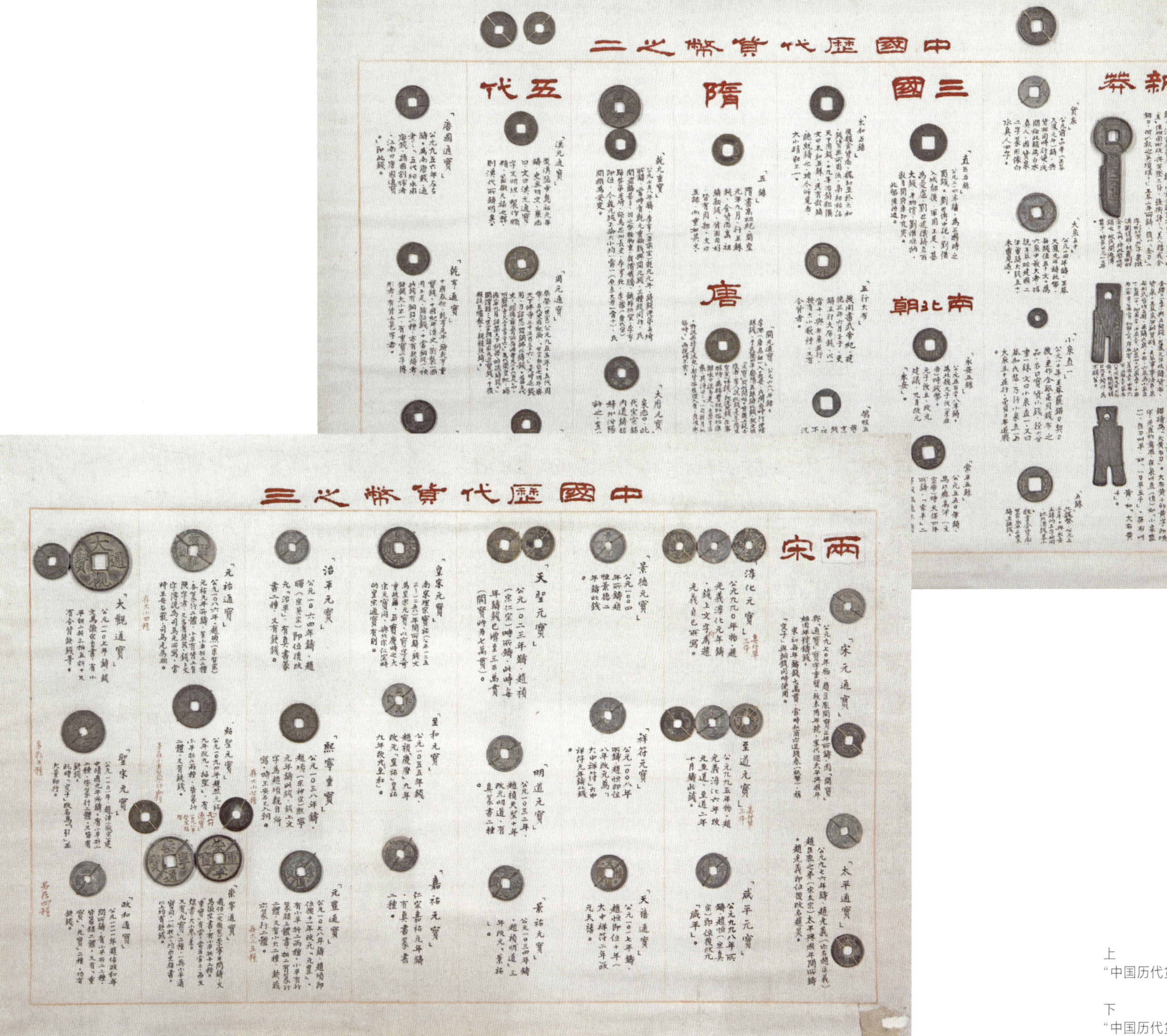

上
“中国历代货币”之二

下
“中国历代货币”之三

东汉王莽时期“一刀平五千”

释文：“一刀平五千”（伪造）。“一刀”二字为赤金错镂，故亦名金错刀。《汉书·食货志》：“错刀以黄金错其文曰一刀直五千。”“直”系班固所改，与实际不符。张衡诗：“美人赠我金错刀，何以报之英琼瑶？”王莽二年所铸。后以“金刀”二字刚卯“卯”字象征汉刘复辟，固罢刚卯金刀之利，将此币收回销之。故民间流传甚少，时在公元10年。

朱批：存有“金错刀”真品二：一有刀，一只有圜无刀。另存一品上圜无字，只刀处“平五千”三字，盖铸后尚未错字者。又存“契刀”真品二：一有刀全文“契刀五百”；一无刀，只上圜有“契刀”二字。以上五种，因钱很小，故未补入。

唐“开元通宝”（公元628年铸）

释文：李渊（唐高祖）入长安，民间当时行使隋朝五铢钱，于武德四年废隋五铢铸此钱。钱文用通宝，“元宝”从此开始。背后上段有一月痕者，有人说此钱是李隆基（唐玄宗）时钱，即“洗儿钱”，在审查蜡样时，为杨贵妃所掐指痕。《古钱杂咏》中认为是“文德皇后”的指痕，其诗曰：“一勾新月似蛾眉，野说无稽是洗儿，契背掐痕深入骨，夜凉永巷脱簪时。”两说均不实。

宋“崇宁通宝”

释文：赵佶（宋徽宗）崇宁年间铸。文为徽宗书，有小平折十二种。

“重宝”有当十、当五、当三。面文隶书，大小参差。

又有“元宝”二种，一与小平通宝同，一似折二，均面文隶书。

以上均有铁钱。

金“泰和重宝”

释文：公元1201年完颜璟（金章宗）时所铸。大钱一当十。金代重用钞票“太和”间改铸太钱，故金代钱不多见。当时金银现钱被皇贵收藏，滥发大钞，一万贯钞票，只能买得一个烧饼。

元“大元通宝”蒙古文（八思巴文）

释文：公元1309年，“至大”二年海山忽必烈孙（元武宗）时铸。元代行钞票不铸钱，独“至大”年铸钱。元朝公私支付均用楮币，民间金银必须调换为楮币才能行使。当时楮币有三种，即交钞、中统元宝钞、至元宝钞。中统元造交钞，物价以丝价作标准，中统元年七月又造中统宝钞。二贯顶赤金一钱、白银一两，于是金银

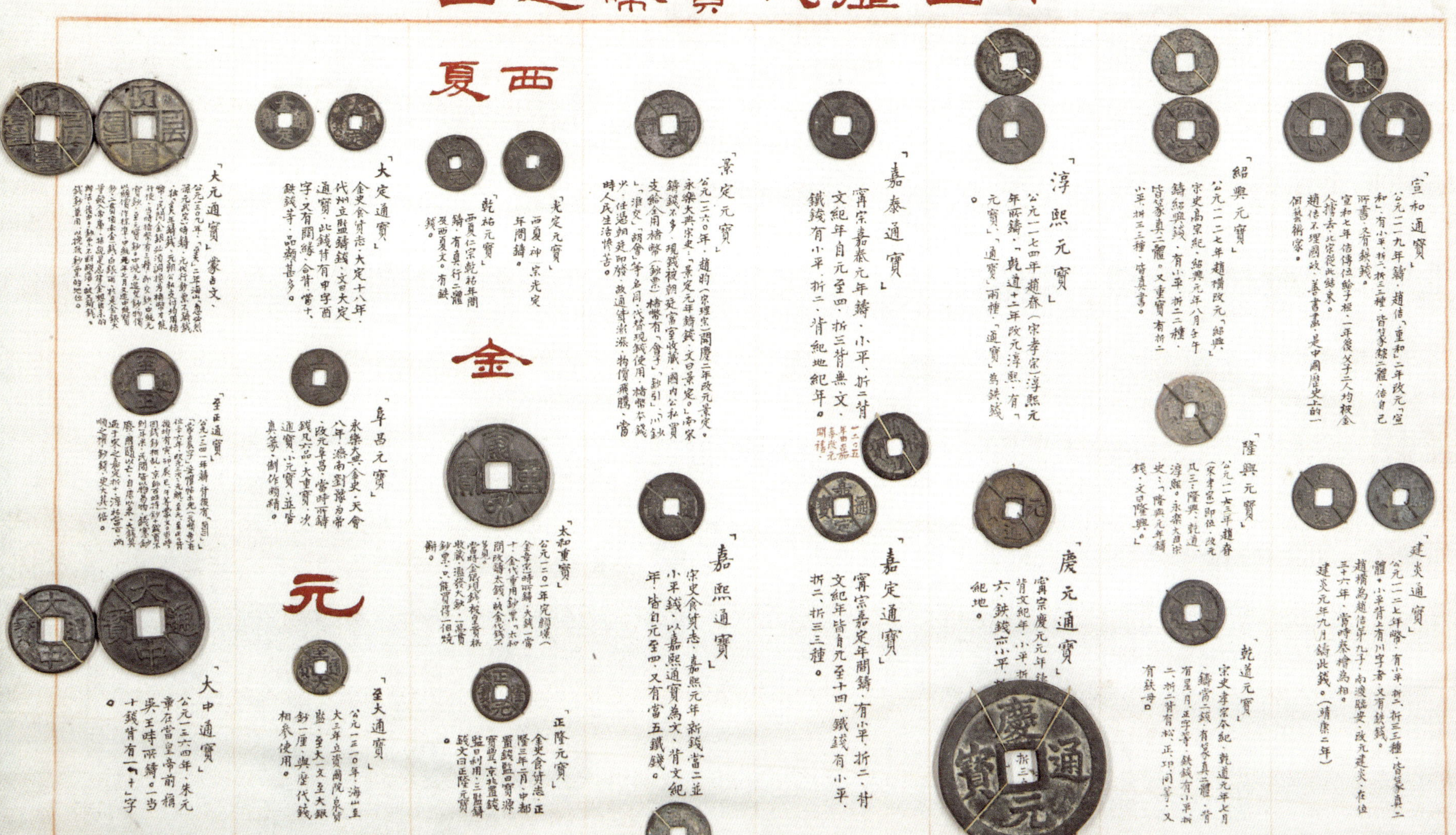

"中国历代货币"之四

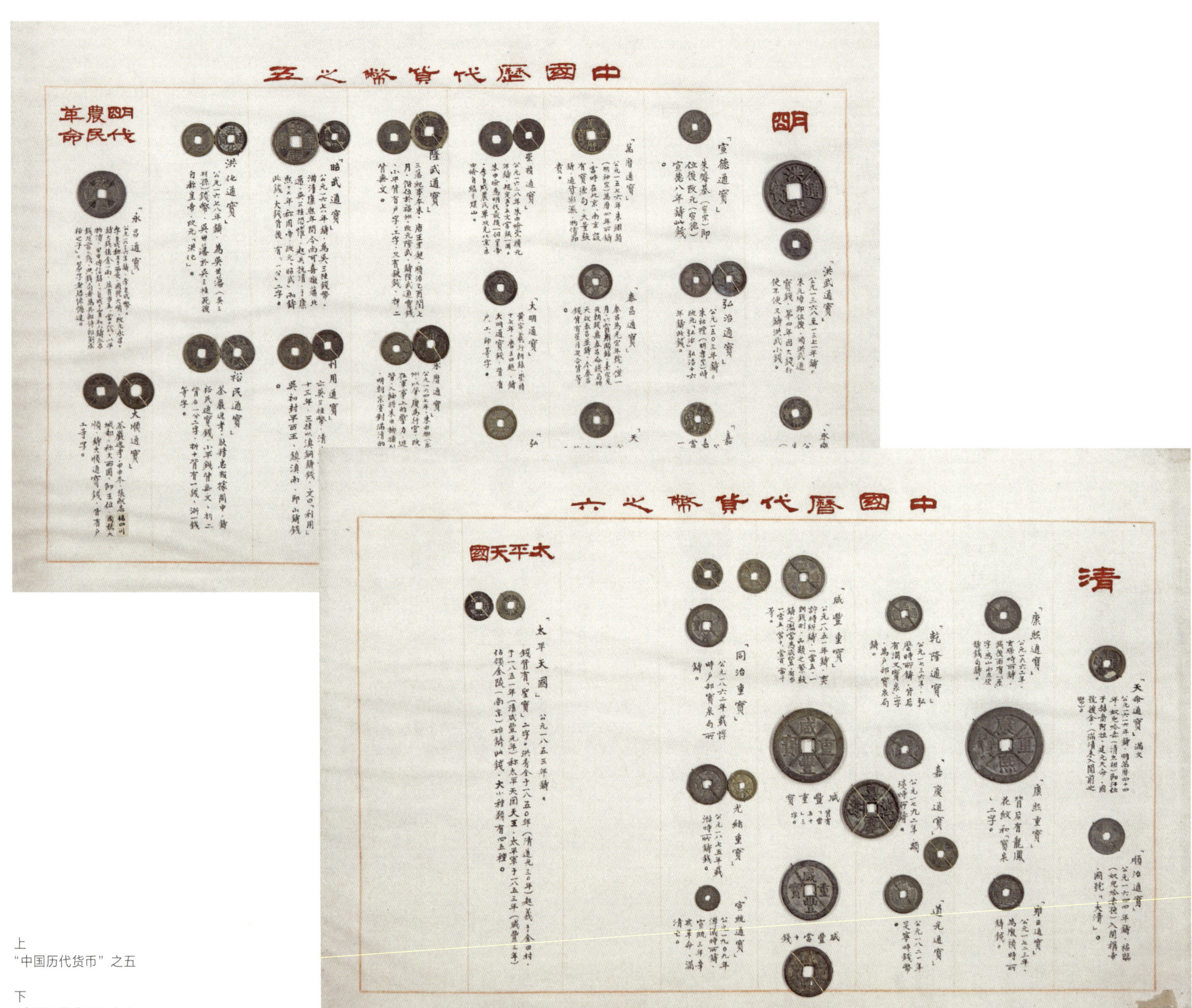

上
“中国历代货币”之五

下
“中国历代货币”之六

大量敛入帝库，据说是急律全想出来的办法，后来于钞票不断跌落，故又铸钱，钱钞兼用，以挽救钞票的地位。

这套六板“中国历代货币”是田家英与陈秉忱共同完成的。

毛泽东的兴趣极广，每年都订阅包括《化石》《文物》《考古学报》等几十种杂志。他曾要求聚集专业人才去编辑包括财政、货币在内的几十种专史，甚至还组织人去研究神学。

我们有理由推测，田家英的这套古代货币展板，很有可能是他为毛泽东了解中国历代货币发展史而制作的。

『字是九重天』

田家英初任毛泽东秘书，自己都不清楚“秘书”相当于什么职级。1948 年冬，毛泽东为田家英布置的第一项外出工作，便是让他四处走走，特别是东北一带，看街道，看工厂，看商店，看民情；只看不说，回来汇报。

田家英最先选择前往已经解放了的山东，然后乘船赴东北。他到济南后，在办理旅店住宿时，店家问他的职级，他一脸懵懂，自觉秘书或相当于军队中的文书（排级干部），也符合自己二十六岁的年龄，店家便给他安排了十八人的通铺。若不是偶遇熟人凌云，田家英这一宿就要住在“大车店”了。此事与“待遇”无碍，却与“安全”相连。

路过辽宁本溪，东北局的柴树藩请田家英到家中一叙，并拿出新近买到的《唐宋元明名画大观》上、下两册（1928 年日本版）给田家英观赏。柴说画册是从大帅（张作霖）府流散出来的，印制相当考究，足足花了他一千斤小米。

田家英一边欣赏一边想，主席日理万机，操劳过度，能在间歇中看看古代艺术作品，不失为一种调剂，一种休息。在田家英的提议下，柴树藩割爱了。这是我们所知田家英最早的一次与收藏有关的活动，尽管收藏者并不是他本人，所收物品也还不能算是真正的文物。

田家英开始收集清代学者墨迹是在新中国成立后不久。起因是他打算完成自己的一个心愿。在延安马列学院任教员时他就想撰写一部清史，由于担任毛泽东的秘书，田家英暂时将这个愿望埋藏在心底，企望有朝一日告老还乡后能了却自己年轻时的夙愿。他开始有计划地购买清史方面的书籍，并分门别类地收集清代学者的墨迹，有条幅、楹联、手卷、册页、手稿、书札等。

经过经年不懈的努力，截至 1966 年的上半年，小莽苍苍斋已经收有两千几百件藏品。

如今我们翻阅这批墨迹，有如翻阅一部历史的图卷。这里有太平天国起义、甲午战争、义和团运动等重大历史事件的史料，也有文字狱、评点《红楼梦》的史料。田家英常对友人说：搞学问要有专长，收集这类东西也要随学问而有所专注。现在许多人欣赏绘画而不看重书法，更不看重年代较近的清人的字；倘不及早收集，不少学者的作品就有散失、泯灭的危险。

一次，在东安市场的古旧书店，田家英遇到陈英、金岚夫妇。金岚与田家英曾同在延安陕北公学学习，老同学相见，十分亲切。但当看到他们夫妻花二百八十元买下一幅徐悲鸿的“马”时，田家英很不理解，事后还专门打去电话表示自己不赞同的意见。田家英对专门研究齐白石绘画的辛冠洁也曾表示了同样的想法：即文人书法不仅是难得的艺术，更能留下一些难得的史料。古人常说“画是八重天，字是九重天”，可见字的品位远在画之上。辛冠洁说他后来也收集一些著名文人的字，就是受田家英的影响。

田家英除了在古旧书店、地摊儿上寻觅，有时也从收藏者那里得到他所需要的藏品。

著名收藏家赵药农（1883—1960，赵翼后人）过世了，家人有意将其藏品转让，田家英因而获得了一批高水平的藏品，包括赵翼、张惠言、伊秉绶、孙星衍、黄景仁、刘逢禄、吴咨等几十位著名学者的墨迹。田家英很看重赵药农的这批藏品，认为他的收藏品位高，历

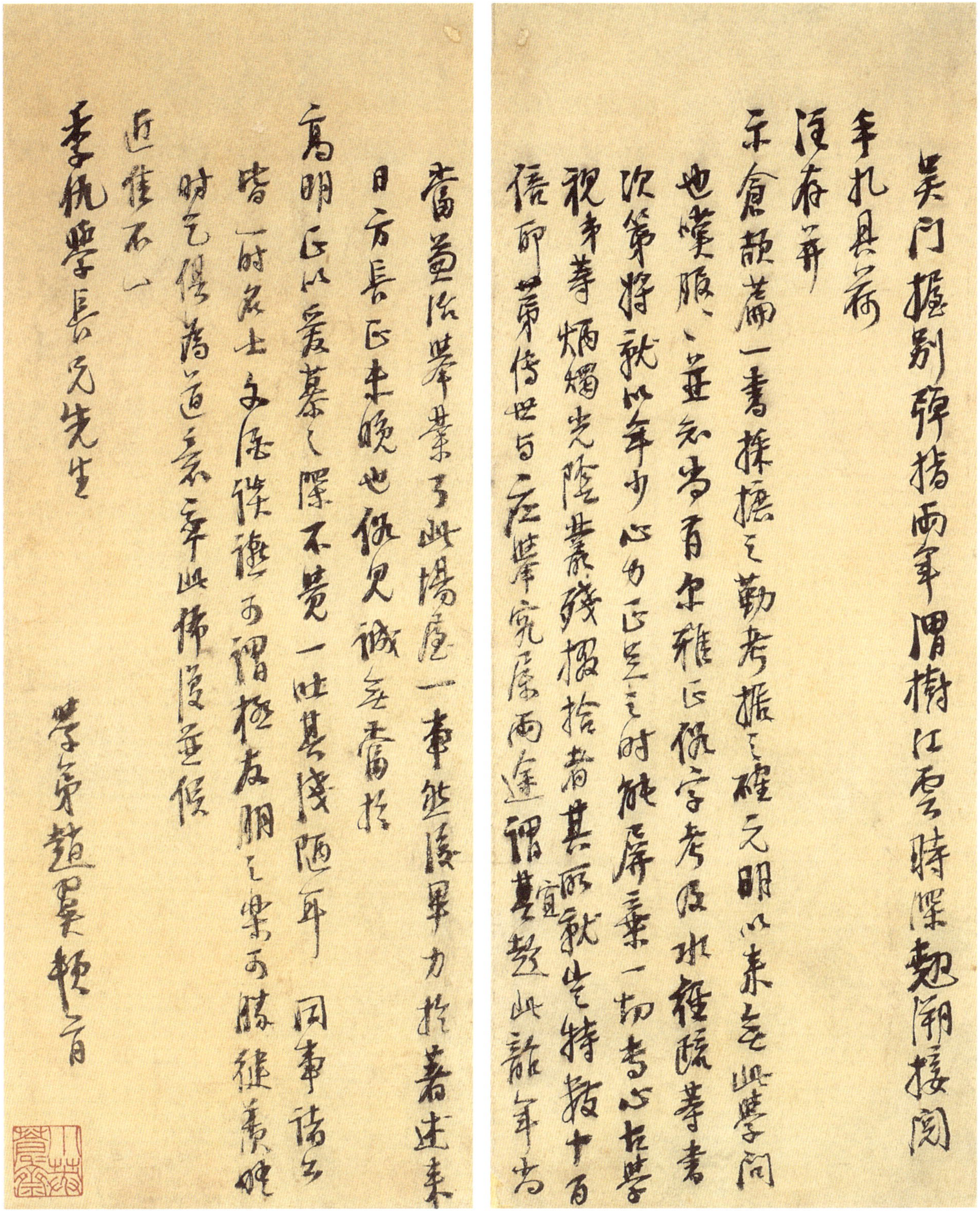

释文

吴门握别，弹指两年，渭树江云，时深翘溯。接阅手札，具荷注存，并示《仓颉篇》一书，采摭之勤，考据之确，元明以来无此学问也，叹服！叹服！并知尚有《尔雅正俗字考》及《水经疏》等书次第将就，以年少心力正足之时，能屏弃一切，专心古学，视弟等炳烛光阴，丛残掇拾者，其所就岂特数十百倍耶！第传世与应举究属两途，谓宜趁此韶年，尚当兼治举业，了此场屋一事，然后毕力于著述，来日方长，正未晚也，俗见诚无当于高明，正以爱慕之深，不觉一吐其浅陋耳。同事诸公，皆一时名士，文酒谈宴，可谓极友朋之乐，可胜健羡，晤时乞俱为道意。率此布复，并候近佳，不一。

季仇学长兄先生。

学弟赵翼顿首

赵翼致孙星衍书札
纸本 纵 24.5 厘米 横 10 厘米

史价值重于艺术价值。譬如清初词人顾贞观的《金缕曲》词扇面，不仅因顾在当时已声传海外，与陈维崧、朱彝尊并称“词家三绝”，还在于该扇承载了三百年前顾贞观情真意切、催人泪下的情感。他填写的两首《金缕曲》，感动了诗人纳兰性德，并通过其父的帮助，从而营救出受科场案牵连，流放塞北长达二十三年的江南诗人吴兆骞。赵药农在这件扇面上写下了题跋，对整个事件做了论述。

有一封田家英1960年12月26日致故宫吴仲超院长的信作为佐证，可看出他对赵药农藏品之重视。

仲超、李杰同志：

奉还前在贵处借看之郑板桥条幅，请查收。

承允将《清代名贤手札》（共两册）借阅，请交来人带回。此信札系故宫近在宝古斋所购，赵药农医生原藏。两册均有蓝布套，均标为《清代名贤手札》。其中一册第一页是段玉裁信。因恐拿错，故为说明。经常麻烦你们，深为感谢。

专此，致敬礼。

田家英

十二月廿六日

1960年6月8日至18日，中央政治局扩大会议在上海召开。前排为毛泽东、周恩来，后排左一为田家英。

通过该信得知，这两册手札田家英不但浏览过，也认为非常重要。但这一年中国发生的事（不论国际还是国内）太多，他先是3月在广州参加毛泽东主持的《毛泽东选集》第四卷文稿通读会，5月随主席去杭州审读《毛泽东选集》第四卷的题解和注释，6月在上海、7至8月在北戴河参加中央召开的两次工作会议，之后回到北京，忙于《毛泽东选集》第四卷发行前的安排和发行后的宣传，以致机缘错失，《名贤手札》已物有所主。田家英只能靠吴仲超帮忙，算是细细拜读了。

『往来无白丁』

田家英在寻觅清人墨迹中，唯文人之间往来的墨迹最为关注。他常以唐人刘禹锡的“谈笑有鸿儒，往来无白丁”为例，说自古文人见面，所谈多不会是些生活琐事，文字往还也常有学问政见在其中；他日研究历史，从这些资料中会有意想不到的收获。的确，在小莽苍苍斋的藏品中，常有记述文人之交的墨迹，例如孙星衍书与武亿的篆书联和武亿致孙星衍的信，便是田家英在不同的时间、地点收集到的二人交往墨迹，其内容均与当时发生的某个历史事件有关，值得一谈。

孙星衍，字伯渊，号渊如，乾隆五十二年（1787）以一甲第二名进士（榜眼）授翰林院编修，充三通馆校理。两年后翰林院散馆。按规定，这一院的翰林应经考试后量才任用，或留馆，或改官，考试专试诗赋。孙星衍在作《励志赋》时，引用《史记》中的一个古体字，主考官和珅不识，指为错字，孙星衍因此被列为二等，降职使用。刘成禺《世载堂杂忆》记载：“孙渊如点传胪，留京，无一日不骂和珅。”指的就是这件事。

武亿，字虚谷，乾隆四十五年（1780）进士。乾隆五十六年（1791），武亿出任山东博山知县。赴任前，他辞别好友孙星衍，并索书联对“为艺亦云亢，许身一何愚”以为纪念，而孙星衍当时“匆匆不及应命”。第二年，上任只七个月的武亿因得罪和珅而被劾罢官。当武亿再次来京都时，孙星衍在自己的书斋“问字堂”中“始践前诺”，为他书写了拿手的玉箸体联对，并用工整的隶书小字在跋中记录事由的缘起。前后两年，孙、武二人同因微不足道的罪名得罪和珅，这也就使他俩的友谊平添了几分“惺惺相惜”的色彩。

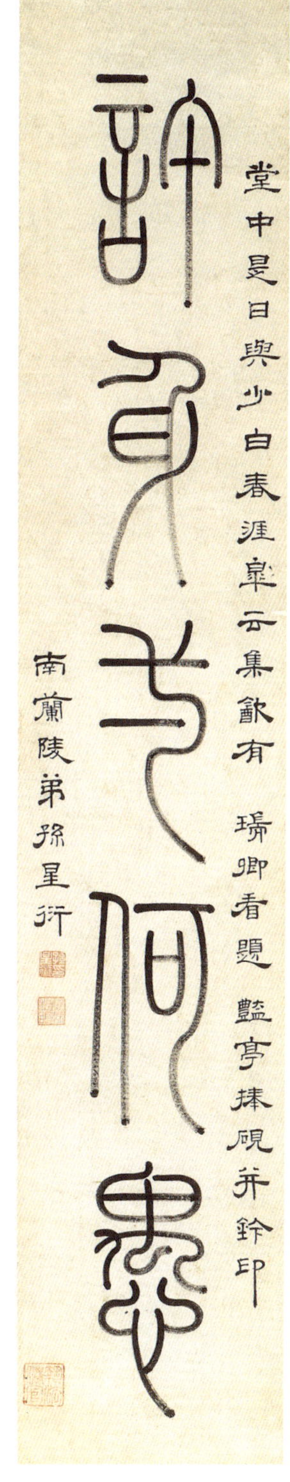

孙星衍篆书五言联
纸本　纵114.5厘米　横20.8厘米

孙星衍（1753—1818），字伯渊，一字季逑，号渊如，江苏阳湖人。乾隆五十二年（1787）榜眼，授翰林院编修。官山东督粮道。引疾归，累主钟山书院。精诗文，名重海内外，与洪亮吉齐名。生平贯通经史训诂之学，对金石碑版研究甚深。工书，尤善篆隶，气息古雅，一时推为名笔。勤于著述，有《尚书今古文注疏》《周易集解》等。《清史稿》有传。

释文

为艺亦云亢，许身一何愚。

虚谷大兄以去年冬仲之官博山，属书此联，时匆匆不及应命。今年虚谷罢职来都，始践前诺，时乾隆五十七年太岁在壬子十二月六日，雪晴后篆于琉璃厂问字堂中。是日与少白、春涯、皋云集饮，有瑞卿看题，艳亭捧砚并钤印。

南兰陵弟孙星衍

名下钤白文篆书“孙星衍印”，朱文篆书“风流榜眼”“执法仙官”三方印，引首白文篆书“乐安”长方印。

武　亿（1745—1799），字虚谷，又字小石，自号半石山人。河南偃师人。授经堂为藏书室名。乾隆四十五年（1780）进士，后授山东博山县知县。大学士和珅遣番役捕盗，横行州县，武亿执而杖之，由此罢官。工考据，尤好金石。有《群经义证》等。《清史稿》有传。

释文

昨有两札奉启阁下，想节次已收到。比于初九日晡前又自递中得手诲，并悉在省垣尚有盘桓，阻远未获瞻睹，深为悚慊。亿馆事已谢去，定在来月初旬内动身抵兖州晋谒左右，藉承面命。惟雠校《五经异义》诸书，愧亿闻浅，恐负阁下表章古人深心尔！亿今岁代阮学使编录此方金石，未及终局，遂各散去，中间为谬人更张，冗舛庞杂，虑为他日笑柄。阁下有少便，须以字致学使，书成亦勿遽刻也。亿目今已经营治装，随带书籍颇累赘，然村校书移家，此等学囊，正好摆架子足已。秋膝处比日当有复札，十一月后或可定局。腊月间仍当回乡里与妻孥龌龊一聚，不比阁下左右，秀外惠［慧］中，堪供消受也。阅此想为抚掌。尚有要语，乞留神道家内丹、释氏戒体二种，善珍爱！珍爱！良会不远，晤面再道委悉。

渊如先生观察阁下。

亿顿首

十月十一日

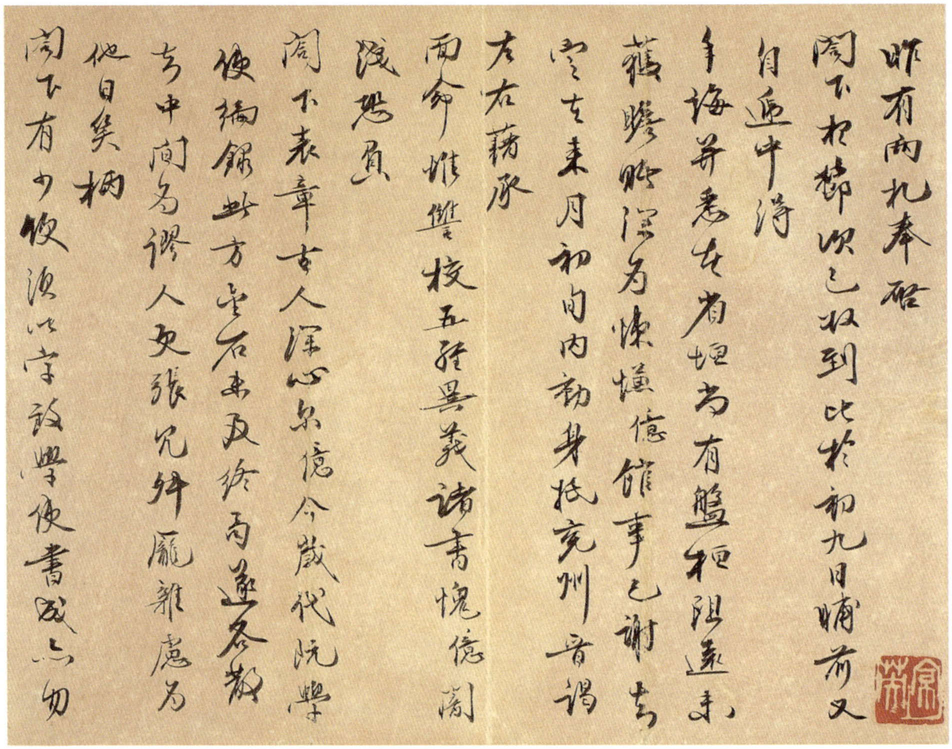

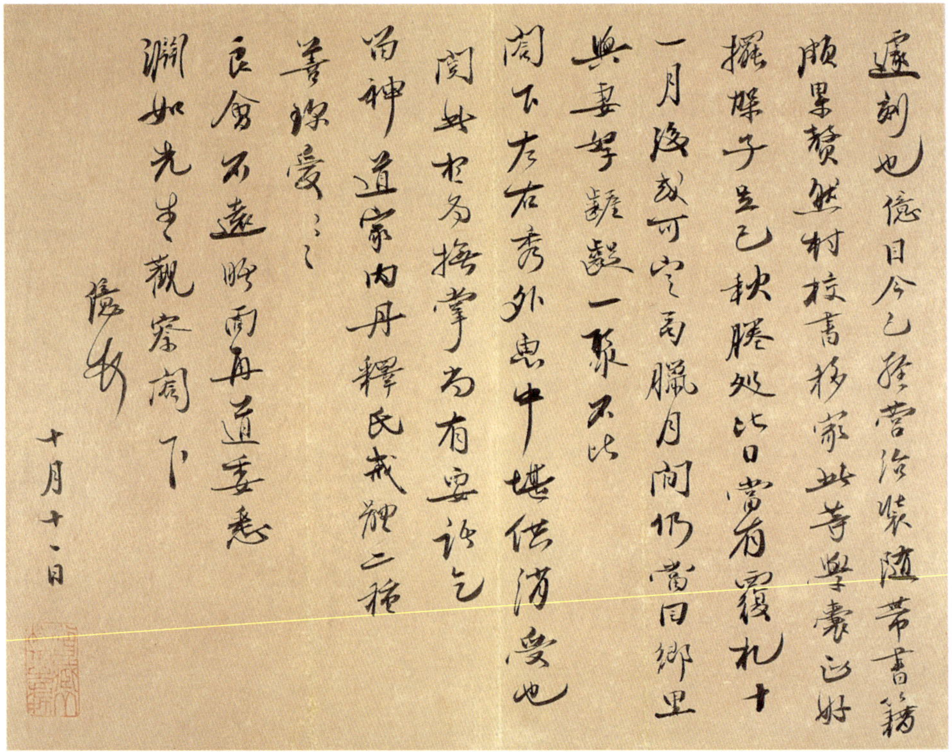

武亿致孙星衍书札
纸本　纵 19.3 厘米　横 25.1 厘米

武亿致孙星衍的信札写于乾隆六十年（1795）十月十一日。那时武亿已免职多年，迫于生计，他在山东各地讲学，后又在阮元幕编录史志。武亿在信中讲述，因“中间为谬人更张，冗舛庞杂，虑为他日笑柄”，不得已，“未及终局，遂各散去”。这是武亿结束游荡生涯前写给孙星衍的最后一封信。一个月后，他返回河南故里，就再也没有离开。四年后，和珅受到惩处，所有受和珅之害者，均已复官。朝廷乃召武亿复职，但公文送达偃师时，武亿已卒。

武亿一生怀才不遇，忧郁早逝，孙星衍对此深感悲痛。他撰写《武亿传》，其言辞恭美，情真意切，对武亿的人品、才华给予了很高的评价。

张惠言篆书八言联也是田家英十分看重的作品。张惠言，字皋文，嘉庆四年（1799）进士。张年轻时得朱珪赏识，特经皇帝恩准改授编修，充实录馆纂修官。他于经学、小学、骈体文等均有专学，还是江苏常州词派的开创者。他同恽敬一起创立了阳湖派，专门提倡写短小简洁的散文。张惠言于不惑之年染疾猝亡，十分可惜。

张惠言生前俨然是毗陵地区（今江苏武进）文界领袖，从他作品的边跋中也可感受其氛围：一人题字，九人侧立，其中丁履恒、陆继辂、刘逢禄都是享誉当时的经学、小学、校勘学家；李述来、魏襄等亦是本地名贤，这些人统属于毗陵地区的学者，如张惠言所述：“效古人题名之例，他日悬之座隅，可当晤对。”他们往来频繁，由此可见一斑。

此外，像赵翼的诗轴、张燕昌的飞白对、黄景仁等的唱和诗轴、李慈铭的联对、张廷济临虢叔旅钟铭轴等，都记述了文人之交的雅趣，也是小莽苍苍斋中最能体现斋主收藏意图的作品。

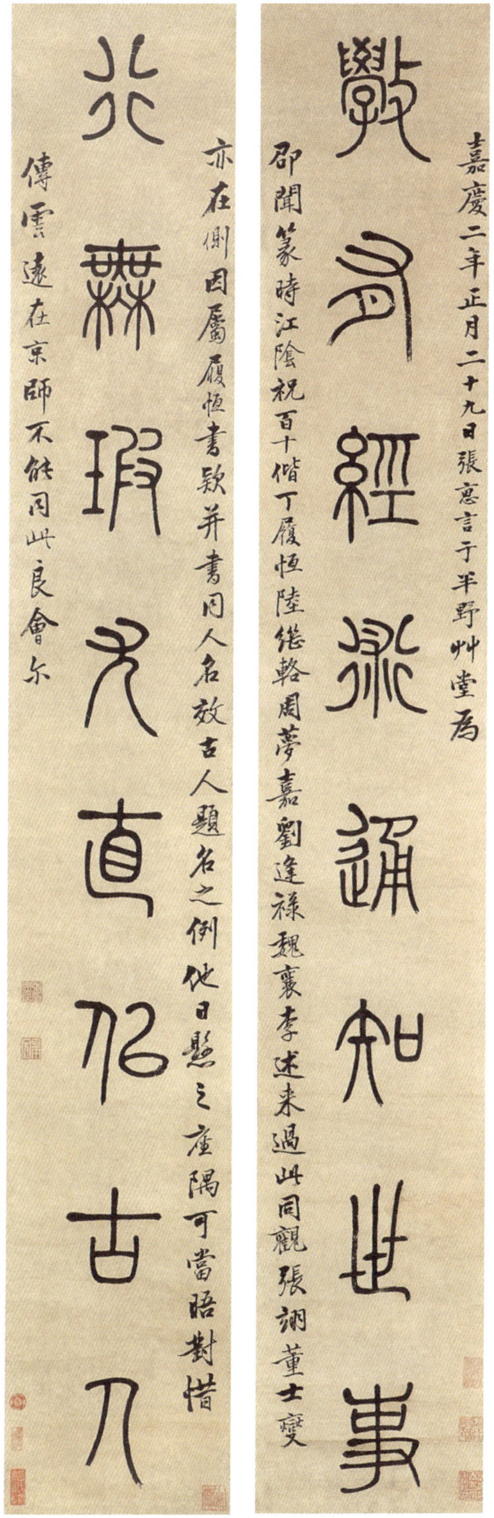

张惠言（1761—1802），字皋文。江苏武进人。嘉庆四年（1799）进士，改庶吉士，授翰林院编修，充实录馆纂修。少好词赋，初拟司马相如、扬雄之文，后学韩愈、欧阳修，为常州词派创始人。其学深于《易》《礼》，又工篆书。有《周易虞氏义》等。《清史稿》有传。

释文

学有经术，通知世事；行无瑕尤，直似古人。

嘉庆二年正月二十九日，张惠言于半野草堂为卲闻篆。时江阴祝百十偕丁履恒、陆继辂、周梦嘉、刘逢禄、魏襄、李述来过此同观，张翊、董士燮亦在侧。因属履恒书款，并书同人名，效古人题名之例，他日悬之座隅，可当晤对。惜传云远在京师，不能同此良会尔！

跋下钤白文篆书“张惠言印”“皋文”二方印。

张惠言篆书八言联
纸本　纵132厘米　横20.5厘米

黄景仁（1749—1783），字仲则，又字汉镛，号鹿菲子，江苏武进（今属常州市）人。诸生。乾隆四十一年（1776）南巡召试，名列二等。陕西巡抚毕沅奇其才，邀入幕。后由陕入都，纳赀为县丞，未补官；为家债所迫，抱病再度游陕，卒于山西解州。景仁工诗文，兼长书法，擅山水，喜篆刻。诗作颇富，以奇肆新警见长，为世人所重。有《两当轩集》《竹眠词》。《清史稿》有传。

释文

一星火起狐鸣野，三月阿房土花赭。却留余烬在关中，烧出未央宫上瓦。其时天下方匈匈，铜鞮之北平城东。归来金碧一照眼，双阙屹峙天当中。按剑一怒隆准公，酂侯数语天回容。此曹相从布衣起，望气久已知云龙。宫成何必天下定，以耀万世威无穷。此瓦团围径余尺，四字篆文随瓦合。多少中原逐鹿人，若见此文同一泣。苍然古制逾香姜，何论急就兼凡将。曾共朝霞映金爵，不随夜雨飘夗央。岂无万寿生长字，看来无此英雄气。离宫百四空斜阳，残本凄凉出都肆。知君好事一世无，摩挲旧拓意有余。更披三辅黄图录，补入西清古鉴图。

未谷先生以汉瓦拓本属题，即正。

鹿菲弟黄景仁

名下钤白文篆书“景仁之印”、朱文篆书“仲则”二方印；引首白文篆书“厚孙”长方印。

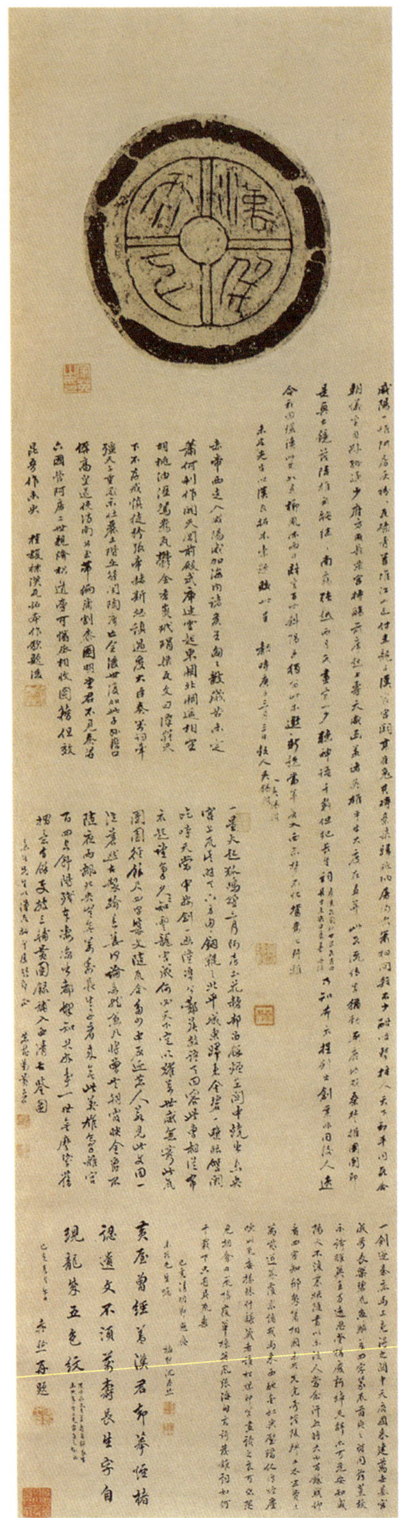

黄景仁、吴锡麒、沈赤然等题桂馥藏汉瓦拓本诗轴
纸本　纵 112 厘米　横 29 厘米

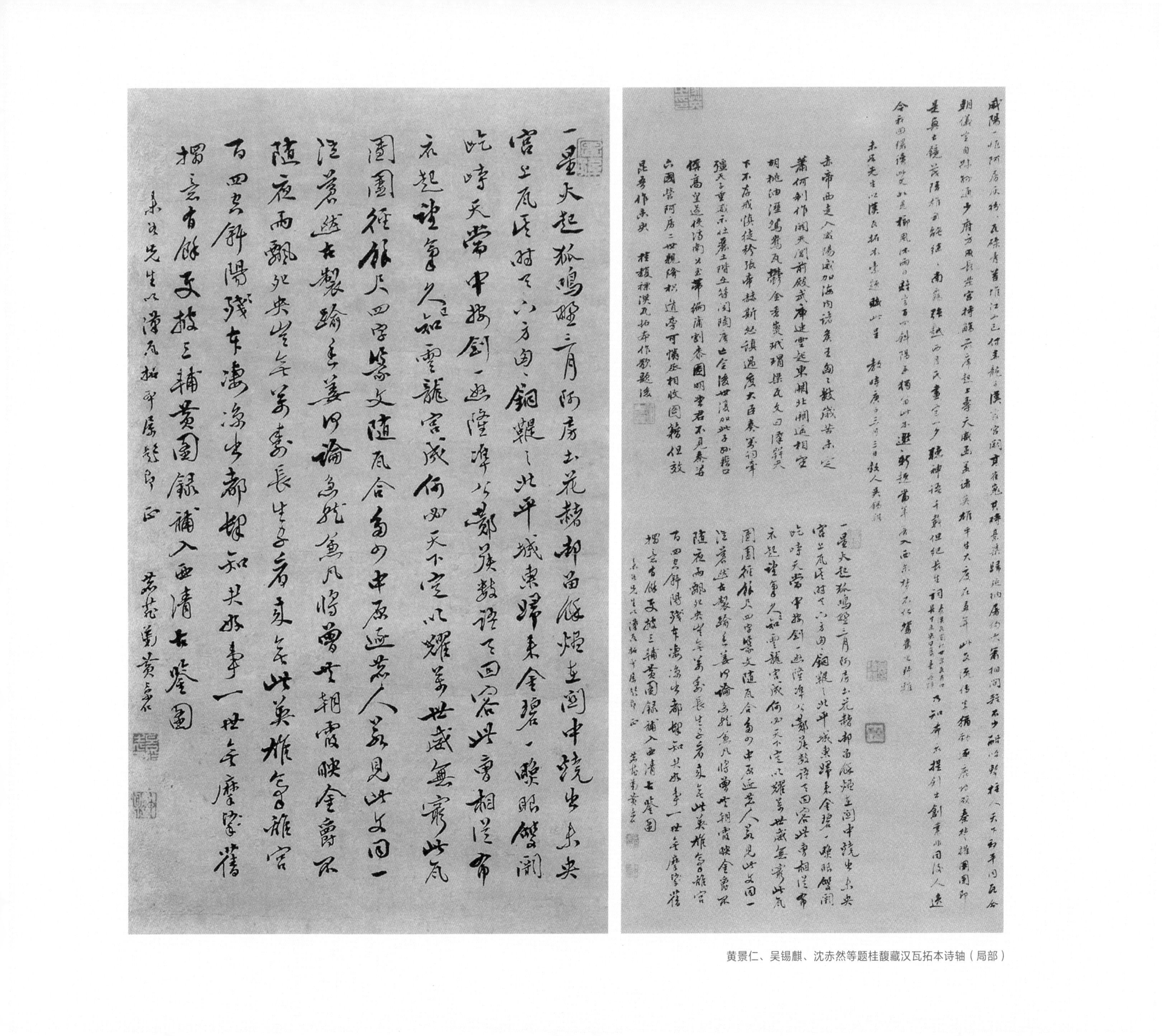

黄景仁、吴锡麒、沈赤然等题桂馥藏汉瓦拓本诗轴（局部）

张廷济（1768—1848），字叔未，号竹田，浙江嘉兴人。嘉庆三年（1798）举人。后屡试不中，以图书金石自娱，建清仪阁收藏金石书画。书法米芾，行楷多以侧笔取势，草隶独出冠时。有《桂馨堂集》《清仪阁题跋》等。《清史稿》有传。

释文

虢叔旅曰：

丕显皇考惠叔，穆秉元明德，御于厥辟，得屯亡敃。旅敢肇帅刑皇考威仪，为御于天子，乃天子多锡旅休，旅对天子鲁休扬，用作朕皇考惠叔大林和钟。皇考严在上，翼在下，𢽴𢽴𩁹𩁹，降旅多福，旅其万年，子子孙孙永宝用享。

姬周大镛世罕匹，班连陆离满朱碧。今权六十有一斤，一尺七寸高汉尺。曰虢叔作惠叔钟，贾侍中说封西虢。仲后叔与叔后仲，左内外传纷载籍。灭虢与郑后复封，绝续遥遥难尽核。此名旅者书无征，徐云长父苦寻绎。（徐籀庄同柏云，《竹书纪年》厉王三年，淮夷侵洛，王命穆公长父伐之。案，古人名字相配，吕、旅古通，吕有长义，穆公长父恐即此虢叔旅。）林字作𪲔古文繁，𪲔𪲔文皆可觅。林钟律应曰大林，铣钲鼓舞总不易。单穆州鸠虽有言，莫误景王覆无射。汀州（伊墨卿太守秉绶所藏者）扬州（相国阮仪真师所藏者）赢此器，参之仲与伯。平津馆中昔储藏，从子（质夫茂才）手拓我曾获。吴学士又阿鎈使，辗转吟题照几格。郑子（竹坡）舟携陈（苇汀）徐（蓉村）俱，契合往往如芥珀。倾筐倒箧为购之，吉金奇缘喜加额。他时问字欧阳斋，再鼓喤喤谭古积。

家藏周虢叔钟，与阮、伊太守所藏者文辞同而体画小有异处，余今临此则参用三器之文也。

道光十七年丁酉正月三十日录辛卯旧作并识。

叔未张廷济，时年七十

名下钤朱文篆书“廷济”长方印、白文篆书“张叔未”方印。

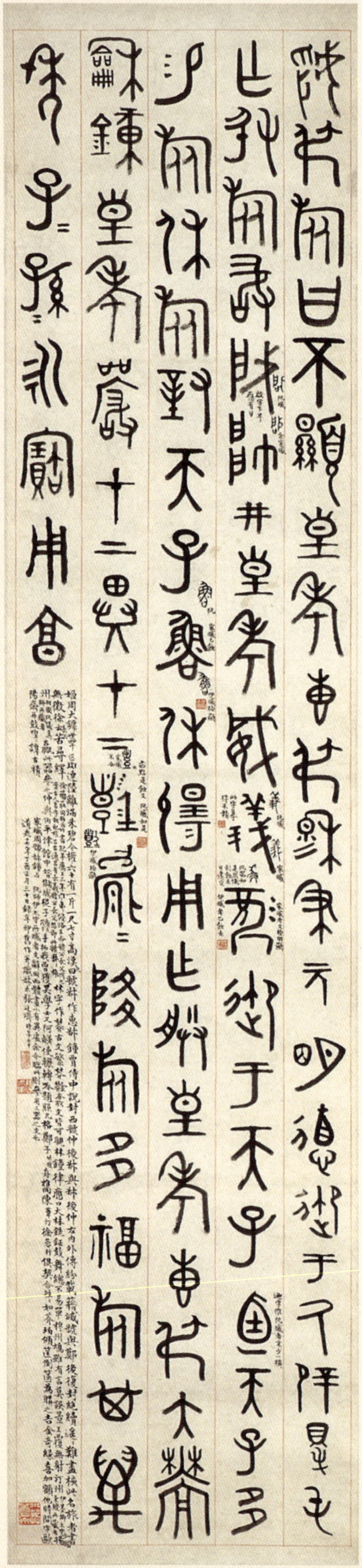

张廷济临《虢叔旅钟铭》轴
纸本 纵126厘米 横29厘米

20世纪60年代的一天，谷牧写信告田家英：

> 去年弄得王渔洋为宋牧仲写的诗卷一件，请你审查一下靠得住不？如你以为是真的而又有兴趣的话，就送给你吧。同朱彝尊的《经义考》岂不是可以做一个姊妹卷吗？

信中提到的《经义考》即题签为《与阎若璩论理古文尚书卷》，是小莽苍苍斋的重要藏品，也是田家英引以为豪的最能体现朱彝尊学术价值的一件作品。田家英对朱彝尊的作品留意笃甚，认为清初学者中，唯朱彝尊是较全面的，诗词、古文无一不通，所著《经义考》便是根据自己收集的大量藏书和同代藏书家的存书写成的巨著，记述了已佚和留存下来的经部书籍总目、序跋及自己的提要批评。朱彝尊在这件写给清初著名学者阎若璩的长卷中，辑录《经义考》中的十四条，辨《古文尚书》孔安国的传为伪作，是对阎若璩当时所作《古文尚书疏证》一书的支持。阎书在史实、典制、音韵、训诂等诸多方面，考证出风行东晋由梅赜拿出来的，据说是汉代孔安国传下来的《古文尚书》及孔安国的传是伪作。此书抉疑发覆，去千古之迷雾，受到当时学术界的普遍重视和肯定，但也遭到了包括毛奇龄在内的一些学者的反对。正如朱彝尊在该卷的结束语中所述：

> 近萧山毛大可（毛奇龄）检讨著《古文尚书冤词》以辨梅书孔传之真，予辑《经义考》，信孔传之作伪，暇录管见请正于百诗（阎若璩），虽言之重词而之复，有不计也。

田家英很看重朱彝尊的这件作品，逢有同好来访，必拿出观赏。谷牧曾多次观看田家英的藏品，并对他执着的精神深感敬佩，希望有机会为小莽苍苍斋的收藏出一份力。

谷牧认为朱彝尊不仅在历史学和考古学方面成就卓著，而且在古诗词创作方面也享有盛誉。清初学者中能与诗坛盟主王士禛（渔洋山人）比肩者，也许只有朱彝尊一人。当时王渔洋的外甥、著名诗人赵执信言其二人诗作时，就有“朱贪多、王爱好”的评论。难怪谷牧一寻到王渔洋的诗卷，便马上想到了田家英收藏朱彝尊的那件长卷。

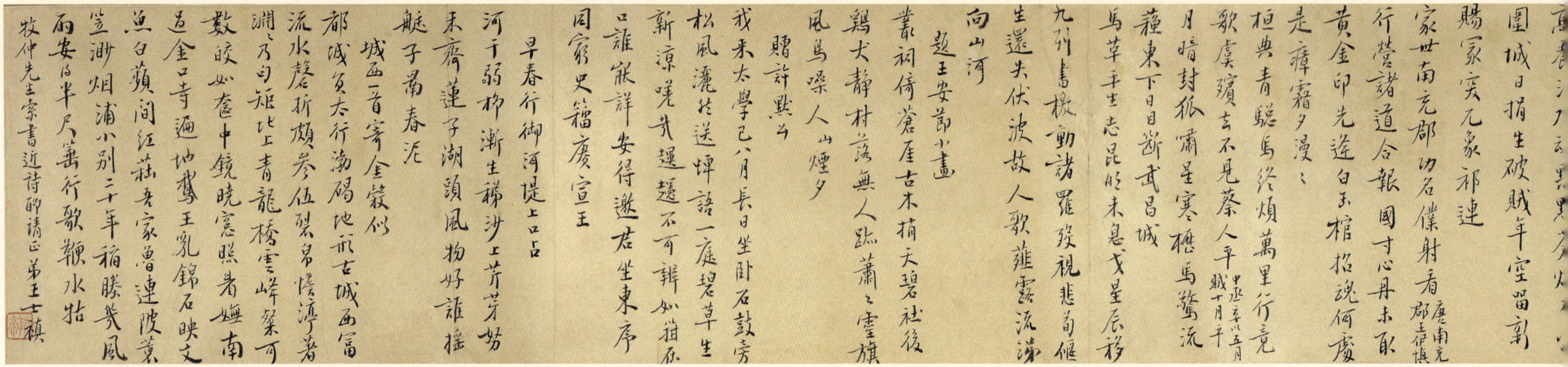

王士禛（1634—1711），字贻上，号阮亭，别号渔洋山人。山东新城人。顺治十五年（1658）进士，官至刑部尚书。工诗，善古文辞，被尊为诗坛圭臬，一代文宗。创“神韵”说，讲求诗的神情韵味，与朱彝尊并称南北二大家。有《北归志》《带经堂集》《五代诗话》《阮亭诗余》《国朝谥法考》《渔洋诗话》等。《清史稿》有传。

释文

罗塞翁猿图

栗叶初黄山水浑，接臂叫啸来群猿。缘条引蔓下绝壁，连尻结股争攀援。老猿下视复招手，群猿跳掷腾且奔。可怜猿子亦大黠，襁负母背如乘轩。黑者玄衣白玉雪，下饮百丈临奔沦。龃龉嚄唶生意备，丹青漫漶神理存。品题云是塞翁笔，江东诗律传清门。（塞翁为隐之子。）我疑或是易元吉，景灵画壁昔所尊。余铿韩性竞清咏，天姥五字双眉掀。吟诗玩画辄移晷，坐屏寒具忘朝暾（飧）。柳子爱汝有静德，投荒始解憎王孙。（忽忆元和柳司马。）

十一月十八日记事三十韵

招摇方指子，七日后长至。五星如连珠，贞符协天瑞。诛荡天门开，日射觚棱次。公卿俨行列，百僚咸备位。云中露布下，琅琅动天地。十月日在未（二十八日），军府秉咨议。雷动傅滇城，十万连步骑。贝子坐武帐，诸道师总萃。将军拜祓社，偏裨怒裂眦。阵如荼火陈，士如雕鹗鸷。搜穴剪狐鼠，燃犀照魑魅。天上舞钩梯，地中鸣鼓吹。不遑濡马褐，况敢执象燧。胆落钟讵闻，发短约竟系。半年筑长围，屏息门昼闭。樵采路久绝，啖食到残骴。鼯技悔已穷，蚁援复何冀。孺子一剑（匕）殊，伪相五刑备。自然天助顺，岂曰吾得岁。昆明水清泠，金马山屃赑。妖氛一朝洗，磨崖勒文字。鼇圭命召虎，乘轩宠邴意。六诏歌且舞，给复置官吏。皇哉圣人德，涵育及动植。手提三尺剑，削平诸僭伪。何以硎曰仁，何以淬曰义。师行不驿骚，民居不憔悴。祈以八年中，次第芟丑类。自兹万斯年，櫜弓兵不试。敢告载笔臣，

王士禛行书诗卷
纸本　纵 22.5 厘米　横 206.7 厘米

著之大事记。

挽伊翕庵中丞四首

隔岁看持节，俄惊委逝川。烽高丽江水，魂黯点苍烟。力疾围城日，捐生破贼年。空留新赐冢，突兀象祁连。

家世南充郡，功名仆射看（唐南充郡王伊慎）。行营诸道合，报国寸心丹。未取黄金印，先逢白玉棺。招魂何处是，瘴雾夕漫漫。

桓典青骢马，终烦万里行。竟歌虞殡去，不见蔡人平。（中丞卒以五月，贼十月平。）

月暗封狐啸，星寒枥马惊。流苏东下日，目断武昌城。

马革平生志，昆明未息戈。星辰移九列，书檄动诸罗。殁视悲荀偃，生还失伏波。故人歌薤露，流涕向山河。

题王安节小画

丛祠倚苍厓，古木梢天碧。社后鸡犬静，村落无人迹。萧萧灵旗风，鸟噪人（山）烟夕。

赠许默公

我来太学已八月，长日坐卧石鼓旁。松风洒然送蝉语，一庭碧草生新凉。嗟哉趯趯不可辨，如箝在口谁能详。安得邀君坐东序，同穷史籀赓宣王。

早春行御河堤上口占

河干弱柳渐生稊，沙上芹芽努未齐。莲子湖头风物好，谁摇艇子罱春泥。

城西一首寄金谷似

都城负太行，渤碣地形古。城西富流水，磬折颇参伍。裂帛憺渟著，渊渊乃句矩。北上青龙桥，云峰粲可数。皎如奁中镜，晓窗照眉妩。南过金口寺，遍地鹅王乳。锦石映文鱼，白苹间红荭。吾家鲁连陂，蓑笠渺烟浦。小别二十年，稻塍几风雨。安得半尺棰，行歌鞭水牯。

牧仲先生索书近诗，聊请正。

弟王士禛

名下钤朱文篆书“阮亭”方印。

朱彝尊《与阎若璩论理古文尚书》卷（局部一、二）　纸本　纵 22 厘米　横 336 厘米

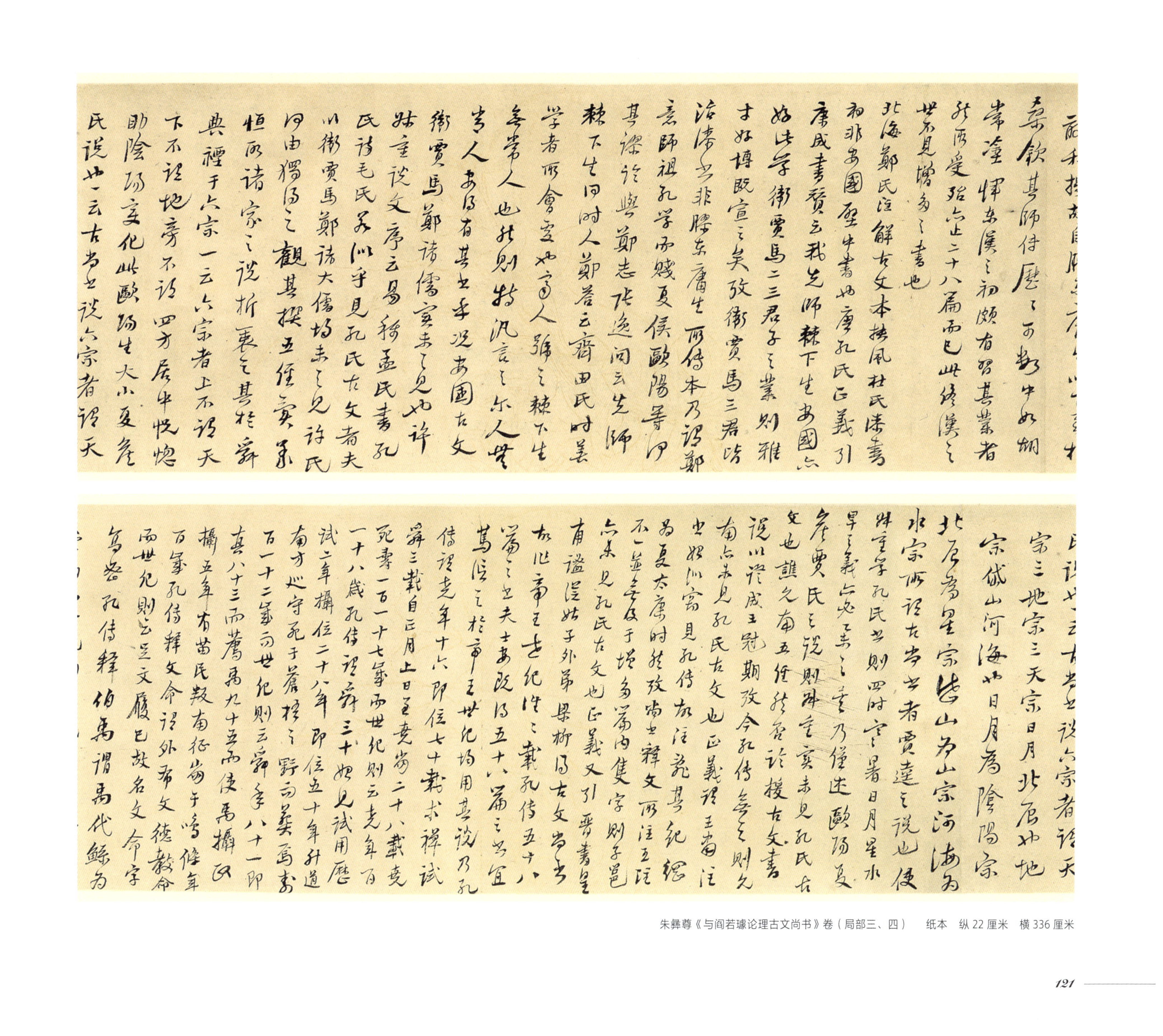

朱彝尊《与阎若璩论理古文尚书》卷（局部三、四）　纸本　纵 22 厘米　横 336 厘米

朱彝尊《与阎若璩论理古文尚书》卷（局部五）　纸本　纵 22 厘米　横 336 厘米

朱彝尊（1629—1709），字锡鬯，号竹垞，又号醧舫，一作鸥舫，晚号小长芦钓鱼师。浙江秀水人。康熙十七年（1678）应博学鸿词科，授翰林院检讨，入直南书房。彝尊诗名甚著，与王士禛称“南北二宗”；又好为词，与陈维崧称“朱、陈”。善八分书，以《曹全碑》为宗，浑雅天然，为一代高手。通经史，参与纂修《明史》。有《古文尚书辨》《日下旧闻》《经义考》《曝书亭集》《明诗综》《词综》《静志居诗话》等。《清史稿》有传。

释文

《国语》采《世家》《战国策》，逮《楚汉春秋》接其后，事迄于天汉。今于《李广传》附载陵事，于《大宛传》载李广利事。又如《卫将军骠骑列传》载公孙贺、公孙敖、韩说、赵破奴，皆直书巫蛊狱，多系征和年事，安见安国不卒于天汉之后乎？曰安国与晁错俱受书于伏生。伏生故秦博士，至文帝时年已九十，安国从而问业，最幼年已十五六矣。《史记》谓其早卒，《家语》后序称安国年六十卒于家，今就文帝末年安国年十五计之，则其卒当在元鼎间。若天汉之后改元太始，安国年已七十二，迨征和二年巫蛊事发，安国年亦七十有七矣，尚得谓之早卒乎？当依《汉记》增家字为是。

《论语》“虽有周亲，不如仁人”，孔氏注云：亲而不贤不忠，则诛之，管蔡是也。仁人谓箕子、微子，来则用之。于《尚书传》则云：纣至亲虽多，不如周家之少。仁人一人，而两处说经互异。又《论语》“予小子履”一节云：此伐桀告天之文。《墨子》引《汤誓》，为此亦与书传相戾，此一疑也。书序：“贿肃慎之命”，孔氏传云：海东驹骊、扶余，馯貊之属，武王克商，皆通道焉。考《周书·王会篇》：北有稷慎，东则涉良而已，此时未必即有驹骊、扶余之名，且驹骊主朱蒙以汉元帝建昭二年始建国号，载《东国史略》，安国承诏作书传时，恐驹骊、扶余之称尚未通于上国，况武王克商之日乎！此又一疑也。

西汉之古文，孔安国家献之，未列于学官者也。东汉之古文，杜林得之西州，贾逵、卫宏、马融、郑康成辈为之作训传注解者也。漆书虽不详其篇数，考陆氏释文所采马氏注，惟今文及小序有注，而孔氏增多二十五篇，无一语及焉。海明之言曰：马郑所注并伏生所诵，非古文也。然则漆书亦止今文二十八篇而已，孔氏增多之书无之也。夫东汉为古文尚书者不一家，有胡常所授，有盖豫所传，有杜林所得，不尽本于安国。而孔颖达《正义》谬称孔所传者，贾逵、马融等皆是，世儒不察，见古文字即以为安国所传，其亦粗疏甚矣。

鲁壁古文，安国虽以授都尉朝倪宽、司马迁，当时颁行学官者伏生二十八篇，疑安国所授亦止于此。迁史本纪、世家所载诸篇是已。若增多之书，未奉诏旨立博士设弟子，安国不敢私授。故自胶东庸生以下至于桑钦，其师传历历可数，中如胡常、涂恽，东汉之初颇有习其业者，然所受殆亦止二十八篇而已。此终汉之世不见增多之书也。

北海郑氏注解古文，本扶风杜氏漆书，初非安国壁中书也。唐《孔氏正义》引康成书赞云：“我先师棘下生安国亦好此学，卫、贾、马二三君子之业，则雅才好博既宣之矣。”考卫、贾、马三君皆治漆书，非胶东庸生所传本，乃谓郑意师祖孔学，而贱夏侯、欧阳等，何其谬论与！郑志张逸问云：“先师棘下生何时人？”郑答云：“齐田氏时善学者所会处也，齐人号之棘下生，无常人也。”然则特泛言之尔！人无常人，安得有其书乎？况安国古文，卫、贾、马、郑诸儒实未之见也。许叔重说文序云：易称孟氏，书孔氏，诗毛氏，若似乎见孔氏古文者。夫以卫、贾、

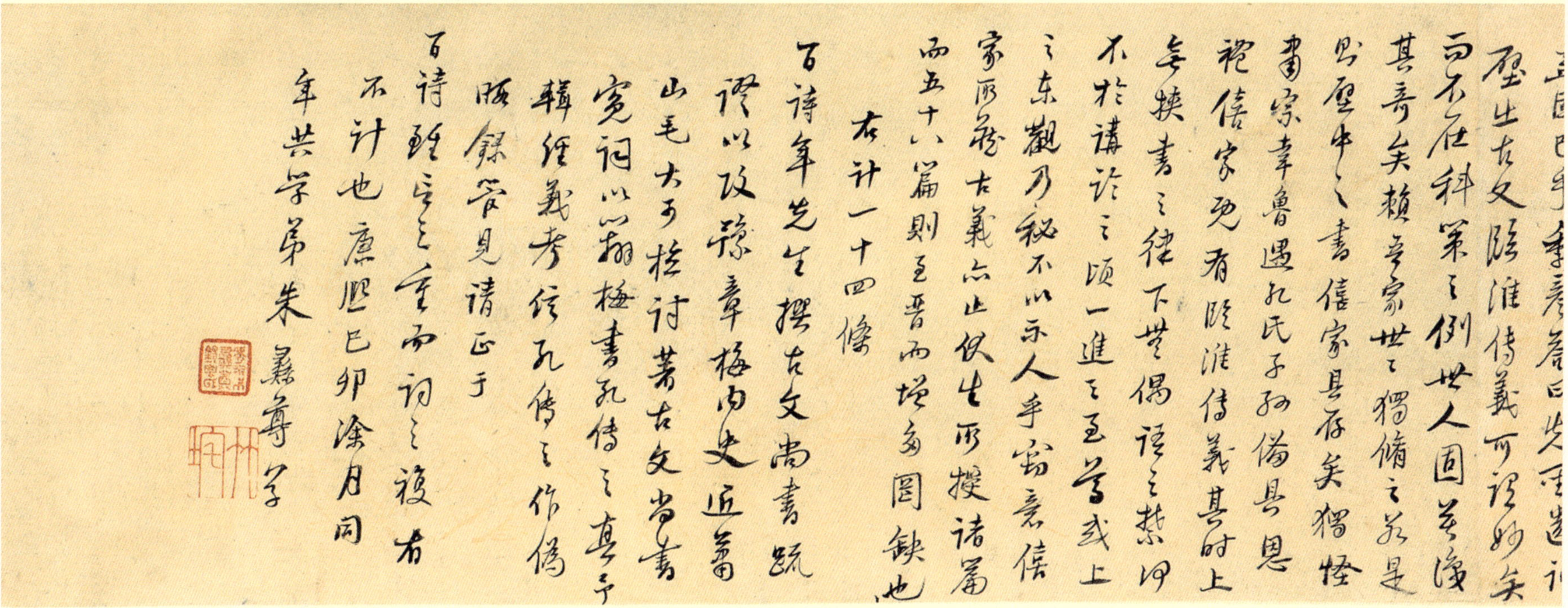

朱彝尊《与阎若璩论理古文尚书》卷（局部六）　纸本　纵 22 厘米　横 336 厘米

马、郑诸大儒均未之见，许氏何由独得之？观其撰《五经异义》，恒取诸家之说折衷之。其于舜典，禋于六宗。一云六宗者，上不谓天，下不谓地，旁不谓四方，居中恍惚，助阴阳变化，此欧阳生、大小夏侯氏说也。一云古尚书说六宗者，谓天宗三，地宗三：天宗，日、月、北辰也；地宗，岱山、河、海也。日月为阴阳宗，北辰为星宗，岱山为山宗，河海为水宗。所谓古尚书者，贾逵之说也。使叔重学孔氏书，则四时、寒暑、日月星、水旱之义，亦必举之矣，乃仅述欧阳、夏侯、贾氏之说，则叔重实未见孔氏古文也。谯允南《五经然否论》援古文书说以证成王冠期，考今《孔传》无之，则允南亦未见孔氏古文也。《正义》谓王肃注书，始似窃见《孔传》，故注乱其纪纲为夏太康时，然考尚书释文所注五经不一，并无及于增多篇内只字，则子邕亦未见孔氏古文也。《正义》又引晋书，皇甫谧从姑子外弟梁柳得古文尚书，故作《帝王世纪》，往往载《孔传》五十八篇之书。夫士安既得五十八篇之书，宜笃信之，于《帝王世纪》均用其说。乃《孔传》谓尧年十六即位，七十载求禅，试舜三载，自正月上日至尧崩二十八载，尧死寿一百一十七岁，而《世纪》则云尧年一百一十八岁。《孔传》谓舜三十始见试用，历试二年，摄位二十八年，即位五十年升道南方巡守，死于苍梧之野而葬焉，寿百一十二岁。而《世纪》则云，舜年八十一即真，八十三而荐禹，九十五而使禹摄政，摄五年有苗氏叛，南征崩于鸣条，年百岁。《孔传》释文命，谓外布文德教命，而《世纪》则云足文履已，故名文命，字高密。《孔传》释伯禹，谓禹代鲧为崇伯，而《世纪》则云尧封为夏伯，故谓之伯禹。《孔传》释吕刑，吕侯为天子司寇，而《世纪》则云吕侯为相。所述与《孔传》多不同，窃疑士安亦未必真见孔氏古文也。《正义》又云，古文尚书郑冲所授，冲在高贵乡公时策拜司空，高贵乡公讲尚书，冲执经亲授，与郑小同俱被赐。使冲得孔氏增多之书，何难径进？其后官至太傅，禄比郡公，几杖安车，备极荣遇，其与孔邕、曹义、荀顗、何晏共集论语训注，则奏之于朝，何独孔书止以授苏愉，秘而不进？又《论语解》虽列何晏之名，冲实主之，若孔书既得，则或谓孔子章引书，即应证以君陈之句，不当复用包咸之说，谓孝乎惟孝美大孝之辞矣。窃疑冲亦未必真见孔氏古文也。

韦昭、杜预以前，安国五十八篇之书莫有见者，故诸儒笺释遇引增多篇内文，辄云逸书，其为古文尚书者或出于盖豫，或本于杜林，要非安国书也。惟范史孔僖传，谓自安国以下，世传古文尚书，连丛子亦载孔大夫与僖子季彦问答，大夫曰：“今朝廷以下四海之内，皆为业句内学，而君独治古义，盍固已乎？”季彦答曰：“先圣遗训，壁出古文，临淮传义，可谓妙矣。而不在科策之例，世人固莫识其奇矣，赖吾家世世独修之。”若是，则壁中之书僖家具存矣。独怪肃宗幸鲁，遇孔氏子孙备具恩礼，僖家既有临淮传义，其时上无挟书之律，下无偶语之禁，何不于讲论之顷一进之至尊，或上之东观，乃秘不以示人乎？窃意僖家所藏古义，亦止伏生所授诸篇，而五十八篇则至晋而增多罔缺也。

右计一十四条。

百诗年先生撰《古文尚书疏证》以攻豫章梅内史，近萧山毛大可检讨著《古文尚书冤词》以辨梅书孔传之真，予辑《经义考》，信孔传之作伪，暇录管见请正于百诗，虽言之重而词之复，有不计也。

康熙己卯涂月，同年共学弟朱彝尊草

名下钤朱文篆书“秀水朱彝尊锡鬯印”“竹垞”二方印。

清初文字狱的一份记录

清康熙时期，江南流传着这样一个故事：江宁知府陈鹏年锲铛入狱，引起当地民众的无限同情，纷纷投书为他辨冤。此事惊动了正在江南巡视的康熙帝。于是，他问在庭院玩耍的小孩儿："儿知江宁有好官乎？"孩儿答道："知有陈鹏年。"康熙帝又转头问身边的大学士张英："江南哪个是廉吏？"张英也举出陈鹏年。江宁织造曹寅甚至为这位素不相识的官吏说情，向皇帝免冠叩头，触阶有声。陈鹏年终于无罪获释。

陈鹏年，字北溟，号沧洲。湖南湘潭人。康熙辛未进士，学识渊博，执法严明，以清廉著称。

陈鹏年第二次被构陷入狱，是在康熙四十九年（1710），究其原因同样是他的刚直得罪了江南总督噶礼（此人凭借其母是康熙帝的乳娘，扶摇直上，是当时太子党的重要成员）。

陈是位诗人，噶礼欲除之而不能，便煞费苦心地从陈鹏年的诗卷中挑刺儿，说他的《重游虎丘》诗有反清思想。理由是诗中"代谢已怜金气尽"的"金"字，暗指满人入关前的国号；而"一任鸥盟数往还"中的"鸥盟"，乃阴通台湾郑氏集团之明证。那时，文字狱之风甚炽，于是，构陷成狱。

陈鹏年的二次入狱又引起了群众的骚动，商人因之罢市。《虎丘》诗案闹到了康熙帝那里。其时，康熙帝觉得文字狱的钳制政策已收到效果，为了巩固其统治，开始调整对汉族知识分子的政策，而宽文网之禁便是重要内容之一。因此，他对此案明确表态："诗人讽咏，各有寄托，岂可有意罗织以入人命。"又说："陈鹏年《虎丘》诗二首，奏称内有悖谬语；朕阅其诗，并无干碍。朕纂辑群书甚多，诗中所用典故朕皆知之，即末句'鸥盟'二字，不过托意渔樵。"由于康熙帝的干预，陈鹏年第二次获释出狱。

出狱后，陈鹏年将这两首《虎丘》诗抄录成幅，并题跋记述始末：

> 此余己丑作《虎丘》诗也。庚寅既解组，于辛卯岁，此诗得呈御览，几罹不测。荷蒙我皇上洞雪，于壬辰十月初六日宣示群臣，此二诗遂得流传中外，诚旷古奇遇也。因嘱书为志于此，仰见圣明鉴及幽微，兼志感泣于不朽云。

己丑（1709）作诗，庚寅（1710）事发，辛卯（1711）呈上，壬辰（1712）十月结案，前后长达三年之久，成为清朝历史上有名的文字狱案例。光绪年间著名学者俞樾曾赋诗记述此事云："两番被逮拘囚日，廛市号咷尽哭声。"可见《虎丘》诗案在当时的反响之大。

陈鹏年的书法为世人所称道，他原师颜真卿，继学孙过庭。罢官时，以书法易米酒，片纸只字，人皆珍藏，但流传至今者已不多见。郭沫若生前收有陈鹏年用过的端砚一方，砚背镌有鹏年亲书题跋。

郭老未见陈氏书法，久觅陈书不得，而田家英的小莽苍苍斋却收有两件陈鹏年的字轴，特别是这幅《虎丘》诗，保存了近三百年，仍完好如初，实属不易。它不仅是陈氏书法的精品，而且是清初文字狱的重要物证，是既有艺术价值，又有历史价值的收藏品。

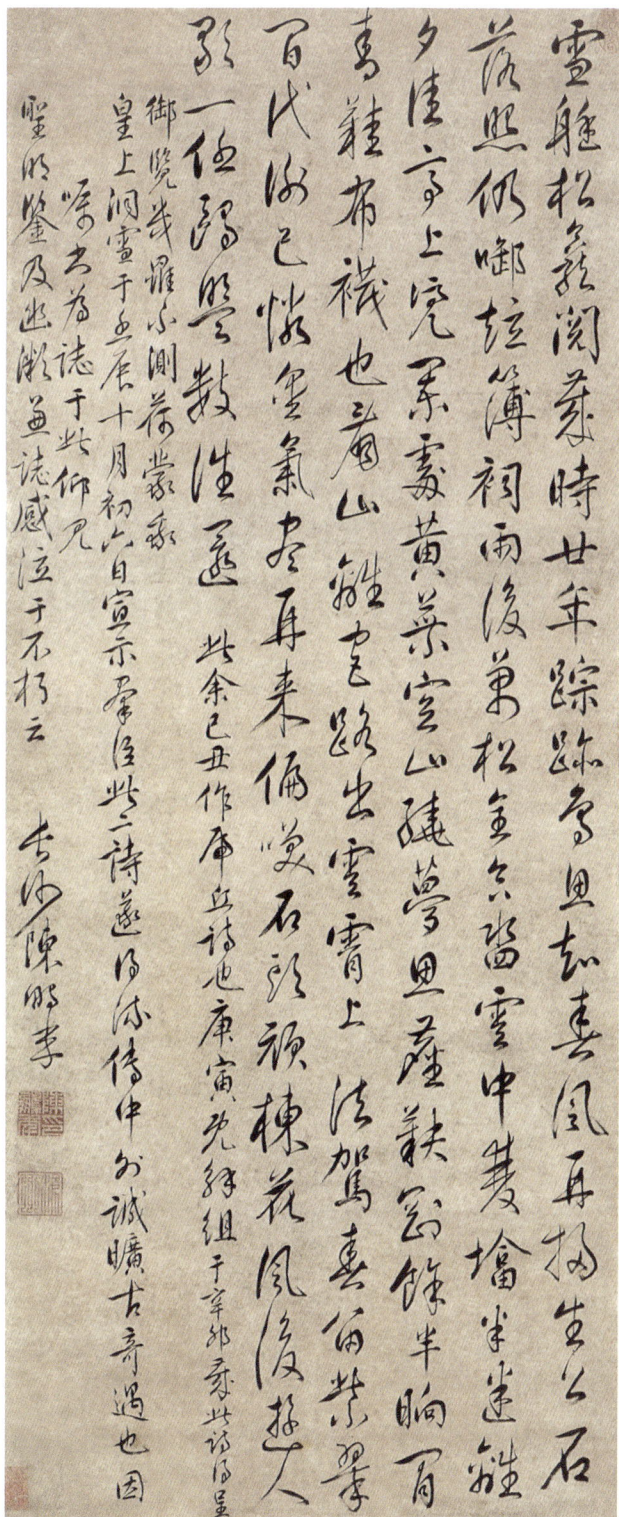

陈鹏年（1663—1723），字北溟，号沧洲。湖南湘潭人。康熙三十年（1691）进士，累擢江宁知府、苏州知府，禁革奢俗，听断称神，有“陈青天”之称。卒谥恪勤。书法颜真卿，尤善行、草，罢官时持易酒米，人争藏弆以为荣。有《道荣堂文集》《道荣堂诗集》《喝月词》《历仕政略》《河工条约》等。《清史稿》有传。

释文

雪艇松龛阅几时，廿年踪迹鸟鱼知。春风再扫生公石，落照仍衔短簿祠。雨后万松全合沓，云中双塔半迷离。夕佳亭上凭栏处，黄叶空山绕梦思。

尘鞅刚余半晌间，青鞋布袜也看山。离宫路出云霄上，法驾春留紫翠间。代谢已怜金气尽，再来偏笑石头顽。楝花风后游人歇，一任鸥盟数往还。

此余己丑作《虎丘》诗也。庚寅既解组，于辛卯岁，此诗得呈御览，几罹不测。荷蒙我皇上洞雪，于壬辰十月初六日宣示群臣，此二诗遂得流传中外，诚旷古奇遇也。因嘱书为志于此，仰见圣明鉴及幽微，兼志感泣于不朽云。

长沙陈鹏年

名下钤白文篆书“陈鹏年印”、朱文篆书“沧洲”二方印，引首朱文篆书“潜阁”椭圆印。

陈鹏年行书《虎丘》诗轴
纸本　纵 121.2 厘米　横 50.2 厘米

顾贞观《金缕曲》词扇面

在小莽苍苍斋的收藏中，顾贞观书写的《金缕曲》词扇面很值得一提。这不仅因顾贞观在当时已声传海外，与陈维崧、朱彝尊并称为“词家三绝”，还在于该扇面保留了三百年前顾贞观情真意切、催人泪下的情感。清初著名诗人纳兰性德被其填写的两首《金缕曲》感动，并通过其父的帮助，从而营救出因科场案受牵连，流放塞北长达二十三年的江南诗人吴兆骞。

顾贞观（1637—1714），字远平，号梁汾，别号弹指词人。江苏无锡人。康熙五年（1666）举人，官内阁中书舍人。贞观禀性聪颖，尤对诗词表现出浓厚的兴趣。在少年时代，他加入了以吴兆骞兄弟为台柱的几社分支东南慎交社。顺治十五年（1658），吴兆骞因科场案充军宁古塔（今黑龙江海林市）。此事引起强烈震动，悉知内情者无不为之感到冤枉，“一时送其出关之作遍天下”。吴兆骞在关外生活了二十年，怀乡思友之情与日俱增。他给顾贞观写了一封情文并茂的长信，铺叙了塞外生活的苦难。贞观见到老友悲凉、凄恻的书信，不禁悲痛万分。他伫立冰雪之中，遥望北方，填《金缕曲》词二阕，以词代书，寄慰兆骞。田家英收藏的手迹与通行定本略有差异：

季子平安否？便归来、生平万事，几［那］堪回首。行路悠悠谁慰藉，母老家贫子幼。记不起、从前杯酒。魑魅择［搏］人应见惯，料［总］输他、覆雨翻云手。冰与雪，周旋久。　泪痕莫滴牛衣透。数天涯、依然骨肉，几家能够？比似红颜多命薄［薄命］，更不如今还有。只绝塞、苦寒难受。廿载包胥承一诺，盼乌头、马角终相救。置此札，兄怀袖。

我亦飘零久。十年来、深恩负尽，死生师友。宿昔齐名非忝窃，试看杜陵消瘦。真不减、夜郎僝僽。薄命长辞知己别，问人生、到此凄凉否？千万恨，为兄［君］剖。　兄生辛未吾丁丑。共些时、冰霜摧折，早衰蒲柳。词赋从今须少作，留取心魂相守。但愿得、河清人寿。归日急翻行戍稿，把空名、料理传身后。言不尽，观顿首。

顾贞观同时将两首词寄给了与自己素有诗交的当朝权相明珠的儿子纳兰性德，希望倚靠其父的权力拯救兆骞。纳兰性德读了这般如泣如诉的文字，已是泪流满面，他向顾贞观保证：“此事三千六百日中，我当以身任之。”贞观救友心切，悲痛以对：“人寿几何？请以五载为期。”由于纳兰性德的四处奔波，终于得到其父及徐乾学等人的协助，康熙二十年（1681）的冬天，吴兆骞结束了流放生涯，携妻子儿女回到北京。相隔二十三年之后，此事仍然引起了轰动，“平手加额者盈路，亲绪论者满车，一时足称盛事”。当时不少学者名士如徐乾学、尤侗等纷纷赋诗表示祝贺，一时洛阳纸贵。顾贞观以其精湛的词艺和高尚的人品享誉京城，亲朋好友纷纷向他索求《金缕曲》抄件以珍藏。

该扇所录皆为《金缕曲》词，除书与吴兆骞的二首外，另外三首依次为《丙午生日自寿》《秋暮登雨花台》

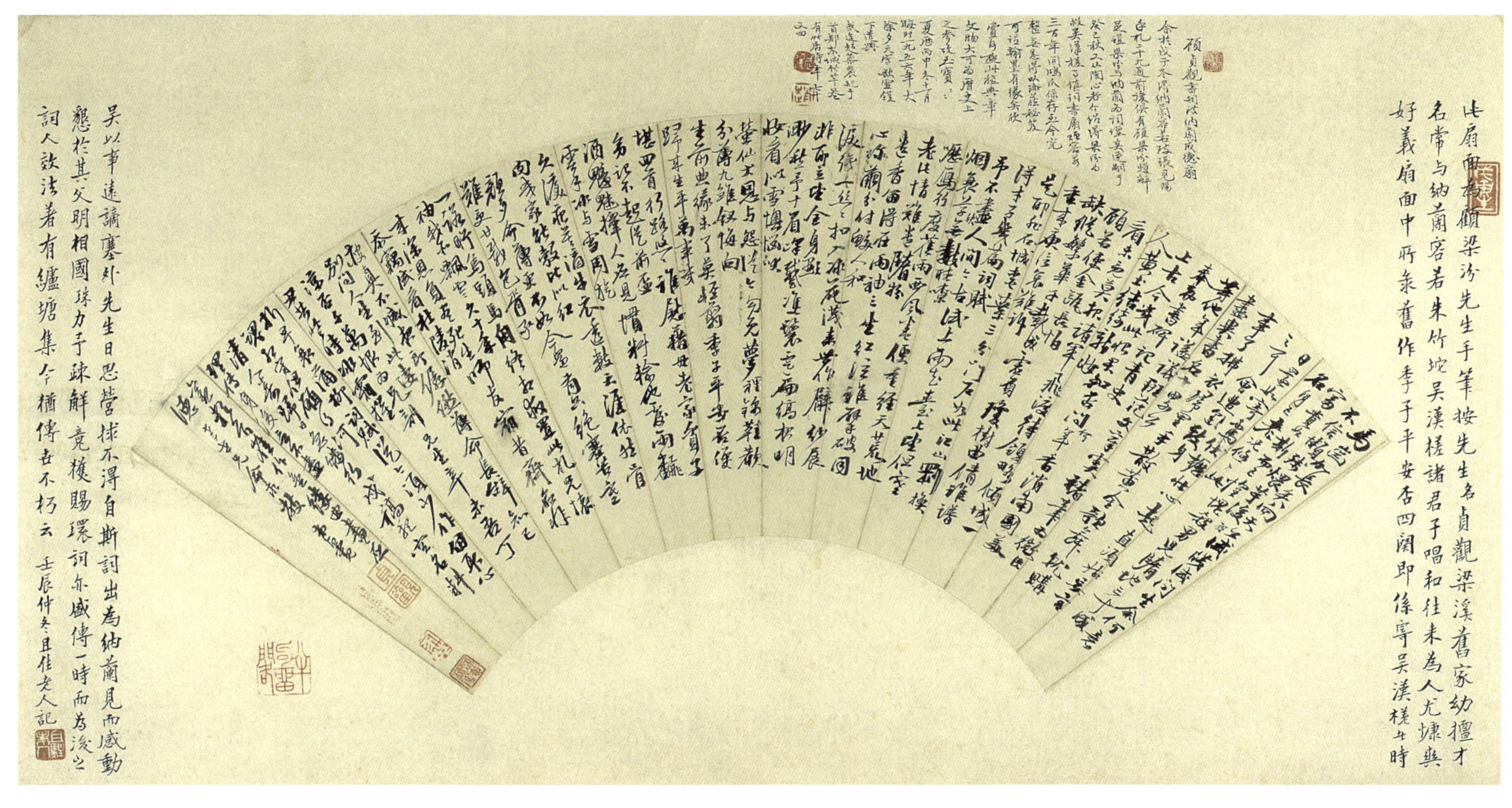

顾贞观行书《金缕曲》扇面
纸本　纵 16.5 厘米　横 50 厘米

《和芝翁题影梅轩词》。顾贞观一生创作《金缕曲》词近二十首，这五首为得意之作，故集录书赠好友，以应嘱托。

此扇上款“德老世兄”，疑为查嗣瑮。嗣瑮（1653—1734），字德尹，诗名与其兄慎行相埒。查家为浙江海宁大户，兄弟三人（慎行、嗣瑮、嗣庭）同是享誉海内的诗人。慎行所著《遄归集》载有“过吴汉槎（兆骞）禾城寓楼”诗，表明与吴氏曾过从甚密。

顾贞观（1637—1714），字华峰，一字远平，号梁汾。江苏无锡人。康熙五年（1666）举人，官内阁中书舍人。晚岁，称病归，构积书岩，坐拥万卷。贞观少有异才，文兼众体，工诗词，尤工乐府，与吴兆骞友善。所作《弹指词》声传海外，与陈维崧、朱彝尊称“词家三绝”。有《积书岩集》《纻塘集》《弹指词》等。《清史稿》有传。

金农题『竹』

磨墨五升，画此狂竹。查查牙牙，不肯屈伏。天上天下，吾愿劚取。一竿赠之，不钓阳鲚，而钓诸侯也。世人中有眼大如车轮者，定知予此意。

右画竹题记一篇，予往年所作，今重书之。

杭人金农

名下钤朱文篆书“金农印信”方印，引首朱文篆书“冬心先生”方印。

此文是“扬州八怪”之首金农的一篇“画竹题记”。可惜画已不见，从“查查牙牙，不肯屈伏”看，这幅墨竹该是很有一番气魄的。不过金农更着意于画上的“题记”，特地重新书写，想来是要有所回味。

题记中的“阳鲚”，即白鱼，《本草纲目》又称它为“鲌鱼”，是一种鳞细而白，首尾俱昂的河鱼，可用药。金农引用“阳鲚”，是寓其珍贵而言也。这种寓意对于“眼大如车轮者”是再清楚不过的——在仕途的急流中沽名钓誉。

金农早年曾有过这方面的“尝试”，只是生不逢时，没有“钓”上罢了。乾隆元年（1736）开博学鸿词科，金农应举落选，从此心情抑郁，后半生以卖画度日。他擅长画梅、竹、马，更善于藉画中题记来抒发自己的思想和个性。他埋怨社会的不公，“偏是东风多狡狯，乱吹乱落乱沾泥”（《题梅》）；又哀叹自己时乖命蹇，“世无伯乐，即遇其人，亦云暮矣”（《题马》），都是以物寄情。还是郑板桥说得透彻，他是“伤时不遇，又不能决然自引去”，否则“何得出此恨句”？

在当时的社会里，文人不可能摒弃阶级的偏见，出淤泥而不染，何况以卖画为生的金农呢，自然不会饿着肚子孤芳自赏。

据清人牛应之《雨窗消意录》记载：有一回金农赴宴，适逢一盐商行酒令，以“柳絮飞来片片红”之句，引起在座者哗然，来宾们笑其杜撰。金农当即以“夕阳返照桃花渡，柳絮飞来片片红”是元人佳句为其解嘲。如果说那盐商以此得到体面下台，金农则凭他应对敏捷、帮衬妥帖得到更多的实惠——次日，盐商“以千金馈之”。

不甘于现状，但又无法突破，往往乞于小利，金农“布衣雄世”的傲岸思想便无踪影。他性格逋峭，为人不趋时流，反映到生活处世的态度上，自然形成了“怪”。

金农的字向来以拙为妍，以重为巧，截毫端作楷隶，自成一家，名曰“漆书”。评者谓是从《天发神谶碑》《国山碑》等变化而来。

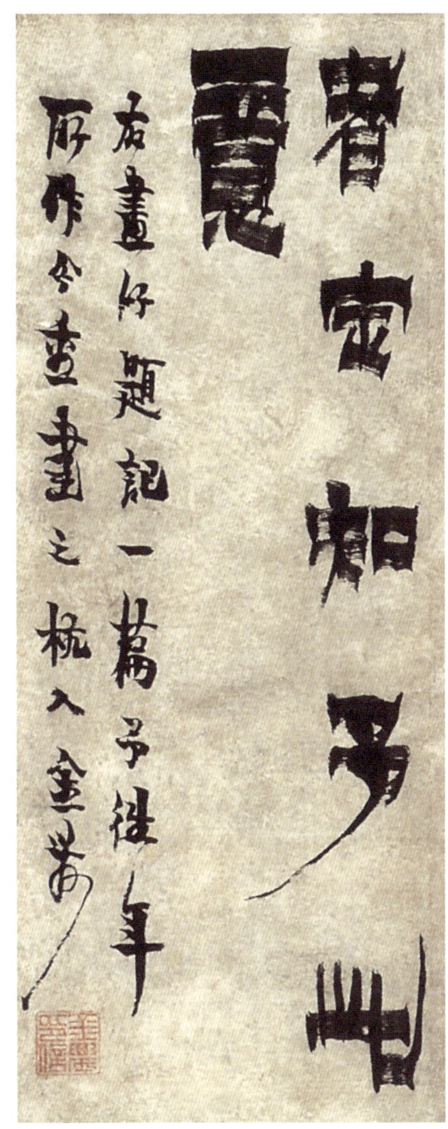
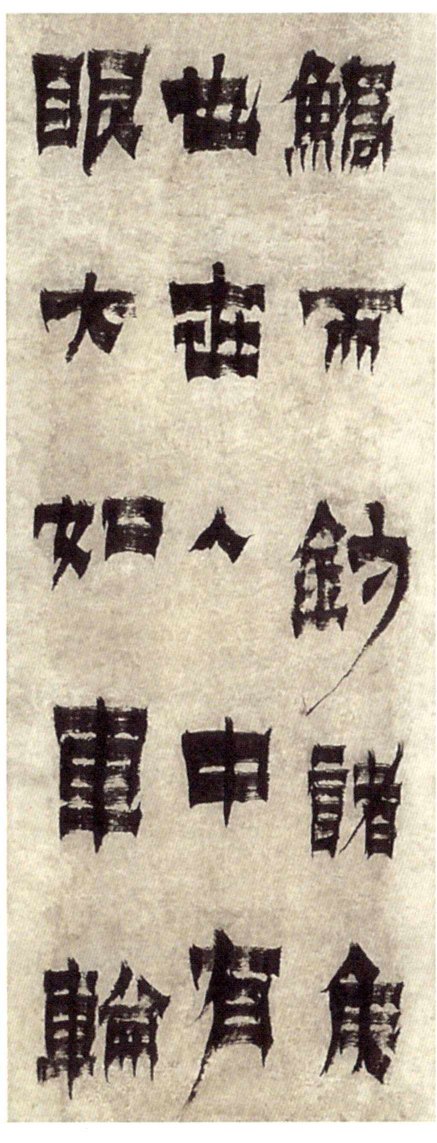

金　农（1687—1763），字寿门，又字司农、吉金，号冬心，别号稽留山民、曲江外史、龙梭仙客、百二砚田富翁、昔耶居士、心出家庵粥饭僧等。浙江仁和人。布衣。乾隆元年（1736）荐举博学鸿词，落选。嗜奇好古，收金石文字千卷。工隶书，书法朴厚，楷书独树一格，有隶意，用笔方扁，号曰“漆书”。年五十始学画，初写竹，继画梅、马、佛，俱造意新奇，别开蹊径。好游历，客居扬州，为“扬州八怪”之一。有《冬心先生集》等。《清史稿》有传。

金农隶书《画竹题记》屏
纸本　纵 42.4 厘米　横 16.6 厘米

『观操守在利害时』

1991年5月24日，在田家英辞世二十五周年之际，家人与中国历史博物馆联合举办了“田家英收藏清代学者墨迹展览”。开幕式那天，来宾如云，盛况空前。人们对田家英凭藉自己深厚的文化功底，执着地收藏清人墨迹，经年不懈，从而为社会保存了一批珍贵的文物、史料而感到由衷的敬佩。薄一波走到林则徐的一幅行书轴面前，仔细听取陪同人员的讲解，默默驻足观摩，久久不愿离去。回到家，薄老即让秘书打电话给董边，商得一张林则徐墨迹的照片，即这幅著名的“观操守”条幅：

> 观操守在利害时，观精力在饥疲时，观度量在喜怒时，观存养在纷华时，观镇定在震惊时。防欲，如挽逆水之舟，才歇力，便下流；从善，如缘无枝之木，才住脚，便下坠。
>
> 辛阶五兄先生印可。
>
> 少穆弟林则徐
>
> 名下钤白文篆书“臣林则徐字少穆印”、朱文篆书“荆湘总制”二方印。

此幅所书是林则徐在仕途生涯中自我修养的总结，也是他人生观的一个缩影。它揭示着这样一个客观真理：一个人的操守、精力、度量、存养、镇定，要在特定的环境条件下才体现得最具体、最完备。从条幅内容看，似为林则徐被革职后所书，这与他在此时期所写的文章、诗句、信函等，其情感是一以贯之的。

田家英生前敬重林则徐的人品，林氏手迹，多有收藏。除这幅“观操守”外，还收有一幅一联一札，从所

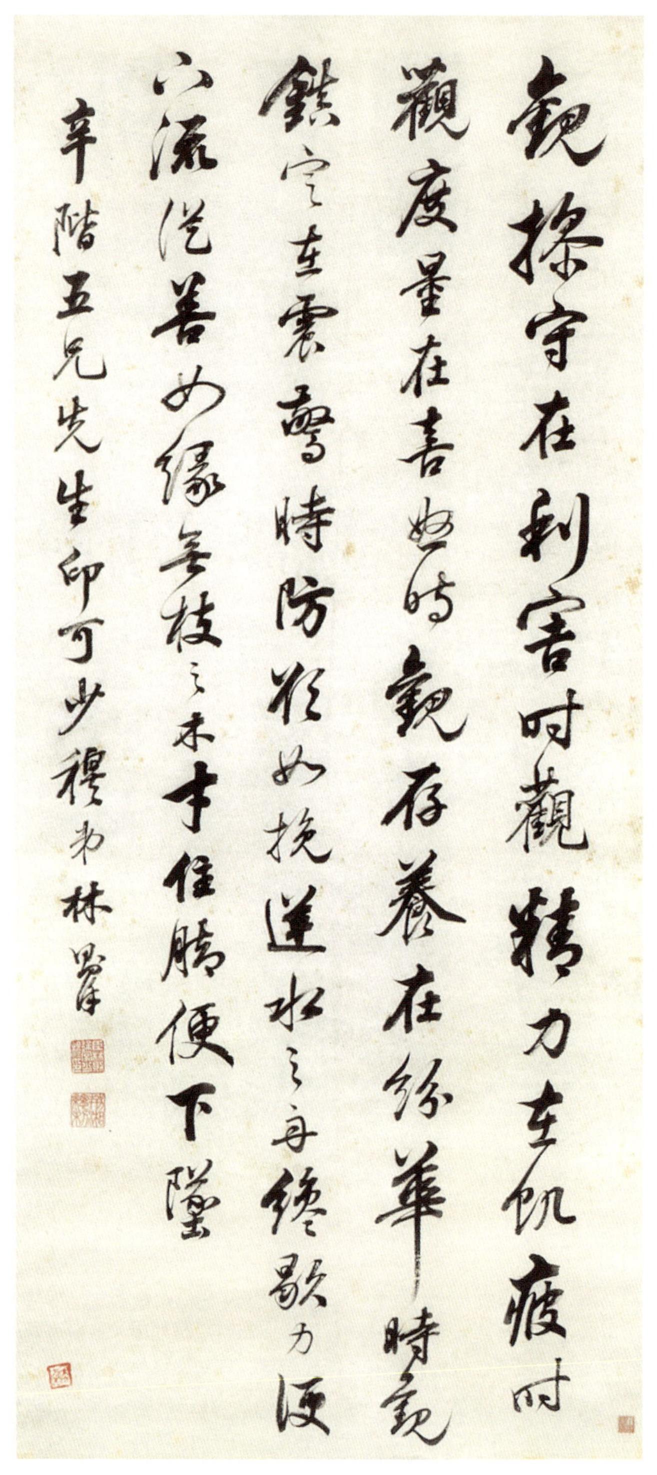

林则徐行书“观操守”轴　纸本　纵132厘米　横58.6厘米

林则徐（1785—1850），字元抚，号少穆、石麟，晚号竢村老人。福建侯官人。嘉庆十六年（1811）进士，授翰林院编修。道光十八年（1838），在湖广总督任内，禁止鸦片，成效卓著。旋受命为钦差大臣，节制广东水师，赴广东查禁鸦片输入。道光十九年（1839）任两广总督。鸦片战争爆发后，因投降派诬陷，被革职，不久谪戍伊犁。旋又起用，官云贵总督。晋太子太傅，谥文忠。工诗文，书学欧阳询，工整匀净，颇得其神韵。有《林文忠公政书》《信及录》等。《清史稿》有传。

钤印章看，均是被罢黜后的作品。田家英喜爱林则徐的墨迹，从他请陈巨来镌刻林则徐诗句的两方印章上也可看出，其一为“苟利国家生死以”，其二为“敢因祸福避趋之”，即如果有利于国家就不顾生死去做，岂敢为个人的祸福而躲避或追求。田家英时常将这两方印章钤盖在他所喜爱的书的扉页，用以警示自己。

需要提及的是，在田家英蒙冤二十年后，家人为了纪念他，首次在《书法丛刊》第十九辑披露了这两方印章。此后，不断有读者来信指出，印文中的“敢因”原诗作“岂因”，还有读者为此发表文章，判定田家英是“基于他自己的性格特点，特别赞赏‘敢因’的提法，故请人篆刻以自励的”。

我们在整理田家英藏书时，找到了这两句诗的出处。原来他是依据1935年3月上海商务印书馆出版的魏应祺所编的《林文忠公年谱》第一百四十七页，林则徐《赴戍登程口占二律示家人》诗中的两句，该诗下面注明见《云左山房诗钞》卷六。田家英请人镌刻，只是为了排遣或宣泄一下自己忧郁的心情，并非用于学术研究，自然没有核对原文。我们只要回顾一下田家英镌印的那个历史环境，便可感受到这两方印章的分量。

1962年7月，田家英经过一年多的农村调查，对广大农民如何度过由天灾人祸造成的困难时期，以秘书的身份向毛泽东进言，提出有领导地组织农民实行“包产到户”的权宜之计，希望等待生产恢复了，再把他们重新引导到集体经济的轨道上来。

这一主张遭到毛泽东的严厉批评。同年8月，毛泽东在北戴河召开的中央工作会议上抨击了主张“包产到户”的人刮“单干风”，并在小范围内两次点了田家英的名。江青也乘机给田家英扣上了“资产阶级分子”的政治帽子。

那段时期，田家英心情非常苦闷。毛泽东的严厉批评并没有使他心悦诚服，重提阶级斗争也并没能有效地阻止农村经济的进一步恶化。田家英忧国忧民之心更甚。大约就在这次会议之后不久，他请篆刻大师陈巨来镌刻了林则徐的这两句诗，决心以林则徐为榜样，以国家利益为重，绝不因个人招祸而逃避。在这个时期，林则徐的这幅“观操守”，也更长时间挂在他的书房，成为饭后寝前的诵读之作。

从“观操守”的书法艺术看，其不失为林则徐的精心之作。林则徐早年即以雅擅书法名重一时，凡与亲朋好友互通音问或应人索字，他大多亲自作书，很少假手幕僚，爱书人以慕其书法而珍藏。尤其当林则徐遭贬后，尚能如此从容安详，用笔含而不露，写出集个人情操、思想境界、书法架构于一统的作品，更是难能可贵。

释文

重镇风清关四扇，

崇朝云起岳三峰。

道光壬寅三月，则徐西行过潼关。适鉴泉仁弟大人分巡其地，属书楹帖，撰句奉正。是时方祈雨泽，故次句及之。

少穆林则徐识于关西旅次

名下钤白文篆书“臣林则徐字少穆印”、朱文篆书“身行万里半天下”二方印。

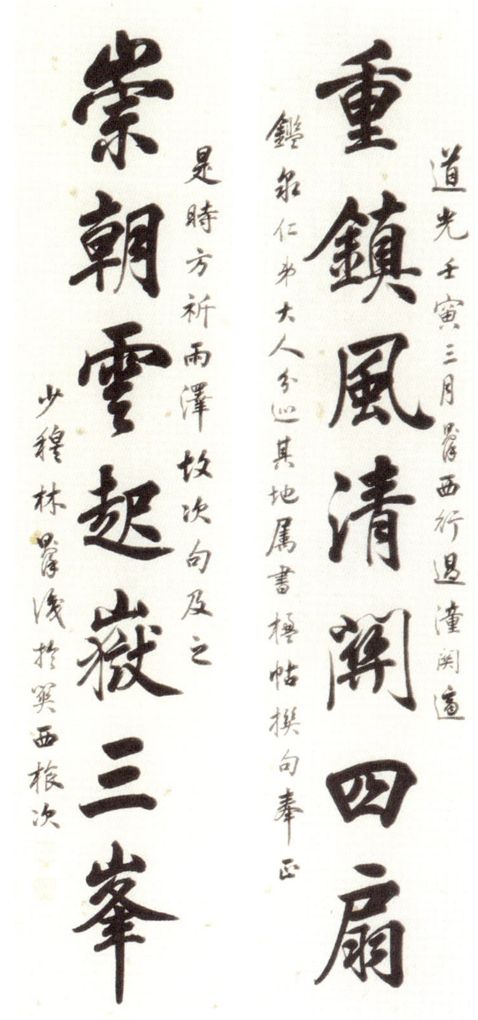

林则徐行书七言联
片金蜡笺　纵128厘米　横27厘米

世间仅存的康广仁墨迹

大凡喜好收集戊戌变法史料的人都知道，被慈禧太后杀害的戊戌六君子，以谭嗣同和康广仁的墨迹最为难得。

前者名气太大，生前为四品军机章京，辅佐光绪帝参与新政，被捕时又以铮铮铁骨的硬汉形象仰天辞世，故后人均不敢收藏他的墨迹，以防株连。而康广仁则相反，生前被其兄康有为之名所掩。1898 年（戊戌年）9 月 21 日，由于袁世凯告密，维新百日，中途夭折。慈禧太后囚禁光绪帝后，临朝训政的第一件事，便是查抄宣武门外南海会馆，捉拿康有为。康不在，士兵将其弟康广仁拘捕，让他写信与其兄，前来替换自己。所以说康广仁代兄受过，是个不甚知名的人物。他的出名是在死后，而那时人们再想收集其墨迹，已为时晚矣。田家英恰恰收有此二人的墨迹，特别是康广仁这副对联的存世，更是经历了一番“曲折”。

康广仁（1867—1898），名有溥，字广仁，号幼博，以字行。广仁在世时，名气远不如乃兄，当时求康有为题字的人很多，常由广仁代笔，皆钤“康有为印”款，用以敷衍。这副对联也如是，一直误以为康有为的亲笔，为陈秩元（字逊仪）所保存。

一个偶然的机会，此联被梁启超所见。梁惊呼：“此联不署名，而有南海先生印，殆受命代笔耶？然与博丈相习者，一见辨为丈书。”经梁启超题跋后，陈秩元将其赠与康有为。又经康辨认，确认是其弟幼博烈士所书时，已是二十三年后的事。康为此十分感慨，题称：“幼博为国而死，越今廿三年，庚申二月二十一日葬之于句容孚山，而朝尚无恤典也，只自靖献而已。”康有为将此联又转赠给重远，重远又请陈秩元作跋，以记流传始末。

此联被梁启超称之为“久绝天壤”的“瑰宝”，历经半个世纪，辗转数人，终于被田家英所藏。这是迄今所知唯一存世的康广仁的遗墨，而康、梁二师的题跋，不但为墨迹的真实性作了实证，更使珍品锦上添花，弥足珍贵。

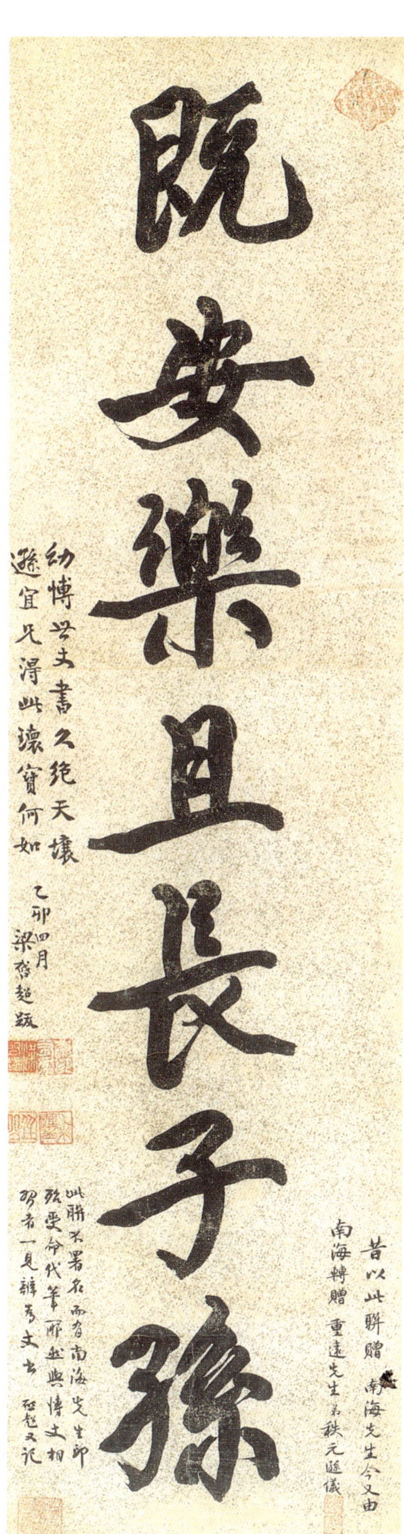

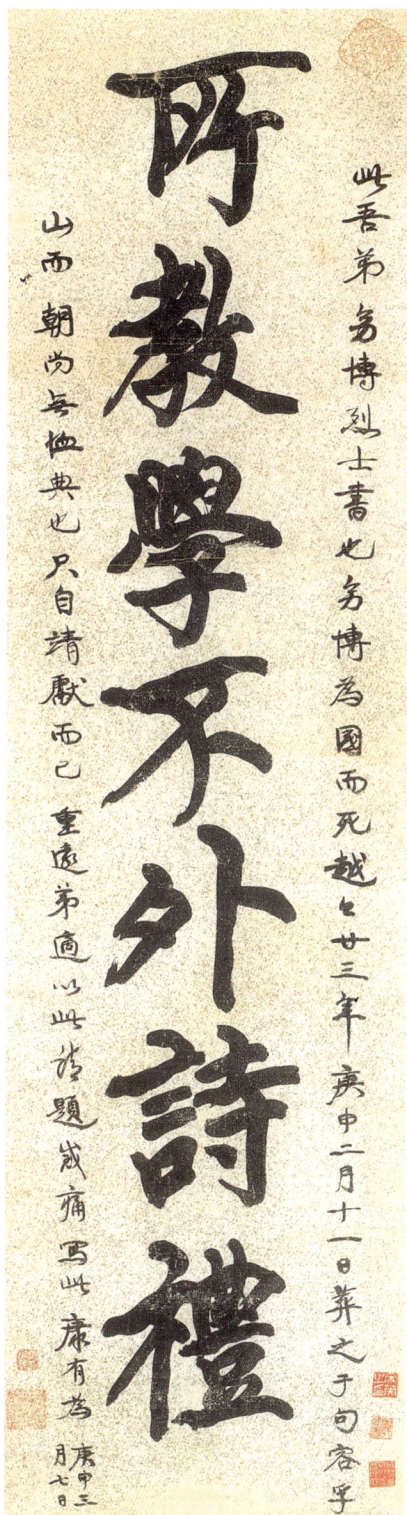

康广仁（1867—1898），名有溥，字广仁，号幼博，以字行。广东南海人。有为胞弟。光绪二十三年（1897）在澳门办《知新报》，不久，又在上海办大同译书局，传播西学，发起不缠足会。1898年在北京参与维新运动，戊戌变法时被捕遇害，为戊戌六君子之一。《清史稿》有传。

释文

所教学不外诗礼，既安乐且长子孙。

幼博世文书，久绝天壤，逊宜兄得此，瑰宝何如。

乙卯四月，梁启超跋

此联不署名，而有南海先生印，殆受命代笔耶？然与博文相习者，一见辨为文书。

启超又记

此吾弟幼博烈士书也。幼博为国而死，越今廿三年，庚申二月十一日葬之于句容孚山，而朝尚无恤典也。只自靖献而已。重远弟适以此请题，感痛写此。

康有为

庚申三月七日

昔以此联赠南海先生，今又由南海转赠重远先生。

弟秩元逊仪

下联左钤白文篆书“康有为印”、朱文篆书“乙未进士”二方印。

上下联左上角各钤朱文篆书“维新百日出亡十六年三周大地游遍五洲经三十一国行四十万里”随行印；上联边跋下有白文篆书“康有为印”、朱文篆书“南海康有为平生所藏金石书画”二方印，下联左下角亦钤此印。另有白文篆书“梁启超”，朱文篆书“任公”“陈秩元印”“别字逊怡”四方印。

康广仁楷书七言联
洒金笺　纵127厘米　横34.5厘米

两个『莽苍苍斋』

“我自横刀向天笑，去留肝胆两昆仑。”这是清末戊戌变法失败后，六君子之一谭嗣同所写的《狱中题壁》诗中的两句，显示出他义无反顾、视死如归的豪情。

当时，变法失败，慈禧太后于1898年9月21日派兵拘捕康广仁时，梁启超正在谭嗣同住所商谈事宜。谭劝梁暂避日本使馆，想办法东渡。众人也劝谭嗣同出奔避难，谭谢曰：“各国变法，无不从流血而成，今日中国未闻有因变法而流血者，此国之所以不昌也。有之，请自嗣同始！”这位改革变法的激进派、革命民主主义思想的先驱，就在宣武门外浏阳会馆坐等，终于9月24日被捕，四天后在菜市口刑场就义，时年仅三十有三。他著有《仁学》，抨击封建主义不遗余力；能诗，诗风豪迈，自谓“拔起千仞，高唱入云”。其诗与文都收入他的书室“莽苍苍斋”命名的诗文集。

田家英十分倾慕谭嗣同的人品和骨气。为了纪念他，特将自己的书斋命名为“小莽苍苍斋”，并解释说：“‘莽苍’是博大宽阔、一览无际的意思。‘小’者，以小见大，对立统一。”

20世纪50年代后期是小莽苍苍斋收藏的高峰期，但田家英始终未能寻得谭嗣同的墨迹，因而抱憾不已。究其原因，戊戌六君子中，以谭嗣同死得最为悲壮，声誉也最高，害怕株连的人早在当时便已销毁与他有关的物品，特别是京畿这个是非之地。

此事几乎成了田家英的一桩心病。他托付熟人在京城以外的古旧书店、文玩场所寻觅谭氏的墨迹，但都徒劳而返。

一个偶然的机遇（大约20世纪60年代初），浙江的汪弘毅从瑞安县带来一批有地方特色的文物（如孙衣言、孙诒让父子的墨迹），其中夹杂的一幅扇页引起了田家英的注意。扇页所书乃七律奉和之作，落款便是田家英朝思暮想的莽苍苍斋主人——谭嗣同。这一发现令田家英欢欣雀跃，他仔细审读全文，得知此件是谭嗣同于光绪二十二年（1896）写给好友宋燕生的。

宋燕生（即宋恕），浙江瑞安人，近代著名学者，曾讲学于杭州求是书院。他于1896年8月谭嗣同赴上海时，曾作东款待谭氏，并题诗二首相赠。谭嗣同返回南京后，书扇和韵奉答。该诗辑入《秋雨年华之馆丛脞书卷一》，收入《谭嗣同全集》。田家英将扇页与诗集对照，发现扇页多了二百余字的诗注；这对于研究谭、宋关系及当时社会学术思想有着重要的价值。从书体上看，谭氏精于书法，沉潜北魏，参以汉隶，整个扇面布列得有条不紊，是件着意运用书法艺术的写件。这在已发现的谭嗣同作品中也属罕见。唯使田家英感到美中不足的是其名下无印章，大约属逆旅之作。

田家英小心慎重地在扇页的左下角钤盖了顿立夫镌刻的“小莽苍苍斋”朱文篆书印。这样，两个莽苍苍斋的斋主终于在同一件作品上留下了痕迹。

此事似乎在田家英收藏生涯中占据着很大的分量。他请知己来小莽苍苍斋一起品玩，又特地将其拿到故宫漱芳斋请王冶秋、吴仲超等人观看。不久，他听上海的方行说，中华书局准备出《谭嗣同全集（增订本）》，意在将最近搜集到的谭嗣同佚文全数补进时，嘱托一定将这幅扇页收入，以此作为对谭氏的最好纪念。《谭嗣同全集（增订本）》于1980年出版。方行在“后记”中详述田家英当年的嘱托，将宋燕生赠谭嗣同的原诗附上，便于读者了解谭、宋之间的友谊，并以此书告慰去世十四年的老友。

1963年入冬，田家英到上海，修订《毛泽东选集》一至四卷注释。他接到方行电话，说朵云轩最近收进谭嗣同与唐才常墨迹一册，是民国二十五年（1936）的影印本，因书后有汪精卫（后沦为汉奸）后记及题诗，共计五篇，故存世极少。该册有谭嗣同写给欧阳中鹄的万言长信，这在欧阳予倩1943年编辑的《谭嗣同书简》中未予录入，属于新发现者。田家英购入后通读一遍，果然未曾见过。从田家英钤盖九方章印（其中两方为林则徐诗句“苟利国家生死以，敢因祸福避趋之”）看，收藏这通长信对于他还是很有成就感的。他特在封面题签：“谭嗣同唐才常墨迹景本。此本传世极少。癸卯冬日购于上海朵云轩。”该信于1980年收入《谭嗣同全集（增订本）》。

田家英自幼崇拜的历史人物很多，如岳飞、文天祥、林则徐等，就连他十二岁起在报刊上撰文所用的文体，也是模仿鲁迅的风格。然而，最使他荡气回肠以至终生崇拜的，还是谭嗣同。田家英常对孩子们说：“人不可有傲气，但不可无傲骨。谭嗣同的骨头最硬。”

田家英“文革”初期的慨然赴死，应该说在很大程度上是受谭嗣同的影响。他最后的遗言是“士可杀不可辱”。（何均听到的最后一句话，权作遗言。）

一个勇士的死，或许比他的生更能引起人们的思索。这一点田家英和谭嗣同一样，留给后世一个刚直不阿的勇士形象。

田家英去世时，年仅四十有四。

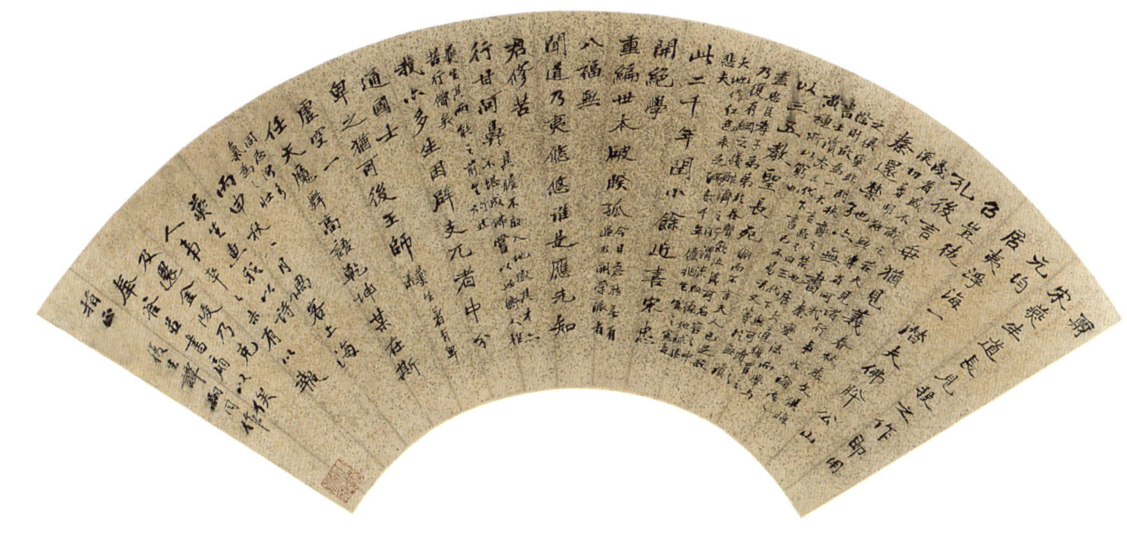

谭嗣同楷书《酬宋燕生七言古诗》扇面
纸本　纵22.5厘米　横49厘米

谭嗣同（1865—1898），字复生，号壮飞。湖南浏阳人。早年入新疆巡抚刘锦棠幕，后入赀为江苏候补知府；又经徐致靖荐，任四品卿衔军机章京，与林旭、杨锐、刘光第等参与新政。戊戌变法时与康广仁等五人同时遇害，史称“戊戌六君子”。有《仁学》《莽苍苍斋诗》《寥天一阁文》等，合编为《谭嗣同全集》。《清史稿》有传。

释文

酬宋燕生道长见报之作，即用元韵。居夷浮海一潜夫，佛肸、公山召岂徒。孔后言乖犹见义，（《春秋》志文俱晦浅者或不识之。若夫见诸行事；如《论语》之深切著明，独无传者，何哉？）秦还禁弛亦无书。（秦变法而学与之俱变，非关挟书之禁也。居大道晦盲之际，则敢为一大言断之曰：三代下无可读之书，士读尽三代下书已不易，况又等于无读，黄种所以穷也。）以三五教圣长死，（伦而不言天人，已足杀尽忠臣孝子弟弟，于吞声饮泣莫可名言之中，乃复有纲之残酷济之，所谓流血遍地球，染天地作红色，未足泄数千年亿兆生灵之冤毒，悲夫！）此二千年闰小余。近喜宋忠开绝学，重编《世本》破睽孤。（今日急务，无有过于开学派者。）八福无闻道乃夷，悠悠谁是应先知。君修苦行甘阿鼻，（其胆不敢入地狱，其才亦不堪成佛。尝以此衡人，惟燕生其两能之，前生灼然苦行僧矣。）我亦多生困辟支。兀者中分通国士，卑之犹可后王师。（燕生著有《卑议》。）虚空一任天魔舞，高语乾坤某在斯。（同志渐多，气为之壮。）

丙申秋八月，偶客上海，燕生惠我以诗，人事卒卒未有以报，及还金陵，乃克奉答，并书扇以俟指正。

复生谭嗣同作

『楷书当学颜』

关于田家英喜爱颜体，我们在以往的文章中已提到。特别谈到他收集颜真卿的各种旧拓本之多，甚至连影印件也未放过。如小莽苍苍斋藏颜真卿行书《送刘太冲叙》《蔡明远帖》《文殊帖》《春田诗帖》的影印本一册，虽然有书家质疑“行款略似，而笔力全无”，但因有罗振玉逐帖考证的长篇后记，田家英还是收藏了。大概这种个人的偏好，反映到他的收藏活动之中，即凡清代学者中学颜体或书颜文的作品，他见一件买一件。他对哪些书家的字是脱胎颜体的，抑或早年写别的字体后改颜体的，了如指掌。

田家英常对董边说，唐代是中国书法史的黄金时代，出现了两位值得称道的书家，一位是以写狂草见著的张旭，另一位是张旭的学生——以写碑版楷书闻名的颜真卿。他们是唐代新书体的代表。可惜，张旭的字多酒后写在墙上，现在留传下来的已属凤毛麟角。但大气磅礴、法度严谨的颜真卿楷书，其拓本现在还能看到。他对后世书法演变的影响不容忽视。

小莽苍苍斋收藏颜真卿旧拓本多件，其中《多宝塔感应碑》轴首推翘楚。该画芯纵二百二十二厘米、横九十八厘米，灰麻棉纸，整幅装裱，是颜真卿中年（四十四岁）楷书的代表作品。特别是文中“鑿井见泥”之“鑿”字微泐，较贴近南宋拓本的特点。但田家英更喜欢明初拓本《多宝塔感应碑》册，剪条装，乌金拓，结字平稳，布局紧凑，后有清康熙大学士张廷玉的跋，翻阅起来得心应手。

与以上拓本相较，《茅山碑》（全称《有唐茅山玄靖先生广陵李君碑铭并序》）二十四开四十八页，它的保存状况就堪忧了。该碑南宋时断裂，明嘉靖又遭火焚而石碎，获得此碑尚佳拓本已成难事。清晚期直隶总督、武英殿大学士王文韶几经搜罗多种拓本，“字之叙次依宋时全文编排”，才勉强窥其全豹。这在王文韶朱文题跋中得到证实：

> 颜书《茅山李元靖先生碑》，颜书中推为第一。原石宋时已断裂，不复阅原文矣。乾隆时钱辛楣（钱大昕）阁学访得残石廿余片，只存数百字。洪杨燹后，碑经二次被毁，同治特拓本存二百七十多字。上年关中碑估携来一册，系明特旧拓，较此本稍逊，文字颠乱，叙次无据。今又购七百余字佳本，字之叙次依宋时全文编排。碑中佚蚀之字再用朱文补凑，得窥全豹云。
>
> 文韶记

从《茅山碑》留存的收藏印看，除两方是王文韶、两方是陈伯达钤盖名章，其余则是小莽苍苍斋的收藏印。由此看出该拓本原是陈伯达的藏品。

陈伯达的另一件颜真卿楷书碑拓《八关斋》（全称《有唐宋州官吏八关斋会报德记》）卷一、卷二，得自于傅增湘家，陈伯达在扉页是这样讲述的：

> 此拓本旧存傅增湘家，近为予所得。家英同志喜颜书，因举以赠之。
>
> 伯达记
>
> 一九六零年十一月

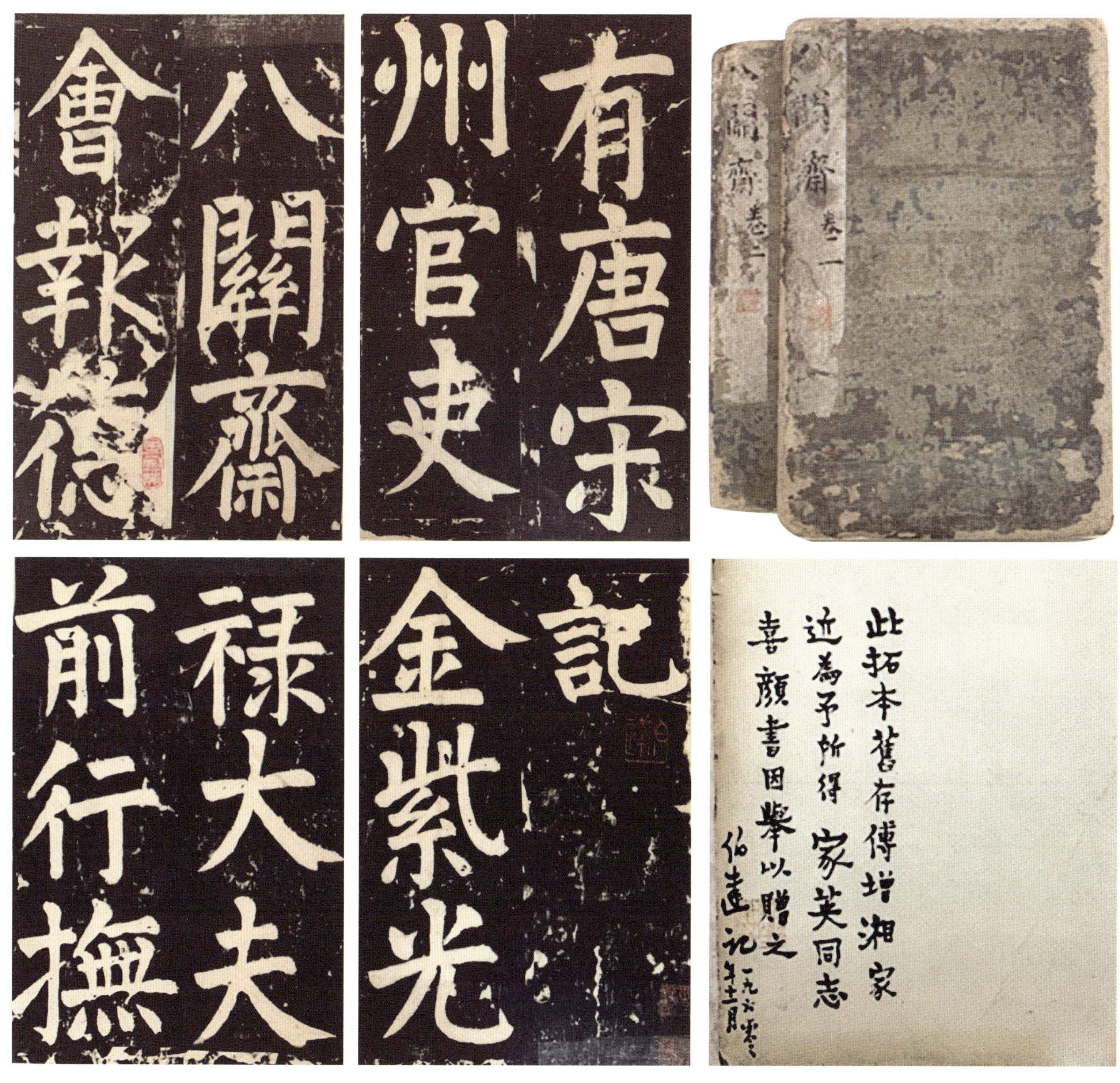

旧拓颜真卿《八关斋会报德记》(部分)

我们一直有这样的印象：自田家英成为毛泽东秘书，新中国成立后又与陈伯达共处一室（中央政治研究室），二人因政治观点不同，有时关系搞得很紧张。但他们在收藏上的交集频繁，这点却让我们有些不解。直到有一次胡乔木对董边说：“我和家英是政治观点一致，生活情趣不一致，他崇古，我崇洋；家英和陈伯达则是政治观点不一致，生活情趣一致，都好字画。”我们这才一解惘然。

田家英一有空闲总爱临写颜真卿的帖，特别对《麻姑仙坛记》情有独钟。他常说：临帖是为了更好地领会写字的诀窍。

此外，田家英对颜书的偏好，还在于他对颜真卿本人的认同。颜真卿为人耿直，重气节，为杨国忠等人所忌，屡遭排挤不得志。颜真卿刚正不阿的性格、坚韧不屈的气节，正是田家英所尊崇的，正像他尊崇林则徐、谭嗣同一样。文以人贵，字以人传。作为个人收藏，田家英有充分的权利对所爱的作品做出自己的取舍。

在小莽苍苍斋的收藏中，清代学者临颜体或书颜文的作品很多，像宋世荦、刘墉、王鸣盛、伊秉绶、沈道宽、林则徐、包世臣、翁同龢、何绍基、赵之谦等，都留下了十分精彩的作品。

尤其令田家英赞不绝口的是钱南园十四点五米长的《临颜真卿争座位帖卷》，这是钱氏传世墨迹中的“高头大卷”。此卷为整幅绫子写就，中间没有断接，开卷即能使人体味到颜书的骨架和用笔浑厚的特性；每行仅数字，然整篇行气紧密贯通，笔断意连，于间架平稳中见奇趣，运笔转折刚劲有力，深得颜书神髓。

田家英对颜书的喜好真是如醉如痴，他甚至对当时小学生大字课一律临柳帖而不学颜体颇为不满。

有一次，田家英收得一通邓廷桢晚年致紫珊（徐渭仁）的信，信中谈到对世间传言他楷书学刘墉感到疑惑。邓廷桢的推测是：“大约二月间有人属书扇头，曾临《晚香堂苏帖》一过，想用墨微丰，而管窥者遂谓‘学刘、学刘’。此亦足见此道之难与俗人言也！”在这通信中，田家英意外地发现，“楷书初学小欧，继学柳最久”的邓廷桢到晚年也开始学颜鲁公了。他异常兴奋地对董边讲：“楷书当学颜嘛，你看，邓廷桢六十多岁方悟出这个道理。”

当孩子们拿着写好的大字让父亲圈批的时候，田家英也以此为例，对孩子们说：“欧体拘谨有余，褚体刚劲不足，柳体骨胜于肉，唐四家中唯颜体全面。让我判分，你们必须写颜体。”

夫行内侍趙思偘
判官内府丞車沖
撿挍僧義方
河南史華

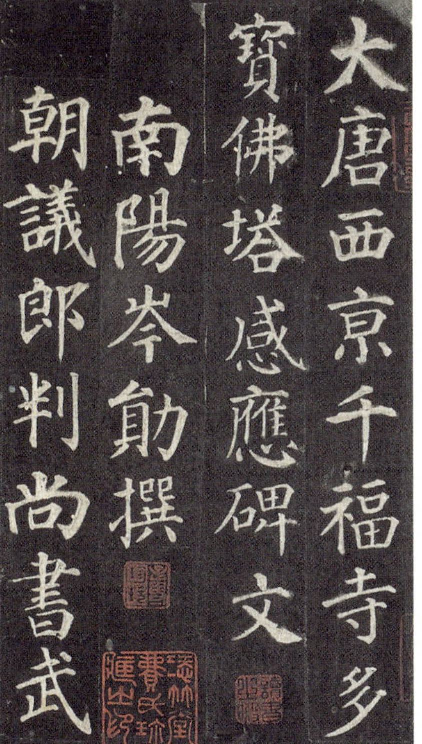

大唐西京千福寺多
寶佛塔感應碑文
南陽岑勛撰
朝議郎判尚書武

颜真卿《多宝塔感应碑》拓本（部分）

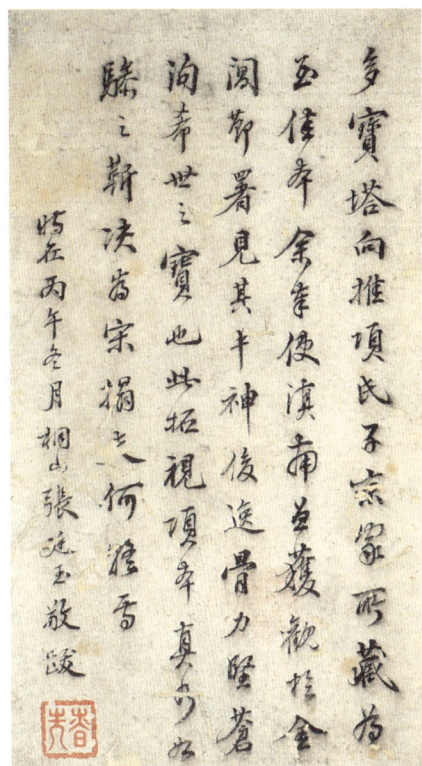

旧拓《颜真卿多宝塔感应碑册》封面

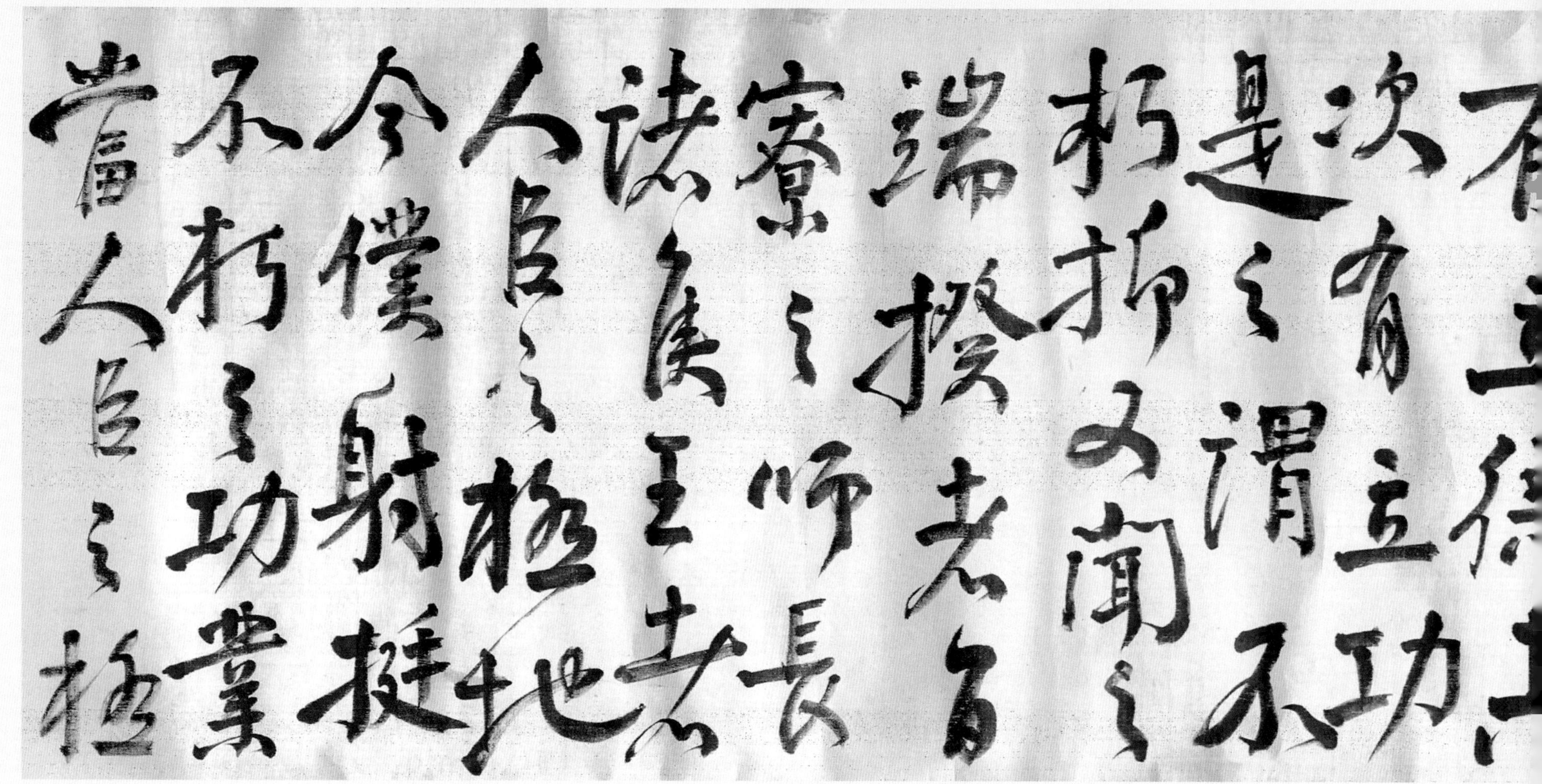

钱　沣（1740—1795），字东注，一字约甫，号南园。云南昆明人。乾隆三十六年（1771）进士，选翰林院庶吉士，授检讨。历官江南道监察御史、通政司副使、提督湖南学政。为人刚正清严，曾以劾毕沅、国泰、和珅等得直谏名。善书，宗颜真卿，不仅貌随，神亦绝似。有《钱南园遗集》。《清史稿》有传。

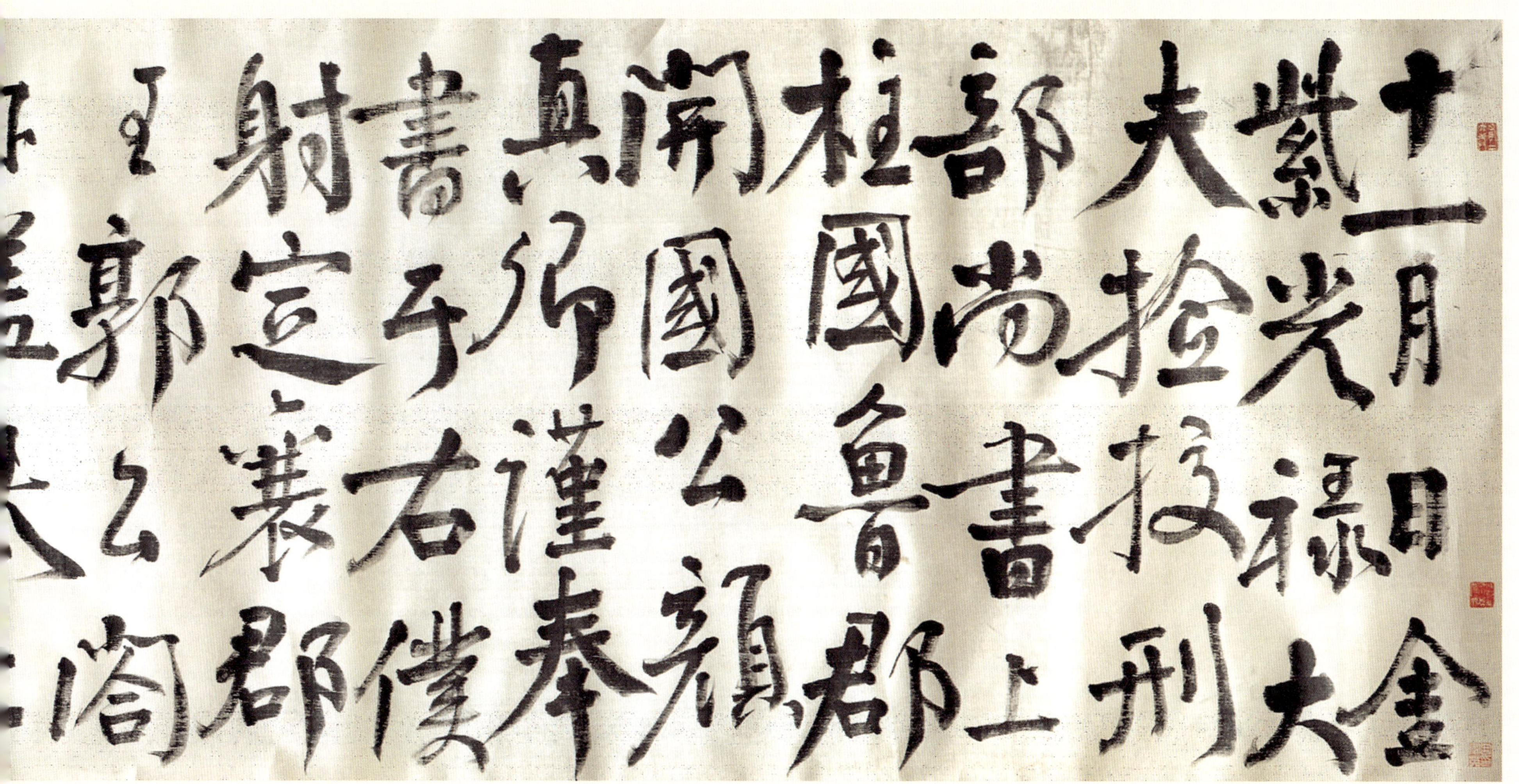

钱沣《临颜真卿争座位帖》卷（部分）
绫本　纵 65.5 厘米　横 1445 厘米

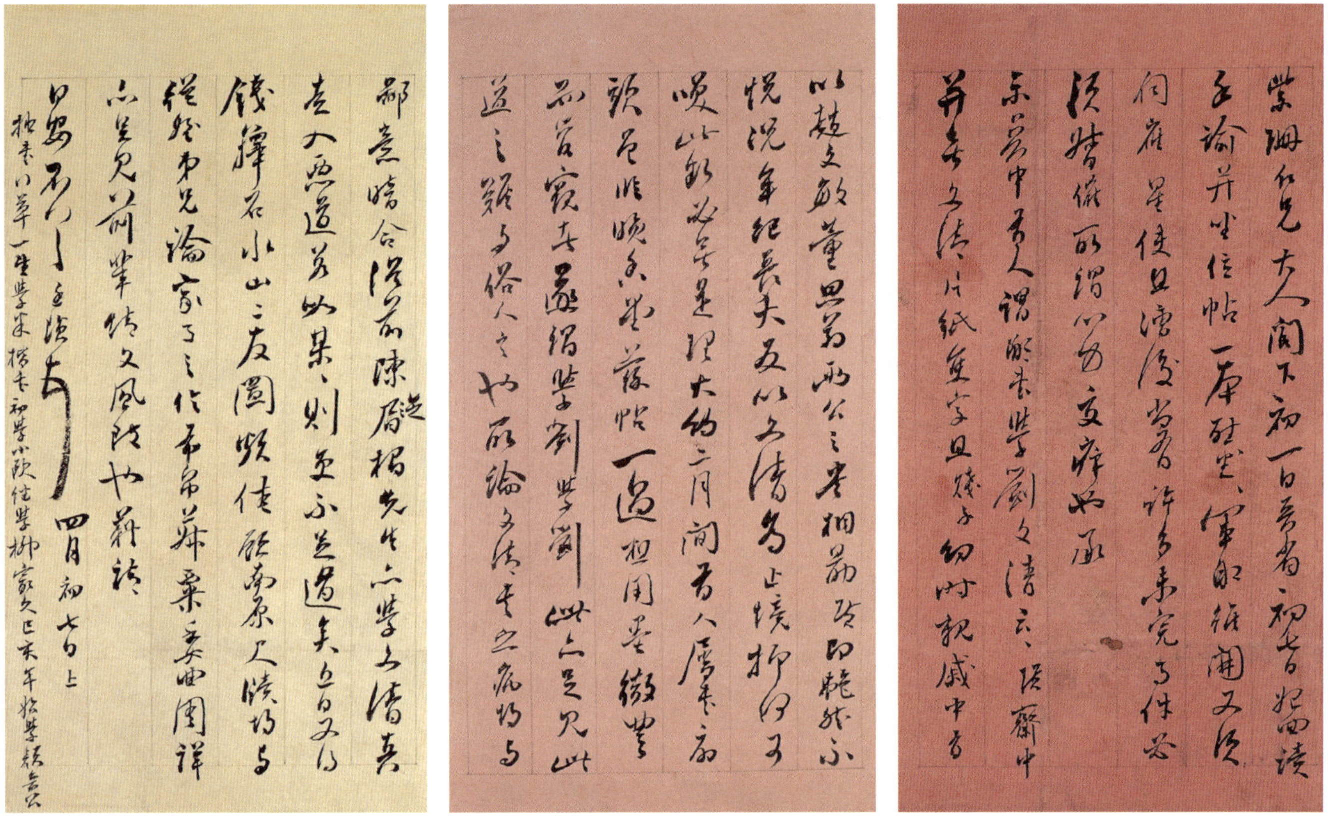

邓廷桢致徐渭仁书札
纸本　纵 22 厘米　横 11.7 厘米

邓廷桢（1776—1846），字维周，又字嶰筠。江苏江宁人。嘉庆六年（1801）进士。道光十五年（1835）任两广总督。当时正值禁烟，曾与英国舰队六次交战，均得胜，使英舰不得进入虎门。后调回闽浙。曾驻守伊犁。累官至陕西巡抚。精于吏治，有神明之称。精通诗文及古音韵学。有《诗双声叠韵谱》《许氏说文解字双声叠韵谱》《青堂文集》《双砚斋诗钞》等。《清史稿》有传。

释文

紫珊仁兄大人阁下：

初一日晋省，初七日始回。读手谕并《坐［座］位帖》一本，慰甚！慰甚！军职虽开，又须伺候星使，恐漕后尚有许多未完事件必须督催，所谓心身交瘁也！承示吴中有人谓鄙书学刘文清云云。桢斋中并无文清片纸只字，且贱子幼时亲戚中有以赵文敏、董思翁两公之书相勖，桢即艴然不悦，况年纪长大反以文清为止境，抑何可笑！此断必无是理。大约二月间有人属书扇头，曾临《晚香堂苏帖》一过，想用墨微丰，而管窥者遂谓："学刘，学刘。"此亦足见此道之难与俗人言也！所论文清书之病，均与鄙意暗合。从前陈芝楣先生亦学文清，真走入恶道，若如某某，则更不足道矣！五日又得钱箨石《水山二友图》，颇佳。《顾南原尺牍》均与从然弟兄论家事之信，布帛菽粟，委曲周详，亦足见前辈情文风致也！

敬请日安，不具。

廷桢顿首

四月初七日上

拙书行草，一生学米。楷书初学小欧，继学柳最久，己亥年始学颜鲁公。

田家英与陈伯达相识，是在 1941 年的延安。当时他们同在中央政治研究室工作，田家英还不到二十岁，而陈伯达已是身兼数职的“理论家”了。陈伯达写东西手头很懒，从不自己查资料，他写《中国四大家族》就是让田家英、何均、陈真、史敬棠四人代他查找各种资料后写成的。此书后来出了名，陈伯达反过来问田家英：“你都干了些什么？”

新中国成立后，陈伯达和田家英同是毛泽东的政治秘书，又兼任中央政治研究室的正、副主任。20 世纪 50 年代，毛泽东比较信任和喜欢田家英，几乎每天晚上都找他，交办完工作后，总要聊一阵天，古往今来，山南海北，这使陈伯达很妒忌。陈是一个“三日无君则惶惶如也”的人，一段时日主席不提及他，他就六神无主。他常向田家英打听与主席谈天的内容、主席关注的动向，主席都读了哪些书，以便预作准备，伺机迎合。有一次在杭州，陈伯达坐着滑竿从南高峰下来，半途有人告诉他，主席正步行上山，陈立即从滑竿上跳下来，并打发轿夫到后山暂时躲避。

凡此种种，都让禀性耿直的田家英反感。陈常卑称自己是“小小老百姓”，但田家英与黎澍闲谈时，常以 little man 代称陈，意思是“小人”。

1961 年，田家英受毛泽东委托到杭州搞农村调查。浙江是田家英收集清人墨迹较多的地区，杭州又是历史文化名城。田家英多次随毛泽东来到这里，工作之余，常跑古旧书店。这次的杭州之行，田家英与逄先知在杭州书画社的内柜意外地发现了邓石如的草书联“海为龙世界，天是鹤家乡”。这副对联田家英从早年西泠印社出

1954 年，田家英（左一）在杭州参加第一部宪法起草工作时与毛泽东等合影

邓石如（1743—1805），本名琰，因避仁宗讳，以字行，又字顽伯，号完白山人、笈游道人，安徽怀宁人。精四体书。篆书取秦李斯《泰山石刻》、唐李阳冰《三坟记》以及汉碑篆额笔意，字体微方，沉雄朴厚。篆刻苍劲庄严，流利清新，自成面目，称“邓派”，也称“皖派”。有《完白山人篆刻偶存》。《清史稿》有传。

释文

海为龙世界，天是鹤家乡。

嘉庆甲子夏寓兴岩佛庐，遇灵隐见初禅友行游于此。往来旬月，见其行持修洁，颇志于书学，有永禅师风，因乐与之游。今将归虎林，书此十字以赠其行。

完白山民邓石如

名下钤白文篆书“邓石如”“顽伯”，朱文篆书“家在四灵山水间”“日湖山日日春”四方印。

释文

江楼玉笛暗飞花，鄂渚晴云别思赊。选隽未全归玉尺，陈情竟遂捧黄麻。香喷驿路三秋桂，风薄旌旗八月槎。湖海两逢嗟仆仆，又将清梦逐京华。

癸丑秋送湖北督学查映山黄门予告归京邸

乙卯秋日书于金阊寓庐。

石如邓琰

名下钤白文篆书“邓琰”、朱文篆书“石如”二方印，引首朱文篆书“家在龙山凤水”方印。

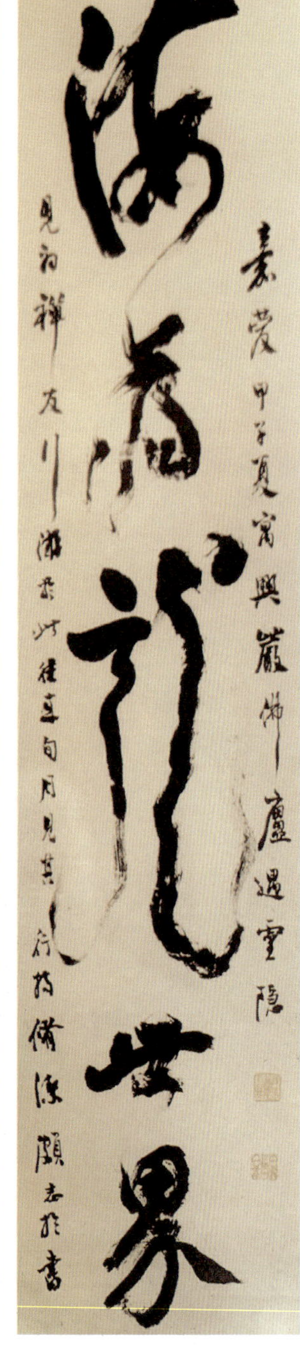

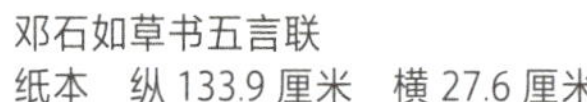

邓石如草书五言联
纸本　纵 133.9 厘米　横 27.6 厘米

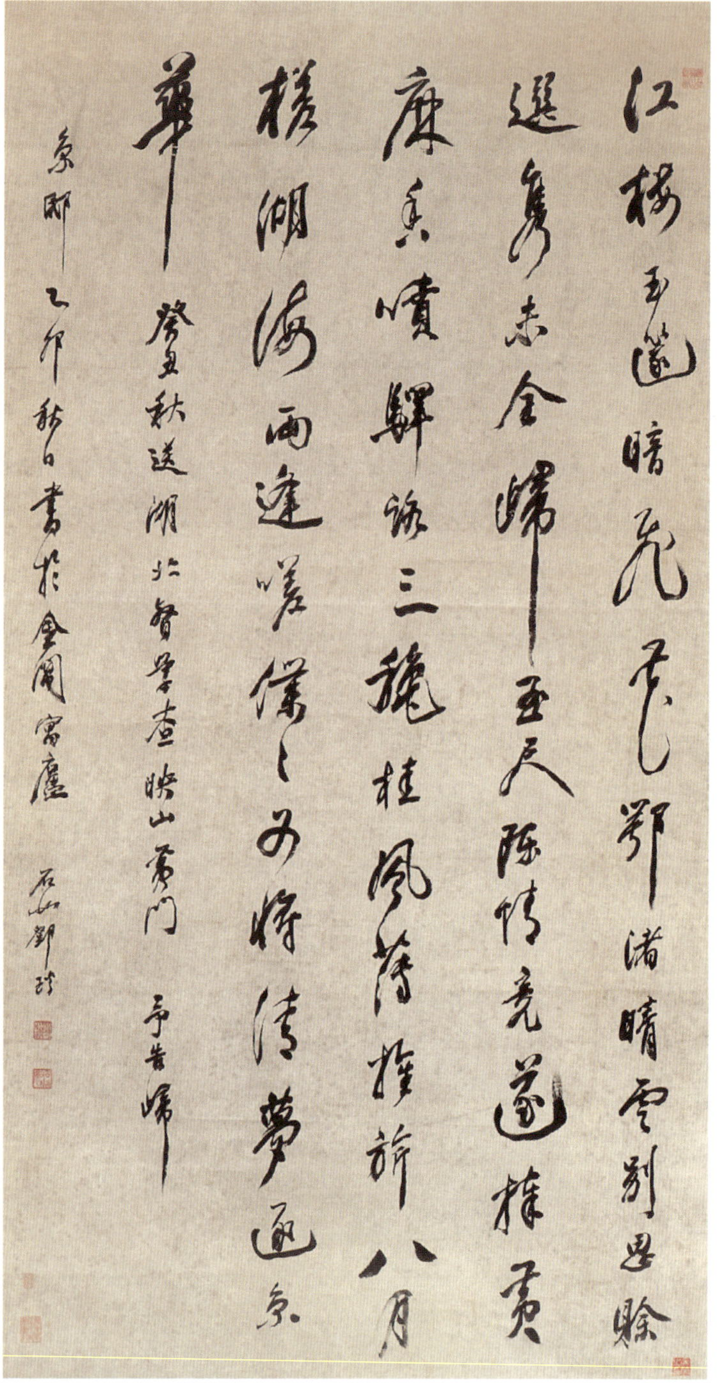

邓石如行书七言律诗《癸丑秋送湖北督学查映山黄门予告归京邸》轴
纸本　纵 166.8 厘米　横 86.5 厘米

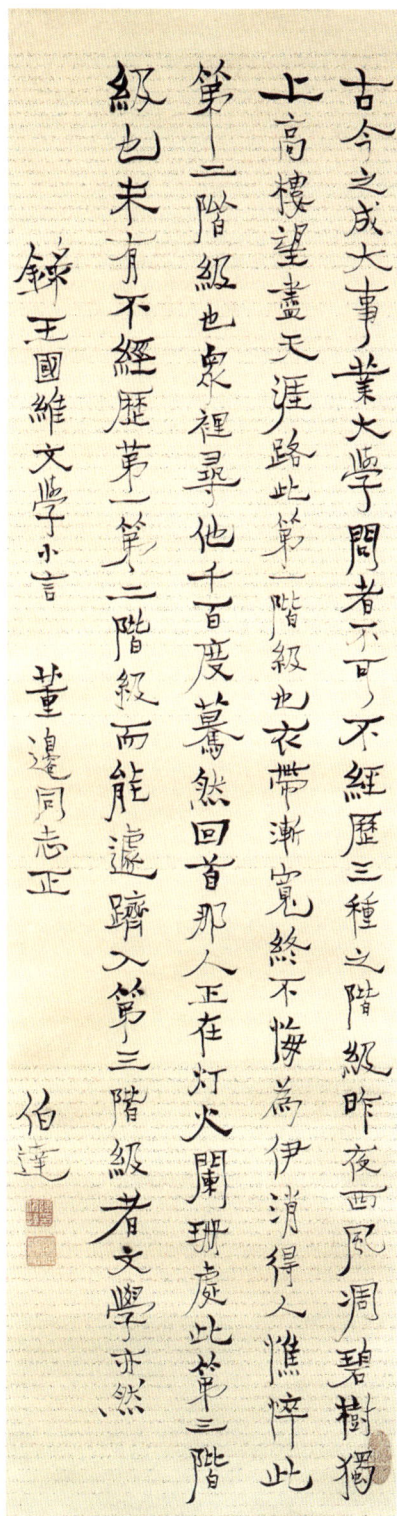

版的《金石家书画集》中看到过，还曾赞叹邓石如以善写篆隶行楷为长，想不到他的草书也写得这么好。田家英当即买下这副对联，兴奋得晚间就请来林乎加、薛驹一同欣赏。

据董边回忆，这副名联后来田家英请毛泽东欣赏，毛也非常喜欢，特借挂在他的书房中很长时间。

不知是邓石如的名气大，还是因毛泽东喜欢这件作品，此事让以收碑帖见长的陈伯达知道了。他几次当面向田家英提出将名联转让自己的要求，都被田拒绝了。陈伯达碰了钉子，仍不死心，又托林乎加从中说合，此事闹了好一阵子。

陈伯达讨了个没趣儿，竟然向林乎加提出索要浙江省博物馆的另一副邓石如的草书联“开卷神游千载上，垂帘心在万山中”，算是扯平。林乎加直言相劝：“进了博物馆的东西怎么好再拿出来，这么做是要犯错误的。”陈伯达只好悻悻作罢。

田家英很不满意陈伯达购买藏品的德行，遇有好东西，陈常常带着浓重的福建口音和人家讨价还价，其“激烈”程度连暗随的警卫都感到诧异。

一次，在北京开中央会议，罗瑞卿走过来半开玩笑地对陈伯达、胡乔木、田家英说：“三位‘大秀才’在外，一言一行要注意符合自己的身份喽，旧货摊儿上买东西，不要为一毛、两毛和人家斤斤计较嘛。”

田家英和胡乔木相视一笑，他们都清楚罗总长放矢之的，只不过是以玩笑的方式出之，算给陈伯达留了面子。

田家英与康生的关系在20世纪50年代还算不错。董边回忆：那时康生在中央党校，常到中南海静谷找家英商谈事情、查找资料。而田家英对康生在诸如诗词、书画、金石、戏曲等方面有一定造诣还是认可的。二人都爱收藏，田家英“爱书爱字”；康生则偏好藏书和收集砚台。康生听说田家英也乐事于藏书，便将自己校补的明代冯梦龙编纂的《醒世恒言》赠给了他。

据专家考证，目前发现的明天启丁卯年（1627）刻本《醒世恒言》，世间只有四部，其中两部（即叶敬池本和叶敬溪本）分别藏于日本内阁文库和

陈伯达录王国维文学小言轴

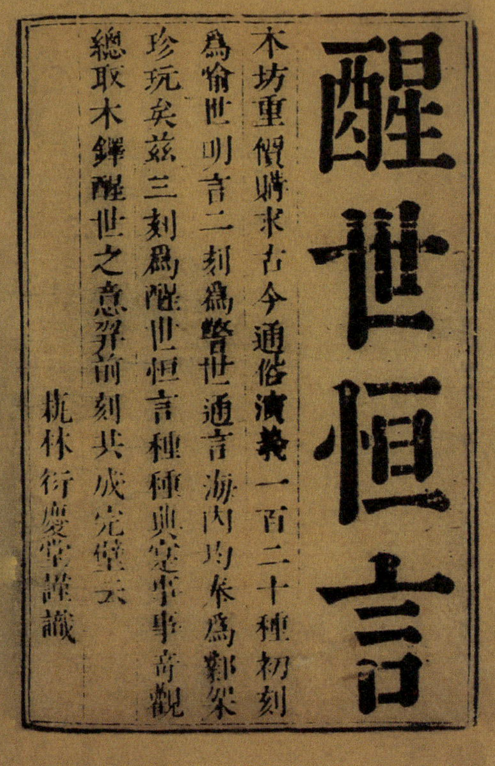

醒世恒言

本坊重價購求古今通俗演義一百二十種初刻為喻世明言二刻為警世通言海內均奉為鄴架珍玩矣茲三刻為醒世恒言種種典實事事奇觀總取木鐸醒世之意并前刻共成完璧云

桃林衍慶堂謹識

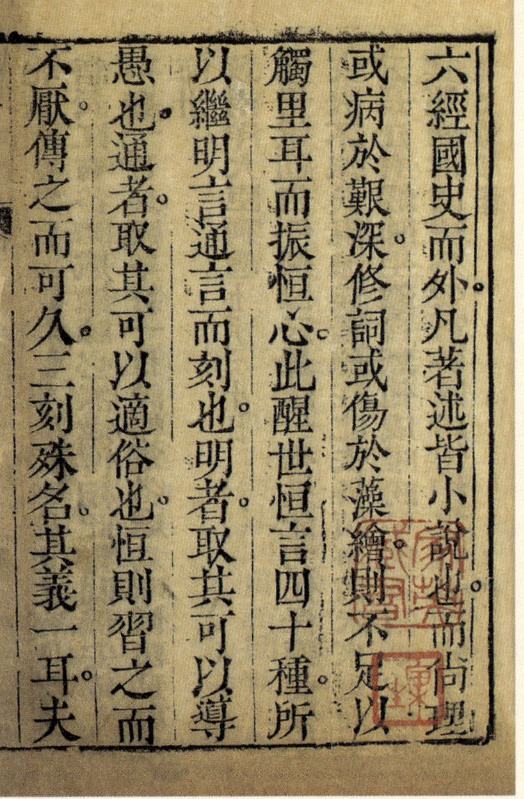

六經國史而外凡著述皆小說也而尚理或病於艱深修詞或傷於藻繪則不足以觸里耳而振恒心此醒世恒言四十種所以繼明言通言而刻也明者取其可以導愚也通者取其可以適俗也恒則習之而不厭傳之而可久三刻殊名其義一耳夫

第四卷

灌園叟晚逢仙女

連宵風雨閉柴門　落盡深紅只柳存
欲掃蒼苔且停帚　堦前點點是花痕

這首詩為惜花而作昔唐時有一處士姓崔名玄微平昔好道不娶妻室隱於洛東所居庭院寬敞遍植花卉竹木構一室在萬花之中獨處於內童僕都居花外無故不得輒入如此三十餘年足跡不出園門時值春日院中花木盛開玄微日夕徜徉其間一夜風清月朗不忍舍花而睡乘着月色獨步花叢中忽見月影下一青衣冉冉而來玄微驚訝道這時節那有得女子到此行動心下雖然怪異又說道且看他到何處去那青衣不往東不往西徑至玄

來佳餚異果羅列滿案酒味醇美其甘如飴俱非人世所有此時月色倍明室中照耀如同白日滿坐芳香馥馥襲人賓主酬酢杯觥交雜酒至半酣一紅裳女子滿斟大觥送與十八姨道兒有一歌請為歌之歌云

絳衣披拂露盈盈　淡染胭脂一朵輕
自恨紅顏留不住　莫怨春風道薄情

歌聲清婉聞者皆淒然又一白衣女子送酒道兒亦有一歌歌云

皎潔玉顏勝白雪　況乃當年對芳月
沉吟不敢怨東風　自歎容華暗消歇

其音更覺慘切那十八姨性頗輕佻卻又好酒多了幾盃漸漸狂放聽了二歌乃道值此芳辰美景賓主正歡何遽

上
康生赠明版《醒世恒言》

下
明版《醒世恒言》卷四中康生仿写补齐的两页

日本吉川幸次郎处。另与叶敬溪本相同的一部原藏大连图书馆，今已不见。此部为衍庆堂三十九卷本共二十册，估计为解放初期的敌伪收缴品，后为康生所得。

康生差人仔细将书每页拓裱，内加衬纸，重新装订。有缺页处，一律染纸配补，由他亲自校订。在该书第一册的卷尾，康生用习见的“康体”补了一百一十八字，因与书中的仿宋木刻体不匹配，从第三卷起，他以笔代刀，尝试写木刻字，找到了感觉。他在第四卷前的梓页作了如下表述：“此卷缺二页，故按《世界文库》本补之，初次仿写宋体木刻字，不成样子，为补书只得如此。”

据统计，康生在这部书中共补写七十余处，约三千六百余字。这或是康生在新中国成立之初的几年中值得留下的有限的东西。

20 世纪 50 至 60 年代初期，康生不断地把自己的“杰作”送给田家英，有其亲书的人生格言，有其自镌的座右铭刻；有时还做些“割爱”，将自己收藏的清人墨迹转赠田家英。一次，康生患感冒，卧床不起，告凡有来访者一律拒之门外。田家英购得一幅金农的字，打电话给康生，他一听马上坐了起来。

两人关系发生微妙转变是在 1962 年的中央北戴河会议之后。那时毛泽东正为“包产到户”的事气恼田家英，以致半年不和他说一句话。而康生自 1959 年庐山会议之后又活跃起来，已重新获得毛泽东的赏识。康生审时度势，判定田家英的仕途走到了尽头。这从他写给田家英的对联中可看出——“高处何如低处好，下来还比上来难。”打这以后，田家英便再也没有收到康生写给他或送给他的东西了。1965 年，山雨欲来，陈伯达和康生都充当了祸国殃民的渠魁。

一位曾和陈伯达、康生打过交道的老同志不无感慨地说：这两个人若论资历都不能算浅，历史上也做过一些事情；若论才气，在党内也算得上个秀才，但最后却走上了反党祸国的邪路，可为天下有才无德者鉴！

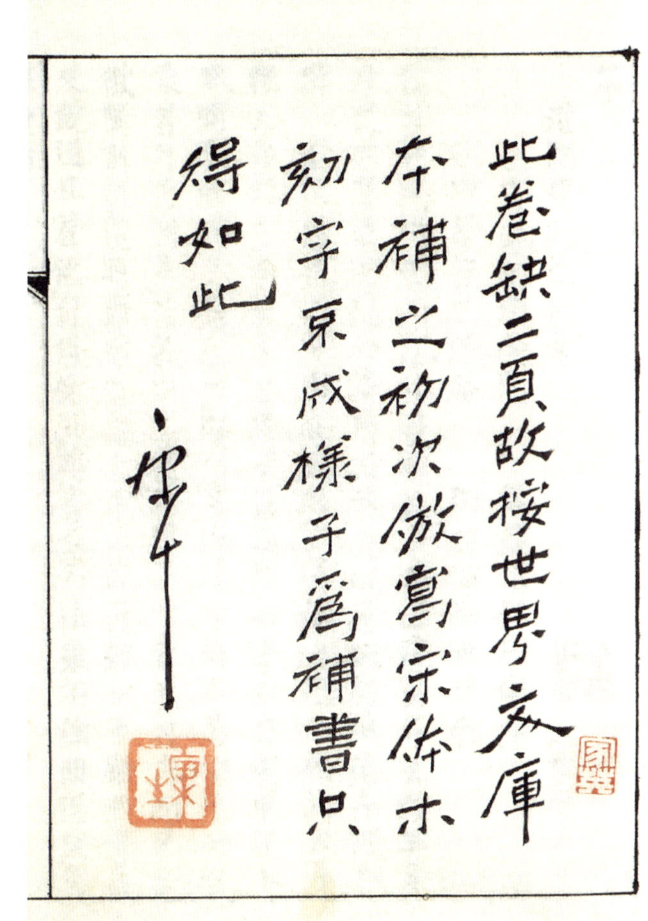
此卷缺二頁故按世界文庫本補之初次倣寫宋体木刻字不成樣子爲補書只得如此

康生

康生为补页所作说明

『十学人砚斋』

田家英以清代学者墨迹为专项收藏，形式不限，条幅、楹联、手卷、册页、扇面、书札、手稿等，只要不违背两大限定（即一属学者，二是墨迹），均在收藏之列。但也有例外。田家英在转书店，逛地摊儿时，也常常买一些不属于“墨迹”的文人用品，如铭砚、铭墨、名章等。因都与学者有关，田家英也陆续收了一些。这大概是收藏者常有的爱屋及乌的心态吧。

阮元银丝砚、黄任云螭砚砚匣

有一次偶然的机会，田家英得到两方属于“蛰园”（郭则沄，福建侯官人）旧藏编号为四○和四八的上好端砚。一方为阮元的银丝砚，砚底镌有阮元节录的《兰亭序》。另一方是著名藏砚大家黄任八十五岁时所做的云螭砚，两螭一上一下，钻云破雾，极为精巧，砚底有“伴朱丝琴，和秋虫吟，古貌古心，惟汝赏音”隶书铭，亦是出自黄任的手笔。据说黄任曾藏有十方上好的宋砚，自名“十砚斋”。这方云螭砚引起了田家英的兴趣，由此萌发凑齐十位学者的铭砚之念，效仿黄任，为其书室命名为“十学人砚斋”。

黄任云螭端砚

以后的若干年中，田家英又陆续收有一些学者的自用砚。其中有朱彝尊玉兔望月端砚、袁枚舟形端砚、桂馥夔云端砚、钱大昕驼矶石砚、姚鼐“讲易”澄泥砚、钱泳梅花溪端砚、潘祖荫制赵之谦铭“永受嘉福”瓦当砚，以及卢葵生为张维屏制作的漆沙砚等。

其中田家英喜欢的是姚鼐“讲易”澄泥砚。姚鼐为“桐城派”领袖，是当时很有影响的学者。这方随形砚朴实无华，没有过多的雕刻，颜色呈鳝鱼黄，包浆亦好，砚铭苍劲有力，配以紫檀盒，是田家英的喜爱之物。

黄任云螭纹端砚拓片（正面）

诗人袁枚的舟形端砚田家英也很喜欢，常见他置于案头或在手中抚玩。砚形似舟，砚底有铭：“端溪砚友取象乎舟，简斋居士携尔遨游。袁枚漫题。”“简斋居士”是袁枚的号，这方砚当为袁枚出游时携带之物。袁枚于诗倡性灵之说，作诗讲求出自真情实感，反对拟古。田家英生前爱读袁枚的诗作，认为诗要有感而发，但不是不讲诗味，也不是率尔成章，信手拈来。袁枚就曾有“爱好由来下笔难，一诗千改始心安”的诗句。

朱文篆书“十学人砚斋”印文

黄任云螭纹端砚拓片（背面）

田家英最后收得的一方学者砚是明末清初诗人万寿祺的著书砚。那是1965年年底，田家英随毛泽东赴杭州。工作之余，他到好友史莽家做客。史莽以藏书著称，兼收砚台、印章。他在几年前听说田家英正在寻觅清代学者的自用砚，便十分爽快地从自己的藏砚中选出这方万寿祺曾用过、后又为汪为霖和查士标所藏的紫端送给田家英，预祝他早日凑成十方，做“十学人砚斋”斋主。田家英亦风趣地告诉史莽，“十学人砚斋”的印章已先一步请人刻就了。

田家英万没料到，此次杭州之行竟为他的秘书生涯画上了句号。他亲自主持整理的毛泽东关于提倡阅读马列著作的讲话纪要，由于删去“海瑞罢官”等毛泽东附带说的一些话而授人以柄，以致半年后，他竟以死来抗议对他的迫害。可在当时，他与友人谈论的却是清人的砚台。

除上述学者的铭砚，田家英为凑齐品种，还收有几方没有刻铭的砚台用以自娱，如甘肃的洮河砚、安徽的金星歙砚、东北的松花石砚、江西景德镇窑的瓷砚等，这些都为“十学人砚斋”增添了不少光彩。

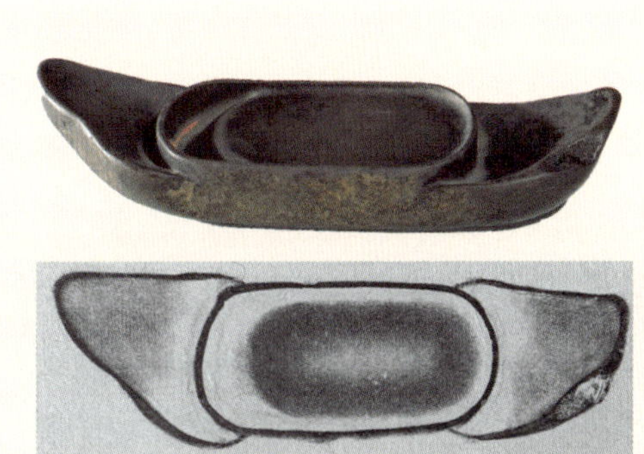

袁枚舟形端砚及拓片

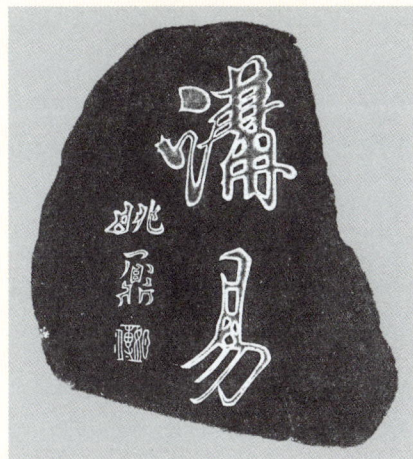

姚鼐“讲易”澄泥砚拓片

桂馥夔云纹端砚拓片（五面拓）

桂馥夔云纹端砚拓片（砚底铭文）

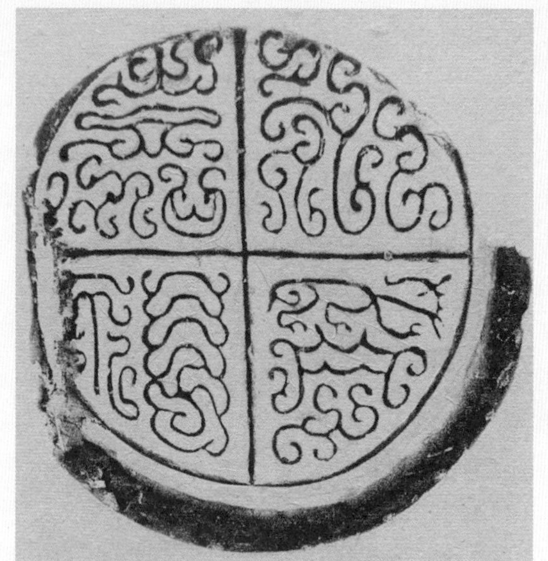

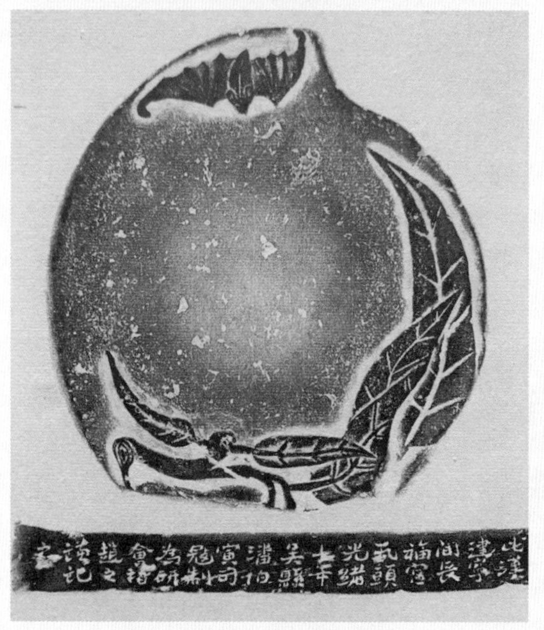

左
潘祖荫制赵之谦铭“永寿家福”汉代瓦当砚拓片

右
万寿祺著书端砚及拓片

1980 年初春的一个下午，一辆墨绿色的军用卡车驶进崇文门西小街一号院内，下来几名军人，将车上堆放着的书籍、字卷等先运至门庭，再码放到电梯间内；运至楼上后，又挪入单元内的客厅。如此重复折返，自然引起刚刚下班回家等候电梯的部长们的注意。胡启立问："这是送往哪家的？"有人答："是田家英家的。"胡启立颔首道："大才子，怪不得呢。"

这些书籍和物品便是田家英去世十四年后，党中央为其平反所做的事——归还遗物。也就是本书所讲述的小莽苍苍斋的藏品：书籍与字画。

我们首先做的是把书籍与物品分开，书籍沿着走廊一侧靠墙码放，足有半人高（半年后大部分捐给某单位图书馆）；再将物品按种类分开，如字轴、楹联、手卷、扇面、信札、册页归到一处，砚台、套墨、水丞、笔筒等文房用具单放一处；还有百十件小囊匣，里面全是印章，多数是田家英的自用章，包括名章、藏书章、斋号章、闲章，很好辨认。剩余许多无法辨识的印章，许多年后，我们编辑清人翰墨的书籍时才逐渐得知，许多印章是当时学者的自用章。

田家英多年来留意寻觅清代学者的自用章，这是项鉴别水平极高的收藏：既要熟悉章料，譬如寿山石类，包括田黄（乾隆时期已绝迹）、鸡血石；又如青田石类，分艾叶绿、酱油等色；更要考证这些名人印章是不是后人仿制。

田家英生前是否对其做过鉴定，我们不得而知，只得重新考证。举几个例子，以窥一斑。

"孙星衍印"黄寿山石方章：通高七点六厘米、边长三点一厘米。印章上端为双角龙头侧视，首尾相接，整条龙腾跃于波涛翻滚的海浪之上，龙身高于首尾，以俏色装饰。初看这枚印章，连我们都不敢相信这是孙星衍自用的名章。龙是帝王的专用装饰，从元代以降，龙纹的使用就有其严格的规定。孙星衍身为乾隆朝进士（殿试榜眼），当然知道擅自使用龙纹装饰之弊。印章两侧镌有文字："癸酉仲夏，伯渊先生来寓，吴盦出此三石嘱刻。率尔应，叹腕力孱弱不足，当方家一咲也。冷云均。"查看"癸酉"，即嘉庆十八年（1813），适逢孙星衍六十寿辰。由此得知好友吴盦出石，冷云均操刀，镌刻名章作为寿礼赠孙星衍。五年后孙星衍过世，他生前是否使用过这枚印章已无从考证。

"孙星衍印"黄寿山石方章及印文

王福庵镌“张仁蠡”“范卿”艾叶绿寿山石对章及印文

王福庵镌“寒木堂”（颜世清斋号）寿山芙蓉石长方章及印文

何绍基“实事求是”艾叶青田石方章：通高五厘米，边长二点八厘米，朱文篆书“实事求是”。印章顶部装饰为海水及水禽，四面镌刻文字：

盥濯息檐下，斗酒散襟颜。遥遥沮溺心，千载乃相关。但愿长如此，躬耕非所叹。

陶彭泽晚节躬耕，每以诗自解意，其中未能平也。流寓黄州二年，适位艰岁，往往乞食无田可耕，盖欲为彭泽不可得者。

子贞　何绍基

此为诗人陶渊明《庚戌岁九月中于西田获早稻》诗的后半段，跋语讲述陶渊明居住江西彭泽县，“晚节躬耕”，处于“乞食无田可耕”的窘状。印章边题似乎与印文“实事求是”并不相关。其实那时的“实事求是”并不是现在人们所熟知的意思。何绍基所处时代是以考据学唱主角，形成“凡古必真，凡汉皆好”的学派特色。“实事求是”一词就是出自《汉书》，原指根据实证，求索真知的意思。何绍基曾任职武英殿国史馆总纂，著有《说文段注驳正》，敢于挑战小学前辈段玉裁，足见他文字学功底深厚。何绍基以陶渊明“适位艰岁”不改初心为榜样，以根据实证求真知的箴言自勉，这才是他制作这枚印章的初衷。

田家英对清代学者的“名号对章”十分认可，他留心挑选石料好，并不在意学者的名气有多大。田家英认为：造假者意在盈利，挑选上好的章料，镌刻不甚知名者的“对章”，这于理不通。如：王福庵镌“张仁蠡”“范卿”艾叶绿寿山石对章：通高六厘米，边长一点四厘米。张仁蠡（1900—1951），字范卿，张之洞之子。田家英并不关注张仁蠡（此人后投靠汪伪，曾任天津市市长），而在意他的父亲张之洞，小莽苍苍斋藏有张之洞的墨迹。收藏寿山石料以艾叶绿难得，特别是将石料一分为二，色泽、肌理一脉相承，属于寿山石上品。此外，田家英对王福庵的篆刻还是认同的。

王福庵镌“寒木堂”（颜世清斋号）寿山芙蓉石长方章：高五点八厘米，长四点四厘米，宽二厘米，这是小莽苍苍斋收藏王福庵的另一件篆刻作品。颜世清（1873—1929），字韵伯，广东连平人。民国时期的大收藏家，著有《颜氏寒木堂书画目》。王福庵仿元人笔意镌刻，连同如此硕大、色泽鲜艳的芙蓉石长方章（上好石料一般随形，很少切割），很能体现收藏家的鉴赏品味和经济实力。

“刘宝棚印”“晋臣长寿”酱油青田石对章：高五点六厘米，边长二点五厘米。刘宝棚何许人，暂不知。田家英应该看中的是这对酱油青田石章料。篆刻大师陈巨来为田家英治印“苟利”“敢因”对章，便是利用清代中期一对酱油青田石的老章重新镌刻而成。这样看来，田家英收藏老章，只要石料好，也有为自己所用的经历。

我们翻阅田家英的藏书，不经意间发现清代晚期学者平步青著《霞外捃屑》的扉页上钤盖平步青别号“栋山樵”印。这方黑青田印章是叶遐修（史莽）从平氏家乡绍兴购得，寄赠给田家英的。田家英将印钤盖在平步青的著作上，拟文说明该印章的流传经过，这或是收藏的另一种乐趣吧。如今，像如此硕大的“栋山樵”黑青田石章以及“王士禛（渔阳）”“皇十一子（永瑆）”等印章原件已失，我们见到的是钤盖在诸如《霞外捃屑》这类书籍上的印迹。

写到这里，回想 20 世纪 80 年代初，我们刚开始整理退回的物品时，曾打开装有印章的锦匣，一看是个空匣，内有一纸检讨书，内容为：出于对田家英的憎恨，拿走盒中印章云云，落款为某班战士的名字。这样，没有纳入登记名单如印章一类的杂项，当时出于“憎恨”心态的警卫战士到底拿走多少，也就无法统计了。

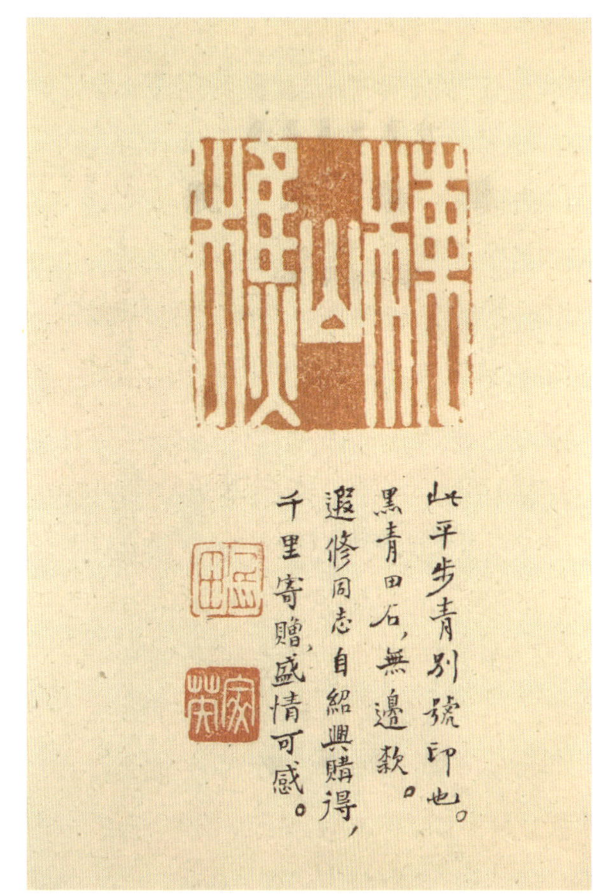

此平步青别號印也。
黑青田石，無邊款。
遐修同志自紹興購得，
千里寄贈，盛情可感。

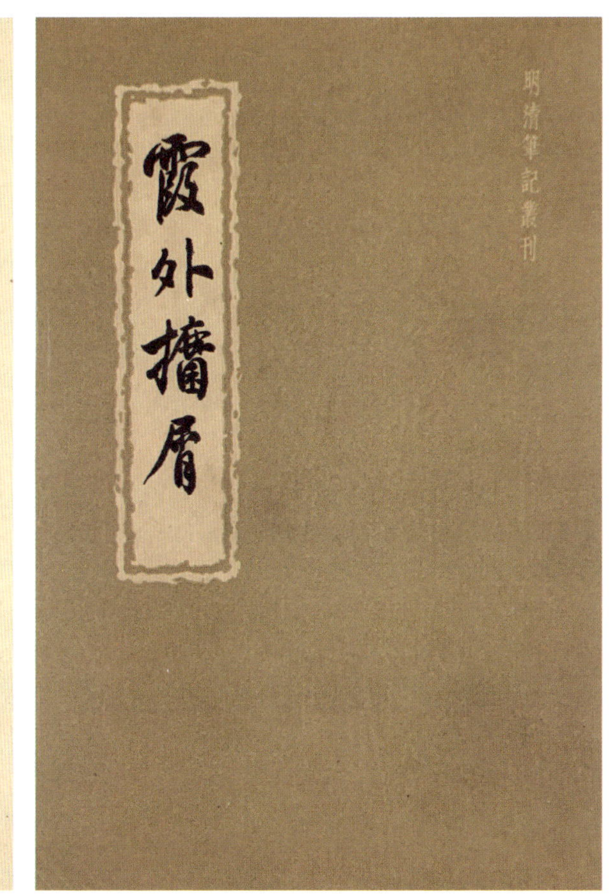

左
“刘宝棚印”“晋臣长寿”酱油青田石对章

右
平步青《霞外捃屑》封面及扉页

『椒花吟舫』谁创修

田家英收有一枚朱文篆书“椒花吟舫”方章。它通高四点五厘米，边长二点五厘米，边款有“乾隆三十年夏，菱公命刊，萧霖”的题刻。印章朴实无华，无钮，无雕饰，甚至失去原装的锦匣。

查“椒花吟舫”，不免想到清嘉庆帝老师朱珪的诗作《题椒花吟舫图》：“椒花吟舫谁创修，笥河先生此息游。十年卉木手灌植，一时过从樊张俦。”诗中提到的“笥河先生”，即朱珪的长兄朱筠。

朱筠（1729—1781）字美叔，又字竹君，号笥河，顺天大兴人（今北京市）。乾隆十九年（1754）进士，授编修。

翻阅小莽苍苍斋藏书《朱筠年谱》（姚名达1933年编辑），开篇第一句：“朱筠是乾嘉朴学的开国元勋，朱筠是乾嘉朴学家的领袖。”“朴学”亦称“汉学”或“训诂考据学”，因文风朴实而冠其名，盛行于乾隆、嘉庆时期，又称“乾嘉学派”。学科包括经学、小学、史学、地理学、金石学、校勘目录学、诸子、治事、历算、博物等。

朱筠的弟子、至友多至百人以上。享誉当年的如章学诚之史学、洪亮吉之地理学、任大椿之礼制学、钱坫之文字学、武亿之经学、黄景仁之诗歌、孙星衍之训诂学、江藩之传记学、汪中之诸子学、汪辉祖之姓氏学等，皆卓卓有名。上述学者作品小莽苍苍斋收藏齐全，这些学者无一不是受朱筠传授启发，方得有成。

诗中的“椒花吟舫”是朱筠的书斋号或藏书室名。他所藏两万卷书，许多是知名藏家散出的，名气最大者莫过于康熙时期曹寅“楝亭”的旧藏。

《年谱》中有关“椒花吟舫”最初记载，是在乾隆二十九年（1764），“先生挈妻子移居街南肇庆会馆之西，榜书室曰‘椒花吟舫’”。乾隆三十一年（1766）11月4日记载：“程晋芳、冯廷丞过先生椒花吟舫，先生设酒，与及门蒋雍植、章学诚、蔡必昌、吴烺同饮，中夕纵谈，尽欢而散。越日，廷丞作序序其事，先生作《椒花吟舫小集序》。”

田家英收藏“椒花吟舫”章，若与朱筠的友人孙星衍的名章相比，不论形体硕大抑或雕饰豪华，两者乃天壤有别。

田家英收藏此章时当然知道其主人是朱筠，所不确定的是“此章即彼章”。这在信息不对称的年代，确其真伪是件很困难的事。我们试图按照田家英当年的鉴定思路，去破解“椒花吟舫”章的真伪。

查看小莽苍苍斋藏品《朱筠题王雅宜（宠）书券卷》，有朱筠的签名和印章，这在《年谱》中有记载，惟独不见“椒花吟舫”章印。看来是因这枚印章过大，并不适宜钤盖在信札、联对、手卷上。

再看小莽苍苍斋藏品《送蔡生必昌之官屯留序》册，作序人既未署名，又未钤印，应该是篇草稿。直到光绪年间，有人从印有“椒花吟舫”的专用信笺上，得出“按‘椒花吟舫’为朱竹君所居室名，此其手稿也。”的结论。它也实证了《笥河文集》卷五《送蔡生必昌之官屯留序》的记载。此册三开，虽有“椒花吟舫”的专用信笺为凭，但未见印章的使用，终归还是件未了之事。

直到20世纪60年代初，田家英为毛泽东搜集碑帖旧拓本时，购得民国上海有正书局制作的《西岳华山庙

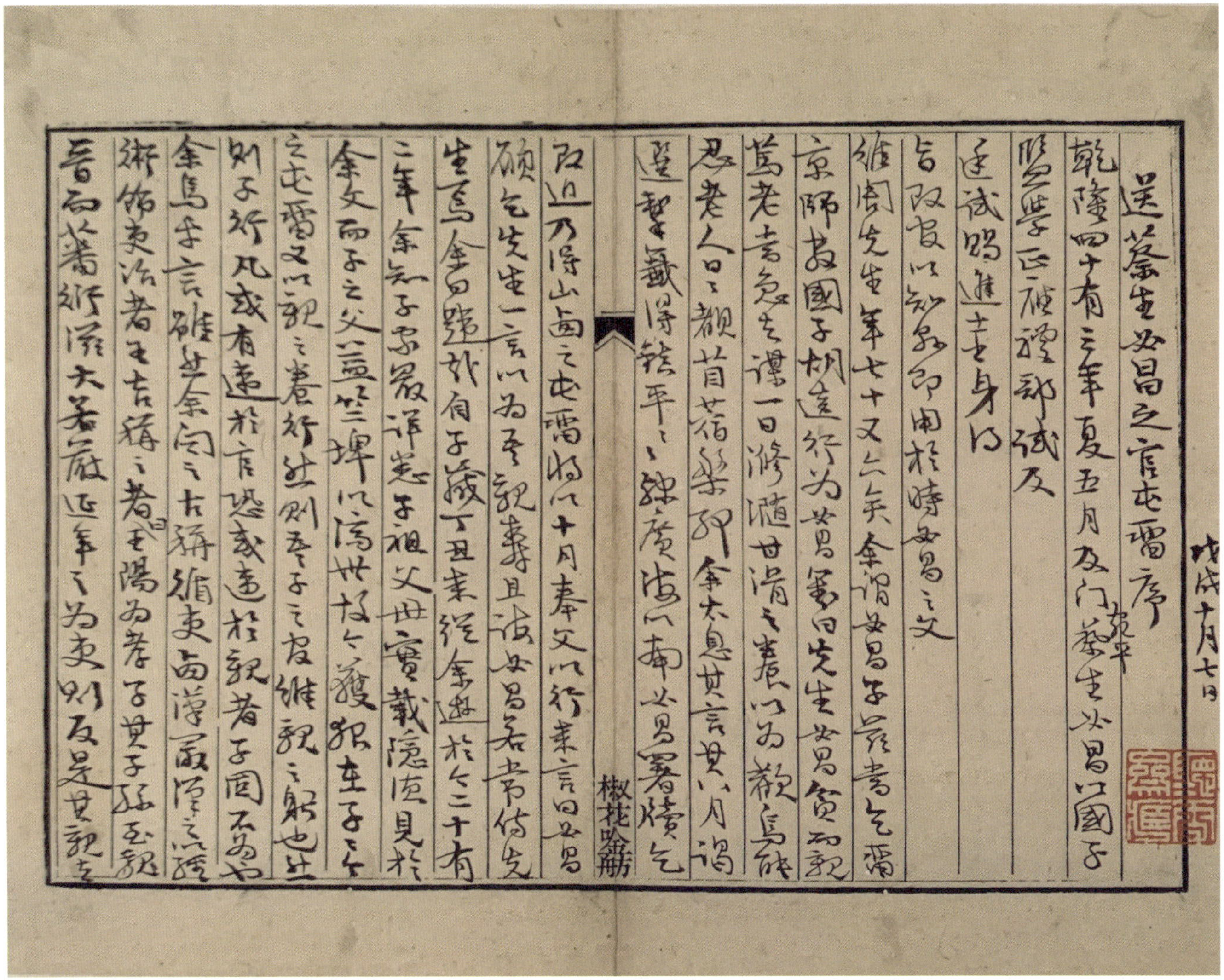

朱筠《送蔡生必昌之官屯留序》册（部分）

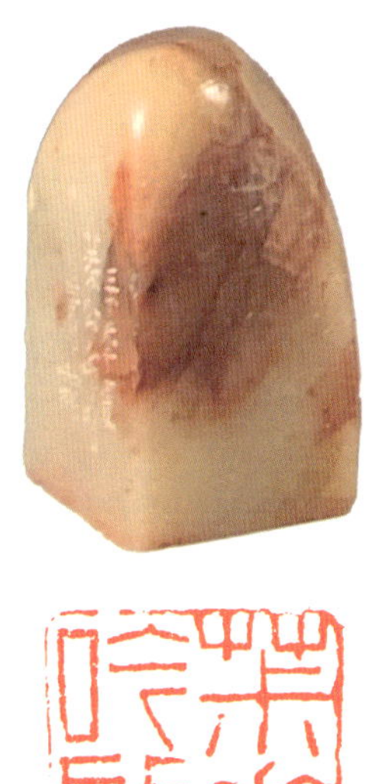

“椒花吟舫”印章及印文，通高 4.5 厘米，边长 2.5 厘米

碑》（四明、华阴、长垣三本一涵）拓本影印本。原拓三十八页，剪条装。附页存郭宗昌、王铎、翁方纲、阮元等题跋、观款二百三十余条，其中就有朱筠撰写的《汉西岳华山庙碑跋尾》。这在《年谱》乾隆三十八年（1773）二月十九日记载中得到证实。朱筠从六书理论考究碑文字形结构，以证篆、隶、楷之递变。他洋洋洒洒写了十三页，计两千字。

田家英意外发现朱筠除了钤盖自己的名号章外，还在“华阴本”从碑额至后记共钤盖了七处“椒花吟舫”的印，足见朱筠对“华阴本”之偏爱。朱筠此举感染了

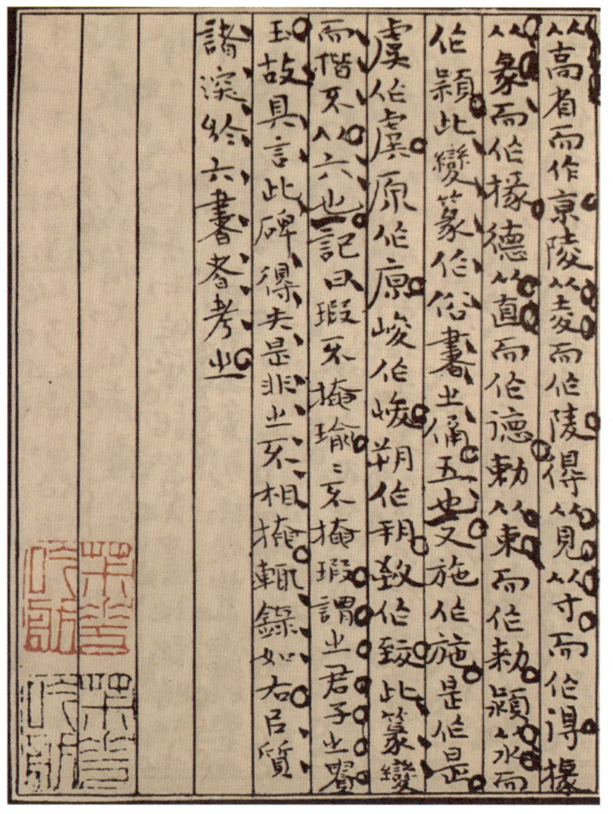

从高者而作京陵，从菱而作陵；得，从見从寸，而作得；掾
从彖而作掾；德，从直而作德；勑，从束而作勑；顯，从水而
作顯，此變篆作俗書也；備，五字變文施作施，是作是，
虞作虞，原作原，峻作峻，朔作朔，致作致，此篆變
而楷不从六也。記曰：瑕不掩瑜，瑜不掩瑕，謂之君子之器
玉，故具言此碑得失是非之不相掩，輒錄如右，以質
諸深於六書者考之。

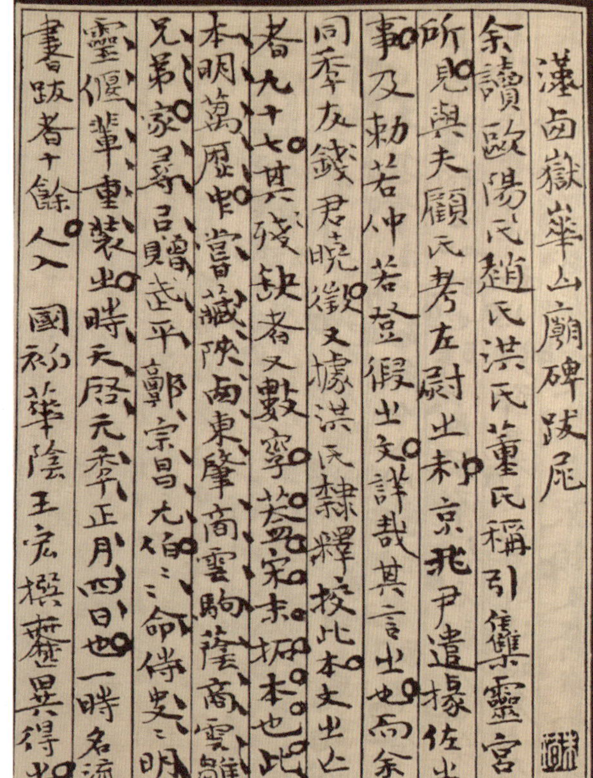

漢西嶽華山廟碑跋尾

余讀歐陽氏、趙氏、洪氏、董氏稱引集靈宮
所見，與夫顧氏考左尉之刻，京兆尹遣掾佐之
事，及勑若仲若登假之文，詳哉其言之也。而余
同年友錢君曉徵又據洪氏隸釋，校此本文之亡
者九十七，其殘缺者又數字，蓋宋末拓本也。此
本明萬曆中嘗藏陝西東肇商雲駒、蔭商雲雛
兄弟家，以贈武平郭宗昌允伯，允伯命傳
靈偃筆重裝之，時天啟元年正月四日也。一時名流
書跋者十餘人。入國初，華陰王宏撰無異得之。

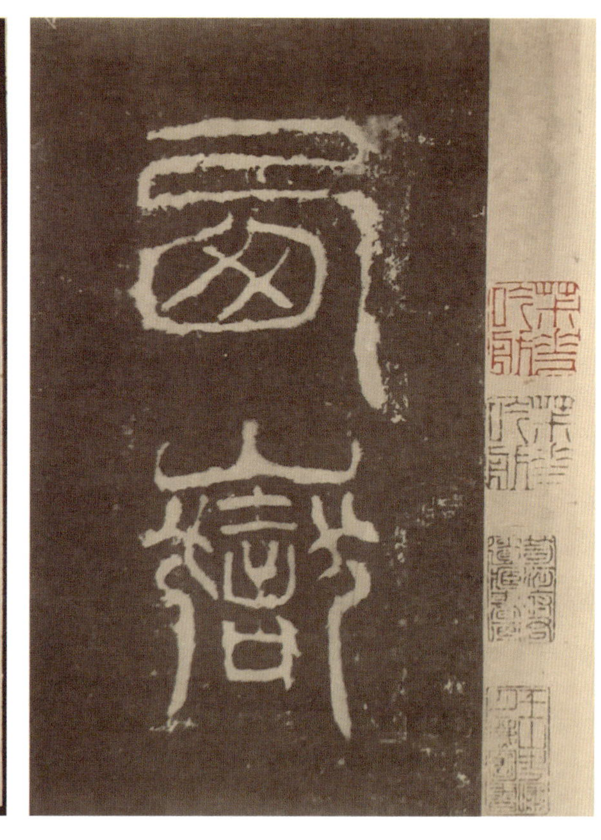

《西岳华山庙碑》拓本影印本（部分）

众多后来者，他们纷纷拟诗撰文奉和笥河先生，诗中甚至提到“椒花吟舫”。如嘉道学者张岳崧（1773—1842），海南唯一的钦点探花，他在题跋长诗中就有“四明完帧幸披览，椒花吟舫频经过。长垣一纸入潢府，鼎足仅此称无讹。”寥寥数语，将“四明”“华阴”“长垣”三本存世原拓的历史价值，清楚地表达了出来。

田家英喜出望外，他在四处影印最清楚的“椒花吟舫”印旁钤盖了自己收藏的那方，这样黑红双印两厢对照，印文丝毫不差。

从《年谱》乾隆二十九年（1764）初见“椒花吟舫”的记载，乾隆三十年（1765）萧霖为其镌刻印章，到乾隆三十一年（1766），朱筠作《椒花吟舫小集序》，展现出完整的时间链条，坐实了此章便是二百五十年前朱筠使用过的。

墨之用，殷商已见。殷墟曾出土陶片，上有墨书的“祀”字。东汉学者王充在《论衡》中说：“截竹为简，破以为牒，加笔墨之迹，乃成文字。”从出土实物看，汉代的墨是墨丸，需配以研磨石方可使用。到了明代晚期，出现了制墨大家程君房、方于鲁，他们写有制墨专著，使制墨工艺有了质的飞跃。

清代制墨工艺达到了高峰，不仅有专为宫廷制作的御墨、贡墨，还有送礼用的套墨。大批文人雅士也纷纷自行设计墨的款式、图案，将自己的情趣、爱好寄托于朝夕相伴的文房用品中，出现了文人自制墨。小莽苍苍斋的主人也适时收藏了一些文人墨和套墨。

“元圃云英”文人墨

铭为“元圃云英”的红木匣中，分八屉共装文人自制墨三十二锭，上至康熙，下到光绪，这是田家英从所收众多散墨中遴选出的。它们多以主人自己的书斋、堂号命名，如“四箴堂书画墨”、“知不足斋选烟”（鲍廷博）、“天衣阁”等。这些嘱托墨家代制的自制墨，其工料、纹案、形制皆悉心而为，不计工本，质量远高于墨工门市所售墨品。

匣中还收有一些署有学者字号的墨，如朱彝尊的“竹垞朱氏墨”，金农的“五百斤油，冬心先生造”，赵翼

装于木匣的文人墨

的“赵瓯北作书墨”，等等。这些墨有个共同特点：即突出主人个性，质量上乘，书法俱佳。如袁枚，不但在墨上注有“随园居士袁枚制于小仓山房”，还清楚标明此墨选用的是“顶烟”，制法为“轻胶十万杵”，并邀制墨名家程圣文监制。这些学者墨，因饱含文人情愫，往往为历代藏家所珍视。

曹素功《御制耕织图》套墨

曹素功《御制耕织图》套墨

曹素功《御制耕织图》墨全套共计两函四十七锭，除第一锭正面是“御制耕织图序”六字，背面是康熙帝手书序文的全文外，另有耕图二十三锭、织图二十三锭。小莽苍苍斋收藏有“御制耕织图序”一锭，与“耕图”二十三锭共存一函。“耕图”每锭正面为图，背面为康熙帝题诗，特制漆盒包装，明黄绸衬里，最后一锭边款为“曹素功制”。小莽苍苍斋收藏的只是“耕图”部分，不包括“织图”。

该套墨的模具蓝本依据的是康熙帝于康熙三十五年（1696）命宫廷画家焦秉贞所绘的《御制耕织图》。

该图共四十六幅，其中耕图、织图各二十三幅，真实生动地描绘了水稻生产和丝绸织造全过程的劳作情景。全图完成以后，康熙帝亲自写了一篇《御制耕织图序》，并为每幅图题了一首诗，吟咏耕织的劳苦。同时，他又命“镂板流传，用以示子孙臣庶”，让他们都知道一粥一饭、半丝半缕来之不易。

焦秉贞原作现已不知去向，故宫博物院现保存有康熙三十五年（1696）镂板印制的《御制耕织图》，木刻图保持了焦秉贞原作的风貌。康熙五十三年（1714），在制墨中心皖南徽州开始出现《御制耕织图》墨，以曹素功、汪希古所制最为著名。曹、汪两家所制都是根据木刻《御制耕织图》缩小临摹，然后刻制印模以精料精工制成。

汪次侯《儒林共赏》套墨

汪次侯《儒林共赏》墨一盒十锭，形式各不相同，概与文房用具有关，如镇纸、笔掭、臂搁等，制作精良，图案优美。多数墨款印有阳文篆书“汪氏”“次侯”“汪次侯监制”“儒林共赏”等。

汪次侯，安徽休宁人，清初制墨世家出身。其墨传世不多见，有《白岳凝烟》《儒林共赏》《儒林秘宝》等套墨。周绍良在《清墨谈丛》中列举李一氓收集《白岳凝烟》墨最多，也只有五锭，是全套的八分之一；周一良收有《儒林共赏》墨，也只残存七锭。可见，汪次侯墨流传至今，“幸存者”当属凤毛麟角。

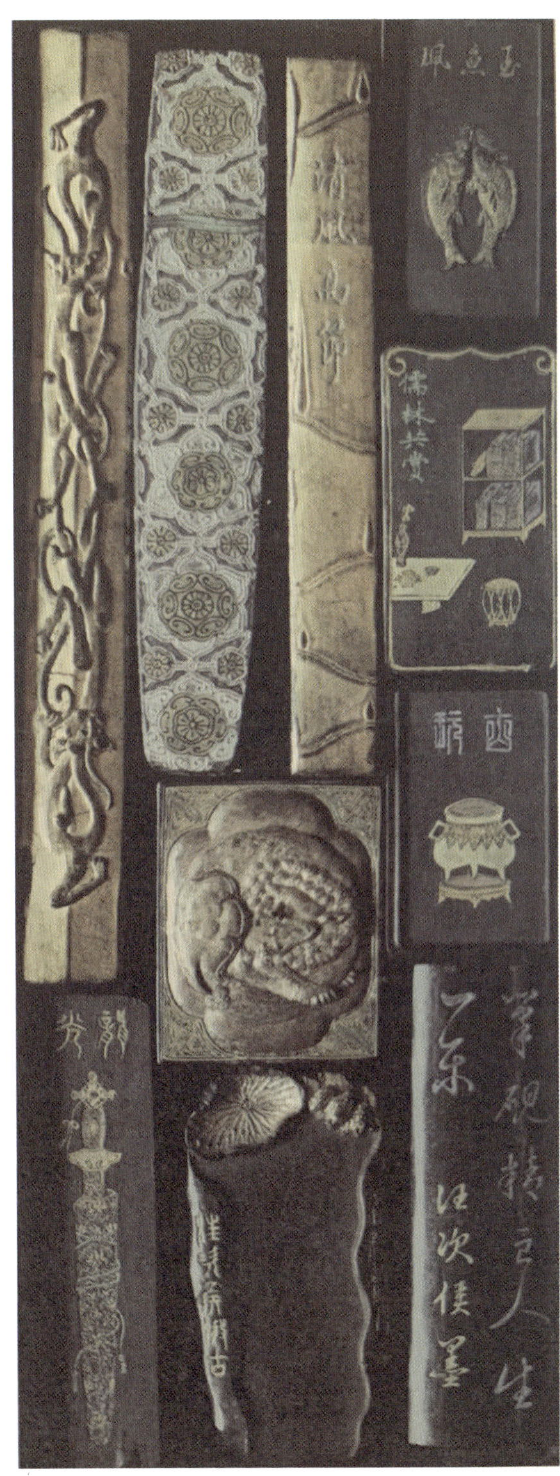

汪次侯《儒林共赏》套墨

"嘉庆年制"款宫廷御墨。"含碧堂""春耦斋""湛虚楼"均是中南海殿堂的名称。以"春耦斋"最为有名，靠近丰泽园和颐年堂，是中央首长周末休息娱乐的场所。乾隆帝曾题诗《春耦斋》

御制《铭园图》散墨

《铭园图》墨共六十四锭，按《墨薮》所载：《铭园图》各景选自圆明园、长春园、大内三海（南海、中海、北海）等处。从图画设计到墨模雕刻都是请一流高手来做，在贡品墨中属上乘。面填金字，背镂山水，侧钤"嘉庆年制"款。

由于是贡品，至今在民间没有看到完整的一套。田家英在中南海工作生活了十几年，十分熟悉那里的一砖一瓦，从他搜集到的如"湛虚楼""春耦斋""含碧堂"等墨看，他有心补齐《铭园图》，至少希望将涉及中南海的景观墨收全。

小莽苍苍斋还收有《西湖十景》《黄山图》《守砚斋制墨》《五老图》等套墨，从中可看出斋主的情趣与爱好。

叶志诜仿作『汉建初铜尺』

闲来读读旧时掌故、笔记，往往会有意想不到的收获。许多事，你寻觅良久，真可谓铁鞋踏破。而结果往往偶然得之，全然不费工夫，那种惬意是旁人难以体会的。我们读邓之诚的《骨董琐记》便获得了意外之喜。

邓之诚在卷八“仿建初铜尺”条中记：“叶东卿志诜，于嘉庆壬申，仿作汉建初铜尺。平安馆、苏斋、文选楼，各藏其一。”“平安馆”“苏斋”“文选楼”分别是叶志诜、翁方纲、阮元的书斋号。

由此，忽然想起田家英收藏有类似的铜尺，不禁怦然心动，遂找出核对，果然为三柄之一，“苏斋”所藏是也。

铜尺为斑铜所铸。一面刻有起度，另一面铸有“虑虒铜尺建初六年八月十五日造”阴文篆书；尺脊铸有“嘉庆壬申（1812）叶志诜仿作，翁方纲藏”阴文篆书字样。

叶志诜（1779—1863），字仲寅，号东卿。湖北汉阳人。曾任内阁典籍官，荐升兵部郎中。志诜博学好古，尤通金石考据，收藏甚富，身后有《平安馆藏器目》为证。翁方纲（1733—1818），字正三，号覃溪，晚号苏斋。北京大兴人。历官内阁学士，广东、江西、山东等学政，国子监司业。两人生前关系友善，均是享誉一时的学者、书法家。

叶志诜为何仿作汉建初铜尺（又称“虑虒铜尺”）？据《骨董琐记》卷六“虑虒铜尺”条记载：东汉章帝在位时，在虑虒（今山西省五台县）偶得一玉尺，竟心血来潮，于建初六年（公元81年）八月十五日下令，以玉尺为本铸造铜尺，宽一寸，厚五分，谓之“汉官尺”，诏颁天下。

千余年过去了，这柄仿玉尺铸造的“虑虒铜尺”不知何年出土，清初时被曲阜孔尚任所藏。孔氏有感而发，

罗振玉题款的“新莽尺”及拓片

接连写了《铜尺考》《周尺考》《周尺辨》三篇。称周尺起度应以人手的中指中节为准，当是一寸，十寸为尺。如果用黄米的直径衡量，一尺恰好是一百粒黄米直径的长度；这与《汉书·律历志》“一黍之广……一为一分，十分为寸，十寸为尺”的记载相符。虑俿铜尺的发现证明东汉的“度”是继承了周制。叶志诜精金石考据，大概同意此说，并以孔尚任所藏虑俿铜尺为本，仿作三柄分藏三家。

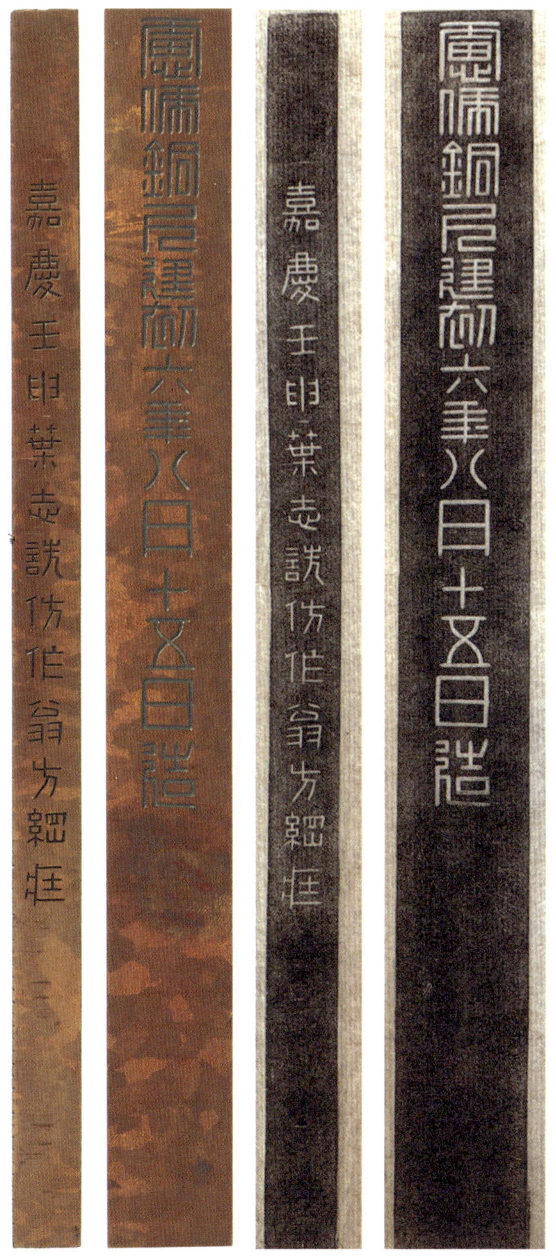

翁方纲得此铜尺显得异乎寻常地兴奋，一再拟诗作赋以报志诜，这在翁氏所著《复初斋诗集》卷六十四中屡见。如题为《以礼器碑末行小隶为轴报东卿》，诗云：“虑俿一行隶兼篆，东京小隶此最先……叶子为我仿铜尺，此铭古质如初镌。”

在另外一首《仿作汉建初铜尺歌》中，道出了作者与叶志诜、阮元的亲密关系，“……昨日阮公复借示，妙哉叶子真宿缘。西洋精铜三尺三，庭前榻上光回旋。一如虑俿新造日，肯假款识秦熺传。……此铜尺即古铜尺，仍昔官铸无变迁。周汉晋皆等圭臬，阮叶翁各盟丹铅。阮公既富周汉器，叶子复深篆隶笺。我虽嗜古无长物，得藉鉴订来群贤。”在以后的一段时间内，翁方纲又连续作了《又题仿汉尺牍代铭二首》和《陈务滋为我作苏斋较铜尺图》等诗，总计洋洋千字。

时过境迁，当今人们不会明了一柄铜尺竟引出翁氏感想连篇；更想不到它几经易主，一百五十年后归藏小莽苍苍斋。田家英向以收藏清儒翰墨为专项，偶遇这类文人制作或收藏的杂件，也乐于收纳。“文革”伊始，田家英罹难，所有物品被封存于中南海田氏寓所。十四年后，物归其主时，家人已不可详知当年收藏原委。或用作镇纸，或用以代锤，铜尺上下已现斑痕点点。我们竟从闲书中找到铜尺的出处，写成此文，明其端绪。

叶志诜仿作“汉建初铜尺”及拓片

善用工具书

喜好收藏的人，最感头痛的莫过于判定藏品的真伪。这对专业人员尚非易事，何况田家英只是业余爱好。

但田家英确有其过人之处。他悟性高，记忆力过人，进入角色快，加上长达十八年的秘书生涯，他确实从毛泽东那里学会了如何对待自己不熟悉的事和物，善用工具书便属其中之一。毛泽东外出，总要带上百种书，每到一地，还要向当地借阅有关本地特色的书。

1958 年成都会议期间，毛泽东要田家英为他准备诸如《四川省志》《蜀本纪》《华阳国志》，以及《都江堰水利述要》《灌县志》等阅读，还将《华阳国志》的部分内容印发给与会代表，要求大家都学点历史。在杭州，毛泽东嘱托田家英把历代文人咏西湖的诗找出来，选精彩的集一册，以便后人可以利用。这些对田家英产生了示范和启迪作用。

常和田家英一起外出的人都知道，田家英随身总携带着一本萧一山早年编辑的《清代学者著述表》的小册子。纸已经发黄变脆，上边满是圈圈点点的朱墨，田家英每觅到一件清人墨迹，便与年表相核对，然后在表上做一标记。有时他还将表中作者的简历当作题跋记于作品的天头或拖尾。田家英曾对朋友戏言：此乃清朝干部花名册。他希望有生之年把表中一千几百名学者的墨迹收全。

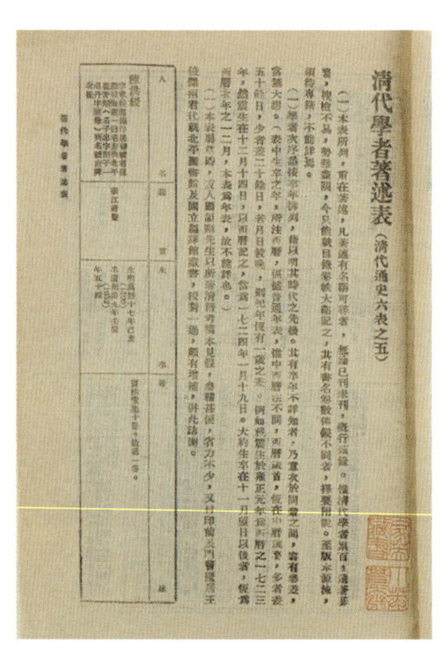

清代學者著述表（清代通史六表之五）

（二）學者次序悉按卒年排列，借以明其時代之先後。其有卒年不詳知者，乃置次於同輩之間，容有參差，當無大謬。（表中生卒之年，所注西曆，係據晉通年表，惟中西曆法不同，西曆歲首，恆在中曆歲暮，多者差五十餘日，少者差二十餘日，若月日較晚，則紀年復有一歲之差。例如戴震生於雍正元年，當西曆之一七二三年，然實生在十二月十四日，以西曆記之，當爲一七二四年一月十九日。大約生卒在十一月後日以後者，恆爲西曆次年之一二月，本表爲年表，故不能詳也。）

清代學者著述表

田家英常用的工具书《清代学者著述表》

此外，田家英还购置了《金石著述名家考略》《书林藻鉴》《中国学术家列传》《廿四史传目引得》《清代朴学大师列传》《中华文汇・清文汇》《同书异名通检》等工具书。田家英还花很大精力为《清代学者著述表》《昭代名人尺牍及续集小传》《书人辑略》《清儒学案》这四部书做了“索引”，以便于检索。至今我们在整理这批清人墨迹时，还享受着他当年所做“索引”带来的便利。

田家英常说：“工欲善其事，必先利其器，善用工具书就是学习、利用前人已经取得的成果。”为尽快解决识别真赝所带来的困惑，他从古旧书店买了大量民国时期出版的有关书法的书，比较有价值的是西泠印社 20 世纪 30 年代出版的《金石家书法大全》（连同续集）共计十四册、日本昭和十二年（1937）出版的《支那墨迹大成》共计十二册、日本昭和十一年（1936）出版的《支那名画宝鉴》、中华民国九年（1920）出版的《名人书画》共计二十三集、《清朝书画谱》等。

田家英认为这些书质量都不错，书中所录赝品绝少。以后不论到哪里，看到什么作品，他首选一定是曾经著录过的。如朱彝尊、姚鼐、桂馥、孙星衍、金农、邓石如、张燕昌、奚冈、陈鸿寿、赵之谦等人的几十件作品，均是这些出版物刊印过的。凭此办法，田家英受益匪浅。

但也有例外。清初学者万经的隶书诗轴，田家英曾在日本《昭和法帖大系》上看到过，所写内容甚至都能背诵出来。有一次他意外发现了这件作品，购回家与书对照，内容、款识均一字不差，可惜是件赝品。不过对田家英来说，也是个收获，两件相较，更能看出赝品的破绽。

除了从书本上学，田家英更多的是注重实践，不断地总结，提高自己的鉴赏水平。在杭州，他和史莽探讨西泠八家作品的异同；还研究赵之谦挥毫多喜用侧锋的个性；在上海，为甄别顾炎武的一幅手卷，他特地从上海图书馆借了一套《顾亭林（炎武）文集》研究了一个晚上。在北京琉璃厂，田家英所结识的老师傅就更多了。他向师傅们讨教，也同他们一起切磋。

田家英很重视博物馆书画方面的藏品。他认为馆藏作品的征集，都是经过专家集体审核考证过的，“看走眼”的极低。他所去次数最多的是故宫博物院、上海博物馆、浙江省博物馆、西泠印社等，多数是看，也有外借的。故宫就存有完整的田家英借阅手续清单。1960 年 12 月 26 日，田家英写信给故宫吴仲超院长，提出借阅刚入藏故宫的《清代名贤手札》两册，信的首句便是“奉还前在贵处借看之郑板桥条幅，请查收”。可看出田家英借阅频率还是很高的，这或许与他替主席借阅之事有关联。

经过十余年的实践，田家英在清代学者墨迹的鉴赏方面已成为行内一致首肯的专家，同时他对清代历史，特别是清代学术史愈加烂熟于心，对文人雅士的典故更是如数家珍。

清史专家戴逸先生在 20 世纪 60 年代初，曾在几次理论和时事学习会上听过田家英作的报告。田家英手中不拿讲稿，对毛泽东的著作十分熟悉，剖析深入，立论极其精辟，对材料、例证拈手即来，运用自如，在戴逸头脑中留下了十分深刻的印象。

戴逸最后一次见到田家英是在 1963 年历史学界的小型座谈会上，与会的有范文澜、翦伯赞、尹达、黎澍、刘大年等。在戴逸印象中，这类学术性的座谈会田家英从未参加过；他这次不但参加，还饶有兴致地作了长篇的即席发言。所谈除了历述清代中后期边塞史地学派的产生和发展，如讲到祁韵士、徐松、李兆洛、何秋涛、李文田、洪钧、杨守敬等人，举出他们的著作和贡献，还谈到清人学术与现实的关系。谈及中国的知识分子一向以机器制造为末务，不关心、不研究新事物这个话题时，田家英以晚清学者萧穆（不甚知名）为例，说此人长期在江南制造局（中国最早、规模最大的兵工厂）工作，但在他的《敬孚类稿》中，却没有一句话提到江南制造局和机器工业。田家英的话引起戴逸的好奇，他全然不知萧穆曾在江南制造局工作过，特借来《敬孚类稿》，果然，书中都是谈经说古、考证赠序之作，并无江南制造局的一点痕迹。

此事留给戴逸的印象极深，直到 90 年代田家英收藏被公之于世，这个疑团才被释解。

左
万经隶书七言绝句诗轴（赝品）

右
万经隶书七言绝句诗轴

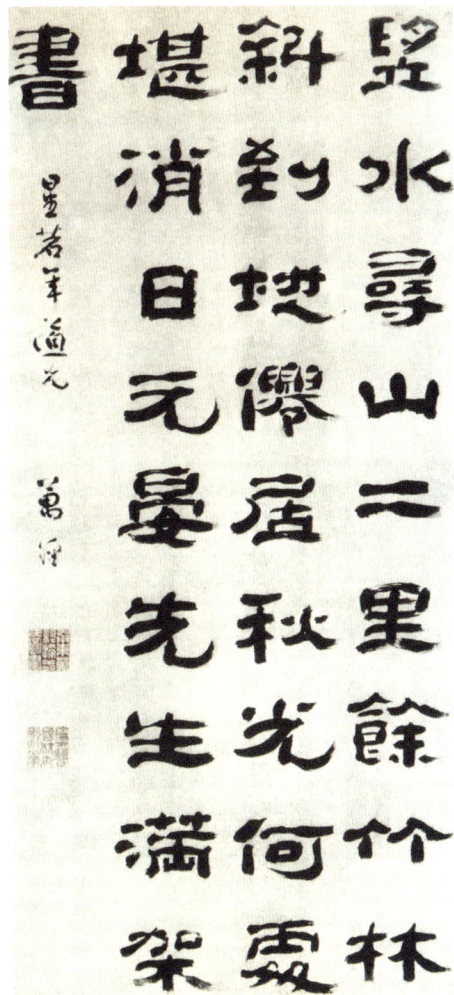

一帧拓片引遐思

20世纪80年代中期，曾自翻阅父亲田家英的藏书时，偶然发现了一帧拓片。从外形看，像是只簸箕，内刻有四行隶字：“守其白，辨其黑，洁若玉，坚若铁，马列之徒，其如斯耶。”落款是“家英铭、秉忱隶、梅行镌”。这段刻铭写得清秀，镌得在意，词句也有意义，体现出田家英、陈秉忱、梅行三位挚友间的情感。

曾自把拓片托人装裱，并拍成照片，分发给田家英的几位朋友。当我们将照片送给林乎加时，老人目光久久凝视，若有所思地说：“这是砚台的拓片。”得知砚台已不复存，老人有些伤感：“拓片还在，人已不存，我的那方还在，他的那方已失。”

说罢老人转身进了书房，不一会儿拿出一方满是墨垢的“风字砚”，对我们说：那还是60年代初，田家英随主席到杭州，工作之余，邀他一同去了绍兴，每人买了一方形质相同的“风字砚”。家英说，绍兴是出师爷的地方，这类文人用品很多。

临别时，老人将那方伴随他二十多年的砚台送给了我们，希望将“守其白”那段砚铭重新镌刻上去，留作纪念。回到家，我们小心洗去上面的墨垢，那光滑细腻的石质，在阳光下深深然，隐隐然，似绿忽白，竟是方难寻的绿端。我不知所措，镌耶否耶，至今拿不定主意。

我们在整理小莽苍苍斋藏品四十余年间，对田家英的收藏故事，藏品的历史内涵、文化价值，由懵懂到逐渐明晰，也从中看出斋主的书生襟抱、历史关怀和风骨逸韵。

左
林乎加相赠的绿端“风字砚”

右
田家英砚铭拓片

比如，田家英的闲章不少，有地摊上买的，也有请人镌刻的，大多是一些警世之言，读起朗朗上口，放下令人回味。像“苦吾身以为吾民”“以俭养廉，将勤补拙”“理必归于马列”“文必切于时用”等。

我们走访过与田家英共事过的朋友，他们都有相同的感受：其一，家英平易近人，不像个首长。不管是散步，还是在饭桌上，他的古典笑话一个接着一个，特别是他那口四川话加上生动的手势，把大家逗得不行。其二，家英对人真诚。闵宝利（人民大学法学教师）回忆，1954 年，中央成立宪法起草班子，他被借调半年。临结束时，家英送他一副“横眉冷对千夫指，俯首甘为孺子牛”的鲁迅对联，并笑着说：“送你的对联是假的（荣宝斋水印），但鲁迅的章印可是真的。”原来他专门去了趟鲁迅纪念馆，请熟人用原章钤盖的。

田家英生性活泼、开朗，长期在中央高层严肃谨然的氛围里工作，竟一点没有改变他那洒脱不羁的性情。他有两枚老章，上刻“活泼泼地”“且高歌”，那正是他的本性。

还有一方“临事而惧”的章，是嘱梅行刻的。谁都知道，担任毛泽东秘书谈何容易。初到时，毛泽东请田家英吃饭，田家英本来是很有酒量的，但这一次只喝了一点就醉了，可见他初任秘书时的紧张心情。

20 世纪 60 年代初，田家英在杭州西泠印社看到吴昌硕的一副篆书联：“心中别有欢喜事，向上应无快活人。”他觉得下联像是自己多年做人、做事的一种写照，便买回挂在书房里。说来也巧，不久他又在琉璃厂寻到一方朱文篆书的老章，印文恰恰是“向上应无快活人”。

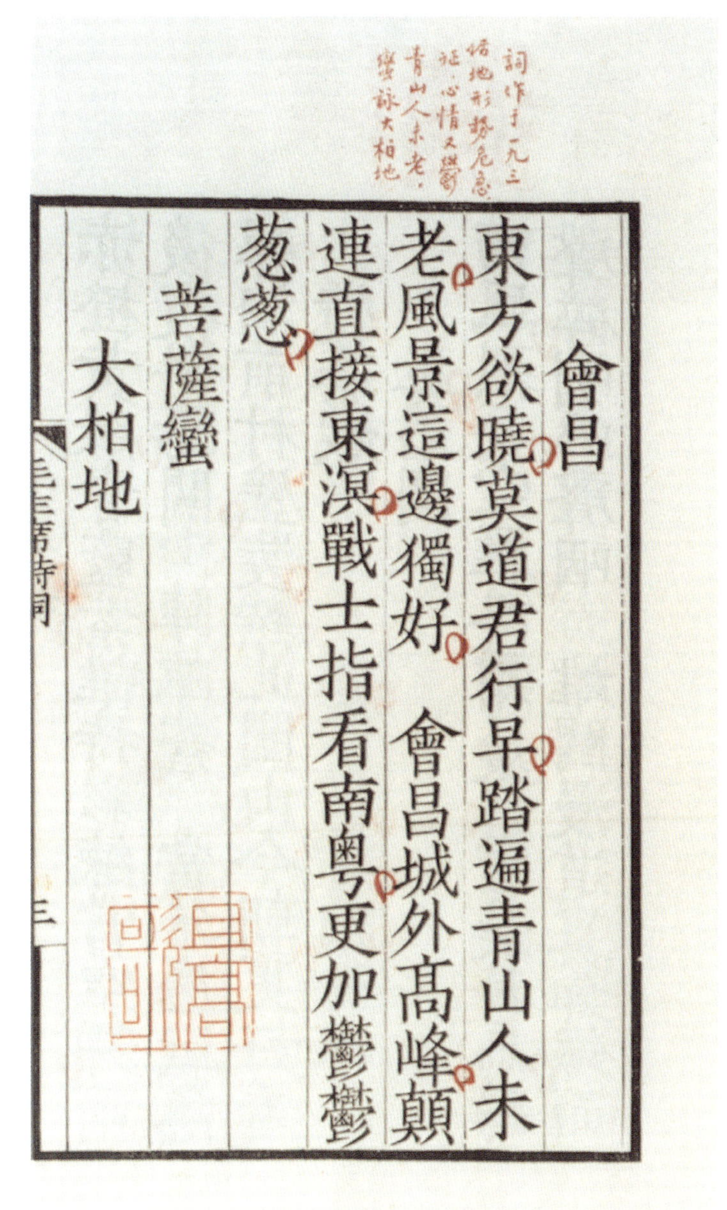

會昌

東方欲曉莫道君行早踏遍青山人未老風景這邊獨好 會昌城外高峰顛連直接東溟戰士指看南粵更加鬱鬱葱葱

菩薩蠻

大柏地

印拓“且高歌”

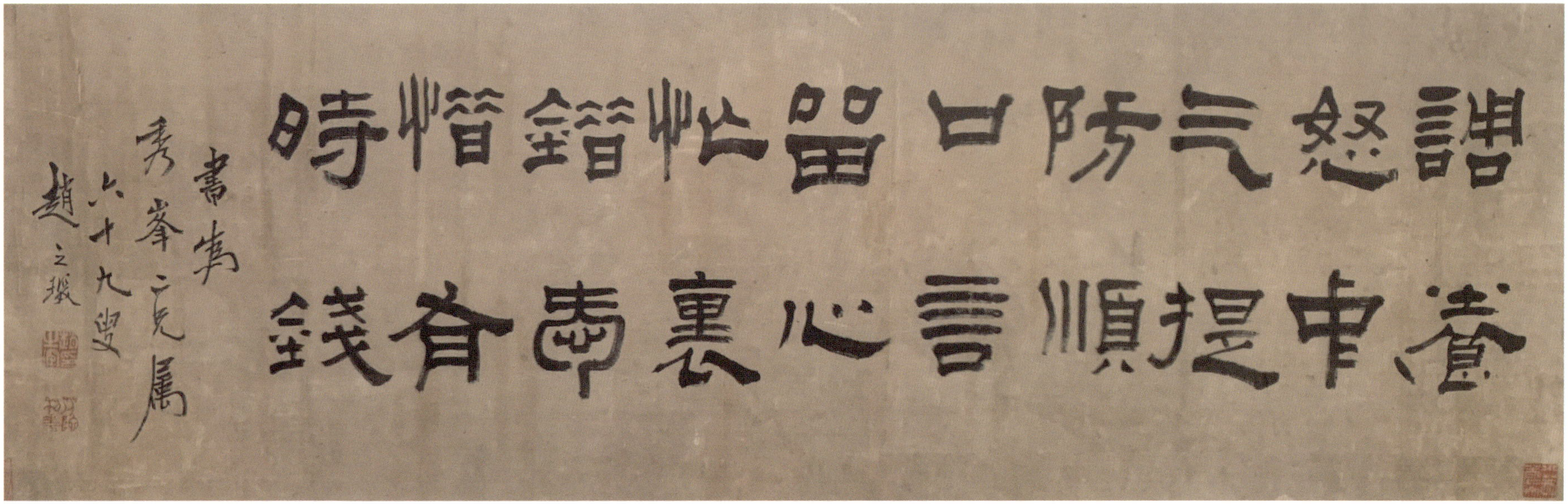

赵之琛隶书五言绝句诗横幅
纸本　纵 27 厘米　横 84 厘米

赵之琛（1781—1860），字次闲，号献父。浙江钱塘（今杭州）人。诸生。嗜金石文字，尝为阮元摹刻钟鼎款识。工篆刻，集浙派之大成，为"西泠八家"之一。工隶书，善行楷，精绘事。晚年栖心内典，喜作佛像，所居杭城高士坊，名其庐曰"补罗迦室"，有《补罗迦室印存》、《墨林今话》有传。

至今，我们在他读过的许多书上都看到有这方印。

小莽苍苍斋还收有一幅"西泠八家"后四家赵之琛的隶书五言绝句诗横幅：

> 调养怒中气，提防顺口言。留心忙里错，爱惜有时钱。书为秀峰二兄属。
>
> 六十九叟赵之琛
>
> 名下钤白文篆书"赵之琛印"、朱文篆书"芬陀利华"二方印。

这是田家英喜欢的"格言诗"，也是他遵从的做人之道。在编辑《毛泽东选集》一至四卷时，他对逄先知说得最多的是清代学者包世臣的话："每至临文，必慎所许，恒虑一字苟下，重诬后世。"他说："封建社会修史官尚且如此，我们今日所做的编辑工作，就更不能有半点差错了。"

我们最近整理小莽苍苍斋藏书时，发现在《汪容甫（中）遗诗集》中夹有一纸 1966 年 4 月 30 日的台历，应该是田家英阅读该书时，随手撕下充当"书签"的。台历上有铅笔涂抹下隐约显露的两行钢笔字："1. 指名问题（杨、田）2.（王）不满与批评混同。"看来，那时他已经在思考自己的"问题"了，还在抽空看闲书。若真如此，应该是田家英赴死（5 月 23 日）前所没看完的最后一本有关清代学者的书，想来已是半个世纪前的事了。

1991年夏天的一个傍晚，曾在20世纪二三十年代与田家英成都老家为邻，又先后是田家英小学、中学校友的丁磐石敲开了董边家的门。他此行来访的目的，是要亲手交还四十年前向田家英借阅的《中国古代史讲义》手稿。据丁磐石讲，这份讲义是田家英在西柏坡北庄中学讲授历史课时编写的教材。丁于1950年去中南海看望田家英，在浏览书架时，偶然看见，便借去一读。不想一借就是十五年，要归还时又赶上"文革"，家英蒙难，自己也未能幸免。等到这次物归原主时，这份讲义仅存"西周与东周"和"秦"两个章节，剩下的已不复存在。

说起西柏坡的北庄中学，实际上是中央机要处于1949年办的一所业余中学；校长是陈伯达。当时给学员授课者不乏一些大家，也有像田家英这样的青年兼职教员。至今，当年毕业的许多学员谈起田家英讲课，以及晚饭后散步听田家英摆"龙门阵"的情景，仍记忆犹新。

在他们的印象中，田家英是个不修边幅、不拘小节的人。譬如，有次上课，田家英忙中出错，竟错戴了董边的蓝布帽子；还有一次他上大课，却拿错了讲义，知情者为他捏了一把汗，可他干脆把讲义一合，滔滔不绝地讲出了那段历史，时间、地点、人物都记得清清楚楚，甚至还能大段地背诵古人的文章。学员们、机要处的领导和一些老同志都爱听田家英讲历史课，觉得他讲得生动、有趣。他们甚至还记得入学考试时田家英出的试题："官渡之战""秦始皇的父亲是谁"，等等。

田家英以为，课讲得生动，首先是教材编写得要生动。"言之无文，行而不远"，写历史一定要注重文采，否则很难流传下去。其实，历史本来是很生动的。再一点是史实清楚、准确。就好比一个人物的外表、形象，距离越近，看得越清楚；而功过得失，时间越远，看得越准确。

至今许多当时的学员根据笔记还能回忆起田家英讲课时的情形。在谈到学习时，田家英拿孔子的两句话作比喻："朝闻道，夕死可矣"；"得一善，则拳拳服膺"。这两句话如果按照现在的理解，"道"就是真理，只要早上听到真理，晚上死了也甘心；"善"就是好事，知道一件好事，便衷心佩服。他感慨地勉励学员："比起孔夫子那个时代，我们在党中央的直接领导下工作、学习，每天'闻'的'道'，'得'的'善'，不知有多少，这些都是推动我们前进的伟大力量。"

学员们很羡慕田家英有个聪明的大脑，总问他通过什么方法能使自己变得聪明些。田家英说："脑子越用越好使。有个美国人写了本书叫《半个脑子的故事》，说的是一个人因病切除了半个脑子，但他的能力并未下降。一般来讲，一个人二十五岁前记忆力是最好的。"田家英以个人为例，说自己已经过了二十五岁，仍觉得记忆力还好，毛主席的文章都能背出来；有一篇是讲财政经济问题的，很难记，但下功夫背，还是背出来了。

学员们的一封封来信，讲述着那个时期艰苦但充满乐趣、激人奋进的学习和生活，使董边一次又一次沉浸于无比幸福的回忆之中。她在晚年，以至临终前的一些日子，常回想起在延安与田家英恋爱时的情景：天刚麻麻亮，她叫上家英就在山坡上读书、看报，一起分析时局，研究形势动态。那时他们住的是窑洞，年轻人也有

田家英《中国古代史讲义》手稿（部分，共二十四页）

你追我跑的时候，都是围着一排排的窑洞转圈儿。家英一边追，一边背着鲁迅的打油诗：“我的所爱在山腰，想去寻她山太高，低头无法泪沾袍……”引得董边笑个不停。

董边还记得，田家英那时就向她表露过自己的抱负——今生要写出一部小说，甚至框架都搭好了：是一对青年男女在火热的战斗岁月中成长的故事。没过多久，他果真写了一部小说，书名叫《小红萝卜》，是写一个儿童在战火中的故事。董边记得当时还给他泼了冷水：“你没有到过前方，更没有战地生活的体验，小说是编的，缺少真实感，你还是多写写杂文吧。”田家英听罢也就没有将书稿送报社。后来他到山西搞土改，有了生活体验，结识了房东的女儿“不吞儿”，以她的经历为素材，用“信天游”民歌体，像“前沟里糜子后沟里谷，那搭儿想起那搭儿哭”，用这样的方言写了上万字的长诗，还出了单行本。

1948年12月，董边从冀东回到东柏坡，田家英带着毛岸英来看望。一见面岸英便鞠了一躬，叫了一声“师娘”，使同龄人董边涨了个大红脸。后来才知道，从1948年起，田家英就在毛泽东身边工作，毛泽东还让他担任毛岸英的老师，教授语文和历史。董边听到家英这样评价毛岸英：爱看书，很懂事，是个有志气的青年；他不靠老子，靠自己……这一切，都成为董边在晚年对抗疾病的强大精神动力。正如她所说：“延安八年是我一生中最幸福的日子。”

董边格外珍惜这二十几页手稿，托人把它装裱成册，并亲自作序，记录始末。这样做的原因还在于：田家英辞世的当天，全家被逐出中南海。在专案组的监视下，董边仅拿了几件替换衣服和家英放在桌子上的一块手表，便离开了永福堂。

一晃十四年过去了，田家英冤案得以平反，抄没的书籍、衣物均归还了家属，唯有他的手稿，据说都列为档案，不在清退之列，以致孩子们都记不起父亲的笔迹。董边将家英生前常用的几方小莽苍苍斋收藏章，钤盖在家英《中国古代史讲义》手稿上，它和其他收藏品一道，作为为数不多的“斋主”的手迹保存。

1948年，毛岸英（中间站立者）在山东渤海区参加土改复查团工作

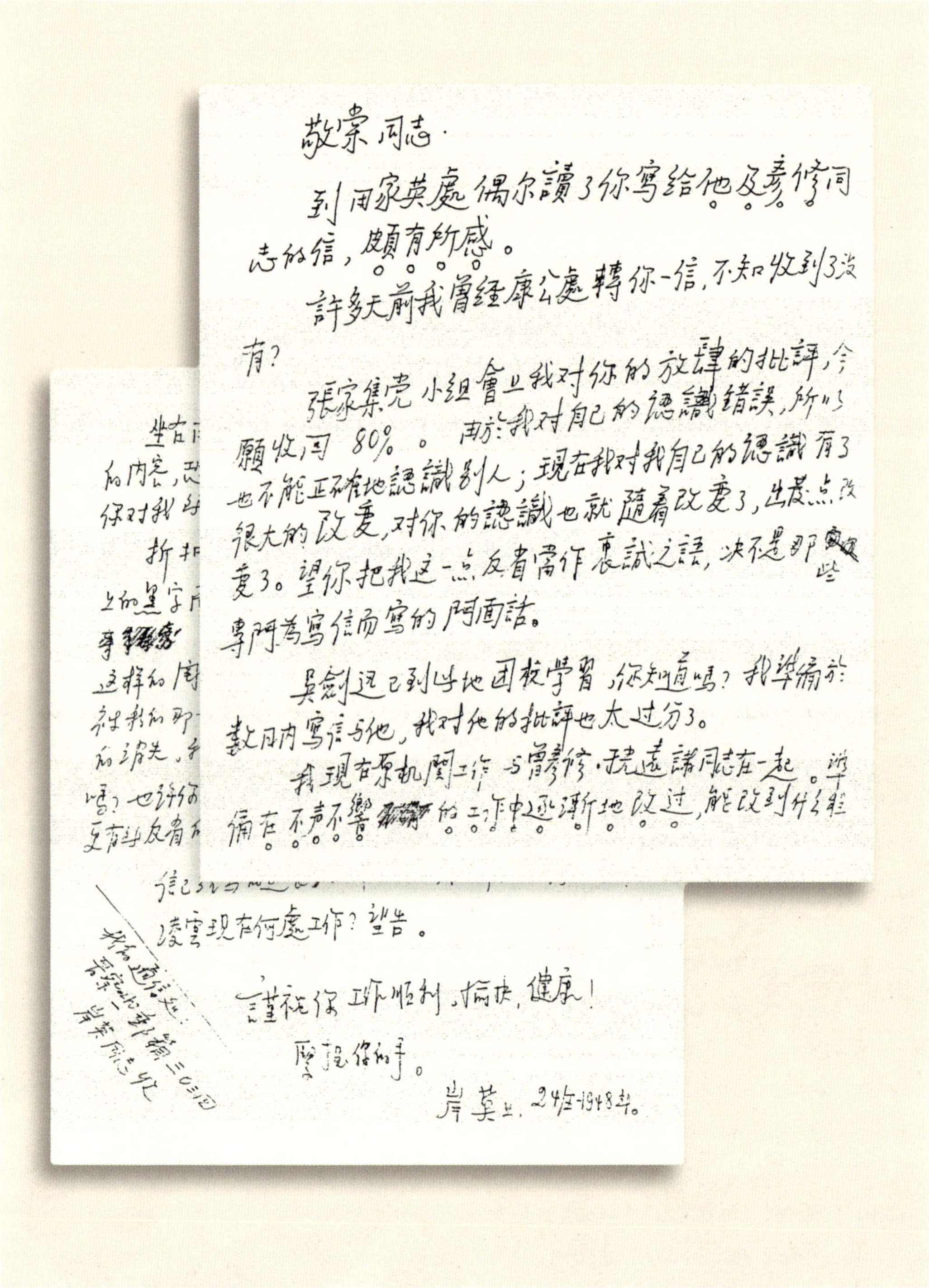

敬棠同志：

到田家英處偶尔讀了你寫给他及彥修同志的信，頗有所感。

許多天前我曾经康公處轉你一信，不知收到了沒有？

張家集党小组會上我对你的放肆的批評，今願收回80%。由於我对自己的認識错误，所以也不能正確地認識别人；現在我对我自己的認識有了很大的改变，对你的認識也就隨着改变了，出发点改变了。望你把我这一点反省當作衷誠之語，決不是那些專門為寫信而寫的門面話。

吳劍迅已到此地团校学習，你知道嗎？我準備於數日內寫信与他，我对他的批評也太过分了。

我現在原机関工作，与彥修、光遠諸同志在一起。準備在不声不響的工作中逐漸地改过，能改到什么程

……

凌雲現在何處工作？望告。

謹祝你工作順利，愉快，健康！

緊握你的手。

岸英上，24/7 1948年。

1948 年 7 月 24 日，毛岸英致史敬棠信（部分，共三页）

毛岸英致史敬棠信

这封信是 1948 年 7 月 24 日毛岸英写给一同到山东渤海区搞土改复查工作的战友史敬棠的。

释文

敬棠同志：

到田家英处偶尔读了你写给他及彦修（即曾彦修）同志的信，颇有所感。

许多天前我曾经康公（即康生）处转你一信，不知收到了没有？

张家集党小组会上我对你的放肆的批评，今愿收回 80%。由于我对自己的认识错误，所以也不能正确地认识别人；现在我对我自己的认识有了很大的改变，对你的认识也就随着改变了，出发点改变了。望你把我这一点反省当作衷诚之语，决不是那些专门为写信而写的门面话。

吴剑迅已到此地团校学习，你知道吗？我准备于数日内写信与他，我对他的批评也太过分了。

我现在原机关工作（即中宣部），与曾彦修、于光远诸同志在一起。准备在不声不响的工作中逐渐地改过，能改到什么程度就改到什么程度，决不求那种可能的快，更不求什么“奇迹”。我愿意努力地真正学习一番，我的知识少得可怜！！

田家英送了我一句话：“人一能之，己百之；人十能之，己千之。”我当把它作为今后工作与学习的座右铭。

过去我曾对你说我愿另名为“波别”，并要你给我写信时亦用此名，现在我对这一点也取消了，因为即在“跛鳖千里”这一句我曾决定把它当作自己的座右铭的古话中，也潜伏了害我至深的毒素。

……

还有一点请你取消！记得你曾对我说，我的一大优点就是待人赤诚，纯洁，热忱等，事实证明我曾是一个不老实，不热忱待人的人，在这一方面田家英可替我多说几句话。

坐在田家英屋里写信，已经够随便了，再加上这样松的内容，恐怕会使你觉得“不正经”……不过我在这无形的自然的随便之中却自然地告诉了你，我所想象中的你我关系。这样的关系，其实我们在张家集时就已建立了。但后来被我的那一股骄气损坏了。我愿意随着这股骄气的消失，我们的“老”关系也恢复正常。你愿意吗？也许你认为我们间的关系并无甚大变动，那么我就更有所反省的了。

……

岸英上

1948 年 7 月 24 日

1962年8月的北戴河会议，是田家英政治生涯中的重大挫折。他根据当时农村的实际情况，以秘书身份向毛泽东进言，赞同有领导地组织农民实行农业生产组织的多种形式，其中包括“包产到户”这一权宜之计，以渡过天灾人祸造成的困难时期。不料这次进言触怒了毛泽东，他在会上严厉地批评这些人刮“单干风”，并在小范围内两次点了田家英的名。

据吴冷西当时的感觉，这次政治挫折对田家英的打击，其程度远远超过了1959年的庐山会议。自此以后，田家英接到通知，有关农村政策以至其他问题的中央文件起草工作，改由陈伯达另组班子接手。田家英引用唐代韩愈《进学解》中“投闲置散，乃分之宜”（把我安置在闲散位置上，原是理所当然的），为自己当前的处境做了恰如其分的注解。

闲置下来的田家英反倒有了更多的时间读书和逛琉璃厂。他有时一星期去三四次，大多以步代车。

此时的琉璃厂已没有乾隆时李文藻作《琉璃厂书肆记》时的繁荣景象，当时叫得出名的书铺就有三十多家。而今，老字号的店如汲古阁、荣宝斋、庆云堂、宝古斋、悦雅堂等还在，只是远不如过去热闹了。新中国成立前店里的伙计，如今都是五十开外的老师傅，有百十来人，号称一百单八将。学徒很少，1962年第一次从中学生选去做学徒的，也只有五六个人。

在那些年里，田家英同师傅们结下了深厚的情谊。我们在走访中，常常听到他们发自肺腑的赞叹。

陈岩眼中的田家英

我是1962年从中学生选来做学徒的。那时师傅多，徒弟少，一人能有五六个师傅。我专学书画，分到悦雅堂时只有十八岁。

店内设“内柜”制度，专为中央首长服务。我是那时认识田家英的。他是我所接触的中央首长中最没架子的。他总是称呼我“小陈师傅”，让人感到很亲切也很舒服。他很尊重我们，有一次店里的团员在小二楼过组织生活，田家英来时听说大伙儿正在开会，忙示意不要打扰，随之悄然退出。

田家英对于看清人的字，眼力是很不错的。记得店里收得一副包世臣的对子，我们赶忙告诉田家英来看，不料他刚打开即判定是赝品。他说包世臣和刘墉一样，喜用浓墨作字，乍看起来“肉乎乎”的，但要从“肉”里看到“骨架”。田家英告诉我，他还有副包世臣的对子，是真迹，可与这件做个比较。他言而有信，两天后，果然拿来一副，经比较，我们都信服他所言极是。

我最后见到田家英是1965年11月，在杭州的文物商店。与他同行的有康生、陈伯达、胡绳、艾思奇等人。我告诉他此行专为悦雅堂采购些南方特色的古董，并问他为何而来，田家英风趣地回答：“也是来采购的。”说完我俩大笑起来。

一晃几十年过去了，至今我一闭上眼睛，田家英的音容笑貌还历历在目。他是我可亲可敬的一位朋友。

丁履恒（1770—1832），字若士，一字道久，号东心。江苏武进人。生性好辩，常与陆继辂持论往复。嘉庆拔贡，官肥城知县，有惠政。师从卢文弨，其学宗承江永、段玉裁、孔广森、王念孙等。常州学派和常州词派重要人物。有《春秋公羊例》《左氏通义》《思贤阁集》《写韵斋集》《毛诗名物志》等。

释文

冰雪何曾沃热肠，眼前境地自清凉。谁凭丛桂思招隐，胜许修兰诵补亡。几度怀仙难入海，有人选佛却观场。软红十丈灵三素，喜见天门日载阳。濩落江湖感大樽，最怜芳草更当门。美人迟暮堪销骨，客子天涯易断魂。青眼会应长炯炯，倦心无乃太昏昏。欲知庄惠忌言契，开卷先求齐物论。

宋于廷广文以回避未与礼部试，作《都门感春》诗二首，与伯恬□□，并次其韵。

丙戌首夏录近句就石笥大兄同年正之，时同客都下。

弟丁履恒学上

名下钤白文篆书“丁履恒印”、朱文篆书“东心盦主”二方印。

* * * * *

包世臣（1775—1855），字诚伯，号慎伯，晚号倦翁，别号小倦游阁外史。安徽泾县安吴镇人。人称包安吴。嘉庆十三年（1808）举人。曾官江西新喻知县，以经世之学名于时。精研书学四十年，对后来书风的变革颇有影响。著《艺舟双楫》评论书艺，与所著《中衢一勺》《管情三义》《齐名四术》合称“安吴四种”。《清史稿》有传。

释文

农夫不怠，越有黍稷；儒者立志，佩服蕙兰。

安吴包世臣

名下钤白文篆书“世臣私印”、朱文篆书“包氏慎伯”二方印，引首白文篆书“上章淹茂”长方印，上联钤朱文篆书“白门倦游阁外史七十岁后书”长方印。

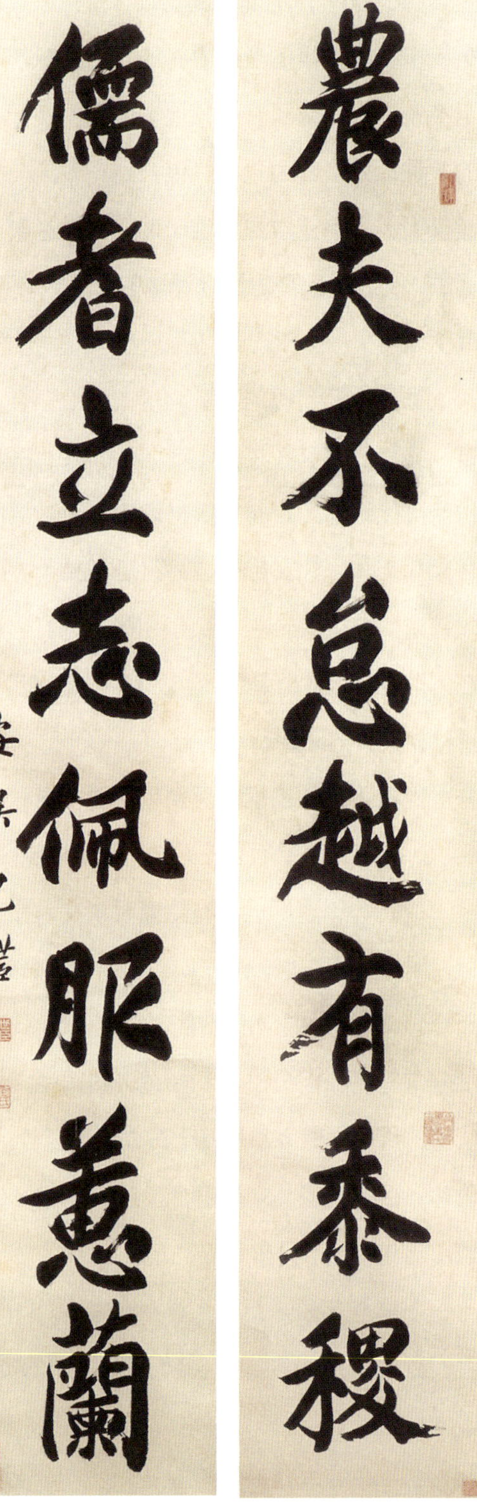

左
丁履恒行书七言律诗轴　洒金笺　纵 125.5 厘米　横 31 厘米

右
包世臣楷书八言联　纸本　纵 182 厘米　横 30 厘米

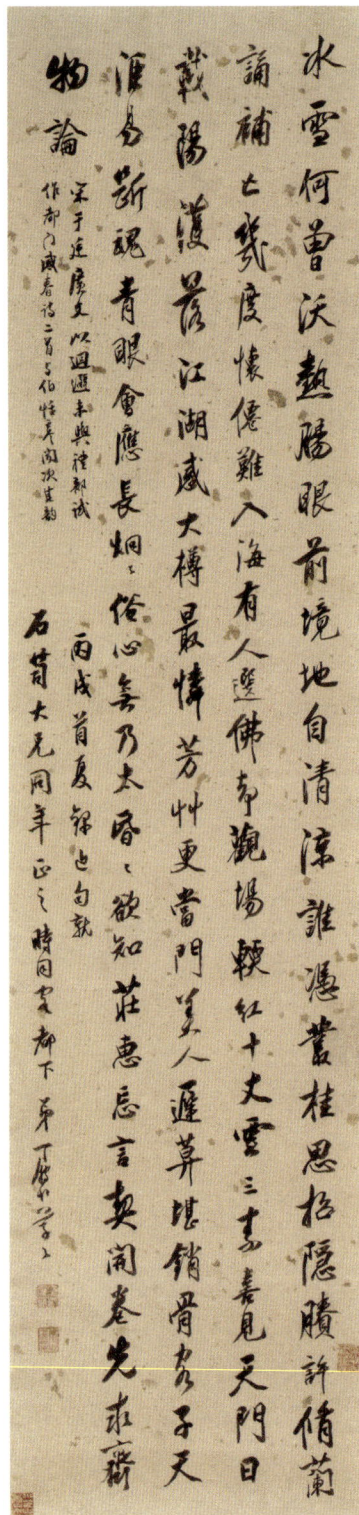

王瑞祥眼中的田家英

比起陈岩，我算是个老人儿，打新中国成立前就在琉璃厂当伙计。新中国成立后，我在文物商店当会计。因家住琉璃厂东街，离店比较近，晚间应酬的事，领导总安排我去。田先生专收清人的字，眼力不错，待人诚恳；久而久之，我们成了朋友。凡遇有好的字轴，我总爱给他留着。

那时我们经常到下边“跑货”，田先生就托付我：如遇有清人的字轴，可替他做主买回。他见我迟疑了一下，没多说，第二次来，递给我一个活期存折，上边存有两千元，户主写着“田小英”——他女儿的乳名。他就是这样一位替别人着想的人，从不让下边人为难。

1966年6月，我风风火火地从南方回来，带回田先生喜爱的梁启超、严复等人的字轴，并有一件很难寻到的清初词人陈维崧的手卷。当我兴冲冲地准备告诉他时，怎么也联系不上他。很长时间以后得知田先生已不在了。为此我难受了好几天，总感到朋友之托没有完成。

黄秀纯眼中的田家英

我于1964年从北京市文化局干部学校文物鉴定班毕业后，分到琉璃厂庆云堂碑帖店，负责内柜接待工作。庆云堂主要经营碑帖，也有信札、文房一类的杂项。田家英是我们的常客，我头一次见田先生，店里的彭思齐主任作了引荐。他们都称田先生为“田公”，我们后来也就跟着叫。他和蔼可亲，从不挑理儿。印象最深的是，田先生每次到庆云堂，除了为主席挑选碑帖拓本外，顺便浏览自己喜爱的文房四宝或信札。临走时总要嘱咐我们业务员：在北京或去外埠采购，一定别忘了留意给“老人家”（即毛主席）选“贺莲青”的枣核儿笔，多少钱一支都要，老人家喜好用“贺莲青”的毛笔书写。

所谓“贺莲青”，是琉璃厂著名的百年湖笔老店的名号。1830年湖笔名匠在京城创业，以不惜工本精心选料、精工制作创出名声，继而成为道光以降五世皇家御用毛笔。“贺莲青”毛笔讲究用鹿斑竹作杆，杆上的纹饰有的像鹿皮、豹皮、蟒皮斑等，均是天然生成，无一重样，稀缺难得。笔头用七紫狼毫，形成两头尖、中间凸起，谓之“枣核儿”。该笔吸墨饱满，吐墨均匀，书写流利而不分叉，尽显毛笔功力，民间鲜为见到。我们外出“跑货”，一年或几年兴许能收上几支，都给田先生留着。同时，我们也为能买到让主席称心的毛笔而感到由衷的欣慰。

田家英使用的鼎形铜水丞

『浩气同存永福堂』

中南海，这座明清两代的皇家园林，紧邻紫禁城，由中海、南海合并而称。1949 年后，党和国家领导人在此居住和办公。园内以清末囚禁光绪帝的瀛台最为著名，像静谷那样的假山、松林点缀其间，大大小小、错落有致的庭院环绕湖畔。这些院落大多命有斋名室名，如毛泽东住丰泽园，周恩来住西花厅，杨尚昆住万字廊，彭德怀住永福堂等。

1959 年，庐山会议的一场风波，导致彭德怀“身败名裂”。会后他向中央提出，坚决要求搬出中南海。他认为自己已经很不适合住在那里了。作为办公厅主任的杨尚昆曾考虑在地安门后海一带为他找个院落，但彭德怀不同意，他认为像自己这样的“戴罪”之人住这样的院子还太奢侈。彭德怀提出两个要求：一是靠近中央党校，便于自己学习和借阅书籍；二是靠近农村，便于自己劳动，做个自食其力的人。这样，在永福堂居住了七年的彭德怀，终于在共和国成立十周年大典的前一天，举家搬入了北京西郊挂甲屯的吴家花园。

说来也巧，这一年邻近丰泽园的春耦斋要扩大翻修，供中央首长平时开会和周末休息娱乐之用。而田家英居住在静谷的房子与春耦斋相邻，因年久失修，也属于“拆迁户”。这样，田家英便搬进了永福堂。

许多年后曾有人这样说，永福堂出了一文一武两位敢讲真话的人，他们都为国家和人民的利益牺牲了自己。此当后话了。

对于刚刚搬进永福堂的孩子们来说，换了个新地方，总是充满好奇。他们跑着叫着，围着海棠树爬上爬下。只有田家英心情不好。在庐山会议上他是同情彭德怀的，

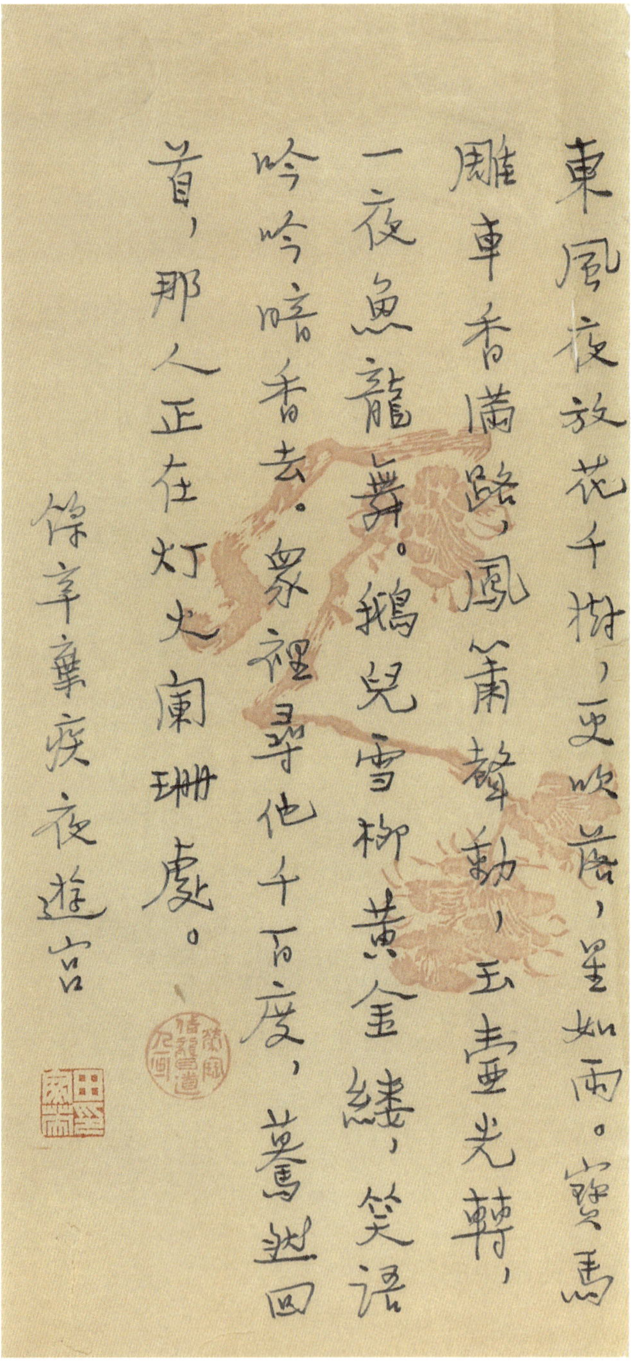

田家英录辛弃疾《夜游宫》词手迹

永福堂外景（树旁立者为曾自）

为此还做了检查。在清理院内垃圾箱时，田家英看到了彭德怀丢弃的元帅服。当时他与在场的逄先知的错愕、无语可想而知。连续几日，田家英忙着整理书籍，很少说话。

一天，何均来到田家英的新居，向他道乔迁之喜。他们两人早在延安就同在中宣部共事，后来到了西柏坡，田家英担任毛泽东秘书的同时，何均担任朱德的秘书。那时，他俩聊天，常默契地称毛泽东和朱德为“你的那个老汉儿”“我的那个老汉儿”。之后又都在中南海工作。何均的到来以及他说的关于“永福”一类的吉祥话，并没有使田家英的心情有所好转。他冷冷地问道：“何喜之有？何福之有？彭老总不是在这儿住了七年吗，带给他的究竟是什么福？”这也是田家英极不愿意搬到永福堂的原因。

永福堂与中南海其他院落相比不算大，坐北朝南的三大间正房外带两个耳室，那是田家英办公和夫妇居住的地方。东房三间是秘书逄先知一家，西房三间则存放毛泽东的藏书。平日里，孩子们和保姆都住在东八所的南船坞，为的是上学方便，也为了不打扰父亲夜里办公；只有放学后和休息日才来永福堂。由于永福堂正房的进深特别深，使用起来很不方便，田家英就利用二十多架书把偌大的空间分割成办公、会客、收藏几个部分。另外还腾出一面墙用来挂字画。凡来人都觉得这样的摆设很儒雅，倒也别具一格。

田家英从搬进永福堂到去世，再也没有换过住处。

小莽苍苍斋的收藏也是在这段时间内有了飞速增长。至今许多人回忆起与田家英的交往，都少不了提起在永福堂观看藏品时的情景：常常清茶一杯或茅台一盏，品酌之间，褒贬收藏的苦与乐、得与失，其快意终生难忘。

在朋友和同事中，陈秉忱是永福堂的常客，也是田家英在这方面的得力助手。陈毅很喜欢书法，他路经永福堂，总爱驻足观赏。此外，像谷牧、胡绳、李一氓、夏衍等也是这方面的知音。说来奇怪，来得最起劲的是陈伯达。他常以欣赏为由，将名家作品拿去借挂，时日既长，次数又多，往往久借不还。田家英不满于陈伯达的这种作风，专门为他建立了“借挂本”，每次借还一律登记销账。有一次，陈伯达故作惊讶地对田家英说：“你这里有这样多的稀世之宝，不怕失盗吗？”在一旁的董边顶了一句：“永福堂里要出贼，你的嫌疑最大。因为你比谁都清楚这里的东西。”

1966 年 5 月，由于众所周知的原因，田家英的生命走到了尽头。地点就在永福堂西房，毛泽东的藏书室。有人说，这是田家英的书生气，“一击之下就轻生”；也有人说，这是田家英的“死谏”。梅行记得，1964 年田家英对他讲：“我的人生是个误会，如果搞文学创作，我会更有作为。”

不管怎样推测，这都是发生在永福堂的真实往事。史学家刘大年在田家英逝世三十周年之际，写诗怀念永福堂的主人：

一页翻过三十霜，瀛台回首小沧桑。
桓桓合与彭元帅，浩气同存永福堂。

计算一下，田家英在永福堂也住了七个年头。

刘大年《田家英同志〈小莽苍苍斋法书选集〉观后占二绝句》手迹

田家英的英年早逝，使得他撰写清史这一毕生夙愿化为泡影。他的这些收藏品也是有关部门在他辞世十四年后归还其家属的。时过境迁，现在要想了解田家英当时的收藏细节，毕竟太难了。

我们追寻他交往的足迹，从零乱纷仍的记忆和他在收藏方面有来往的朋友那里印证了上述这些内容。人们讲述更多的是一些不完整的记忆和支离琐碎的印象。譬如：白石老人为田家英作《鳜鱼图》，他却以“无神”为由，信笔为鱼点“睛”。在为范文澜举行的祝寿小宴上，田家英坦言准备给范老写点什么，目的是为得到范老的亲笔回信，而且还要墨书；他说已有了主席、总理、朱德等领导人写给他的信，他想用这个方法搜集全当代著名学者的墨迹。在逛地摊时，逢到好友姓氏的元押印，诸如“方”姓、“侯”姓等，他总是买下来，并打趣地说：“这枚‘方’姓，应归还上海方行，这枚‘侯’姓，也该是昆明侯方岳的，这叫物归其主。”

有几次，田家英寻到龚自珍、谭嗣同这样罕见的墨迹，还特地拿到故宫漱芳斋，请王冶秋、夏衍、李一氓等人观摩。大家都赞叹作品的艺术品位和搜寻过程的不易，也问起这批墨宝的归宿。田家英说，所有这些将来都要归公，故宫的吴仲超院长早就看上了，说都要收去。

田家英当年的好友在和我们攀谈时，常流露出对田家英人格的赞誉和对他喜爱专项收藏的理解。

辛冠洁不止一次提到，在高级干部中，确有一批喜好收藏并卓有成效的大家，以田家英的收藏宗旨最为明了。他是为研究清史而收藏，是为将别人不重视的清代学者墨迹免遭溃散而收藏；他的注意力和兴奋点不在与自己专项收藏不符的东西，更不以藏品未来的经济价值为考虑依据。为了促成小莽苍苍斋更上一层楼，大家都有这样的默契：凡遇到清人字条，首先想到的是田家英，问问他那里有没有，要不要。

在这些藏友中，陈秉忱是田家英在收藏方面的“掌眼”，也是最得力的助手。他鉴赏水平高，能写一手绝妙的蝇头小楷，他甚至还将祖上陈介祺的墨迹拿来充实小莽苍苍斋，说这是“拾遗补缺”；有熟人送田家英一幅郑板桥的行书诗轴，两人戏约后入土者有继承权。姚洛记得赠送田家英一幅宋湘书写的中堂时的情景，当时田家英连声称赞其内容有趣，字也写得好，那高兴劲儿宛如昨日。

此外，胡绳、李一氓、萧劲光、梅行、史莽、魏文伯、孙大光、肖华、方行、朱光、辛冠洁等，都给予田家英真挚的帮助。没有大家的合力，仅凭田家英个人的努力，小莽苍苍斋断成不了今天这样的规模。

小莽苍苍斋的“纪事”内容或得自记述，或得自传闻，但所传者均为亲历其事的前辈，言之凿凿，真实可据。

其实，每一件藏品都应该有它的一段来历、一段故事。但对小莽苍苍斋藏品的整理和研究还在初始阶段，说它“初始”，是指我们仅仅做了部分的整理工作，陆续出版了《小莽苍苍斋藏清代学者法书选集》《小莽苍苍斋藏清代学者法书选集（续）》（文物出版社）；《小莽苍苍斋藏清代学者书札（上、中、下）》《小莽苍苍斋藏与红学相关人物墨迹汇辑》（人民文学出版社）；《小莽苍苍斋藏清代学者法书》（中国社会科学出版社）；《小莽苍苍斋与〈红楼梦〉》（香港中华书局）。计划出版的还有

陈介祺（1813—1884），字寿卿，号簠斋。山东潍县人。道光二十五年（1845）进士，授编修，加侍读学士衔。咸丰四年（1854）乞归。好金石，富收藏，其斋“十钟山房”、其楼“万印楼”，皆以所藏名之。工书法，以颜真卿笔意入钟鼎文字，自有面目。有《十钟山房印举》《簠斋藏陶》《簠斋金石文字考释》等。《清史列传》有传。

释文

赋性无他嗜，传家但古书。尧咨淇水际，羲画结绳初。异学方攘斥，浮（余）文亦扫除。挑灯北窗下，聊得遂吾初。

仁甫六兄馆丈大人是正。

簠斋陈介祺

名下钤朱文篆书“簠斋甲申七十二岁”、白文篆书“秦铁权斋”二方印。

* * * * *

李慈铭（1830—1894），字爱伯，号莼客，因室名越缦堂，故晚号越缦老人。浙江会稽人。光绪六年（1880）进士。官山西道监察御史。时朝政日非，慈铭遇事建言，请整顿台纲，数上疏，均不报。于是精思阅览，致力于史。为文沉博绝丽，尤工诗，自成一家，负有重名。有《湖塘林馆骈体文钞》《白华绛柎阁诗初集》《越缦堂词录》《越缦堂日记》等。《清史稿》有传。

释文

旧学商量邃密，新知培养深沉。

子献二兄同年自幼在塾，见其凝然有成人之度，及今几四十年，学养粹然，与日孟晋，世其家学而益大之。猥以苏程之亲，辱修纪群之敬，走非元礼，君逾仲宣，葭玉相依，切磋交勉，委书楹帖。因取朱子鹅湖讲会诗语勉副雅意，共订名山，庶几阳明蕺山流风不绝耳。

时光绪丙戌三月同客京师，越缦李慈铭

名下钤白文篆书“慈铭印信长寿”、朱文篆书“白华绛柎阁清课”二方印，引首白文篆书“湖塘林馆”长方印，上联钤白文篆书“越缦老人”方印。

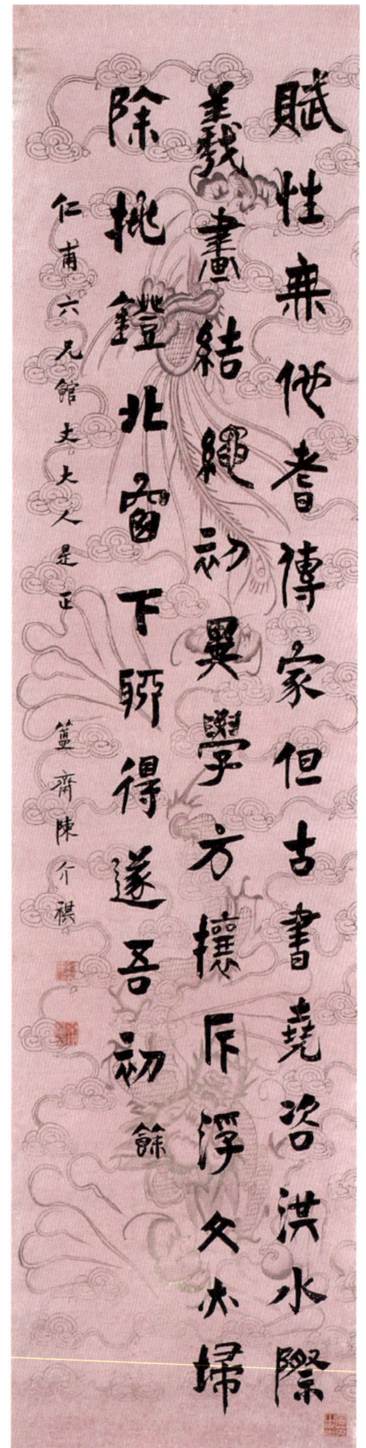

陈介祺行书五言律诗轴
龙凤蜡笺　纵 136 厘米　横 33.3 厘米

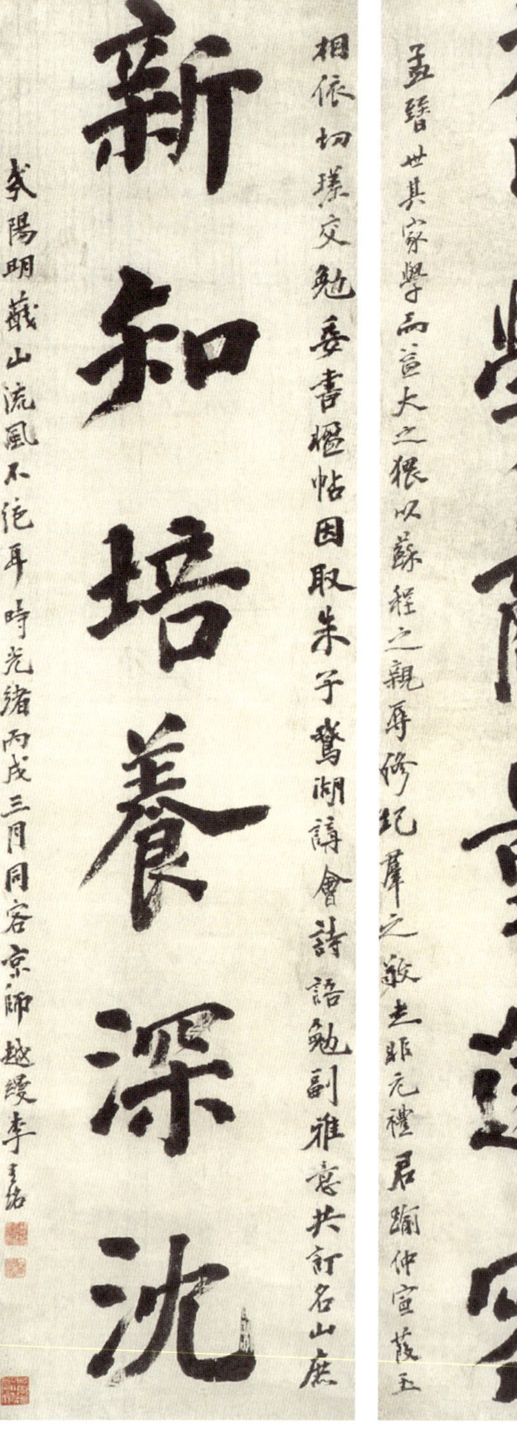

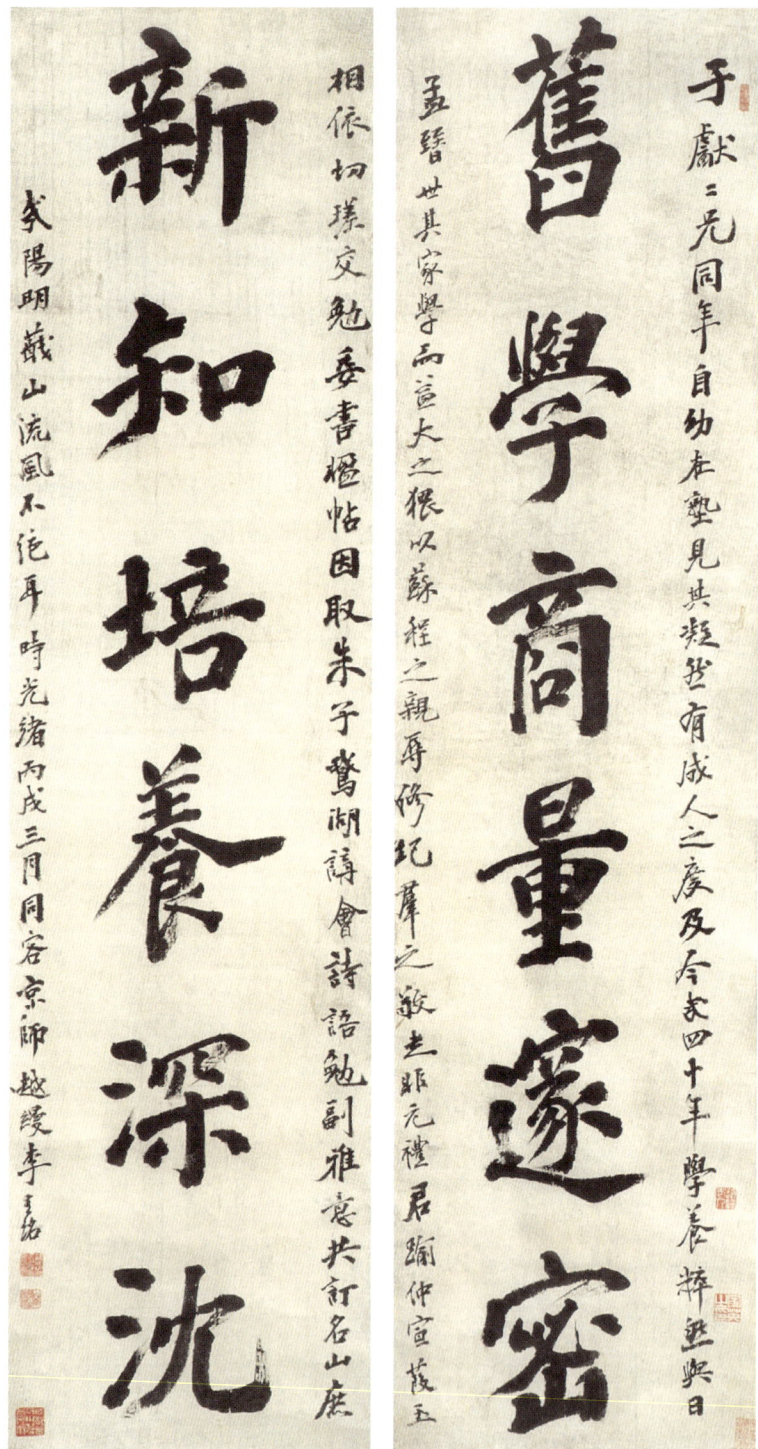

李慈铭楷书六言联
高丽笺　纵 110.4 厘米　横 28.4 厘米

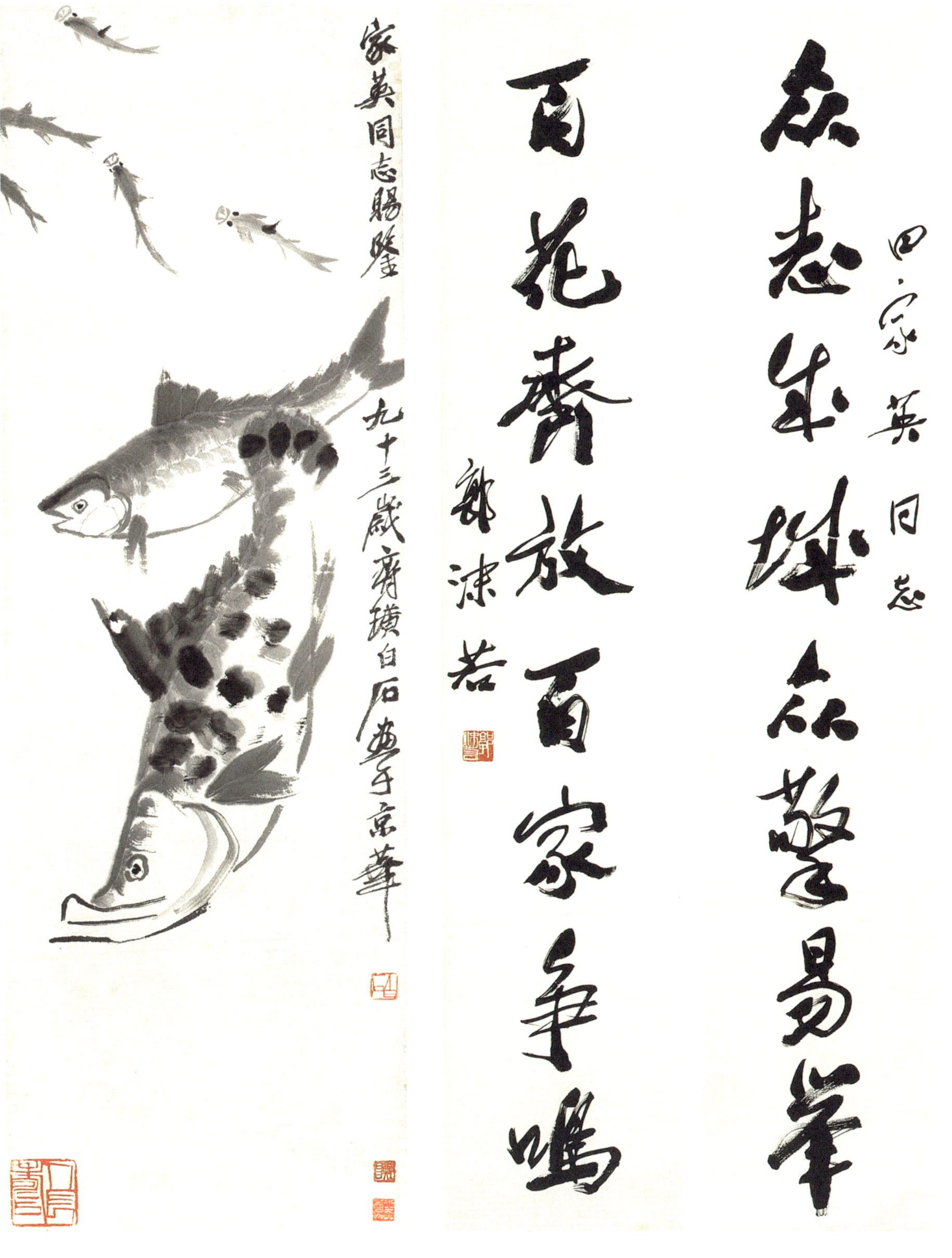

释文

田家英同志：

众志成城，众擎易举；百花齐放，百家争鸣。

郭沫若

左
齐白石绘赠田家英《鳜鱼图》轴

右
郭沫若书赠田家英对联

《小莽苍苍斋藏清代学者诗稿》《小莽苍苍斋与“乾嘉学派”》《小莽苍苍斋与“桐城派”》等。就连第四版的《田家英与小莽苍苍斋》也只停留在“泛泛介绍”这个阶段，远达不到“研究领域”的范畴。

如今，我们整理田家英收藏清儒翰墨之举步入了“深水区”，许多更加深奥、晦涩难懂的学者手稿有待进一步发掘。

如清初学者朱彝尊《杭州洞霄宫提举题名记》，就是有关道教考证的文稿。提举，官名（宋代始置，枢密院敕令所设提举，宰相兼）。朱彝尊考证，自汉武帝始建宫坛，至南宋扩建的杭州洞霄宫（被道教列为三十六小洞天、七十二福地之一），仅南宋期间就设提举一百一十五人，其中有六十多位同平章事（宰相）和参知政事（副相）的官员在洞霄宫榜上有名。

史学家一般认为：孔子儒学流传到汉初，在武帝“罢黜百家，独尊儒术”的影响下，董仲舒的神学论使儒学具有了宗教雏形。史学家任继愈甚至认为，儒学发展至宋代已演变为儒、释、道三教合一的新儒教。

朱彝尊费时十四年考订出的洞霄宫提举题名中就有六十多名当朝官员，真可谓天下神仙府，地上宰相家。朱彝尊是否认可新儒教的说法？田家英当年在延安和西柏坡教授中国古代史时，是否也赞同此说？我们一头雾水。

又如，题签为《文廷式手批〈节庵集〉》二册。“节庵”是梁鼎芬号。梁鼎芬（1859—1919），字星海，号节庵，光绪九年（1883）进士，授编修。《节庵集》是梁鼎芬诗集手稿。鼎芬临终时留有遗言，不可刻其诗集：“今年烧了许多，有烧不尽者，见了再烧，勿留一字在世上。”这也是坊间梁鼎芬诗迹甚少之因。文廷式（1856—1904），字道希，号芸阁。光绪十六年（1890）榜眼，授编修。瑾妃、珍妃老师。文廷式在鼎芬《节庵集》上勾勾画画，天头加注自己的意见。如此二位著名诗人的亲笔墨迹，又该如何整理？我们一筹莫展。

再如，清中期四位学者臧庸堂、袁廷梼、瞿中溶、顾广圻整理的《唐石经考异校语》，田家英收藏时，托裱整理的只有一册，许多还处于散落、夹条状态。我们因学识有限，甚至不知如何接手、如何整理，更别提如何研究了。

此外，还有《谢淳、方拱乾墨迹合册》《万斯同抄录唐人窦蒙〈述书赋〉》《周亮工书〈闽小记〉册》《何义门注书稿》《朱筠题王雅宜（宠）书券手稿》《汪容甫墨迹》《王筠、许瀚墨迹合册》《包世臣参瞿讲室记》《林琴南〈春觉斋手稿〉》等，仅靠我们这些“门外汉（田家英有此章）”确实难以胜任。

经过多年摸索、尝试，我们逐渐理出头绪。欣喜的是第三代传人已经成长，开始挑起大梁。陈庆庆在母亲曾立的指导下，正编辑《小莽苍苍斋藏清代学者诗稿》，陈啸在策划小莽苍苍斋不同题材的展览。遇到专业性强、我们无法掌控的资料，则采取合作方式，如与中国红楼梦学会联手出版《小莽苍苍斋藏与红学相关人物墨迹汇辑》《小莽苍苍斋与〈红楼梦〉》就是成功的例子。

展望未来，我们信心倍增，蹚过“深水”，还待来日。

朱彝尊《杭州洞霄宫提举题名记》手稿（部分）

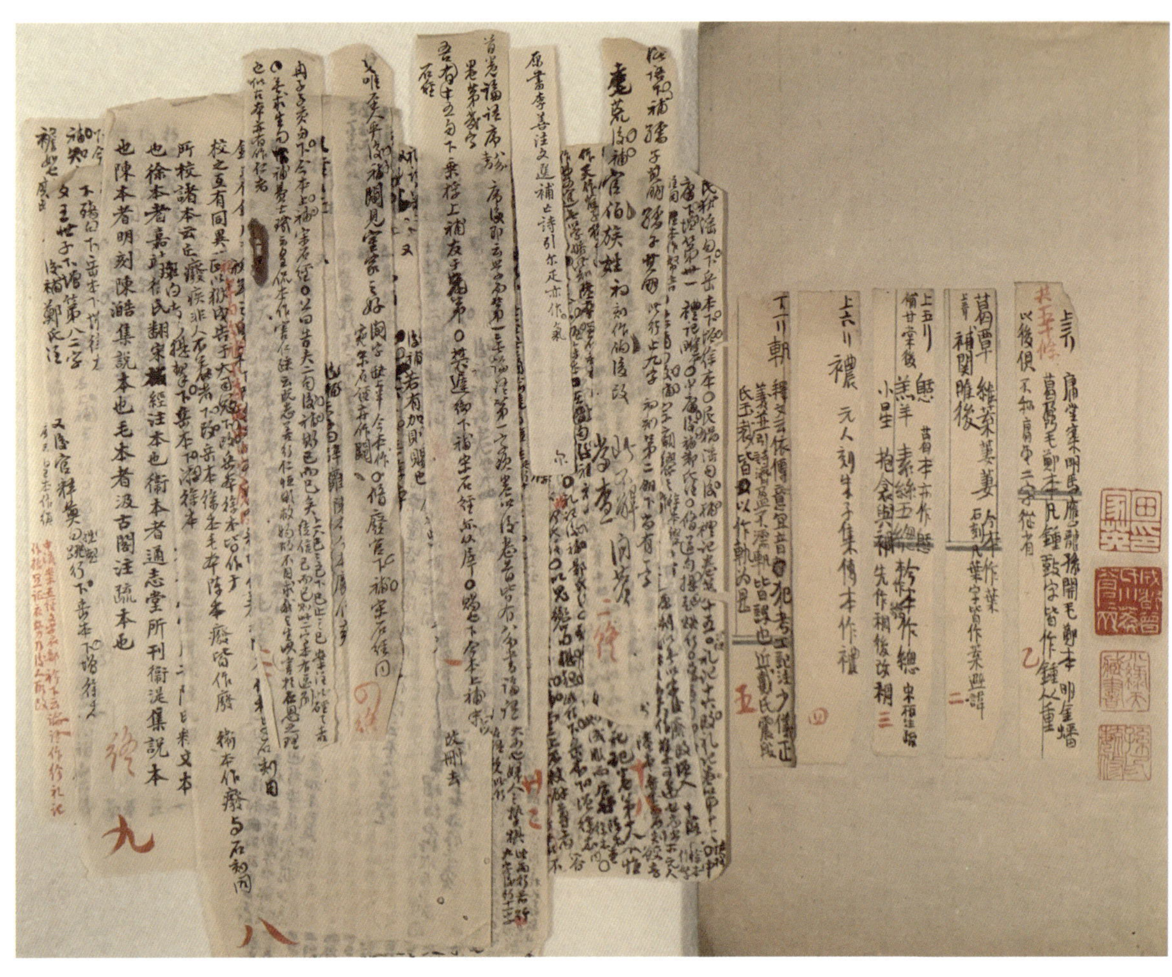

上
藏庸堂、袁廷梼、瞿中溶、顾广圻《唐石经考异校语》（部分）

下
董边为册页、手卷缝制的布套

释文

身闲久未到西山，孤［辜］负深林万叶丹。羡与众人同乐去，不登绝巘也心宽。

录近作《读玉阶同志〈游香山〉诗一首》。

家英同志两正。

董必武

一九六三年十月

释文

旧时明月旧时桥，
眉宇轩昂意自豪。
欲向泉台重问讯，
九州生气是今朝。

丁卯春重到杭州，徜徉湖上，有怀家英，作此小诗。录奉董边同志正之。

辛未四月，胡绳

左
董必武书赠田家英《读玉阶同志〈游香山〉诗一首》

右
胡绳题诗赠董边

附录一 收藏掌眼『陈老丈』

父亲田家英小莽苍苍斋的斋号缘何而起，最初对我们是个谜。“文革”后最早解开这个谜的是陈秉忱伯伯。他告诉我们：“小莽苍苍斋”典出谭嗣同“莽苍苍斋”斋号，因田家英敬慕谭嗣同为维新变法甘洒热血的大无畏精神；前加一“小”字，含有“小中见大，对立统一”的寓意。原来如此。

陈秉忱何人？

他是中南海中办秘书室副主任，田家英的下属，还是我的“干爹”——父亲半开玩笑地说，把我送给他做女儿了。后来对父亲的了解渐多，对亲爱的秉忱伯伯的了解也越来越多。

他是田家英的挚友，是像亲人一样的兄长，是长田家英十九岁的忘年交。

在这里，我要写的是陈秉忱为田家英收藏所付出的心血。他是田家英收藏的“掌眼”。

20 世纪 60 年代，田家英与陈秉忱（左）在中南海永福堂

琉璃厂的一道风景

1962 年田家英因支持“包产到户”挨了批评，再也没有资格参与高层会议，也不再参与全国农业文件的起草。骤然失落，而忧国忧民之心未泯，其苦闷难以向外人诉说。

是正直善良的陈秉忱，无论在田家英顺利时还是被冷落时，始终相伴左右，给了他极大的心灵慰藉。

原先夜以继日的繁忙工作一夜间戛然而止，田家英成了赋闲之人，无事可做又不放他走。早年立志撰写清史的夙愿，此时成了他很大的精神寄托。他所收集的清人学者墨迹，应该说自 1962 年后数量、质量均大增，而陈秉忱是他最可信赖的“掌眼”。

陈秉忱随田家英淘信札，淘学者墨迹，去的最多的地方是位于北京琉璃厂的荣宝斋、悦雅堂、汲古阁、庆云堂等百年老店。店里的老人都记得，“文革”前光顾的中央级别干部中，田家英是最年轻也是来得最勤的一位。他身边总有一位慈眉善目的敦厚长者相随左右，这就闹出了许多“笑话”：到琉璃厂诸门市，田家英请陈秉忱先进门，而陈秉忱坚持后进门，两人相让不休，成为一道风景。多少年后，琉璃厂的师傅们在打听田公（他们的口头语）的下落时，总好搭上一句：“他的那位老秘书如何了？”

作为“掌眼”，陈秉忱的古文化功底从何而来呢？

他出身于山东潍坊的名门望族。祖上陈介祺是清道光时大收藏家，家藏先秦青铜器三百余件，秦汉古印、刻石、古币、陶器、瓦当、碑碣、造像、古籍书画数以万计。其斋号“十钟山房”“万印楼”，就因藏有十分珍贵的西周编钟，上万方汉代古印而得名。在这样的家庭熏陶下，陈秉忱三十岁前未出门做事，专习古文字学、考据学，造诣已较深。

作为一个不问时政的富家子弟，他的人生转折富有传奇色彩。1932 年，国民党一次抓捕在陈家大宅院搞秘密活动的共产党人，误将陈秉忱逮捕入狱。三年反省院，陈秉忱受到难友爱国思想的影响，出狱后参加了八路军。1939 年抗战初期，三十七岁的陈秉忱来到延安。1947 年后，他一直跟随叶剑英在中央军委工作。

特殊的年代，改变了陈秉忱的人生轨迹。

1957 年是个多事之秋，田家英主持着为毛泽东处理来信来访的工作。为保护申诉人利益，坚持不整人的初心，田家英用心物色了已在中央军委办公厅工作九年的陈秉忱，调他来秘书室任副主任。用田家英的话说：“陈老丈为人忠厚，且不太过问政治。”这里的“政治”，指党内颇为复杂的政治生活。陈秉忱特殊的人生经历赋予了他宽厚仁义的秉性。

陈秉忱调中办秘书室时已五十四岁，田家英三十五岁，下级年长上级十九岁，实属少见。田家英十分尊重他，亲切地称他“陈老丈”，“老丈”是对年纪大且老当益壮者的尊称。陈秉忱的书法早已名声在外，他能写秀丽的蝇头小楷，又能以古朴的汉隶题写墓志，中南海的同事无不敬佩他。1950 年，毛泽东出访苏联时的《中苏友好同盟互助条约》中文本就出自陈秉忱之手，任弼时墓志铭也是陈的手书。

田家英原为加强信访工作、避免在特殊年代造成新的冤假错案而调来的人才，没想到却成了他收藏上的一位难觅的知音。陈秉忱凭藉深厚的古文化功底，成为田家英鉴定考证的帮手，也就是俗话说的“掌眼”。

田家英的作息时间随着主席，白天多休息，夜间办公；那篇著名的中共八大开幕词，便是他通宵达旦一夜赶写出来的。赋闲后，他仍然习惯晚上做事情。晚饭后七点到八点，固定拿出一小时整理信札手卷。家住中南海外的陈秉忱，常常饭后又返回，同他一起整理新收获的藏品。如今翻开保存完好的清人信札函册，多数篇章的天头拖尾都留下了陈秉忱对人物生平、内容进行考证的蝇头小楷。

信札是零散淘来的，田家英与陈秉忱考证清楚后，自然想到将相关联者汇编成集。六百多通信札做成十来函合集，如清中期赵翼等十一位学者致孙星衍信的合集，取名《清代学者手简·平津馆同人赤［尺］牍》，钱大昕、翁方纲等致钱泳信的合集，取名《梅华溪同人尺牍》。

再如，将变法维新人士冯桂芬、郑观应、杨锐、康有为、梁启超等的通信合为一集，特在函册注明：“此册所收乃晚清输入新思想者”。

这些合集用古装书籍的深蓝色装帧，再加上陈秉忱的题签，真像一函函古籍。

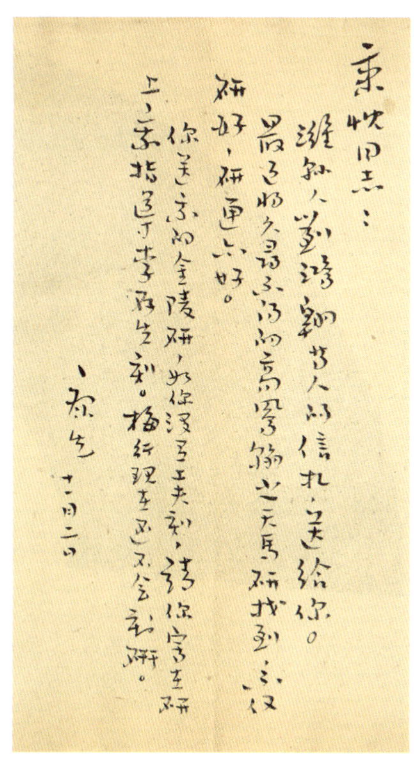

康生致陈秉忱信

释文

秉忱同志：

潍县人刘鸿翱等人的信札，送给你。

最近将久寻不得的高凤翰之天马研找到，不仅研好，研匣亦好。

你送我的金陵研，如你没有工夫刻，请你写在研上，我指导李存生刻。梅行现在还不会刻研。

康生

十一月二日

1977 年 9 月，陈秉忱（摒尘）为曾自（二英）绘《红梅赞》扇面

田家英的收藏近两千件，构成小莽苍苍斋收藏体系。中国历史博物馆（现中国国家博物馆）专家曾称许小莽苍苍斋是“清儒墨迹，海内一家”。可以说，小莽苍苍斋收藏没有陈秉忱的鼎力相助是达不到如此水准的。

默默为毛泽东服务

陈秉忱除了帮助田家英的收藏活动，还默默地间接帮毛泽东做了不少事，且大多不为世人所知。

初来时，陈秉忱的办公地在静谷小院。1959 秋，田家英从静谷搬到永福堂，秘书室也搬至中央办公厅“西楼”院内。“西楼”距永福堂仅五分钟路程，陈秉忱随时可来。毛泽东交代田家英查找古诗词、典故，田家英遇有难题，便会请教陈老丈。

比如，田家英三次帮助毛泽东借阅或选购古代名家字帖，其间陈秉忱就起了无可替代的作用。

田家英一直承担着为主席购书的职责。20 世纪 50 年代后期，毛泽东对草书兴致甚浓，眼界不断提高。1958 年 10 月 6 日，他交代田家英与故宫博物院商量，能否借字帖阅读。

故宫博物院所存古帖数量浩繁，法帖的源流、拓本的优劣学问很大。选什么最适合主席阅读，这一定要仰仗一位既懂主席又懂碑帖的人，中南海里合适的人选非陈老丈莫属，于是田家英请他出任全权顾问。

帖学历史悠久，晋王羲之之后各体法帖被统治者认为正脉，流传有序。而碑学直至清代方兴，以何绍基、康有为、赵之谦、李瑞清、吴昌硕为主要倡导者，成为清中后期书法的主流。

陈秉忱对碑帖二学于书法传承的影响独有见地。祖上陈介祺的收藏使他耳濡目染，对碑学追古的理解与众不同。用他的话讲，“碑”为树的根，“帖”为树的叶，两者互补短长。先秦文化形成深厚的底蕴积淀，书法亦然。他以自己的眼光为主席精心选择了二十件故宫藏帖，其中八件是明代大书法家的草书，有解缙、张弼、傅山、文徵明、祝允明、董其昌等，清代有何绍基等，均不同凡响。

20 世纪 60 年代，毛泽东对唐代怀素的《自叙帖》兴致甚浓，爱不释手。1961 年 10 月，毛泽东嘱咐田家英把丰泽园现存的字帖放到卧室各桌台上。 田家英很理解主席对草书的钟情，他与陈秉忱仔细考研，开出书单，组织秘书室同志赴杭州、上海等地，最终收集回百余件拓本，其中有怀素草书若干种，以及《三希堂法帖》《昭和法帖大系》（日本影印）等。毛泽东非常开心，对田家英说："看帖，不临帖，临帖就临傻了。"这是他读帖的体会，也是习书的感悟。自20世纪60年代，毛泽东书法面貌为之一新，奔放大气，愈见怀素风韵。

至1964年，毛泽东想浏览多家《千字文》做比较。田家英再次请出陈老丈。12月，秘书室同人在陈秉忱主持下再赴江南，收集到《千字文》帖三十余种，以草书为主，包括自东晋以来各代书家王羲之（集字本）、智永、怀素、欧阳询、张旭、米芾、宋徽宗、宋高宗、赵孟頫、康熙帝，直至近人于右任书作，其版本一一经陈秉忱鉴别。

1983年，陈秉忱主持编辑了一部珍贵的《毛泽东手书古诗词选》，他在介绍文章中说："主席的字早年受晋唐楷书和魏碑的影响，用笔严谨开拓，就连在延安，一本晋唐小楷帖也始终带在身边。新中国成立后，主席广览碑帖，师古不泥古，逐渐形成独特的书风。主席书房里，所存拓本和影印碑帖有六百多种，看过批阅的晋唐法帖四百多本。主席的床上、书桌、茶几上，到处都是他临过、批阅过的名家字帖。"毛泽东书法吸收了哪些古代大家的 营养，陈秉忱最有发言权。

还有一件鲜为人知的事。1963年版《毛主席诗词（三十七首）》的封面，是陈秉忱一手设计绘制的。

1962年，毛泽东第一次同意出一本较全的诗词集（后称"六三版"），他很重视，并亲自做了多条注释。田家英是"六三版"唯一的编辑，而陈秉忱则是他背后得力的助手。

诗词编完，封面怎样考虑？毛泽东采纳了田家英的

1979年5月，陈秉忱为陈烈绘古文字扇面

建议：墨梅做衬，书名集汉碑字。这其实是陈秉忱的主意。最终，梅花和汉碑集字都出自陈秉忱之手。淡淡的墨梅衬地，集东汉《曹全碑》"毛主席诗词"几个大字，主席看了很喜欢。

陈秉忱为主席做的事，只有田家英和身边很少人知道。而他不计较，只要是主席交办的事，凡遇田家英向他求教，他都会全力相助。

工作上的大事陈老丈信赖田家英，听他的主张；清儒翰墨收藏上学问学识的事，田家英依仗陈老丈。一次，父亲和我们讲到人与人的关系，他说："亲近的好友，根本不用说太多话，一个字或一个眼神就能互相理解。"说完，他即刻拨通电话，用家乡川音只一个字"请"，不到五分钟陈老丈便登门，父亲得意地向我们笑了。

田家英和陈秉忱融洽默契的关系，远超出上下级一般工作关系。他们是忘年交。

在田家英离去的日子里

“文革”中，因和田家英的关系，陈秉忱遭到残酷迫害。批判田家英的大会上，秘书室的同志被逼迫从挂着“狗洞”布帘的三屉桌下爬进会场。陈秉忱是“田家英的第一号走狗”，领头爬行。那时他已经是六十三岁的老人，所受侮辱，骇人听闻。

陈秉忱在中办五七干校劳动了九年，1975 年回京已是七十二岁的老人。他曾诙谐地说：“我是‘三九’干部。”“三九”，指的是中央军委办公厅九年，中央办公厅九年，江西干校九年。

1983 年，曾自与她敬爱的陈秉忱伯伯

陈秉忱对生活永远抱着无怨无悔的态度，最让他惦念的则是田家英留下的两个女儿。

家英去世了，孩子们怎么样了？

他终于打听到我和姐姐在边陲插队的消息。苦难岁月中，秉忱伯伯大胆地给我们写信，悄悄地给我们捎钱。1975 年，他终于见到了一别多年的我们。他心疼啊！见我们正值青春年华却失去了学业，他主动提出教我金石篆刻，从《篆书指南》开始学，弄懂古籀、金文、大篆、小篆的区别。当我的第一枚印章刻出时，秉忱伯伯送给我一套《汉印一勺》印谱和一本《汉印文字征》，告诫说：“治印的根本在汉印，要能体会到其中的韵味才算学到手。”他的话我记了一辈子，是他告诉我：“做任何学问，都要从源头求根本。”

由于习篆刻，我酷爱上了古文字；我从篆刻而书法，而历史，而写作，是秉忱伯伯引我走进了中国传统文化的大门。

对我们姐妹来说，父亲去世后秉忱伯伯就是最亲的长辈。1979 年姐姐结婚，伯伯送她一柄石榴折扇，黑扇面上金粉石榴咧开大口，是希望姐姐像石榴一样，早结“果实”。

秉忱伯伯送我的则是一枝桂花，洋蓝色的叶子上铺满黄花，上书金粉隶书“蟾宫折桂”。寓意着我的男朋友陈烈把他的“干女儿”折走了，希望陈烈好好待我。

田家英重感情，秉忱伯伯也极重感情。父亲要是九泉之下知道他的爱女在陈老丈的呵护下成长，该多么欣慰！

附录二 小小方寸，大千世界

父亲田家英的遗物中，除了书籍和清人书迹，还有百余枚印章，是他的自用章（有名章、斋号章、闲章）。从印章内容可以看到他的性情、志向，甚至他的渴望。

最早的印章

最早的印章是一进北京城就有的。1950 年田家英读的书上钤盖着“郑昌”和“郑昌所读书”，在没有印泥时，甚至是用蓝墨水涂上盖的。应该说，这两方印都较拙劣，但从骨子里透着他对传统文化的喜爱。

田家英原名曾正昌，“郑昌”是正昌的谐音。我想，进了北京，住进中南海，转瞬间的变化，田家英一定思绪万千。他忘不了自己来自南国，家乡是四川。田家英生在双流县永福乡，一岁时随父母到成都，十六岁前从未离开过那里。成都是孕育他成人和最早使他产生思想的地方。他有多方“成都曾氏”“曾氏藏书”印，而从不称自己为“田氏”。还有一方布币形式的印，印面为“华阳”。据《舆地广记》记载：“昔人论蜀之繁富曰：地称天府，原号华阳。”华阳原是古蜀国的三都之一，今双流原与华阳县比邻，是曾氏祖上的繁衍地。

田家英是个典型的“国粹”，他从不穿皮鞋。参加在捷克召开的社会主义国家马列论坛学术活动时，同去的史学家黎澍着西装，而他却坚持不穿。四川人喜爱家乡的川剧，但他更着迷于京剧。中国的笔、墨、纸、砚称文房四宝，是古代上至皇家、下至读书人使用的，留存下来进入文玩杂项。印章为文玩的派生，但其内涵却高于其他。田家英对品级高雅的印章很是钟爱，他的眼界总是不那么一般。

为毛泽东管理印章

最早接触印章是为毛泽东管理印章。建国伊始，田家英的职责是毛泽东的日常秘书。主席很看重视群众来信，尤其重视民主人士的信件，他把处理来信的大事交给田家英。由此，代主席复信，联络上层民主人士乃至接待湖南家乡亲友，田家英都处理得得体，很快便得到毛泽东的信任。政府官员委任书需加盖的“毛泽东”名章，毛泽东将其交给田家英保管。

为了印章色泽的纯正，田家英从荣宝斋购得一盒乾隆时期的清秘阁八宝印泥，据传其成分含有珍珠、天然红宝石、红珊瑚、麝香、朱砂、朱膘、冰片、赤金叶八种配料，和在艾绒中用存放几十年的蓖麻油调制而成，十分讲究；若打开盒子，能闻到一股淡淡的香气。盖章时，我母亲也上手帮助，想出在下边衬上方格纸以免盖不正的办法。尽管事隔久远，母亲对那一幕仍记忆犹新。

我们对父亲做的大事知之甚少。但姐姐还记得小时候在父亲办公桌边玩，拉开桌边小柜的抽屉，里边全是

左
田家英早期印章“正昌”“郑昌所读书”“华阳”

右
沙孟海治印“成都曾氏”

1962 年吴朴堂治印“田家英印”

沙孟海治印“田家英印”

王个簃治印“田家英”

钱君匋治印“家英用书”

印章。父亲略带神秘地告诉她：“这是毛主席的印章。”听了这话，姐姐就再没去碰过它。搬到永福堂居住后，毛泽东的印章放在我母亲的住房，大立柜第一个抽屉满满的都是主席的印。搬永福堂是 1959 年秋，直至 1966 年，毛泽东的印章一直保存在我父亲处。

田家英为毛泽东买书，建起了一个个人图书室。书籍采购回来，自然想到给主席治几方“藏书章”，这是他的想法。逐年下来，他的确从各种渠道得到大篆刻家的治印；而毛泽东恰恰只在乎书籍内容，对盖章并无大兴趣，就是写得非常好的书法上也从不盖章。

1995 年始，丰泽园的图书转移到中央档案馆保存。原档案馆副馆长杨继波在 2017 年和 2018 年发表了《毛泽东用印知多少》《毛泽东印章谁保管》两文。从中可知，现存世的毛泽东印章，该馆有二十四方（其中名章十八方，藏书章五方，闲章一方）；毛主席纪念堂存五方；韶山毛泽东遗物馆存一方；傅抱石后人存一方。经过统计，毛泽东书上钤盖的印章仅九种，说明其余大部分印章未曾用过。档案馆交接文据写明：“移交到中央档案馆的二十四方毛泽东藏印，二十二方来自田家英，另外两方来自叶子龙。”

印章边款记录着治印者的姓名。杨馆长文章介绍得清楚。但篆刻家通过什么途径给毛泽东治印呢？有的说法并不确凿，比如吴朴堂的“毛氏藏书”，说是 1963 年毛泽东委托人大副委员长陈叔通请吴刻的，值得商榷。

毛泽东热爱书法，1958 年 10 月 16 日委托田家英向故宫博物院借阅草书手迹，那次借到解缙、张弼、傅山、文徵明、祝允明、董其昌等草书法帖二十件。但借的毕竟要还，总归不方便。田家英又组织秘书室同志两次到杭州、上海等地收集到《三希堂法帖》《昭和法帖大系》以及怀素、张旭、米芾、宋徽宗、赵孟頫、于右任的《千字文》等三十余种。毛泽东十分满意，爱不释手，但他却没有在钟爱的法帖上加盖名章的习惯。如此想来，他怎会为治一方印，亲托陈叔通老呢？

篆刻家吴朴堂是经陈叔通介绍进入上海文物保管委员会古物整理部工作的。吴朴堂曾为国家领导人治印，他给毛泽东治的这方印章，边款有“一九六二年二月朴堂刻”。而 1962 年 2 月 10 日，田家英正随毛泽东到上海为其整理七千人大会的讲话，他和上海文管会负责人方行同志交往甚笃。方行请吴朴堂为田家英治印不止一方，现存有 1962 年 2 月吴朴堂为田家英所治的一方印。由此推断，田家英通过方行同志请吴朴堂为毛泽东治印的可能性更大些。

为田家英治印的还有钱君匋、沙孟海、方介堪、陈巨来、叶潞渊、顿立夫、韩登安、王个簃、方去疾，个个都是金石大家。文化人多生活在南方，我想，很可能是父亲最初通过方行和浙江省文管会叶遐修联系他们为毛泽东治印，来往多了，篆刻家们跟他逐渐熟悉起来。我母亲和逄先知都有沙孟海先生为他们刻的章。

斋号章与收藏章的意境

田家英的斋号章和名章有些治成对章，置放在一个盒子里，石料、刻工都讲究，十分养眼；还有的三方置于一盒的，“田家英”“小莽苍苍斋”“成都曾氏”，特别小巧精致。

斋室名、斋号章，属文人雅趣。田家英少年时生活坎坷，没有条件接触文房一类；但他的文人气质好像是骨子里带的，对中国传统文化有种天然的亲和。

田家英最早的一方“小莽苍苍斋”印章是20世纪50年代中期镌刻的，此斋号出自谭嗣同北京浏阳会馆的居室“莽苍苍斋”。当年戊戌变法失败，梁启超劝谭去国暂避，然谭氏坚辞：“各国变法，无不从流血成，今中国未闻有变法而流血者，此国之所以不昌者也。有之，请自嗣同始！”如此慷慨悲歌，怎不让崇尚抱负的田家英动容。他对谭氏无比崇敬，将“莽苍苍斋”加一“小”字拟为斋号，且深深爱之。

田家英的斋号章刻有十余方，古籀、汉风、铁线篆，风格各式。方去疾先生所治朱文“成都曾氏小莽苍苍斋”，字与字间打着篆隶书法常用的“朱丝栏”，别致又清雅。沙孟海先生镌刻的“小莽苍苍斋”“田家英”，一白文一朱文，是对章，两公分见方，汉印味道十足，田家英常钤盖在清人信札和书籍上。再看钱君匋先生1963年1月所治“家英用书”，用了规范的铁线篆，田家英每每端盖在新购图书上。

新中国成立后，田家英购书时发现清代文人的信札、手卷在旧书摊俯拾即是。他早年萌生过立志撰写清史的愿望，无意间发现信札中承载的正是那个年代的史料，真是求之不得。自此，他的工资、稿酬大部分用在寻觅清代文人墨迹上了，最终他收集到的墨迹涉及清代学者、官吏、书家等相关人物有五百余位。

见多了，鉴赏力、品位也就高了。收藏章均请名家篆刻，叶潞渊先生治“成都曾氏小莽苍苍斋藏书印”，规范的铁线篆一丝不苟，功夫深厚。齐燕铭1961年所治“家英辑藏清儒翰墨之记”，篆法质朴，工稳谨严，十分耐看。齐燕铭是总理办公室主任、国务院副秘书长。我本以为政府官员少有懂金石篆刻的，没想出自齐燕铭先生之手的印章堪比大家之作。后来才了解到，齐燕铭出身蒙古族贵族家庭，自幼把玩金石篆刻，原来是童子功。

留住时代印痕的闲章

闲章是区别于姓名字号的一类印章，最早见于战国及秦汉，多是吉语、祝词；自宋代“诗词文赋”走进印章，人们开始称它为“闲章”。至明清，闲章的内涵越发丰富，“箴言”“述志”“纪年”“寓意”，任由文人抒发情志。闲章至今依旧被书画艺术家所钟爱，为作品增加情趣。

然而，田家英的闲章，留下更多的是时代印痕。

陈巨来为他镌刻的“苟利国家生死以，敢因祸福避趋之”，时间在1962年之后，寄托了政治上受挫的田家英仍怀抱的一片报国情怀。还有挚友梅行、陈秉忱为他刻的“京兆书生”“静谷十年”，都是在1959年庐山会议之后治印，印文从田家英“十年京兆一书生”的诗句而来。

田家英从文物商店、甚至地摊上也能淘到古旧印章。如“活泼泼地”，印面很大，看着都开心。父亲一定是感觉符合自己的性格而取之。在我们眼里他总是“活泼泼地”。又如“将勤补拙，以俭养廉”，则讲作学问、做事

方去疾治印“成都曾氏小莽苍苍斋”

叶璐渊治印“成都曾氏小莽苍苍斋藏书印”

顿立夫治印“小莽苍苍斋”

陈巨来治印“苟利国家生死以”“敢因祸福避趋之”

方介堪治印“文必切于时用”“理必归于马列”对章

闲章“苦吾身以为吾民”

何绍基旧章“实事求是”

情的道理。“苦吾身以为吾民”“常存敬畏”“且高歌”，表达的是中国传统知识分子的精神，也算古为今用吧。

较有价值的一枚古章是清代何绍基的“实事求是”章。作为书法家的他打破了科举制以来追捧的馆阁体，用长杆细羊毫书写，笔道抖抖颤颤，天然成趣，融进了书者的主观意念。何绍基的“丑丑字”，开一代书法美学之先河。此章“实事求是”，指的是一种治学态度，表达作学问要依照古人本义，倡导严谨考据的学风。之后，田家英又请沙孟海先生刻了一方古籀体“实事求是”，此章表达的则是共产党人的思想准则了。

田家英擅长借古语表达新意，或将古文白话。早在延安时，物资困难，缺少灯油，田家英、于光远、曾彦修、许立群几多年轻知识分子晚上常聚在一起摸黑聊天，自诩是“窑洞闲话”。那时大家就爱听田家英的古文白话解，清晰易懂，贴切风趣。他得意的方介堪镌刻的朱白文对章“文必切于时用，理必归于马列”，就是借用西汉儒学家董仲舒“文必切于时用，理必宗于儒学”句，仅动了两字，赋古语以新意。

1956 年田家英为毛泽东起草八大开幕词，一句“虚心使人进步，骄傲使人落后”成为经典。其实，这句是他对古语“满招损，谦受益”的发挥。

田家英有一方“风字砚”，砚底铭文“守其白，辨其黑，洁若玉，坚若铁，马列之徒，其如斯耶”，是他于 1961 年浙江调查后写就。老子有“知其白，守其黑，为天下式”句，他收藏的清早期学者朱彝尊玉兔望月砚砚铭写着：“知其白，守其黑，葆我真，完吾质。”他引申其意：“守其白，辨其黑”，认为这是共产党人做人的准则。可惜风字砚“文革”被抄，至今未还。这方砚还是浙江林乎加书记陪他在绍兴寻到的。

还有一类称“随形章”，是随印章石料之形治成的印章。1963 年，田家英收集到清代篆书家钱坫的一副七言联：“文翰之美高于一世，淮海之士傲气不除。”他一贯讲：“人不能有傲气，但不可没有傲骨。”好友梅行亦侠肝义胆之人，有感于家英的话，将下联“淮海之士傲气不除”刻一随形章。未料梅行“文革”中被关进秦城监狱，提审员的问题竟然由这方印章引起：“你们和谁有傲气？是和共产党吗？”此一时彼一时，“文革”一页早已翻过，现在想想提审员的问题也不无“道理”：党内的确有一些骨头硬从未向错误路线低过头的人，在提审员眼里，这就是所谓的“傲气”吧。

西泠印社首任社长吴昌硕的一幅篆书联：“心中别有欢喜事，向上应无快活人。”田家英不仅爱其篆书中的金石味，更爱联句的意趣：“我的欢喜事，不是你的欢喜事，我的乐趣，不是你的乐趣，我心中自有别样之欢喜。”说来真巧，他后来居然在地摊上发现一枚“向上应无快活人”的旧章。“向上应无快活人”意寓努力向上要付出代价，正是作学问之人“衣带渐宽终不悔，为伊消得人憔悴”的思想境界。这方闲章，他常钤盖书上。小小印章，竟饱含着浓浓的情感。

最后的一方印章

父亲人生的最后一枚印章刻于 1966 年 3 月，两个月

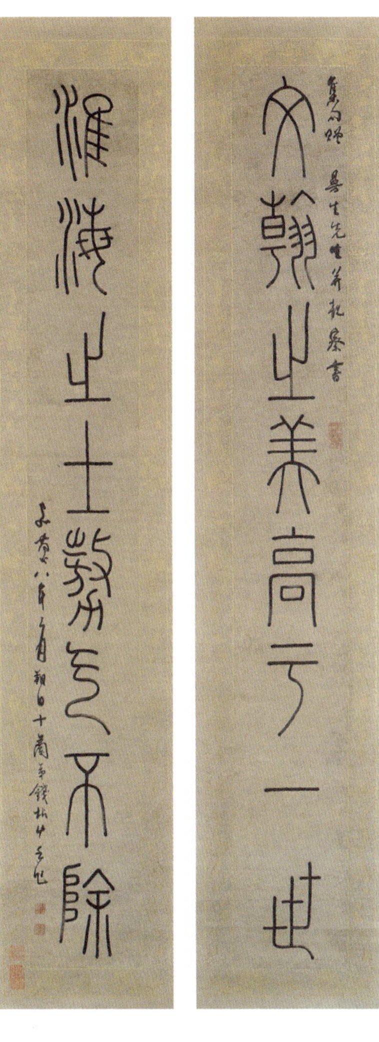

上
钱坫篆书七言联：
文翰之美高于一世，
淮海之士傲气不除。

下
梅行治随形章“淮海之士傲气不除”

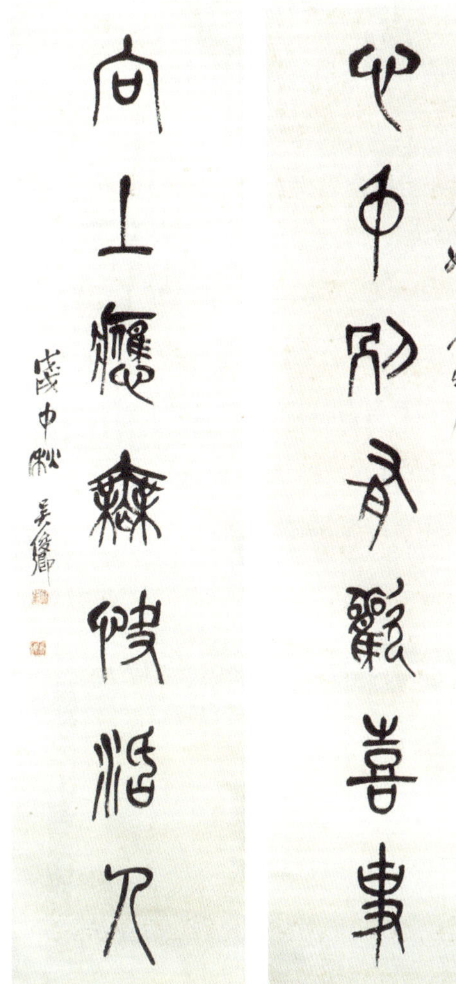

上
吴昌硕篆书七言联：
心中别有欢喜事，
向上应无快活人。

下
闲章“向上应无快活人”

沙孟海治印“实事求是”

梅行治印“忘我”

梅行治印“无我有为斋印”

田家英使用的印盒

后，他便离开了这个世界。

印章是田家英的挚友梅行所刻，梅老和我们讲过那段往事。

梅老说："家英在主席身边，了解的情况多，较早地察觉到指导思想出了误区，但以他的身份，不能公开抵制，只有尽可能地坚持正确的做法。江青、陈伯达曾拉他，他看出这两人不是出于公心，绝不从命。1966年，种种迹象表明，一场运动将临，叹息百姓又要吃苦。他对自己的无能为力，心有不甘啊。"

1966年春，梅行为田家英治了一方印章——"忘我"，将辛弃疾《贺新郎》"我最怜君中宵舞，道男儿到死心如铁。看试手，补天裂"句，刻在边款上，认为家英的心境与壮志未酬的辛弃疾大有相似处。田家英却对梅行说："一个人'忘我'不是目的，重要的是'有为'。"梅行闻言，感慨万千，连夜又治一方"无我有为斋印"，边款落着1966年3月的时间。这方汉印味十足的章，被田家英称赞是梅行为他篆刻的最好的一方。谁能想到，两个月后，田家英毅然决然以死抗争，承诺了一个大之又大的"无我有为"。

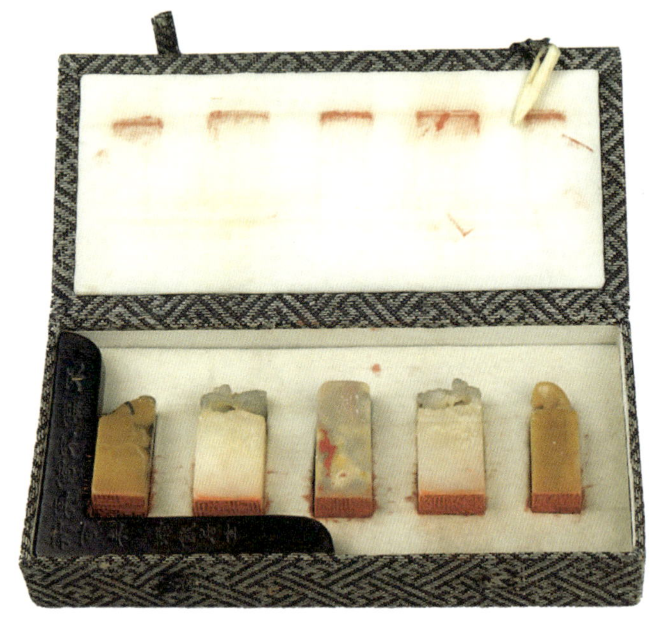

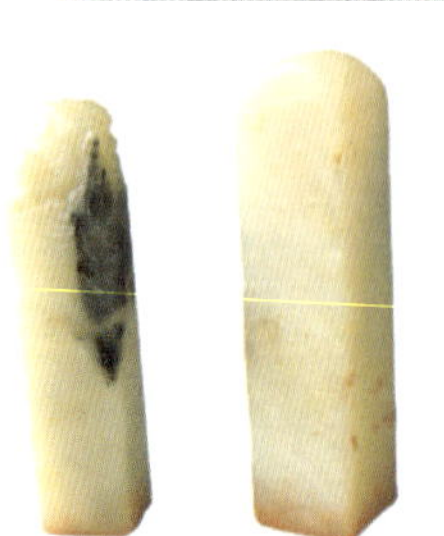

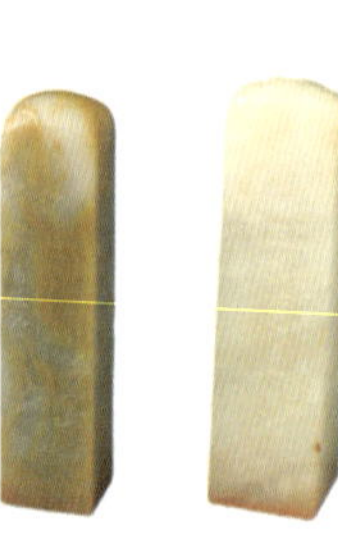

左
顿立夫为田家英刻章五枚

右
齐燕铭为田家英刻章四枚

田家英常用印

附录三
记父亲的读书和学习

父亲田家英没有进过大学的门，浅少学历，却读了那么多的书，做了那么多的工作。在他身上有种与众不同的精神。了解田家英的杨尚昆同志说："家英那种浓厚的读书兴趣，强烈的求知欲望和顽强的学习精神，在我们党内干部中是不多的。""如果他还在，研究毛泽东非他莫属。"

赵朴初老人对田家英的清代学者收藏亦有评价："观其所藏，知其所养；余事之师，百年怀想。"田家英仅四十四岁的短暂人生，余事间能成就一件了不起的文化传承。他的功底和学识是怎样成就的，他为什么年仅二十六岁作为秘书被毛泽东接纳、喜欢，我想在这里专门讲讲他一生钟爱读书和学习的往事。

20世纪50年代的田家英

没有学历的毛主席秘书

毛泽东对身边警卫、机要人员强调学习的重要性时，常以田家英为例："田家英只读过初中，没什么学历，可他很有知识，他的知识大多是自学得来的。"这大概也是毛泽东喜欢田家英的原因之一吧。

田家英没有更高的学历不是因家贫，是因父母早亡，哥嫂不愿供养，强迫小学未读完的他当了自家药店的学徒。有人说多舛的命运往往成为激活一个人潜能的动力，我想他应该是一例。

我们小的时候和父亲在一起的时间有限，他的时间属于主席。随主席到外地开会，受主席委托下农村调查，他经常不在家。1963年后，父亲不像以前那么忙了，我们也长大了些，父亲常带我们一起去买书。对父亲的印象大多是那个时候留下的。记忆最深的是父亲讲他读书的不容易。他还在娃娃的年龄，上小学就要穿城步行十余里，早晨一碗水泡锅巴，中午一个饼子，天天如此。父亲感叹："你们就是泡在蜜罐里长大的哟。"他讲童年，是担心我们生活优越将来没出息。

辍学后，田家英靠蹭书阅读，孩子们会问："什么叫'蹭书'？""就是乘掌柜不注意溜到街边书摊拿本书蹲在角落读，老板发现了轰走，转一圈换个地方接着读。"提及此事父亲会呵呵笑，他回想起当年和老板兜圈子的场景还得意呢。可我们依然能体会到他儿时生活的酸楚。

田家英买得起的只有几分钱的"活页文选"。然而，他恰是从小小"活页文选"中读到了许多优秀古诗文并受到启蒙的。他爱上了文学和历史，对书的热情让他千方百计地借书读。他七岁上小学，不到十二岁辍学，在校读书的时间加起来不过五六年。仅这么一点底子，他竟靠一本康熙字典，读了《史记》《资治通鉴》两个大部头。他第一次在报刊上发表文章是十二岁，模仿范文和思辨的能力极强，不能不说是早熟。无怪当时家乡人唤他“神童”。

靠稿费收入，田家英重返校园，那是1936年秋。一年后他便和同伴上延安了。这就是毛泽东所说的田家英的“初中”学历。

“我的大学”

高尔基的三部曲《童年》《在人间》《我的大学》，我们上小学时父亲就给买全了。不过是小人书，看了多遍，深深印在脑子里。写父亲的学习生活时，我觉得延安那八年，就相当于他生命旅途中的“我的大学”。

田家英十六岁到延安，他第一次集中学习的机会是在马列学院，先是当学生，十九岁被学院留下任近代史教员。

此时历史学家范文澜先生也来到延安，出任历史教研室主任。田家英和范老既是同事，又是忘年交。范老喜欢这个聪明好学的年轻人，孜孜不倦地教诲他治学和治史的道理。范老到延安后集中精力著出《中国通史简编》和《中国近代史》（上册）两部书，他耳濡目染。1939到1941年马列学院的经历，使田家英与中国近现代史结下了终生的缘分，他与范老的友情也保持了一生。用曾彦修晚年的大实话：“回顾延安，学习气氛可说很浓，但人们主要在攻读马列著作，学中国历史的并不多，专心研究史学的人更少，田家英是这少数人当中的一个。”

1941年9月，毛泽东倡导成立了中央政治研究室，田家英和一批优秀的知识分子集中到那里。政研室的两年是他在延安的第二次学习机会。

被分配研究国统区经济，资料主要靠国统区旧报纸，工作量不大。他抓住时间，大量读书，并且思想活跃，对写作仍抱着浓厚兴趣，半年间在《解放日报》发表了五篇政论、杂文。他1942年1月8日发表的《从侯方域说起》一文竟引起了毛泽东的注意。文章借大明朝反对阉党的领军人物侯方域在明亡后成为降清的“投降派”一段史实，影射大后方抗战阵营中高调谈抗战，骨子里却要投降的人。据田家英的延安友人陆石说，毛泽东听闻作者才二十岁，饶有兴致地约见了田家英，赞许他的文章旗帜鲜明，切中时弊，是抗战相持阶段所需要的。到底田家英有没有被毛泽东约见，他从未和家人提起。

政研室期间，田家英读完了《鲁迅全集》《资本论》两部书。同在政研室的母亲说：“家英饭量大，开饭时总见他顶着一盆小米饭打回窑洞边吃边看书。休息日，他干脆找一小山坡读书，一趴就一整天。跳交谊舞，看演出，他绝不参加，说舍不得时间。”母亲的话让我不禁想起小时候中南海每逢周末放电影，许多首长带全家一起去，父亲从不参与。看完电影回家见到的父亲一定是坐在绿罩子台灯下，我们回来了，他停下笔给我们找好吃的东西。儿时的我一直以为他是在等我们，岂知我们走后，他还要工作四五个小时呢。

田家英的惜时好学，给众多友人留下了深刻印象。

延安时期的田家英

最初延安物资匮乏，灯油供不上，他晚上便背古诗文。西汉政论家贾谊的《过秦论》篇幅很长，他背起来投入的样子，让同室的曾彦修一生难忘：“家英记忆力过人，短些的诗文他真能过目成诵，晚上时间长，他甚至把白天工作时写的东西一口气背出来。”

公安部原部长凌云记得，1947年与田家英同去晋西北搞土改，马背行途，田家英建议大家轮流背诗，免得荒废了时间。天天坚持，大家真学了不少古诗词。逄先知亦有同样经历：“1955年随田家英、史敬棠去山西娄烦代毛泽东看合作化运动，山区路陡无法行车，三人牵毛驴走了一天，家英让轮流背诗，最后史敬棠接不上茬还挨了批评。”就是在中南海划船，遇上与陈伯达同船，他也请老夫子赛诗，一人一首。

1943到1945年，田家英协助胡乔木编解放区中学语文教材。这两年是他在延安的第三次学习机会。

胡乔木一向思维缜密。抗战何时结束谁都难预测，而解放区没有适合的语文课本，下一代的培养是问题。他没有报告毛泽东，而是悄悄做起来。他首先选了在中宣部当干事的田家英和曾彦修组成三人小组，胡乔木出题目，田、曾动笔写，田侧重历史、古诗文类，曾负责政治、哲学类，每篇二至三千字，最后由乔木指导修改。他们每人写了几十篇，胡乔木篇篇严谨细致地指导修改。这个过程使田家英在文章立意、文法修辞、文字能力乃至知识结构上，全面地得到了提升。新中国成立后，他同胡乔木一起为毛泽东整理文稿、起草文件，始终视乔木为师。在1959年庐山会议上，当胡乔木牵头的旨在纠“左”的文件起草组被卷进政治旋涡之际，田家英坚定地对其他组员说：“宁肯牺牲我们自己也要保护乔木同志（指谁也不要把乔木在小组讨论时的言论说出去），因为他的作用比我们大。”这是父亲的肺腑之言。

顺带说一下，在延安能进行创作，万幸杨家岭有座几万册藏书的中央图书馆。写作的日子，田家英和曾彦修几乎天天泡在里边。可图书馆图书的来历却鲜为人知。

在图书馆，偶然会看到毛泽东在读过的书上留下的批语，如梁漱溟的代表作《中西方文化及其哲学》上就有很多毛泽东的笔迹。还有印得讲究的《杜书引得》（查杜甫诗及注，专业性很强的书），是“哈佛燕京学社”所编。他们猜想，帮延安购书的一定是有文化有素养的人。

1997年我拜访父亲的书友范用先生，偶然听他讲起当年为延安买书的事，很是惊喜。原来，抗战时期党在北平、上海、重庆都设有为延安购书的点。范用先生在重庆，延安的来信寄艾思奇《读书生活》杂志社信箱，写信人李六如，来信地址“天主堂”，每信都附有毛泽东亲笔的购书单。给延安图书馆买书和给毛泽东买书是一件事，毛泽东看完的书基本送到图书馆。直到抗战胜利范用调到上海，仍负责给毛泽东买书。范用遗憾，那时没想到把毛泽东的手迹留下来。

抗战胜利后，田家英没能跟随大部队到渴望的前方，陈伯达点名留他协助自己著书。转战陕北期间，田家英到山西农村搞土改，1948年回到西柏坡。此时，土改中农民生存的苦难景象常常萦绕脑际，加之思念奔赴前方三年的妻子，思念延安岁月；带着多重情感，他用陕北信天游体裁写了一篇反映农民求解放的千行长诗：

风前的灯火霜后的草，

旧社会的日月受不了。

旧社会世事不公道，

乐的乐呀熬的熬。

………

千年的雾呀百年的烟，

一天的云彩风刮散。

太阳照到了受苦人，

这熬人的日子盼到了边。

浓浓的信天游风情，浸透着田家英对延安的眷恋。延安八年，是他成长成熟的八年。

跟随十八年，学习十八年

1948 年底，田家英调到毛泽东处工作。这是他不曾想到的。进城了，走进中南海，环境变了，任务变了；责任和使命重大。对于年纪尚轻的他，不能不说如履薄冰。第一次见到毛泽东时他就袒露了心扉：不求有功，但求无过。1950 年，《中央团校报》一篇他与学子们的通信道出了彼时的心情：“我在中央领导跟前工作，每天闻的道，得的善，不知有多少，可我的能力水平都很低，党负托我的责任又比你们重；比较你们来说，学习对于我更加迫切，若如行云流水，过耳忘却，这不正是我应感最惭愧的地方吗……”

田家英跟随主席十八年，学习了十八年。作为毛泽东的日常秘书，他的职责是尽心为主席服务。20 世纪 50 年代，田家英与毛泽东可以说是朝夕相处。田家英住的静谷院落离丰泽园仅一百米，随叫随到。他每晚必赴毛泽东处，送上重要的群众来信，报告正在选稿的《毛泽东选集》编辑情况，抑或请示家乡亲友来京如何接待……办完事，毛泽东总会拉住他聊阵天，这也是主席一天最放松的时候。

毛泽东对田家英并不陌生，很早就关注过田家英写的政论、杂文。1948 年，组织为毛泽东推荐了多个秘书人选，他选择了田家英。近距离接触后，毛泽东更喜欢田家英了。毛泽东一向愿意自己培养年轻人，他曾对旁人讲，希望身边工作人员年龄在二十五到二十八岁之间，是聪明、诚实、有朝气、有可能造就为理论干部的人，是能向他提意见、文化政治水平较高的同志。回看田家英，恰是主席所需要的，20 世纪 50 年代他们关系亲近，如同父子。田家英对身边好友也道出肺腑之言：“主席对我有知遇之恩”。

毛泽东喜欢“和而不同”，田家英性情直率坦荡，是主席身边敢直言表达的少数人之一。无论主席认同与否，他话都说出来。有些省部领导汇报时在看小本子，主席就不满意，说要你那个小本子我还听什么？而田家英是用脑子记，从不带本本。有的老同志看家英心中不藏事，曾爱惜地提醒他：“你太单纯了。”的确，这是他的秉性，也是他的忠诚。

1958 年 4 月 27 日，毛泽东给田家英一信，推荐他读读班固的《贾谊传》，说贾谊的《治安策》“是西汉一代最好的政论，全文切中当时事理，有一种颇好的气氛，

新中国成立初期的田家英

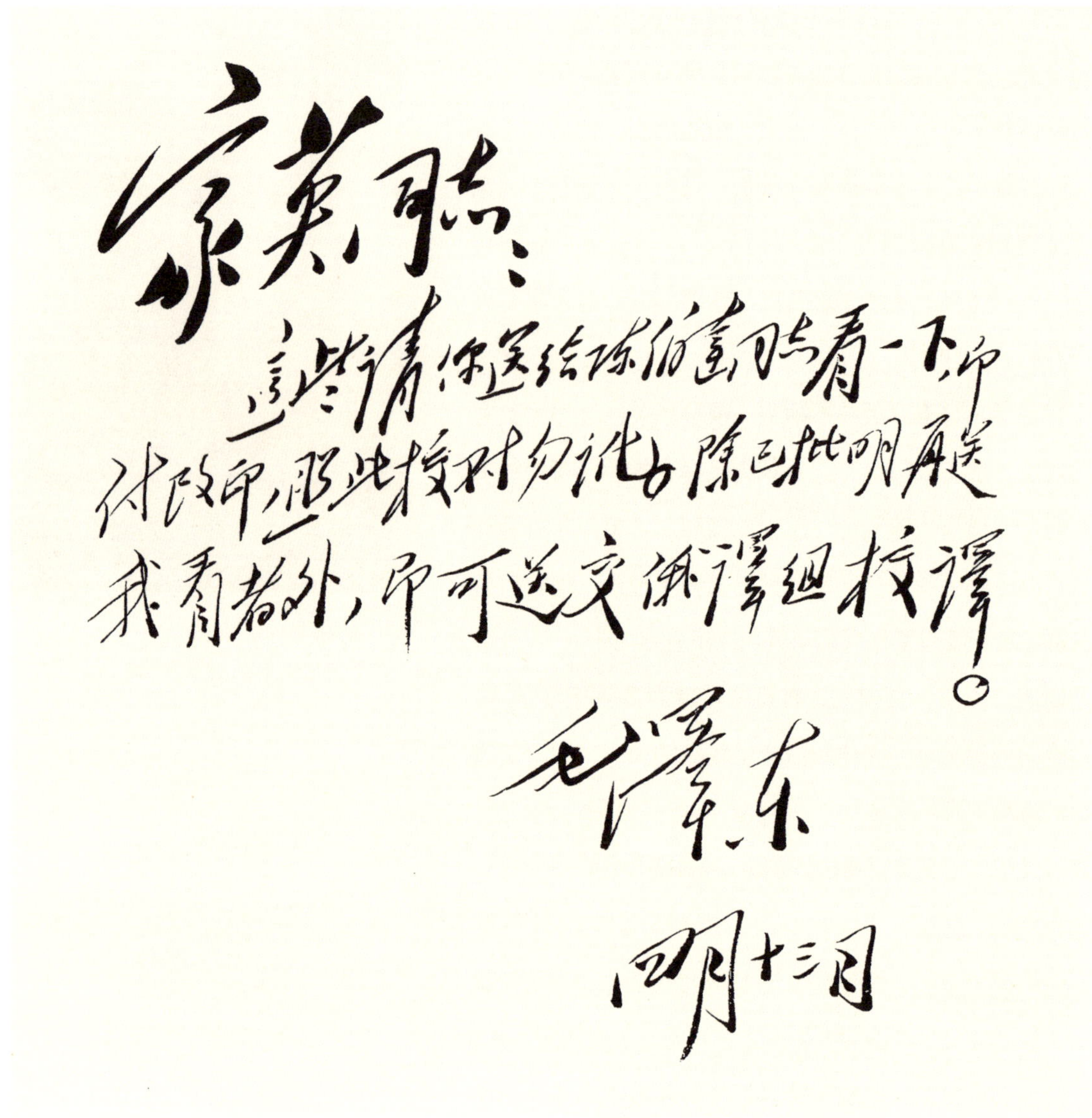
家英同志：

这些请你送给陈伯达同志看一下，即付改印，照此校对勿讹。除已批明要送我看者外，即可送交俄译组校译。

毛泽东

四月十三日

1951 年 4 月 13 日，编辑《毛泽东选集》一至三卷时，毛泽东致田家英信

值得一读”。毛泽东的言辞异常恳切，像这样的字条还有。毛泽东喜欢把他看到的有触动的文章给身边能理解他的人读。逄先知回忆田家英，评价说：“田家英和毛泽东在长期相处中，建立了真挚的感情。”

进城了，毛泽东对物质无所求，最渴望的是文化古城丰富的图书资源。主席和田家英聊天谈的最多的一定也是书。这个年轻秘书不仅爱书，而且懂书；很快，毛泽东便把建设一个适合自己图书室的任务交给了田家英。给毛泽东购书是没有书单的，毛泽东只提了一句，愿将民国以来商务印书馆和中华书局出版的书配齐。事实上这不太现实，但表明了毛泽东对文史哲书籍的高度关注。

购书说白了是淘书，购书人要了解书史，按科目对有代表性的书一一寻找。商务印书馆成立于 1897 年，中华书局成立于 1912 年，最初都建在上海，不是每本都有再版，又经战乱年代，需要的书见不到的情况太多了。仅一套《中国文化史丛书》，共八十册，田家英是一本本配齐的，其中的《中国疆域沿革史》用了几年才找寻到。1952 年合作总社邓洁同志打来电话告诉田家英，“没收敌伪财产处”发现一套版本好的“二十四史”，问主席要不要。田家英马上说要。邓洁亲自将书送到中南海。这套“二十四史”，毛泽东直到晚年都爱不释手。随毛泽东赴杭州、上海、武汉、广州等城市开会，也是田家英购书的好机会。书店已熟门熟路，连南方小镇的书摊他也不放过，每次回京必带回一批书籍。在北京，他则常去东安市场、西单商场、琉璃厂、隆福寺、交道口的旧书店。有几次主席有急事找田家英，卫士把电话打到琉璃厂，果然找到了。经过三四年的努力，丰泽园从最初由延安、西柏坡驮过来仅有的少量书籍，增至几万册图书。1954 年，一批适合主席身高的新书架运来，书籍重新分类，摆放有序。毛泽东走进图书室，异常满意。

直到 1966 年，为主席淘书仍是田家英的习惯。一次马列学院洪廷彦同志在图书进出口公司为单位买了一批书，刚交完费，田家英正巧进来，见其中有香港出版的

《傅斯年年谱》，说什么也要人家让给他。洪廷彦说：“田家英淘书的劲头真大呀，见到好的书不给他都不行。”殊不知，这正是毛泽东曾和他提到的人和书，他怎肯放手。

毛泽东读书面广，地方志、古代小品集都爱看。有年在北戴河，他让机要秘书告诉在京的田家英将《增广贤文》找来，第二天机要交通便把一本泛黄的小册子送到。机要秘书见其间全是有趣的民间谚语，竟一口气把小册子抄了下来。《增广贤文》始于明代，后经文人不断增补，存世多种版本。凡于旧书摊上见到有价值的，如《昔时贤文》《古今贤文》《阅微草堂笔记》《小窗幽记》等，田家英都给主席收下。据说毛泽东去世前要读的最后一部书是南宋洪迈的《容斋随笔》，我想，这类书八成是我父亲帮助购得的。

淘书等于淘文化。于书，于人，田家英与主席之间确有一种默契，谈书论书他们无话不谈。可以说，田家英是对毛泽东的文化关注了解最深的人，而毛泽东渊博的知识和读书的爱好，同样感染了田家英。走进中南海，田家英历经了一个知识再造的过程。

学术课题牵头人

除了秘书工作，田家英还是几个学术课题的牵头人。这方面情况我们也是后来才知道的。牵头的都是大项目，对于靠自学积累知识的他而言，可谓重任在肩，也令人叹服。

1956 年，毛泽东在一次会议上提议编选、编撰《党史文件集》和《党史大事记》，中宣部部长陆定一把任务交到中央办公厅，杨尚昆主任就将其交给田家英主持。为编这两部文件集，1959 年成立的中央档案馆专门设立了党史资料研究室，以方便提供档案。《党史文件集》成书后改称《中央文件汇集》，从 1921 至 1961 年共一百四十四册，印了一百套，送毛泽东一套。

将《党史大事记》交给田家英，是杨尚昆等认为他最熟悉毛泽东思想，而那时的中共党史，基本是以毛泽东思想发展史的沿革为主脉。

据当事人回忆，田家英主持下的编撰，除了注重写好毛泽东同志在各个时期的思想贡献和历史作用外，同时注重尽可能全地反映历史。田家英亲自到保存国民党档案的南京第二档案馆商议编撰国民党同期的大事记，准备将相关内容合在《党史大事记》中。讲客观、实事求是，的确是他一贯的思想原则。

1960 年 3 月，田家英与逄先知（右）在广州

郭沫若主持的《中国史稿》有三位牵头人，古代史是尹达，近代史是刘大年，现代史（即新民主主义革命和社会主义革命时期）是田家英。这部史稿田家英很重视，因为一是中央定的，二是主席关注，要求用科学的观点系统地叙述中国的历史。为此，他付出了八年的心血。史稿写作组于 1959 年搭建班子，前后有三十人参加，1962

毛泽东转赠田家英寿山石对章

年完成初稿；新中国成立前八部分印了送审本，新中国成立后写到1959年，暂未印送审本。田家英认为，历史结论不宜过早下，需再看看。最终，这部分因“文革”爆发，没能成书，非常可惜。

再有，田家英还为中央政治研究室建设了具有十万册藏书的资料库，其特色在于研究党史、现代史，资料无人可比。1956年，毛泽东提议搞一个像延安那样的专门帮助中央研究政策的机构，田家英任副主任。田家英做的第一件事就是领着三名年轻大学生抓资料，目标是政研室的平装书要比北京图书馆的更具权威性。他说到做到，做事情总是思路明确。华北局图书馆因1954年大区撤销已迁至北京，该馆前身是堪称解放区出版物大全的晋察冀边区图书馆，书籍从抗战初期开始积累，难得的珍贵，再无处可寻，多家单位都盯着。田家英得知这一情况，经过多方疏通努力，将这批书最终归到政研室。

搞研究缺不了查阅旧报刊。田家英请国务院、中直管理局（中共中央直属机关事务管理局）帮忙，从他们管辖的几十个单位收集旧报刊合订本，收获也很可观，包括建国前上海的《申报》等；他还极力促成南京第二档案馆编印《中国现代政治史资料汇编》（国民党档案）。这在缺少资金的年代能上马，很是不容易。1960年，“汇编”印出后寄给政研室，正巧《毛泽东选集》第四卷在编辑过程中，对于注释工作派上了大用场。

田家英对他带着的年轻同志说：“资料是研究工作的前提，我不也是做资料工作吗？是给主席做，主席要什么东西，我就给他找什么东西。为中央政府服务，为最高决策者服务，这难道还不够光荣吗？”在田家英的带动感染下，几位年轻大学生心甘情愿地做了一辈子资料工作，都成了专家。

“书到用时方恨少”

田家英是性情活泼、言语有趣的人。有句俗语“偷书不算偷”，可在他这里却是“借书如借妻”，爱书爱到极致。

田家英中南海永福堂的家也有万册以上的书，所有房间靠墙全围着书架、书柜。书是一本一本积攒起来的，分门别类，摆放清楚，需要哪本，信手拈来。办公的房间里有马恩列斯全集、选集、专题文集和各种经典篇章的大字单行本，中国近现代史、中共党史类的书也很齐全。田家英是《毛泽东选集》一至四卷的编辑、一至四卷注释稿的起草人。平日起草文件，给主席查找诗词典故，哪一样也离不开书籍和资料，所以书是他最爱惜的东西。

经济、逻辑、法学类的书，是他遇到问题在解决的过程中渐渐积累的。例如1954年参加宪法起草，田家英主动收集了两箱子各国宪法带到杭州供主席参看。1954年1月9日，毛泽东在致刘少奇及中央的信中谈到杭州起草宪法工作的进度安排，请他们提前看苏联、罗马尼亚、波兰、捷克等国的宪法，还提到看德国和法国的宪法。这项工作完成后，田家英爱上了法学，有关宪法的书籍他积攒了两书架。再如，毛泽东从延安时就研究逻辑学，进城后对逻辑学仍感兴趣。1958年6月14日，历史学家周谷城的一篇《六论形式逻辑与辩证法——略答马特》发表，毛泽东特让机要秘书把当天的《人民日报》收好。之后不久，毛泽东邀周谷城到中南海游泳池就逻辑问题座谈了一次，康生、陆定一、陈伯达、胡绳、田家英在座，谈话近六个小时。毛泽东对逻辑学的兴致影响了他，后来他的逻辑学得入门道，专著也积攒了许多。

田家英的理论书虽多，但他恰恰不喜欢摘抄语录。他习惯把道理用自己的话讲出来，文章写得让读者感觉像是和你聊天说话。

应该说，田家英对主席的文风并不陌生。早在西柏坡做秘书工作前，他为研究毛泽东思想发展史，阅读了解放区出版的多部毛泽东著作，其读书笔记新中国成立后还被中国青年出版社以《一个同志的学习札记》出版。第一次和主席见面，主席给他的考卷就是“我说个大意你去起草一份电文来”。当他把叙述扼要、言语贴切的电文交到主席手上时，主席微微点头笑了。来到主席身边工作，田家英更加用心，主席的习惯用语、使用过的地方方言、引用过的典故他都一一记下。1955 年，阎明复调来做中办翻译组组长，遇到主席用湖南口音讲专有词汇或典故直挠头，田家英于是把自己积累的本子拿给了他。阎明复在 2015 年出版的回忆录中写道：“田家英给我的大本子解了燃眉之急，我非常感激。”

1960 年 3 月，毛泽东在广州主持《毛泽东选集》第四卷文稿通读会。毛泽东右侧起依次为：逄先知、许立群、康生、田家英、胡乔木、熊复、姚臻

20 世纪 60 年代初，田家英在杭州

田家英最初代毛泽东给民主人士等复信、起草电文，后来参加整理毛泽东讲话稿。整理主席讲话，首要一条是符合主席的语言风格。毛泽东最不喜套话、空话、虚话，要的是有的放矢，通俗易懂。田家英少年时就擅长模仿名人文笔，这个本事用到了刀刃上。康生传统文化懂的较多，一般人不入眼，但对田家英整理的主席讲话稿颇为称赞，说："这个活儿离不了田家英，他整理的主席讲话就像描红模子。"

毛泽东常要田家英查某一诗词典故的出处，田家英总能在最短的时间帮上忙。1961 年 11 月 6 日，通宵工作的毛泽东直到清晨仍无倦意。国内发生了经济困难，国际上美苏孤立我们，严峻的内外形势令毛泽东陷入沉思，清晨六时起，他连给田家英写了三个字条。

其一：

田家英同志：

请找宋人林逋（和靖）的诗文集给我为盼，如能在本日下午找到，则更好。

毛泽东

十一月六日上午六时

其二：

田家英同志：

有一首七言律诗，其中两句是：雪满山中高士卧，月明林下美人来。是咏梅的，请找出全诗八句给我，能于今日下午交来则最好。何时何人写的，记不起来，似是林逋的，但查林集没有，请你再查一下。

毛泽东

十一月六日上午八时半

其三：

家英同志：

又记起来，是否清人高士奇的。前四句是：琼枝［姿］只合在瑶台，谁向江南到［处］处栽。雪满山中高士卧，月明林下美人来。下四句忘了。请问一下文史馆老先生，便知。

毛泽东

六日八时

田家英很快查明，这是明代诗人高启的七律《梅花九首》中的一首。

1961 年寒冷的冬日，一篇成熟于胸的词作《卜算子・咏梅》在毛泽东笔下诞生了：

风雨送春归，飞雪迎春到。已是悬崖百丈冰，犹有花枝俏。　俏也不争春，只把春来报。待到山花烂漫时，她在丛中笑。

毛泽东永远不服输的性格和压不垮的意志，鼓舞着中国人民。

田家英能帮上主席的忙，除了知识面广，还因为他很会利用工具书。他所存的工具书仅文科类的，查词语的有《辞海》《辞源》《中华大字典》《佩文韵府》《经传译词》《尔雅》《词诠》，查诗文的有《艺文类聚》《古今图书集成》《太平御览》，查人物的有《中国人名大辞典》，查书籍的有《四库全书总目》，查地名、年代、年号、斋号、室名的有《中国历史纪年表》《古今人物别名索引》《室名别号索引》……收到一本稀有的工具书，也会成为他买书的亮点。

1962年，因“包产到户”问题，中央领导层产生意见分歧，田家英卷入是非。毛泽东对一贯喜爱的秘书有了看法，很长时间对他未予理睬。直到1963年年底，决定出版“毛主席诗词集”时才又带上田家英。入选篇目由主席选，注释条目有的是主席写的，有的是田家英写的，编辑全过程仅他们两人。主席又给田家英写来交换意见的信或字条，田家英感到，主席对自己还是信任的。1963版《毛主席诗词（三十七首）》是毛泽东生前出版的最全的诗词集，也是田家英最后一次和主席编书。

1963年后，中央农业政策的文件交陈伯达主持。这时，田家英很想离开中南海，到中央档案馆当个研究室主任，潜心搞研究；或到基层当个县委书记，探索中国农村的路怎么走。他把想法对主席讲了，但主席没放他。

即便这样，田家英也没有闲着，为方便一般干部和广大工农群众学习毛主席著作，他尽心尽力地编选了《毛泽东著作选读》甲种本，为青年们编选了《毛泽东著作选读》乙种本，为机关内部担任研究和编辑工作的党员干部编选了《毛泽东著作专题摘录》。比之以往跟着主席起草牵动全国的重要政策文件和党的会议报告，此时的工作用田家英自己的话说，“是在找活干”。但实际上，他是在针对有些人断章取义地编语录的做法，努力完整地宣传毛泽东思想。1964年，《毛泽东著作选读》甲、乙本出版，父亲带着我们去新华书店，见到群众购书的热烈场面，他既欣慰又高兴。那些年，他在收集清代学者墨迹的业余爱好上，收获也颇丰。母亲说，家英选定的事，一定是投入和用心。母亲记得，1951年7月，为纪念共产党成立三十周年，中央直属机关党委请田家英做“毛泽东思想和中国革命”的主题报告，田家英在中山公园上千人的露天剧场讲了一整天，仅在火柴盒上写了几行小字权当提纲。田家英固然是记忆力强，但更主要的是他平日对史料熟悉，思路逻辑清晰。

看书速度快也是田家英的一大特点。白天购回的书，当晚都要粗翻一遍，不上架不休息。永福堂门厅有一长条案子，上面总放置着一摞摞新书，是中办购来的港台图书和各出版社送的新书。田家英先给主席筛一遍。他看书快的窍门，是先看前言、目录、后记，然后可以依章读，也可以倒着逐章读，目的是在最短时间抓出该书的议题和结论。记得他和我们说：“你把一本厚书读薄了就算你读懂了。”这是他长年读书的深刻体会吧。

田家英少年时憧憬着当作家，直到20世纪60年代，他还对友人说，今生不写出一本小说来死不瞑目。他收齐了钟爱的鲁迅、茅盾、闻一多、瞿秋白、郁达夫、郭沫若等人的作品，以及范文澜、周谷城、吕振羽、罗尔纲、尚钺、翦伯赞等人的专著。父亲走了，十四年后，这些书从中南海拉回家。长大成人的我们，从书里看到了自己的父亲。

“书到用时方恨少。”田家英感到知识永远不够用，永远有学不完的东西。读书学习已融入了他的生命。

乌鸦皮田黄印章

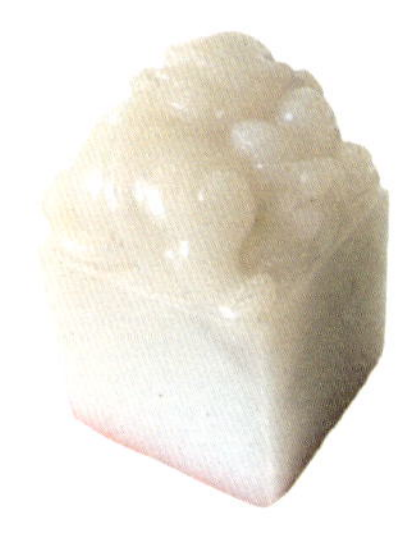

兽钮白寿山石对章

后记一

杨尚昆与董边观看田家英收藏图录

2002年是田家英八十周年诞辰，在朋友们的帮助下，我们决定在天津举办田家英收藏展。与此同时，将藏品背后的故事写成了这样一本书。写这本书的念头，近两年一直在我脑海中涌动。1995年，我与史树青老前辈合作编就了《小莽苍苍斋藏清代学者法书选集》；继而，我又主持编辑了这部书的“续编”。两部“大部头”面世后，颇得读者的青睐。“正编”存书早已告罄，和正在销售的“续编”不能配套。我们还常常接到读者为寻找“正编”的电话和辗转托人购书的口信儿。这些都促使我想再编一个精选本，以满足读者的需要。

让我下决心出这本书的另一个原因，是我的岳母董边在世时，曾一再叮嘱我考虑出个简读本。她说，现在花六百多元钱买两册图录的人毕竟是少数，要让普通读者都买得起。这话直到她去世前一个月，我去医院探望时，她还“唠叨”着。我把这看成是她老人家的遗嘱，做子女的没有不完成的道理。

基于上述想法，我找到三联书店，商讨后我们达成共识：出一本图文并茂的精选普及本。全书语言通俗化，读者可以在欣赏藏品的同时，了解其中的故事，体味收藏者的追求。根据这一编辑原则，我从千余件藏品中遴选出各具代表性的作品近百件，按时代编排，就人物论述，引导读者从中窥得小莽苍苍斋的全豹。将收藏品和收藏者结合起来介绍的书籍，尚不多见。或许读者可以从田家英身上，感悟到毛泽东时代的“党内秀才”从政之余，在收藏之事中表现出的学术风格、文化品位、思想境界以及人生追求，从另一侧面更深切地理解他们那一代人和那段历史。

本书在写作过程中得到田家英生前挚友、同事，以及熟悉他、接触过他的许多友人的帮助，他们毫无保留地为我提供各种线索，回忆各种情节。我小心翼翼地将散落的记忆穿连起来，写成了这些文章。我的爱人曾自笔谈父亲少年时代求知若渴的往事，为田家英之所以有这样深厚的文化功底作了“注释”；许多往事我也是看了文章后才知道的，将其列为序言，或许有助于读者对书对人的了解。大姐曾立为本书的内容编排出了不少主意。她的女儿陈庆庆，一位刚刚毕业的历史专业大学生，不但参与了部分文字的整理工作，还为本书打印了全部书稿。我们看到小莽苍苍斋后继有人。

中国国家博物馆的摄影师邵玉兰、董青女士为藏品摄影，周铮先生审读了藏品释文，在此一并致谢。

陈烈

2002年8月8日于毛家湾

后记二

拙著自2002年9月下旬出版后，我就像应试举子等待发榜那样，一直惴惴不安。这倒不是在意自己的声誉，而是担心因浅学陋识让父辈蒙讥。须知，田家英生前没有留下任何相关文字资料，甚至将其藏品公之于世也并非他的本意。所幸听到看到的评论，多为褒扬之辞，我高悬的心也渐渐落了下来。

第一位反馈的“读者”，是当时在总书记任上的江泽民同志。书发行不到一个月，他就浏览完了全书，并于10月11日在一次党的纪念会后，与李鹏、逄先知等人谈及自己阅读后的感受。过了几天，他又应家属之请，亲笔为小莽苍苍斋题了匾。

书出版后，陆续收到许多读者的来信，他们对于清人的作品及注释，字斟句酌，反复查证，提出了宝贵的意见，字字珠玑，让我受益匪浅。每一次加印之前，我都和三联的编辑认真核实，加以订正。至今让我难以忘怀的是，某日深夜，我刚刚入睡，便被电话铃声吵醒。来电话的是我的一位好友，在替他的孩子求证书中的一句话“周恩来住西华厅”，而孩子的印象是“西花厅”。不用说，对方得到了肯定的答复。这一夜我失眠了，为自己的不谨慎感到汗颜。特别是这种常识性（就研究党史而言）失误竟然在第三次加印之后还未察觉，而打电话求证的是自幼在香港读书长大的孩子。

此次增订，新写了七篇短文，其中有的是在原来的篇章中摘出一节扩充成篇的。一些读者说我“惜墨如金”,“看了不过瘾”；其实，是我对于那段史实所知有限，有些事还没有确凿的把握。经过这几年的研究，我对田家英的认知、对小莽苍苍斋的研究又有了新的收获。特别是我爱人曾自，长期以来研究田家英生平思想及其相关历史，她给我提供的心得和亮点，对我决定再版和增写的部分文字，启示颇多。

此次增订，删去了一些藏品的图版，也增加、替换了一些藏品的图版，这样做是为了保证再版时内容更加丰富，同时也尽量降低成本。“要让普通读者买得起”，这是岳母董边临终前一再叮嘱我的。

出版“增订本”，还有一个重要因素，是为配合国家博物馆在新扩建的馆内设专室再次展出小莽苍苍斋的藏品。配合展览出书，有利于观众更加了解斋主本人以及藏品背后的故事。事隔二十年，当年出席开幕式的田家

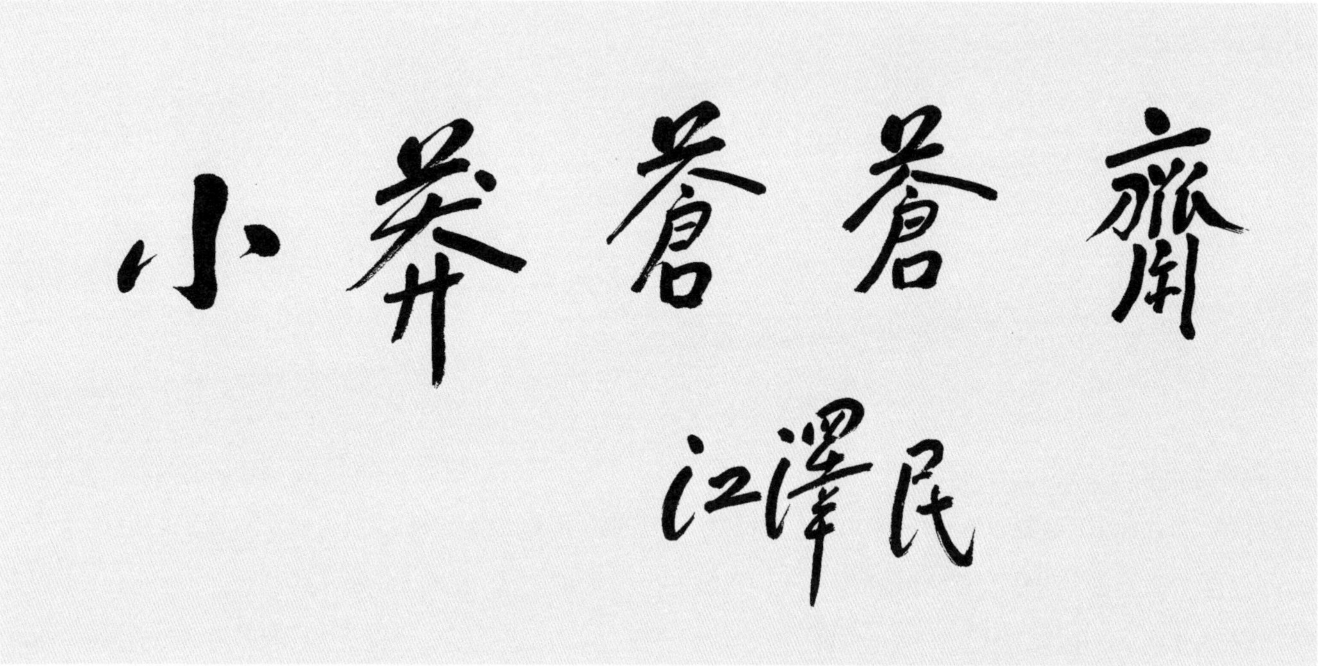

江泽民为小莽苍苍斋题匾

英的夫人董边，以及田家英的同事大多已不在世；睹物思人，也是对他们一种深深怀念。

记得史树青先生（我从一开始就在他的指导下整理这批藏品）多次告诫我：整理这批资料（包括对资料的理解以及校对），就像秋风扫落叶，随扫随有。我衷心希望读者朋友一如既往地关注这批资料，把你们的意见和建议随时反馈，以便我们加印时改正。

最后，仍然要感谢本书的设计、编辑，由于他们的智慧和勤奋，使本书的品相有了进一步提升。国家博物馆的摄影师邵玉兰、齐晨和故宫博物院的摄影师李凡，补拍了新增的藏品图片，在此一并致谢。

陈烈

2011年元旦于清芷园寓所

后记三

拙作《田家英与小莽苍苍斋》自2002年问世，受到读者好评，多次加印。直到2011年三联决定推出“增订本”时，我一直都认为此书是棵“长青树”，不受时段限制，每代人都能从书中找到自己感兴趣的内容。

这几年我忙于写另外一本书，并未在意此书的库存，直到家中存书消耗殆尽，我才得知坊间已经一册难寻。焦虑之中得知中华书局（香港）决定再版此书，颇解我燃眉之急。

新书新风格，书局的总编辑不仅对书的封面、版式做了调整，还希望在内容上有所增加。我因手头“文债”尚未还清，也因眼疾手术有待恢复，踌躇间，还是夫人曾自解了围。她增写了两篇文章，又改写了序言，这在不到两个月内完成，挺不容易。

其实，二十多年来，在对田家英友人的走访中，夫人出的力远超于我；一方面源于父女亲情，另一方面她撰写父亲的文章，其深度、广度都非我所能及。

感谢赵东晓总经理和侯明总编辑，具有远见卓识的他们已经在考虑明年、后年与我再度合作；也感谢责编王春永先生付出的辛劳；国家博物馆的高级技师张越为镇尺拓片，以及鲍楠迪女士对新增藏品的扫描和对部分文字的校对，在此一并致谢。

需要提及的，也是萦绕在我脑海多年的往事。2002年某日的深夜，一位香港长大的在校学生托父亲打电话，指出我书中一处失误：将周恩来总理住所“西花厅”写成“西华厅”。这一宿彻底改变了我对“文化沙漠”香港的印象。

在我写这篇后记时，专门询问了这位学生的成长历程。十七年过去了，当年的他（李萌）虽然留学海外，专攻金融，仍不忘中国的传统文化，闲暇时除博览群书外，还在练习毛笔字。如今他已是两个孩子的父亲，一家人生活在香港，其乐融融。

见书如面，算是我作为长辈一个迟到的感谢。

陈烈

2019年端午于北京清芷园寓所

后记四

2022年是田家英百年诞辰，两个女儿计划两家人吃顿饭，到照相馆合个影，低调地搞个追思活动，算是纪念。有朋友说："都什么时代了，还去照相馆。"这样说也没错，社会进步了，照相连胶片都不用，谁电脑中不存个千儿八百张照片。但我们还是喜欢老派做法，两家规规矩矩去照相馆来个祖孙三代合影，挂在墙上或放在影集中保存得更长久，时时看到，了却思念之情。

可偏偏赶上了疫情，而且一连三年，特别是这年上半年，越发离奇，连预约饭店吃顿饭都成了难事，更别提照个"全家福"了。

此时，刚好王一珂先生来洽商《田家英与小莽苍苍斋》增订之事。理由很是实在：第三版在香港发行三年，由于疫情原因，香港出版的书很难销到内地；该书的规格为十六开本，对图文书而言略显小些；繁体字对内地年轻人而言又有些隔膜，也不利于传播；不少珍贵、有趣的材料尚未收入。王一珂先生从事编辑工作多年，对田家英，对这本书很有感情，也熟悉它的读者。作为作者，我们没有反驳的道理。况且以出书的方式纪念父亲远比吃顿饭、合个影更有纪念意义。我们只是担心所知甚少。父亲去世时我们只有十四岁，对他作为毛泽东主席秘书的往事，我们也是懵懵懂懂，了解得很浮浅。

但经过研究我们发现，小莽苍苍斋的确有不少藏品值得探索。如作为毛泽东的秘书，毛泽东喜欢看什么书，田家英最清楚，列个书单都有意义；小莽苍苍斋有许多藏品和清代学者墨迹并不搭界（如碑帖、钱币、唱片等），也许是田家英为服务主席而收藏的。

我们打开了思路。当时北京疫情在5、6月份陡然加剧，我们除了每天出门做一次核酸，其余时间都关在家中，美其名曰"不给政府添乱"。这使我们有大量的时间，慢慢翻阅每部书、每册拓本（包括碑帖、钱币、印章），连钤盖的收藏章、签名、眉批都不放过，果然有收获。

20世纪90年代，我们在编辑《小莽苍苍斋藏清代学者法书选集》时，也在搜集田家英的相关史料，特别是毛泽东与田家英在诗词交往方面的点滴。田家英是1958年版《毛主席诗词十九首》和1963年版《毛主席诗词（三十七首）》的唯一编辑者。我们遇到的最大障碍是资料缺乏，尤其作为第一手资料的毛泽东诗词手迹已

上
《毛主席诗词手迹（未刊本）》外函封面

下
齐燕铭所治“家英之印”印章及印文

于1966年5月被中央有关部门接收。我们手边只有田家英编辑的毛泽东诗词公开出版的版本和一本复制的《毛主席诗词手迹》。

在新冠肆虐的日子里，我们对这部复制的《毛主席诗词手迹》重新进行了鉴读。我们发现，在该书最后一页夹有一张“豆腐干”大小的纸片，上面印着：“《毛主席诗词手迹》纪念《在延安文艺座谈会上的讲话》发表廿周年。征集者：上海图书馆；印刷者：上海博物馆。一九六二年五月。非卖品，共印五十部”。它引起了我们的关注。这部《毛主席诗词手迹》外包装是蓝布函套，内有一册传统的蓝面线装本，封面及函套贴有相同的洒金纸题签——“毛主席诗词手迹”。书中没有前言、目录、后记，也没有释文和说明，整部书只录印了十二首毛泽东诗词手迹。我们将其对照已经出版的毛泽东诗词，发现其中有九首都存在改动。改动最多的一首是《忆秦娥·娄山关》。这九首多数为长征途中所创作，都是毛泽东在新中国成立后（1956年之前）用毛笔书写在宣纸上，凭记忆誊录的；与1957年《诗刊》一月号发表的版本不一致。

我们对突然的“新发现”产生了兴趣，也产生了疑虑：一、中央办公厅对毛泽东手迹管理非常严格，在那个时代被图书馆“征集”是难以想象的。二、“印刷者”是博物馆，似乎也于理不通；高额的费用支出，只印五十部，且是“非卖品”，那它赠送的对象又是谁呢？三、毛泽东对诗词创作一向严谨慎重。如1963年11月29日，田家英向毛泽东提供《七律·人民解放军占领南京》的文字记录稿（毛泽东1949年4月所作）。毛泽东当即批示：“此诗打清样两份，你一份，我一份，看看如何，再定。”五天后，毛泽东再次批示：“‘钟山风雨’一诗，似可以加入诗词集，请你在会上谈一下，酌定。”毛泽东对创作初稿的谨慎，由此可见一斑。

再看眼前的这部线装本《毛主席诗词手迹》，我们偶然发现函套上的“毛主席诗词手迹”题签下，贴有一小张洒金纸。常识告诉我们，洒金纸覆盖的是一枚印章。我们小心将纸揭去，发现印文虽有损坏的痕迹，但仍能看出模糊的“家英之印”字样和印章的轮廓。我们与小莽苍苍斋存印进行对比，找到了答案——这是齐燕铭为田家英篆刻的四枚印章之一。

说起齐燕铭，田家英对他曾有过评价。齐燕铭是蒙古族人，出身没落贵族，自幼把玩金石篆刻，于书法、京戏无不精通，治印也堪称大家。齐燕铭应田家英之嘱，为他篆刻了四枚印章，时间在1961年。其一为“家英之印”，边款“家英同志名印，燕铭刻”。其二为“家英”，边款“燕铭治石”。其三为“曾氏藏书”，边款“家英同志嘱，燕铭刻”。其四为“家英辑藏清儒翰墨之记”，边款“一九六一年，燕铭为家英作收藏印”。

答案凿凿有据，我们如释重负。尽管我们还不完全明晰事情的来龙去脉，有待后来者研究；但其中一点可以确定——田家英初任毛泽东秘书不久，就开始协助主席整理他早年创作的诗词了。

一本1938年8月由新文出版社刊印的《鲁迅新论》，载有王明、毛泽东、萧三、瞿秋白、冯雪峰、欧阳凡海、O.V、周作人等人的文章。其中王明《中国人民之重大损失》、毛泽东《论鲁迅》、萧三《纪念鲁迅》，都是在延

1937年春，田家英送汪大漠等人赴延安时合影。前排左一汪大漠，左二田家英

安“陕北公学”纪念鲁迅周年祭日（1937年10月19日）的讲话稿。

该书扉页有一段钢笔字引起了我们的注意：“此书虽是投机商人搞的，但有主席一篇讲话，是十分可贵的。主席讲话的整理者不知是什么样人？一定政治上是有问题的，因他把王明摆在前面，这是严重的政治错误。”写这段话的人叫“路工”（笔名），应该也是位“延安老革命”，他将其送给田家英看（1958年），大概基于“整理者”的政治立场有问题。

翻开毛泽东《论鲁迅》，标题下署名：“毛泽东讲，大漢笔录。”用“大漢”作笔名在那个年代是少见的。查找此人田家英恐怕也无能为力，何况“大漢”与出版商本不该是一个人，何谈“严重的政治错误”？

今天，我们还原当时经过已不是难事。查看汪大漠撰写《我与〈毛泽东论鲁迅〉》（汪大漠：《汪大漠诗文选》，重庆出版社，1993年版）一文，我们发现，“大漢”是当年印刷厂排字工人的失误，真正笔录者是“大漠”，即汪大漠。说来也巧，汪大漠是四川人，还是田家英的好友，长田家英几岁。家英加入“海燕社”（共产党的外围组织），大漠是介绍人。1937年上半年，他们两人还在一起办刊物，大漠6月去延安时与家英等人合影留念，相约延安相见。汪大漠有幸聆听了主席演讲，并做了唯一存世的“笔录”，而田家英到延安时已是岁尾。

1938年1月，汪大漠奉命到“武汉八路军办事处”报到，3月将毛泽东讲话的整理稿寄给胡风，首次在武汉《七月》杂志上刊登，8月结集成书（即《鲁迅新论》）。

读毛泽东《论鲁迅》，有些话印象深刻。如说到鲁迅的政治远见：“他用显微镜和望远镜观察社会，所以看得远，看得真。他在1936年就大胆的指出托派匪徒的危险倾向，现在的事实完全证明了他的见解是那样的稳定，那样的清楚。托派成为汉奸组织而直接拿日本特务机关的津贴，已是很明显的事情了。”谈到鲁迅的价值，毛泽东说：“据我看要算中国第一等圣人，孔夫子是封建社会的圣人，鲁迅则是新中国的圣人。”

汪大漠在田家英平反后的第二年，赋词《沁园春·忆家英》怀念故人，其中有句：“锦城惜别多违，三十载京华隔海陲。”（《重庆日报》1982年6月6日）二人当年成都一别，他们的“留影”永远定格在1937年的春天。

还有一本姚雪垠的《记卢镕轩》，是1949年5月再版的修正本。封面有“恩来、颖超两先生指教。雪垠敬赠。6月17日”字样。扉页仍有两行钢笔字：“卢镕轩是旧社会压杀的天才，很可能变为新社会的劳动英雄，望赐注意，给他一个发展的机会。”周恩来、邓颖超夫妇

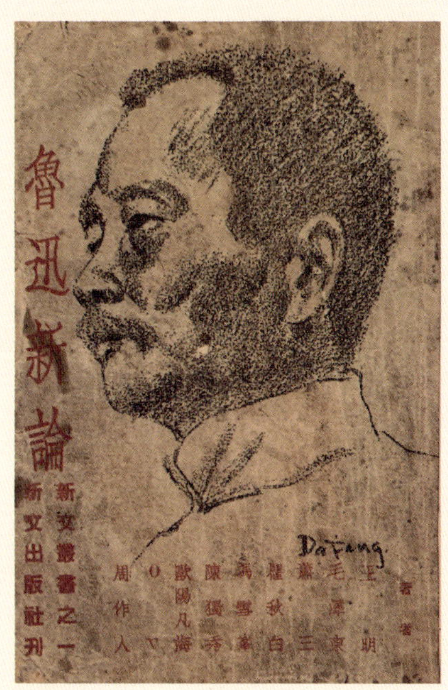

《鲁迅新论》书影
（新文出版社，1938年版）

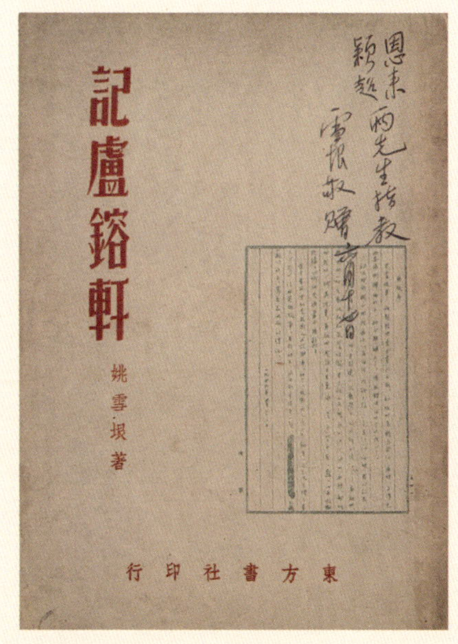

《记卢镕轩》书影
（东方书社，1948年版）

收到此书时，田家英正跟随毛泽东住在北平香山的“双清别墅”。即便后来同在中南海工作，由于中央办公厅与国务院属于两大系统，这本书如何到了田家英手里，他又是如何了结此事的，因时过境迁，我们不得而知。但有一点可以肯定，大国总理对一个被“旧社会压杀的天才”给予重视是不争的事实。还有一点也可证实，田家英确实为寻找卢镕轩做过努力；萧三 1950 年 3 月回复田家英的信中谈到他阅读《记卢镕轩》，称其“写得好”。

以上所述，事虽小，写在正文中似与书名不符，但时隔七十多年，细细翻阅还是有很多感触。现在回想，当年处理掉退回的千百本藏书之举，是显得有些草率了。

我们与王一珂先生聊，在出第四版增订本时，将小莽苍苍斋所藏碑帖旧拓本名称一一登录，哪些是田家英喜欢（如颜真卿拓本）的，哪些是为主席读帖准备的，区分开来，如实补入相关章节。

另外，阅读这些年出版的田家英友人的回忆文章很有感触，他们都是许多历史事件的亲历者。如吴冷西在《回忆主席与战友》中，讲述了田家英在 1959 年、1962 年两次运动中都“呛了水”，而且一次比一次严重，最终失去主席信任的过程。

此时此刻，曾自还在整理几十年来的采访记录。她找出 1998 年 3 月 29 日下午对母亲董边的采访，内容正是岳母看了我写的《田家英与小莽苍苍斋》部分稿件后的点评意见。我十分吃惊，二十多年“弹指一挥间”，我曾后悔她老人家没能看到我写岳父的书。谁料到岳母不但读了，而且还提出了意见。我责怪夫人为什么当时没有相告，她没有回答。我想：母亲和女儿，岳母和女婿的关系，还是有些许的不同吧。庆幸的是，岳母还是看完了大部分稿件，提了意见，了却了我许久的遗憾。因为，八个月后岳母就走完自己的人生。

本书出版后，得到了那么多读者的喜爱。岳母在天有灵，一定会感到欣慰。文化部原副部长、故宫博物院原院长郑欣淼先生曾有《〈田家英与小莽苍苍斋〉读后感赋》一诗，情思隽永，兹录如下：

心志但期千仞岗，昊天正色莽苍苍。
庙堂难耐书生气，草野长怀节士伤。
一种根基当马列，三分风骨自浏阳。
不因祸福已身许，青史犹昭日月光。

这次的增订本更名为《小莽苍苍斋收藏轶事》。我们已届古稀之年，希望倾己所能，不留遗憾。

感谢黄秀纯先生为小莽苍苍斋收藏的碑帖、印拓、石章等所做的全面鉴定；感谢卢春凤女士为补拍藏品、电脑排序所做的大量辅助工作。

对王一珂先生为本书出版所做的工作，我们谨代表田家英后人致以谢忱。

陈烈　曾自

2023 年 9 月 16 日于北京清芷园寓所

图版目录

田家英同志：

钟山风雨一首，似可收入诗词集，请你斟酌。

小小寰球一首，亦可收入集中，亦请同志们一议。

其余不传的诗词，除别处收入外，都宜废弃。

八连颂另印，在内部流传，不入集中。

毛泽东 十二月五日